KB071504

SOMATIC PSYCHOTHERAPY
TECHNIQUES AND APPLICATIONS

언어중심치료를 넘은 신체중심의 통합적 접근

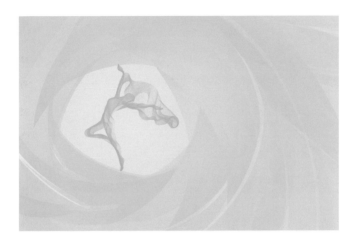

신체심리치료

기법과 적용

김향숙 저

학지사

머리말

이 책은 신체심리치료 30여 년 임상의 결과물이다.

언어중심의 교육 및 치료에 대한 한계는 저자의 오랜 고민이었다. 교육자이자 개인 및 가족 문제 전문가, 임상상담전문가로 활동해 오며 던진 질문이다. "왜 머리로는 아는데 실천이 안 될까?"

일상의 행복을 위한 학문의 실천적 적용이 소명이었지만, 인간을 다루는 학문에서의 교육 및 치료는 종종 머리의 깨달음에 그쳤다. 수능점수를 높이기 위해서는 머릿속에 지식을 축적해야 한다. 그러나 일상의 행복을 실현하려는 학문은 머리로 깨닫는 것 이상이어야 한다. 아는 것이 곧 사는 것은 아니기 때문이다. 머리로 깨닫는(Knowing) 1차 교육에서 머리에서 깨닫고(Knowing), 가슴으로 느끼고(Feeling), 몸으로 익혀서(Practicing), 삶에서 행하는(Doing) 4차 교육으로 나아가야 했다.

춤이 좋아 빠져든 춤의 세계 속에서 춤을 구현하는 몸(Soma)을 만났다. 무용치료(Dance Therapy), 무용/동작치료(Dance Movement Therapy), 무용교육(Dance Education), 무용웰니스(Dance Wellness)에 이르기까지 다양한 학문적 탐구 끝에 몸의 통합성과 치유성을 확신하게 되었다. 춤은 몸 개념과 결합되어 확장되었다. 수많은 프로그램의 개발과 임상적 적용을 통한 실천적 탐구는 오랜 질문에 대한 해답을 주었다. 신체심리치료(Somatic Psychotherapy)는 인지, 정서, 행동의 통합을 위하여 몸의 지혜를 심리치료적으로 활용하는 학문으로, 4차 교육을 가능하게 하여 교육 및 치료의 효율성을 극대화시킨다. 실천적 행동을 통한 일상의 변화는 일상의 행복을 수반한다.

이 책은 이론서가 아닌 실용서다. 기법을 설명하는 책이 아니라 기법을 활용해서 구성된 프로그램을 소개하는 책이다. 책을 쓰는 내내 어떻게 하면 단 한 명의 독자라도 더 이 책에 소개된 기법들을 현장에서 활용하게 할 수 있을지 고민했다.

이 책은 크게 두 부분으로 구성되어 있다. 제1부의 제1장에서는 신체심리치료에 대한 이론적 기초를 간략하게 다루었다. 신체심리치료의 정의 및 개념, 역사, 언어심리치료와의 비교분석을 통해서 본 치료적 원리와 구조로 이루어져 있다. 제1부의 제2장 신체심리치료 기법의 운영 실제에서는 대상자 선정에서부터 환경 구성, 음악, 치료사 역할 등에 이르기까지 실제 진행과 관련된 운영 전반을 상세하게 다루었다. 제2부 신체심리치료 기법의 적용 실제에서는 임상현장에서 실제로 적용 가능한 신체심리치료 기법을 소개하였다. 발달 영역별로 항목화되어 있는 17개의 주제를 따라 완성도 높은 86개의 하위 프로그램이 수록되어 있다. 주제별 구성을 선택한 이유는 신체심리치료에 문외한이라 하더라도 인간교육/치료에 관심 있는 누구라도 명확한 목표의식을 토대로 주제선정을 용이하게 하기 위함이다. 각 주제는 시대 상황에 기초한 문제의식, 필자의 임상 경험, 전인교육적 차원, 보편타당성을 기준으로 선정했다.

이 책의 가장 큰 특징인 86개의 하위 프로그램은 요리로 치자면 수십 년 축적된 노하우가 담긴 레시피다. 기법 자체를 아는 것도 중요하지만 기법을 어떻게 사용해야 하는지 아는 것은 더 중요하다. 치료사는 사람을 요리하는 요리사다. 아무리 많은 재료를 안다 해도 요리사는 요리를 해야 한다. 양파, 오이, 피망을 순서대로 나열했다고 요리가 완성되는 것은 아니다. 훌륭한 요리사는 누구를 위해, 무슨 목적으로, 무슨 재료를 사용해서, 어떤 순서에 따라 요리해야 하는지 알고, 처음 목적한 바를 정확히 달성하여 완성된 요리를 내놓는다. 레시피는 목표에 도달하기까지 방향성을 잃어버리지 않도록 돕는 틀이다. 정신과 환자에서 일반인, 영유아에서 노년, 개인에서 가족, 일반인에서 치료사, 비전문가에서 무용 전문가에 이르기까지 다양한 대상과 작업하면서 숱한 시행착오를 거쳐 완성된 결과물들이다. 워밍업, 주제, 마무리에 사용된 풍부한 창의적 기법들은 신체심리치료를 중심으로 교육학, 상담 심리학 및 운동과학적 지식, 여러 예술치료 방법과 융합되어 있다. 이는 다양한 임상현장에서의 응용을 고려해 난이도가 가장 높은 대상을 기준으로 내용을 구성하였다. 그대로 활용하기만 해도 목표달성이 가능하도록 최대한 체계적이고 세밀하게 기술했다.

인지중심의 이분법적 접근에서 신체중심의 통합적 접근에로의 전환은 재정립된 몸 개념인 소마(Soma)와 함께 21세기 교육학과 심리학을 선도할 새로운 패러다임이다. 이 시대적 동향에 부응하려는 욕구와 관심은 높지만, 완성도 높은 기법의 적용 실제를 구체적으로 소개하는 안내서는 부족하다. 단순히 기법에 관한 아이디어만 제공하거나, 간략한 설명만으로는 임상현장에서의 적용도 어려울 뿐만 아니라 교육/치료적 효과도 기대하기 어렵다. 겨우 워밍업 정도로만 쓸 수 있는 기법 혹은 레크리에이션과 혼동하거나 오해하면서 이 학문의 탁월성이 평가절하되기도 한다. 이 책은 기법 그 자체를 넘어서서 실제 임상현장에 곧바로 적용할 수 있도록 쓰였기 때문에 완성된 기법에 목마른 치료사들이 만족할 만한 실천서가 될 것이다. 신체심리치료사나 예술치료사뿐만 아니라 인간의 교육과 치료에 종사하는 모두에게도 혁신적인 임상안내서로서 활용가치가 있을 것이다. 특히 언어중심치료의 한계에 직면해 있으면서 통합에 관심 있는 독자에게는 필자가 그러했던 것처럼 확실한 해답이 될 것이다.

해결해야 할 시대적 과제는 산재해 있다. 마음산업의 저연령화와 급속한 성장, 입시 위주의 성공 지향적 교육, 가족해체의 급증, 인공지능(AI)으로 대별되는 4차 산업혁명 시대의 인간고유역량 강화 등, 모든 문제를 해결할 수는 없지만 지난 30여 년간 눈으로 목도하고, 몸으로 체험한 이 학문의 탁월한 치유성은 성공 세상을 넘어 행복 세상을 앞당기리라 확신한다.

영혼의 친구이자 절대적 지지자인 남편 송길원과 사랑하는 가족들이 없었더라면 이 책은 세상에 나올 수 없었을 것이다. 책이 발간되기까지 춤의 세계로 이끌어 준 전 국립현대무용단장 남정호 감독님, 한국무용/동작치료의 선구자로서 치료사의 길을 이끌어 주신 류분순 교수님, 임상적 경험이 학문적 체계를 갖출 수 있도록 지도해 주신 한국예술종합학교 무용원 이론과의 나경아 교수님, 세 분의 스승님께 진심으로 감사드린다. 오랜 학문의 동반자이자 친구인 명지대학교 예술심리치료학과 최명선 교수님이 계셔서 외롭지 않게 이 길을 걸어왔다. 행복한 동행을 꿈꾸는 신체심리치료협회 소속 제자들이 있어 행복하다. 이 책이 나올 수 있도록 도와주신 학지사 김진환 대표님에게도 감사를 드린다. 내 존재의 이유인 하나님께 이 책을 바친다.

2024. 1.

김향숙

차례

제1부
───

신체심리치료의 이론적 기초와 기법의 운영 실제

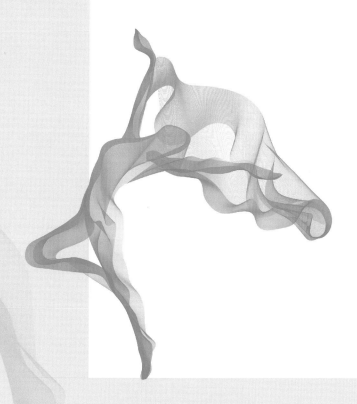

제1장

신체심리치료의 이론적 기초

1. 신체심리치료의 정의 및 개념

신체심리치료는 신체교육(Somatic Education), 신체학(Somatics), 신체치료(Somatotheraple), 신체심리치료(Body Psychotherapy), 신체중심심리치료(Body Centered Psychotherapy) 등 여러 가지 용어로 불린다. 여러 학자의 정의가 있다. Totton(2003)은 "신체심리치료는 전인(Whole Person)의 개념을 토대로 마음과 신체 사이의 기능통합(Function Unity)을 추구한다. 심리학의 별개 부분으로 마음-신체 기능에 대한 여러 가지 이론을 포함하는데, 특히 마음과 신체 간 공통부분과 상호작용의 복잡성을 연구하는 학문이다."라고 했다. McNeil(2000)은 "심리치료적 접근들 중, 특히 신체를 중심으로 한 것을 신체심리치료라 한다."라고 했으며, Corsini(2001)는 "신체심리치료는 신체에 적용된 혹은 신체로 터득한 기법들을 사용하여 몸-마음-정서-영혼을 밝혀내는 과정이다."라고 정의 내렸다.

이 정의와 Hanna(1988)의 "내면에서 경험되는 신체" 개념을 토대로 이 책에서는 신체심리치료(Somatic Psychotherapy)를 "인지, 정서, 행동의 통합을 위하여 몸의 지혜를 심리치료적으로 활용하는 학문"으로 정의 내린다. 신체에 관한 심리학이 아니라 신체의 심리학이라는 점에서 신체심리치료학은 인간의 몸을 독립적인 실체로 다루는 물리치료, 카이로프렉틱, 접골요법과는 확연히 구별된다. 최근 몸 건강 분야에서 유행처럼 사용되고 있는 소매틱(Somatic)과도 다르다. 소매틱은 소마의 개념을 토대로 운동과학적 접근을 통해 몸을 우선하여 마음을 다룬다. 몸과 마음의 상호 연결성을 인식하지만, 그렇다고 소매틱 자체가 심리치료는 아니다. 움직임, 동작, 춤, 무용 등 몸의 움직임을 교육 및 치료적 도구로 사용하는 여타 접근과도 다음과 같은 점에서 본질적인 차이가 있다. 첫째, 몸이 구현하는 것과 구현하는 몸은 다르다. 움직임, 동작, 춤, 무용은 몸이 구현하는 것이다. 신체심리치료는 구현하는 몸 자체를 매개로 한다. 춤의 치유성과 춤을 구현하는 몸의 치유성 둘 모두를 포괄한다. 둘째, 다학제를 특징으로 한다. 해부학, 생체 에너지학, 역학, 호흡법, 코어 에너지학, 알렉산더 테크닉 등의 운동과학적 영역, 무용동작치료, 무용웰니스, 무용교육, 미술치료, 음악치료, 연극치료 등의 예술치료 영역, 심리학, 교육학, 상담학, 가족학 등의 인문과학 영역에 이르기까지 여러 분야의 학문을 총망라해서 조화롭게 통합한다. 셋째, 신체를 통하여 심리적 문제를 다루기 때문에 정확히 심리치료 영역으로 분류된다. 정신병리 증상의 치료뿐만 아니라 정신병리로 발전하기 전 단계인 일반인을 위한 예방과 전인교육적 차원을 포함한다.

소매틱(Somatic)과 달리 소매틱스(Somatics, Somatic Psychotherapy)는 소마의 개념을 토대로 심리치료적 접근을 통해 마음을 우선하여 몸을 다룬다. 보디(Body)가 아닌 소마(Soma)로서의 몸 개념이 핵심이다. 보디는 뼈, 근육, 혈관, 염색체 등 생명을 유지하기 위해 기능하는 물질로서 마음과 분리되어 있다. 3인칭의 고정된 객체(Object)다. 한편, 소마는 '체(體)'를 넘어선 개념으로, 그리스어로 총체적인 생명체(The Living Body On Its Wholeness)를 의미한다. 기능적일 뿐만 아니라 표현적으로 충만하게 살아 있는 몸이다. 1인칭 주체로서 주변환경에 끊임없이 적응하는 변화적인 존재인 동시에 지속적인 정체성을 가지고 살아가는 시스템 자체다. 소마로서의 몸은 마음과 상호 밀접하게 연결되어 있는 유기체적 존재로서 직접적이고 지속적으로 영향을 주고받는다. John Dewey의 신체화된 마음(Embodied Mind)의 관점에 의하면 마음은 몸에 뿌리를 둔 확장된 개념이다. 인간의 모든 의미, 사고, 정서, 언어 등은 몸과 몸의 직접 접촉인 신체화된 활동을 통해 발생한다. 몸은 오랜 시간 형성된 내면의 욕구, 습관, 정서, 사고, 행동패턴 등 개인의 고유한 성질이 축적되어 있는 저장고다. 그 사람답게 하는 특성이 잘 간직되어 있다. 바로 이 몸의 정체성은 창의성 발현의 근원이자 교육 및 치료의 개별목표가 된다. 몸을 통해 개인의 내면 문제 또한 자연스럽게 표출되기 때문이다. 몸은 외부환경과의 끊임없는 상호작용을 통해 스스로 적응, 회복, 치유, 변화하는 교육 및 치료인자를 가지고 있다. 학습 가소성과 회복 탄력성이다. 이를 몸의 지혜라 한다. 어떤 상호작용을 제공할 것인가는 내용이며 직접적인 신체활동은 실천이다. 이처럼 몸은 목표 설정, 내용 선정, 활동 구성, 평가 전 과정에 개입하여 신체·인지·사회·정서·행동적 영역에서의 총체적 변화를 이끌어 낸다. 머리로 깨닫고 (Knowing), 가슴으로 느끼고(Feeling), 몸으로 익혀서(Practicing), 삶에서 행하는(Doing) 4차 교

육 및 치료가 가능해진다. 이는 곧 전인(全人)으로서의 인간성 회복이다.[1]

2. 신체심리치료의 역사

신체심리치료학의 기원은 Freud(1856~1939)의 정신역동이론이다. 그는 심리 상태를 토대로 신체와 신체작용을 인식했다. 신체적 막힘(Physical Blocking)과 에너지 방출(Discharge of Energy)을 심리장애의 결정적 요인으로 보았다. 그의 치료법은 주로 장의자 기법을 활용해서 근육 이완과 초기 유아 상태로의 퇴행을 통해 방어기제를 감소시킴으로 억압된 에너지를 방출하여 무의식을 의식화시켰다. 이후 Freud와 동시대 인물들로 신체적 질병과 심리상태 간의 관계를 발전시켜 갔던 대표적 인물로는 Josel Breuer, Georg Groddeck, Sandor Ferenczi가 있다. 신경계와 에너지 방출을 강조한 Josel Breuer는 정신분석에 카타르시스를 처음으로 소개한 사람이다. 신경계통은 에너지의 흐름과 흥분통로 주위에서 형성되기 때문에 신경증적 증상을 과잉 흥분 상태로 보면서 운동, 자율신경작용, 꿈이나 이미지 등의 관념작용으로 해소하였다. Georg Groddeck은 정서와 신념이 신체에 직접적으로 표현된다고 보았다. 식이요법과 신체 깊숙한 곳을 마사지하는 기법과 정신분석을 결합하여 환자를 치료하면서 다양한 기법과 심신의학을 개척하였다. 정신분석가 Sandor Ferenczi는 환자의 표현동작과 자세관찰을 토대로 '활동기법(Activiti Techniques)'을 개발했다. 기억으로 인해 정서적 반응 및 행동이 일어나는 것처럼 움직임을 통해 정서를 표현함으로 무의식 안의 기억을 불러일으킬 수 있다고 주장했다. 근육 이완법을 활용해서 무의식적으로 없애려 했던 신체긴장을 방출시켜 깊은 자유연상으로 이끌었다.

Wihelm Reich(1897~1957)는 신체심리학의 토대를 형성한 신체심리치료의 아버지라 불린다. 그는 억압된 기억 및 정서가 만성적으로 근육무장 안에 존재한다는 것을 알아내면서 신체생명 에너지의 막힘을 자유롭게 해방시키려 했다. 그가 강조하는 에너지, 신체적 방어, 호흡법은 오늘날 신체심리학의 주요 흐름이 되었다. Reich의 치료작업은 이후 생체에너지학(Bioenergetics), 생체기능학적 심리치료(Biodynamic Psychotherapy), 코어 프로세스(Core Process) 등 독립적이고 다양한 접근으로 발달되다가 Moshe Feldenkrasis(1904~1084)라는 또

---

[1] 필자는 1995년부터 하이패밀리 부설 한국신체심리연구소에서 Body & Body, Body & Mind, Body & Family, Body & Spirit, Body & Mission의 다섯 가지 영역마다 하위 프로그램을 개발, 신체심리전문가 양성과정을 현재까지 운영 중이다. 하이패밀리 홈페이지(www.hifamily.org) 및 유튜브 하이패밀리 TV 참조.

다른 개척자가 등장하였다. 그는 몸-마음-정서-영혼의 잠재능력을 최대한 얻기 위해 운동감각의 재교육이 반드시 필요하다고 강조했다. 운동감각의 정상화와 증진된 근육 활동은 성적 기능뿐만 아니라 정서적 경험과 연결되어 있는 교감/부교감 신경의 균형에 직접적인 효과를 기대할 수 있다.

이후, Reich와 Feldenkrasis에 이어 Rolf 학파의 깊숙한 조직의 조작(Deep Fascial Tissue Manipulation), 프라이멀 치료(Primal Therapy)의 정서 해소 기법, Alexander, Aston, Trager, Aguado의 움직임 자각 훈련 등 신체심리치료에 관한 여러 학파와 체계가 나온다. 1952년, Alexander Lowen과 John Pierrakos는 Reich와 분리해서 생체에너지 분석 연구소(Institute For Bioenergetic Analysis)를 설립한다. 이들은 우주적 생명 에너지(Universal Life Energy), 근육 무장(Muscular Armor)과 같은 Reich의 개념에 기초하고 있지만 치료 형태는 달랐다. Lowen은 생체에너지학을 신체를 바탕으로 한 성격연구로 정의 내리면서 Reich의 성격분석을 발전시켜서 성격유형을 체계화시키고 그들 상호 간의 관계를 밝혔다. Pierrakos는 연구소를 떠나 독립적으로 코어 에너제틱스(Core Energetics)를 발전시켰다. Reich처럼 Pierrakos도 자유로운 에너지 흐름에 관심이 있었고, 에너지 막힘 형태를 진단 도구로 연구했으며, 에너지 막힘을 열어 주는 감정을 신체에 충전시키기 위해 강화기법을 사용하였다. Stanley Keleman은 주류를 형성했던 생체 에너지학에서 분리되어 나왔다. 그는 신체의 진동특성을 알아내기 위해 세포 수준까지 내려가 관찰하면서 어떻게 움직임을 통해 신체가 만들어지는지 그리고 어떻게 신체가 움직임을 만들어 내는지를 명확히 밝혀냈다. 호흡, 움직임, 소리를 통해 건강한 인간의 필수요건인 충전(Charge), 형성(Formation), 방출(Discharge) 과정을 재확립했다.

1960년대에 들어와서 Charles Kelley는 '라딕스(Radix)'라는 연구소를 통해 Reich와 Lowen과는 다른 성격학 이론을 개발했다. 그의 작업은 내담자의 정서적 내용보다 두려움, 화, 고통 등의 부정적 정서가 어떻게 막혀 있는지를 알아내는 데 초점을 둔다. '라딕스'는 '근원, 원천'이라는 뜻으로 에너지, 감정, 움직임 등의 하위 흐름이 만들어지는 첫 번째 원인을 말한다. Reich 치료나 생체에너지학과 달리 의학적·치료적 모델을 피하고, 지도자의 관리하에 같이 작업하는 학생들이 함께 숙박하면서 교육과 개인적 성장이 이루어지도록 돕는다. 이때, 심층적이고 자발적으로 정서를 표현하는 능력인 개방성, 적절한 목적과 목표를 선택하여 효과적으로 실행해 나가는 자기지도(Self-Direction)에 중심을 둔다. 매주 진행되는 추후 세션들을 통해 작업내용과 일상을 통합해 갔다.

신체심리치료의 영역에서 특별히 움직임을 중요시하는 분파가 있다. 정식으로 심리치료훈련을 받지는 않았지만 작업하는 동안 움직임의 심리치료적 효과를 알게 된 전문무용수들이 이 움직임 기술들을 정신병원에 적용하면서 탄생한 무용/동작치료(Dance Movement Therapy)다. 초기 선구자로는 Mary Whitehouse, Marian Chace, Blanche Evan, Liljan Espenak, Trudi Schoop, Alma Hawkins 등이 있다. 로미 스쿨(Lomischool)의 공동 창립자인 Robert Hall처럼 여러 다른 기법을 혼합해서 작업한 개척자들도 있다. 그는 몸과 마음을 기능적으로 동일한 것으로 보면서 미해결된 막힌 에너지는 근육에서 풀려나서 심리적으로 완결되어야 할 뿐만 아니라 움직임으로 표현되어야 한다고 주장하였다. 게슈탈트 치료와 라이히안 호흡법, 신체 훈련 기법, 동양의 영적인 수련법, 비파사나 명상(Vipassana Meditation), 하타요가(Hatha Yoga), 아이키도(Aikido), 태극권(Tai Chi Chu'an) 등을 혼합하여 사용한다.

Thomas Hanna(1928~1990)는 심리치료와 움직임 재교육을 혼합했던 사람이다. 그는 계속되는 자유로운 움직임을 통해 유기체 전체의 건강이 증진된다고 믿고 막힌 신체 부위를 다시 민감하게 해서 움직일 수 있도록 하는 신체 훈련을 실시하였다. 신체에 중심을 두는 심리학자로서는 Stanislav Grof가 있다. 그는 자아초월심리치료의 주요 모델 중 하나인 홀로트로픽 숨치료(Holotropic Breathwork)를 개발했다. 이 훈련법은 홀로트로픽 의식 상태의 치유잠재력에 기초해서 치유하며, 자기를 발견하고 더 나아가 자아초월적 경험을 가능케 하는 접근법이다. 내담자는 누워서 환기적인 음악을 들으면서 깊이 호흡한다. 떠오르는 자신의 경험을 표현하고 느끼는 동안 계속해서 호흡하고, 움직이고, 소리 지르도록 격려받는다. 과정이 끝나면 세션을 하는 동안 일어났던 일들을 통합하기 위해 자신의 경험을 만다라 이미지로 그린다.

이 외에도 현재 수많은 신체중심 심리치료 모델이 있으며 이 작업이 성장·확장되면서 새로운 흐름으로 발전해 가고 있다. 첫째, 심한 터치나 과긴장을 일으키는 자세, 강렬한 카타르시스, 과호흡 등 신체를 극단까지 몰아가는 기법은 덜 사용하는 대신, 자각 훈련과 명상기법 등 좀 더 편안하고 부드러우면서 덜 분석적인 방법론이 사용되고 있다. 둘째, 다학제를 특징으로 하는 신체심리치료학은 소매틱적인 운동과학 분야와 신체 움직임 중심의 예술치료 분야뿐만 아니라 상담학, 심리학, 교육학 등 인문학 분야를 아우르며 보다 광범위한 학문 간 융합이 이루어지고 있다. 셋째, 신체심리치료학은 심각한 정신병리 증상을 겪고 있는 환자들을 중심으로 시작되어 발전해 왔지만, 최근에는 예방 및 교육적 도구로 일반인들에게 적용 범위가 확대되고 있다. 넷째, 신체심리치료의 핵심개념인 몸 자체가 가진 치유성이 예술치료, 특히 무용과 접목되면서 분석적인 심리치료에 예술성과 미학성과 유희성, 창조성이 가미되고 있다. 무용계의 시각에서는 무대 위 전문가의 전유물이었던 공연예술이 무대 아래 일반인의 삶에 다가가는 일상

예술로 확장되고 있다. 다섯째, 개인 중심 접근에서 가족 중심 접근으로 적용범위가 확장되고 있다. 가족시스템의 관점에서 개인의 병리현상을 분석하고 예방하며 치료하려는 접근으로 신체심리치료 기법들이 가족에게 접목되고 있다. 여섯째, 초기에는 배우기 위해서 이 분야의 개척가를 찾아가 도제식 교육을 받아야 했지만, 광범위한 임상 기술을 훈련시키는 공인된 전문가들에 의해 프로그램 및 학문적 기회가 점차 체계화되고 있다. 대부분의 신체심리학자는 미래에는 모든 치유 및 변형 작업이 결국에는 신체를 강조할 수밖에 없을 것이라고 전망한다.

3. 신체심리치료의 치료적 원리

게슈탈트, 행동주의 등의 언어심리치료에서도 신체동작을 사용한다. 신체심리치료도 언어심리치료이론들을 기반으로 하고 있다. 그렇다고 해서 신체심리치료가 언어심리치료는 아니며, 언어심리치료가 신체심리치료도 아니다. 이 둘은 근본적인 차이를 가지고 있다. 하나는 언어를 통해 심리치료로 접근하고, 또 다른 하나는 신체를 통해 심리치료로 접근한다. 단지 동작을 보조수단으로 사용하는 정도가 아니다. 교육과 상담을 포괄하는 신체심리치료는 워밍업, 주제, 마무리까지 전체 구조뿐만 아니라 라포 형성부터 진단 과정, 목표 설정과 치료계획 수립, 정서치료, 사고와 인지 다루기, 직면, 행동 재구성에 이르기까지 상담 전 과정에서 신체가 핵심적인 치료적 도구로 사용된다. 몸과 마음의 이분법적 사고에서 몸과 마음의 통합적 사고로 전환되면서 몸에 대한 재발견이 이루어진 결과다. 몸을 통해 마음을 치료하는 신체심리치료의 혁신적인 패러다임은 언어심리치료와의 차이를 통해 그 치료적 원리가 명확해진다.

첫째, 신체와 정신은 끊임없이 상호작용한다. 인간은 신체를 통해 드러나고 신체는 총체적인 인간을 볼 수 있는 표현이다. 신체는 내면을 반영하고, 내면은 신체를 통해 표출된다. 신체는 개인 삶의 표현이며 내적 언어다. 심리적인 트라우마가 있을 때 근육이 가장 먼저 반응한다. 내적으로 경험되는 것은 근육 외에도 신체의 다양한 요소, 즉 리듬, 소리, 템포, 호흡, 공간과의 관계, 에너지 사용, 시선, 자세 등의 표현 방식을 결정하여 드러낸다. 이성적인지 비이성적인지, 긍정적인지 부정적인지, 분산되어 있는지 집중되어 있는지, 수용적인지 배타적인지 등 내적인 상태가 신체로 구현되는 것이다. 몸에는 자신이 의식조차 할 수 없는 무의식이 들어 있다. 개인의 사고, 감정, 기억 등의 일상뿐만 아니라 억압되었던 유년기 상처의 흔적과 내면 깊숙이 존재하는 무의식적 정신 과정이 움직임을 통해 의식화된다. 움직임은 무의식을 의식화하는 최선의 도구다. 신체가 내면을 반영하는 것처럼 신체에 의해 경험되는 것은 내적인 상태에 영향을 미치기 때문이다. 무의식의 의식화는 신체심리치료의 핵심원리다. 신체 상태에 변화를 줄 수 있으면 심리정서적 상태뿐만 아니라 영적 · 사회적 · 행동적 · 정신적 상태의 변화를 가져올 것이다.

둘째, 과거가 아니라 현재, 객관성이 아니라 주관성, 타의적 깨달음이 아니라 자발적 깨달음을 통해 변화를 추구한다. 신체심리치료에서 몸은 교육/치료의 주체로서 격상된다. 몸은 직접 매체다. 타인과 공유할 수 없는 자신만의 소유물이기 때문에 주체성과 고유성, 창의성, 표현성, 자발성을 가지고 있다. 사용되는 감각기관도 다르다. 언어심리치료와 신체심리치료는 둘 다 같은 시간과 같은 공간에 존재하는 몸과 몸의 만남이지만, 언어중심은 촉각이 배제된 시각과 청각의 만남이다. 원거리에서 바라봄이며 치료사 주도의 깨달음이자 타자화된 지식이며 간접 경험이다. 신체중심은 촉각을 포함하는 다감각이다. 촉각적 경험은 몸 감각적 체험이다. 귀로 듣는 것, 눈으로 보는 것, 몸으로 경험하는 것의 차이다. 체화된(Embodied) 지식이다. 자기주도적 깨달음이다. 기술 전수가 아닌, 인간 성장 발달을 목적으로 하는 교육/치료는 감각-지각-인지-변화 사이클을 토대로 한다. 몸 감각을 거쳐서 지각된 인지적 변화는 일상에서의 실천력과 적용력을 높인다.

셋째, 주로 언어를 사용하는 언어심리치료과 달리, 신체심리치료의 최대 강점은 라포 형성, 진단, 교육 및 치료, 평가 전 과정에서 비언어적 소통의 수단인 신체를 사용한다는 점이다. 의사소통은 곧 메시지의 전달자와 수신자가 동일한 의미를 공유하게 되었다는 뜻이다. 언어는 자신의 목적을 위해 전달하는 내용을 의도적으로 통제하거나 왜곡할 수 있다. 종종 대상자의 현재 말은 유년기의 무의식이나 억압된 과거의 부정적 기억과 혼합되어 있어서 현실을 왜곡한다. 과 일반화, 편향, 왜곡, 투사, 합리화, 망상 등은 흔히 드러나는 소통의 문제들이다. 치료사는 정확한 소통을 위해 진짜 언어에 접근해야 한다. 손짓, 발짓, 표정, 자세, 목소리, 눈짓, 움직임, 호흡 등 신체언어는 무의식중에 일어나기 때문에 통제하기 어렵다. 몸은 있는 그대로의 생각과 감정 그리고 의도를 표출한다. 심지어 감정, 감각, 욕구, 생각, 환상, 상상 등 무의식에 저장된 내용이 자신도 모르는 사이에 의식화되어 전달된다. 수십 년에 걸쳐 훈련된 의식적인 언어 표현보다 신뢰도가 매우 높고 강력한 힘을 가지고 있다. 신체언어의 관찰은 의사소통의 정확도를 높여서 상대방의 감정과 의도, 행동을 보다 정확히 알 수 있다.

넷째, 언어심리치료가 언어적 직면을 통한 변화라면 신체심리치료는 체험적 직면을 통한 변화다. 언어와 체험 간 가장 큰 차이는 몸은 지금-여기(Now & Here)에 머물고 있지만, 머리는 과거에 머물기 쉽다는 점이다. 언어를 사용하면 과거의 상처 입은 기억이 현재로 소환된다. 종종 내담자가 외부 요인을 탓하면서 같은 말을 끝없이 되풀이하는 이유다. 상처의 강도가 심하거나 과거의 기억이 오래될수록 스스로를 보호하기 위한 방어기제는 부적응적으로 발전해서 병리적 증상을 일으킨다. 부적응적인 생각과 행동을 하고 있으면서 인식조차 하지 못한다. 현실을 직시하여 스스로 느끼거나 깨달아야 변화는 시작된다. 비숙련된 치료사가 자각을 통한 통찰을 위해 언어적으로 직면하게 되면 머리의 기능이 강화되면서 저항을 만나게 된다. 방어기제가 작동해서 직면을 방해하는 것이다. 신체심리치료에서는 지금-여기에 있는 몸의 에너지를 집중적으로 사용한다. 신체는 에너지의 저장소이며, 에너지는 유동적이다. 신체 움직임은 에너지 체계의 변화를 가져온다. 머리에 집중된 에너지가 온몸으로 분산되어 흐르면 머리의 에너지는 고갈된다. 방어기제는 연쇄반응처럼 저절로 작동을 멈춘다. 현재의 몸을 움직이면 과거의 생각은 자동 정지된다. 몸은 과거에 머물고 싶어 하는 내담자를 현재로 불러내는 매우 효율적 도구다. 신체적 직면은 내담자 주도이기 때문에 자연스럽고 부드러우면서 직면 후 부작용을 최소화할 수 있다는 이점이 있다.

다섯째, 신체심리치료는 정서중심치료다. 정서적 변화가 중심적이고 근원적인 역할을 한다. 정서적 변화가 선행되었을 때 왜곡된 인지의 수정과 역기능적 행동 패턴의 변화가 수반된다. 이 때문에 '정서'는 언어심리치료와 신체심리치료 간 차이를 가장 극명하게 드러내는 논쟁의 척도가 된다. 언어심리치료에서는 감정을 머리로 배워서 언어로 다룬다. 신체심리치료에서의 감정은 몸 매체 안에 살고 있고, 몸 매체를 통해 표출되며, 몸 매체를 통해 공유된다. 신체는 치유(Healing), 공감(Empathy), 조절(Control), 전환(Transition)에 이르기까지 감정 관련 전 과정에 개입된다. 표현되지 못한 기억이나 정서는 근육 안에 저장되어 만성적인 근육 수축을 일으키면서 생명 에너지의 흐름을 막는다. 이것이 자동적으로 무의식화되면 억제(Surpression)에서 억압(Repression)으로 바뀌어 신체화 증상을 일으키거나 심리적 문제, 정신병리로까지 발전한다. 정서적 내용보다 정서적으로 어떻게 막혀 있는지를 파악한다. 두려움이나 분노, 고통을 어떻게 막고 있는지를 알아낸다. 근육 이완이나 신체 조각을 통해 드러난 감정을 인식한다. 신체의 생명 에너지가 막혀 있는 신체근육무장 상태에 마사지, 호흡, 움직임이나 소리 등의 기법을 활용해 에너지 및 정서적 해방(Release)을 통한 감정 정화를 제공한다. 미해결된 막힌 에너지는 근육에서 풀려나야 하며 움직임으로 표현되어야 한다. 이것이 감정을 치유하는 과정이다. 신체심리치료에서의 공감은 인지적(Cognitive) 공감, 정서적(Emotional) 공감을 넘어서는 근감각적(Kinesthetic) 체험이다. 미러링 기법처럼 거울 뉴런의 활성화를 통해 신체적 공감 능력을 개발한다. 감정 조절은 마음건강과 밀접한 관련이 있다. 분노 폭발은 정신병의 주범이다. 몸으로 폭발하는 분노는 몸으로 조절한다. 근육 조절력을 통해 감정 조절력을 증진시킨다. 감정이라는 추상적 개념이 감정 그 자체인 실재의 몸을 통해 구체적이고 효율적으로 교류되고 교육되며 치료된다. 머리의 언어로 감정을 읽다 보면 머리로 감정을 짐작한다. 감정을 머리로 언어화할 수는 있지만, 감정을 근감각적으로 온전히 느껴서 표현하고 공감하기란 사실상 불가능하다. 정서적 몰입이 전혀 불가능한 것은 아니지만, 온전한 정서적 몰입은 한계를 가질 수밖에 없다. 신체심리치료가 가지고 있는 최대 강점인 파장의 동조를 통한 정서적 공명이 감정 흉내 내기 기술로 전락할 가능성도 있다. 감정 전환은 뇌의 신경전달물질과 밀접한 관련이 있다. 스트레스 호르몬인 코티졸의 분비가 행복 호르몬인 옥시토신, 엔도르핀, 세로토닌 등의 분비로 전환되면 감정도 바뀐다. 몸의 움직임은 뇌의 구조에 직접적인 영향을 주어서 신경전달 시스템을 변화시킨다. 신체심리치료는 정서를 다루는 분야에서 특화된 강점을 가지고 있다.[2]

여섯째, 집단역동성(Group Dynamics)이다. 소마로서의 몸은 그 자체로 살아 있는 유기체이기 때문에 에너지의 덩어리다. 죽어 있는 기계가 아니다. 움직임이 없는 기계는 가능하지만, 움직임이 없는 신체는 불가능하다. 멈추어 있는 듯하지만 몸속에서 맥박이 뛰고, 혈액이 흐르고, 호흡이 들락거리고, 심장이 펄떡거린다. 각 개인의 몸 내부 움직임의 응집은 에너지가 되어 바깥으로 흐르고, 이 에너지들이 모여서 집단역동이 만들어진다. 신체심리치료는 각 개인이 내뿜는 에너지의 집합체를 교육 및 치료적으로 활용한다. 개인이 아닌, 집단만이 가질 수 있는 몸의 힘이다. 언어심리치료에서 아무리 많은 대상자가 교육 및 치료 현장에 있다 해도, 에너지는 말을 하는 정도만 사용된다. 나머지는 각 개인의 내부에 갇혀 있다. 각 사람이 뿜어 내는 긍정 에너지 간 교류, 결합, 집합, 증강을 통한 전환과 변화는 기대하기 어렵다. 역동적인 생명력의 치유성이 신체심리치료에 있다.

일곱째, 언어중심과 신체중심은 춤에 대한 인식과 춤 사용에서 근본적인 차이를 가지고 있다. 언어중심치료에서 배제되어 있는 춤이 신체심리치료에서는 최고의 치료적 원리다. 자신만의 진정한 움직임으로서의 춤은 고정적이고 습관화된 패턴에 변화를 야기해서 재구조화를 가능하게 한다. 심신통합적 감각활동으로서의 춤은 치료사가 제공하는 움직임 정보를 시각적으로 받아들여 움직임을 재현하는 차원이 아니다. 기술적 완성도를 높이기 위한 임무로부터 자유로운 춤이다. 몸이 다각도로 사용되면서 신체자각 기능이 개발되어 감각 인식 능력이 향상된

---

2) 필자가 2010년 개발하여 현재 120차까지 진행하고 있는 이모션 코칭(Emotion Coaching)은 모션(Motion)으로 이모션(Emotuon)을 코칭하는 신체심리치료의 대표적인 프로그램이다. 감정 치유, 공감 연습, 분노 조절, 감정 전환의 네 사이클로 구성되어 있다.

다. 몸의 다양한 감각이 활성화되면 움직임이 생성되고 리듬이 발현되어 춤으로 표현된다. 개인이 주체가 되어 남이 가르쳐 주는 춤이 아니라 저절로 움직여지는 춤, 남을 위한 춤이 아니라 나를 위한 춤, 'I Move'가 아닌 'I Am Moved', 타감각이 아닌 자감각, 결과보다 과정이 우선인 춤, 보여 주기 위한 춤이 아니라 보이는 춤, 스킬의 숙련도가 아닌 표현의 자유로움, 객체적 춤이 아니라 주체적 춤이다. 현장성, 상호성, 우연성, 즉흥성, 유일성, 생명력, 공동체, 연결성, 자발성, 개체성, 유희성, 창조성을 특징으로 한다. 몸과 몸이 만나는 현장에서만 경험할 수 있는 춤이다. 개별의 몸짓이 전체와 어우러지면서 모방, 확장, 합체, 분리, 변형, 창조, 재창조가 무한 반복된다. 몸속 깊숙이 스며드는 춤은 몸뿐만 아니라 인지, 정서, 사회성 발달에 영향을 주면서 마음과 영혼까지 치유한다. 몸의 상호작용을 통한 다감각적 접촉놀이인 춤을 통해 경험되는 정서적 충만감은 심리적 행복감을 높여 준다. 공동체적 예술로서의 춤은 사회적 상호작용을 촉진시킬 뿐만 아니라 정화(Catarsis)의 기능도 가지고 있다. 억압된 정서적 욕구가 내적 에너지와 함께 표출되면서 삶을 재구성한다. 무엇보다 춤은 다감각적 신체활동을 통해 정신적 능력을 통합한다. 두뇌 발달의 불균형을 해소하여 인간만의 고유한 고등 정신 기능, 특히 창의력의 원동력인 표현력, 유창성, 독창성, 상상력, 호기심, 탐구심, 자발성, 유연성이 개발된다.

4. 신체심리치료의 구조

집을 건축하기 위해서는 구조 설계가 선행되어야 한다. 순서를 따라 구조를 하나하나 완성해 가다 보면 집도 완성된다. 마음의 집을 건축할 때도 마찬가지다. 구조는 틀이며 순서다. 구조가 없거나 잘못되면 집을 완성할 수 없다. 구조가 무너지면 기법의 나열이 시작된다. 1시간 진행에 10개도 넘는 기법들을 쏟아낸다. 주제도, 목표도, 결과도 없다. 이 시점에서 이 기법이 왜 필요한지 치료사 자신도 모른다. 기법들은 서로 충돌하거나, 연관성이 없어 제각각이거나, 중구난방으로 흩어진다. 구조가 없으니 대상자를 데리고 논다. 몸을 사용하니 당연히 놀이적인 기능이 수반되지만 레크리에이션은 아니다. 이때, 정체성의 고민이 시작되고 다시 구조를 회복해야 한다. 이처럼 구조의 중요성은 아무리 강조해도 지나치지 않다. 일반인은 일상적 움직임 외에 몸을 주체적으로 사용한 경험이 거의 없다. 아무리 좋은 프로그램이라 할지라도 대상자들에게는 새로운 경험이어서 낯설고 어색하며 불편하다. 구조가 있어야 하는 필연적 이유다. 구조로 해결해야 하고, 구조로 해결할 수 있다. 구조가 없으면 설정된 목표에 도달할 수 없다. 몸이 가진 탁월한 치유성이 구조를 만나면 빛을 발한다. 구조는 워밍업, 주제, 마무리로 이루어진 3단계, 혹은 릴리즈(Release)와 센터링(Centering)이 추가된 5단계가 있다. 이 책에서는 구분 자체가 쉽지 않은 5단계가 아닌, 보다 단순하고 명확한 3단계로 구성했다.

1) 1단계 워밍업

워밍업(Warm-Up)은 신체준비 및 주제진입 단계다. 신체심리치료는 몸을 통해서 마음을 다루는 학문이다. 몸의 움직임은 교육/치료의 핵심적 도구다. 몸이 준비되지 않으면 마음을 다룰 수 없다. 이 때문에 워밍업은 있어도 되고 없어도 되는 액세서리가 아니고, 대충 거쳐 가는 형식적인 과정도 아니다. 몸만 풀다가 끝나는 구색 맞추기는 더더욱 아니다. 워밍업에서 몸이 제대로 준비되지 않으면 주제로 진입할 수 없다. 구체적으로는 규칙 설정, 라포(Rapport) 형성, 신체 이완, 움직임 확장을 통한 신체 활성화, 주제진입을 위한 신체 준비, 방어기제 완화가 있다.

첫째, 규칙 설정이다. 규칙 설정은 연령이 낮을수록 필수적이다. 핵가족 시대에 한두 명의 자녀만 출산하는 것이 보편적인 추세다 보니, 타인과 더불어 살아가는 훈련이 부족할 수밖에 없다. 함부로 들락거리거나, 치료사의 지시어를 따르지 않거나, 앉아 있지 못하고 마구 돌아다니거나, 제멋대로 하려고 하다가 뜻대로 되지 않으면 거친 행동을 하는 등 여러 형태로 나타난다. 치료사가 일일이 쫓아다니면서 자리에 앉히다 보면 전체를 놓쳐서 순식간에 통제불능 상태에 빠지기도 한다. 규칙은 첫 회기에 설정되어야 한다. 대상자들과 의논하기도 하고, 치료사가 제시하기도 한다. 복잡하거나 긴 설명은 집중력을 흩뜨린다. 손에 들 수 있는 작은 악기를 활용해서 'Stop, Look, Listen' 세 단어로 연습시킨다. 성인 세션의 경우, 사전에 휴대전화의 통제는 필수다.

둘째, 라포 형성이다. 이 책에서는 라포 형성을 하나의 주제로 잡고 있다. 기법도 함께 설명되어 있으므로 참조할 수 있다.

셋째, 신체 이완이다. 딱딱하고 경직된 몸은 콘크리트와 같아서 받아들이는 대신 튕겨 낸다. 무감각하기 때문에 자기인식이 안 되고 방어한다. 이완되어서 유연한 몸은 스펀지와 같아서 받아들일 준비가 되어 있다. 감각이 살아나고 방어가 풀린다. 신체의 이완은 곧 마음의 이완으로, 몸이 열리면 마음도 열린다. 이 책에서는 다양한 신체 이완 기법이 매 회기 워밍업에 수록되어 있다. 몸의 해부학적 구조를 토대로 하는 소매틱(Somatic) 스트레칭을 기본으로 한다. 일반인도 누구나 가능하도록 신체 구조를 따라 자연스럽게 물 흐르듯 흘러가는 스트레칭이다. 요가 강사나 운동 트레이너, 무용수처럼 오랜 기간 몸 수련을 통해 유연한 몸을 가지고 있는 전문가들이 자칫 놓치기 쉬운 단계들을 보다 세분화시켜 두었다. 움직임의 연속성에 큰 폭으로 건너뛰는 단계가 있으면 몸에 무리가 갈 수밖에 없다. 대상자의 연령은 중요한 변수다. 강도를 높이거나, 고난도 기술을 익히려다 오히려 몸이 경직되거나 다치는 경우가 발생할 수도 있다. 마음작업을 방해하기도 한다. 스트레칭 자체가 목적이라기보다 마음작업을 하기 위한 준비 단계임을 잊지 말아야 한다. 반드시 호흡 리듬과 함께해야 한다.

넷째, 움직임 확장을 통한 신체 활성화다. 아동이건 성인이건 일상생활을 유지하기 위한 몸의 움직임은 제한되어 있다. 대부분 운전, 설거지, 청소, 공부, 게임, 스마트폰 등 특정 신체 부위를 반복적으로 사용한다. 과사용되거나 혹은 아예 사용되지 않아서 잊히기도 한다. 창조된 원래의 구조에서 벗어나 있거나, 손상을 입었거나, 기능을 상실했거나, 딱딱하게 경직되어 있다. 오작동을 일으키기도 한다. 살아 있으나 죽어 있는 몸처럼 생기가 없다. 충만한 에너지로 가득 차 있는 아이들의 몸도 스마트폰에 몰입하고 있을 때는 노인의 몸처럼 무력하다. 움직임 확장은 습관화된 몸 사용 패턴과 움직임 패턴에 다양한 방식의 변화를 준다. Laban의 동작 분석을 기반으로 자세, 신체 부위, 공간, 공간 레벨, 움직임의 질(에포트, effort), 방향, 호흡, 움직임의 시작점 등 지시어를 통해 고정 패턴을 벗어나게 한다. 습관화된 일상 움직임을 리듬까지 확장해서 춤으로 연결하면 몸은 생생하게 살아서 움직인다. 춤 움직임은 뇌의 지도를 바꾼다. 엔돌핀, 세로토닌 등의 행복 호르몬이 방출되어 긍정적 정서가 공급된다. 에너지의 흐름이 바뀌고 상호작용의 질이 변화한다. 자발성과 창조성이 발현되기 시작하면 주제로 진입하기 위해 몸이 잘 준비되었음을 의미한다. 몸이 살아나면 마음도 살아나고, 마음이 살면 몸도 산다. 워밍업 단계에서는 마음으로 들어가기 전에 먼저 몸을 살려 낸다.

다섯째, 주제 진입을 위한 신체 준비다. 주제에서 구성된 프로그램을 몸이 수행할 준비를 하는 단계다. 습관화된 고정 패턴에서 벗어난 몸은 주제 움직임에 적응하기 위해 한 단계 더 나아가야 한다. 감정을 몸으로 조각해야 하는 움직임이 주제에 구성되어 있을 경우를 예로 들어 보자. 훨씬 더 섬세한 몸의 움직임이 필요하다. 제자리에 차렷 자세로 서 있을 때의 몸은 중립적이다. 아무것도 드러나지 않는 몸을 다양한 방식으로 변형하면 내면의 감정이 바깥으로 드러난다. 이는 쉽지 않은 작업이다. 실제로 감정을 느끼면 몸은 저절로 변형된다. 그러나 감정을 느끼지 않은 상태에서 감정을 만들어야 한다. 이 때문에 막대기처럼 일자인 몸을 구겨진 종이 조각처럼 섬세하게 변형하는 과정이 선행되어야 한다. 머리의 각도, 시선, 목의 숙임 정도, 턱의 치켜듦 정도, 척추의 휘어짐 정도, 손의 방향, 손가락 마디마디의 꺾임, 무릎의 각도, 어깨의 한 방향 쏠림, 골반의 열림, 몸통의 뒤틀림 등 무수히 많은 변형이 가능하다. 곧게 서 있는 중립적인 몸이 작은 변형 하나에도 표현적인 몸으로 바뀌는 연습은 주제로의 진입을 원활하게 한다.

여섯째, 방어기제 완화다. 방어기제는 마음작업을 방해하는 머릿속 생각이다. 지속적으로 상처가 주어지는 상황에서 살아남기 위해 애쓰다 형성된 언어들이다. 의식은 회복하고 싶어 하면서도 무의식은 회복하고 싶지 않다. 마음작업 자체가 고통스런 기억을 떠올리기 때문이다. 기억에 수반되는 감정과도 마주해야 한다. 피하고 싶다. 언어를 사용할수록 과거의 생각이 강화된다. '아하' 통찰은커녕 현재에 머무는 것조차 어렵게 만든다. 다람쥐 쳇바퀴 돌 듯이 같은 말을 끝없이 반복한다. 치료사는 언어적 직면의 기회를 포착하기 위해 듣고 또 들어 주다가 지친다. 치료는 마음에 가득 찬 파괴적 감정을 직접 만나서 처리하는 일로부터 시작된다. 상처의 언어화와 상한 감정의 직접 대면은 다르다. 떠오른 기억을 언어화해서 표현하는 것은 계속 과거에 머물게 하지만, 언어를 사용하지 않고 감정과 직접 만나면 처리가 가능하다. 치료사의 유능성은 이 과정을 얼마나 따뜻하고 자연스러우면서 아프지 않게 하느냐에 달려 있다. 방어기제는 치료과정을 방해하기 위해 머리가 만들어 내는 거짓된 생각들이다. 이러한 생각은 마음으로 가는 길을 방해한다.

몸의 움직임은 방어기제의 작동을 멈추게 한다. 몸은 언제나 현재에 있다. '지금-여기(Now-Here)'이다. 현재인 몸을 움직이다 보면 과거의 생각은 멈춘다. 머릿속에 똘똘 뭉쳐 있어 끝없이 생각을 만들어 내는 에너지를 골고루 분산시키기 때문이다. 머리가 비워지면 방어기제도 약화된다. 몸은 감정이 살고 있는 집이다. 몸을 움직이면 방어기제가 약화된 틈으로 억압된 무의식적 감정들이 수면 위로 올라와서 자동적으로 처리된다. 교육도 마찬가지다. 자신의 몸을 주체적으로 움직이다 보면 의식 수준의 방어기제들이 가볍게 처리된다. 이때, 재미의 요소가 저항을 최소화하고 자발성과 창조성을 극대화한다. 치료사가 억지로 이끌어 내는 깨달음과 통찰이 아니라 대상자의 체험을 통한 주체적 깨달음과 통찰이다. 자기주도적 학습의 기초가 마련된다.

2) 2단계 주제

주제(Theme)는 목표에 도달하기 위한 교육/치료 단계다. 매 회기 구성된 하나의 프로그램은 목표에 도달하기 위한 집약적 과정이다. 기법은 기법 자체를 위해 존재하는 것이 아니며, 날 것 그대로의 기법을 나열하는 것은 더욱 아니다. 목표 안으로 스며들어야 한다. 기법이 목표를 위해 어떻게 활용되는가가 더 중요하다. 일반인이건 전문 무용수이건 대상에 맞게 유연하게 변형되면서 점진적으로 단계를 따라서 연속적으로 목표 달성을 향해 나아간다. 몸은 그 자체로 문제를 드러내고 치유성을 지니고 있어서 무궁무진한 기법을 담고 있다.

예를 들어 보자. 폭력적인 가정에서 자라난 몸과 평화로운 가정에서 자라난 몸은 다르다. 폭력이 무차별로 가해지는 상황에 지속적으로 방치된 자녀는 날마다 숨죽이며 산다. 공포와 두려움과 불안으로 깜짝깜짝 놀라면 신경계는 약화되고 호흡은 들숨에서 멈춘다. 성인이 될 때까지 이러한 환경에 방치되어 날숨을 제대로 하지 못하면 공황장애로 발전한다. 호흡이 가라앉지 않으니 몸은 위로 솟구치고 발뒤꿈치가 들린다. 바닥에 차분히 가라앉는 그라운딩(Grounding)이 안 되고 여기저기 돌아다니며, 산만하다는 평가를 듣는다. 아이에게 돌아다니지 말고 가만 앉아 있으라고 소리치지만 소용없다. 이 사례에서 선택된 기법은 호흡이다. 호흡은 단지 생명을 유지하는 장치에 그치지 않는다. 호흡은 마음, 특히 감정과 직결되어 있다. 날숨이 되면 들숨은 저절로 일어난다. 신경계가 부드럽게 진정되면서 불안, 두려움, 공포, 무서움 등 부정적 정서가 안정된다. 기법의 세밀함이 필요한 지점이다. 호흡의 시작점, 길이, 깊이, 지속시간, 멈춤, 세기, 빠르기, 자세 등에 따라 호흡의 종류는 수십 가지이며, 기능은 각기 다르다. 치료사는 선정한 기법의 어떤 요소를, 어떤 방식으로 목표와 대상에 맞게 구성할 것인지를 결정해야 한다.

3) 3단계 마무리

마무리(Closure)는 자기통찰 및 종결적용 단계다. 센터링, 소감 나누기, 마무리 인사로 구성된다. 센터링은 현실 혹은 자신에게 되돌아가는 시간이다. 몸으로 경험한 것을 머리로 정리하는 인지화 과정이기도 하다. 센터링이 없으면 몸의 경험으로만 끝난다. 목표와 아무런 관련성 없다면 교육 혹은 치료라 말하기 어렵다. 언어에 의한 교사중심의 가르침과 가장 뚜렷한 차이다. 타인이 습득한 지식을 수동적으로 전수받는 것이 아니다. 자신의 몸을 사용해서 스스로 얻게 된 통찰(아하 경험)이다. 치료사는 몸의 경험을 인지화해서 개인의 삶과 연결된 의미를 찾도록 도와주어야 한다. 목표와 관련된 개방형 질문을 구체적으로 제시할 수도 있고, 그림, 명상, 글 등을 활용할 수 있다. 이때, 치료사는 좋고 나쁨의 평가적 질문보다 가치 중립적인 질문을 통해 있는 그대로의 생각을 드러내도록 도와야 한다. 이 책에서는 어떻게 질문해야 할지 기술해 두었다. 이 외에도 추가질문을 할 수 있다. 소감 나누기에서는 발견한 의미의 언어화 작업이 이루어진다. 머리로 정리한 의미를 언어로 표현한다. 일상생활과 관련해서 깨달은 의미를 그룹원들과 나누다 보면 몸으로 체득한 의미의 내면화가 이루어진다. 나눔은 확산으로 이어지며 새로운 깨달음이 추가된다. 이때, 치료사는 목표달성 여부를 알 수 있다. 마무리 인사는 작별 의식을 통해 치료사와 그룹원, 그룹원들 간 분리하는 단계다. 세션과 상관없는 상투적인 인사를 나누기보다 세션 전체를 통한 개인의 주제 관련 핵심 동작을 인사로 활용한다. 표현은 정리로 이어지고 그룹원의 지지로 실천력이 확장된다.

SOMATIC
PSYCHOTHERAPY
TECHNIQUES AND
APPLICATIONS

제2장

신체심리치료 기법의 운영 실제

1. 대상자 선정

이 책은 집단을 염두에 두고 집필하였지만, 대상자 특성에 맞게 조정하면 개별과 가족 작업에도 활용할 수 있다. 보다 중요한 것은 대상자 파악과 선정이다. 프로그램이 아무리 잘 구성되어 있다 하더라도 대상자 선정이 잘못되면 효과성은 떨어진다. 애초부터 적응이 불가능한 대상자가 참가하고 있다면 중도탈락이 생길 수밖에 없다. 사전면담을 통해 교육대상자인지, 치료대상자인지 구분하는 일이 우선이다. 교육은 예방이다. 이는 마음의 기능이 살아 있고, 인지가 정상적으로 작동해서 언어적 소통이 가능하며, 신경전달물질이 제대로 분비되고 있고, 그룹 적응이 가능하다는 의미다. 전인적인 성장 발달을 통한 건강하고 행복한 일상의 회복이 교육의 목적이다. 한편, 치료는 마음기능 파괴의 증상 발현, 인지기능의 문제로 인한 소통장애와 신경전달물질 분비의 불균형으로 인한 증상 발현, 그룹 적응 불능에 해당된다. 치료는 3단계로 나뉜다. 첫째는 원인 치료가 가능하며, 마음을 다루는 치료사가 개입하는 단계, 둘째는 정신과 약과 마음치료를 병행하는 단계, 셋째는 정신과 약만 처방해야 하는 단계다. 이 단계의 주된 목적은 증상 완화 혹은 증상치료다.

이 책에 수록된 프로그램의 1차 적용 대상자는 교육대상자에 해당되는 일반인들이다. 최선의 치료는 예방이다. 면역 시스템이 작동하고 있을 때와 오작동을 일으킬 때, 그리고 완전히 파괴되었을 때는 각각 개입의 효율성이 다를 수밖에 없다. 치료대상자 중에서도 1, 2단계까지는 적용이 가능하다. 단, 2단계는 그룹이 아닌 개별 혹은 5명 미만 소그룹으로 진행하면서 문제 원인, 유형, 증상, 증상의 정도에 따라 목표와 프로그램 내용을 조정해야 한다. 이 경우에 진행자의 심리상담적 경험과 지식은 매우 중요하다. 이때, 가족 개입은 필수적이다. 대상자로 선정이 되었으나 진행하면서 적절하지 못하다고 평가되면 개별 치료나 가족 치료를 권할 수도 있다. 주제별 구성이기 때문에 치료사의 역량에 따라 연령이나 성별, 학력, 국적 등의 제한에 지나치게 얽매일 필요는 없다.

2. 운영 시간

시간은 목표를 어디까지 설정한 것인지를 정하는 결정적 요인이다. 교육의 효과성을 위해서는 적절한 시간이 요구된다. 시간이 너무 짧으면 교육의 목표를 달성할 수 없다. 이 책에 수록된 기법들은 세션 당 1시간도 가능하지만 2시간 혹은 천천히 여유 있게 진행하면 3시간까지 가능하다. 내용이 부족하면 현장에서 활용할 때 제한이 있으므로, 현장에서 실제로 적용 가능하도록 최대한의 내용을 상세하게 수록했다. 최대치를 기준으로 삼아 각자의 상황에 적합하게 응용할 수 있을 것이다. 시간은 대상자와 밀접한 관련이 있으므로 특성에 맞게 운용해야 한다. 지적 장애아는 50분으로 충분하지만, 일반인에게 50분은 변화를 기대하기에 짧다. 유아는 50~60분을 기준으로 하지만, 성인은 2시간이 일반적이다. 전체 시간은 구조 3단계에 따라 배분된다. 시간 배분은 획일화하기보다 대상자, 주제, 특성, 목적에 따라 유연하게 운영해야 한다. 일반적인 기준은 유아나 아동을 대상으로 한 50분 진행의 경우, 워밍업 10분, 주제 30분, 마무리 10분으로 구성할 수 있다. 반면, 성인을 대상으로 한 120분 진행이라면 워밍업 30분, 주제 70분, 마무리 20분으로 구성할 수 있다.

3. 환경 구성

종종 치료사들은 프로그램 진행에만 집중하다가 실행 장소인 공간을 놓치는 경우가 있다. 공간이 제대로 준비되지 않으면 프로그램 실행은 어렵다. 이는 집중도와 밀접한 관련이 있으며, 사전 점검을 반드시 해야 하는 이유다. 공간 세팅의 경우, 예방이 최선이므로 프로그램 진행에 적절한 공간으로 다시 세팅해야 한다. 외부요청 강의일 경우에는 공간의 상황을 예측하기가 어럽다. 아무리 사전에 점검해도 막상 현장에 도착하면 진행하기 어려운 상태일 때가 있다. 진행 장소를 변경하도록 요청해야 하는 상황이다. 그러나 변화시킬 수 없는 환경이라면 환경에 맞추어 프로그램 내용을 변경해야 한다. 치료사는 공간 재세팅을 대비해서 미리 현장에 도착하여 다음의 기준을 따라 공간을 점검해야 한다.

첫째, 공간의 안전도다. 단순화는 최적의 안전 상태를 제공한다. 의자나 테이블, 기둥이 없는 빈 마루 공간을 기본으로, 불필요한 물건들은 최대한 소거한다. 부딪힐 수 있는 모서리나 날카로운 물건들, 흥미를 유발할 소재들은 없는지 점검한다. 바닥의 미끄러운 정도나 거친 정도는 부상 여부와 관련이 있다. 상태가 좋지 않으면 덧버선을 활용할 수도 있다. 공간의 크기도 안전도와 밀접한 관련이 있다. 강의 형태가 아니기 때문에 개인 움직임의 범위와 전체 대상자 수를 고려해서 정한다.

둘째, 공간의 안정도다. 현장의 상태가 불안감을 조성해서 집중력을 방해하는지 혹은 안정감을 제공하여 집중력을 강화하는지 점검한다. 빛 차단 여부, 다른 사람들이 들락거리는 정도, 휴대전화, 사방이 트인 정도, 소음, 벽 색깔 등이 안정도에 영향을 준다.

셋째, 공간의 효율성이다. 현장에는 음향, 빔 프로젝트, 마이크, 조명과 같이 진행에 필요한 기자재가 구비되어 있어야 한다. 특히 음향 상태는 진행에 결정적 요인이다. 잡음이 나거나 볼륨이 약하거나 음질이 좋지 않는 등의 문제는 없는지 사전 점검한다.

넷째, 공간의 쾌적성이다. 청소 상태, 냄새, 환기, 온도, 습도는 활동에 큰 영향을 준다. 아로마향, 공기청정기, 양초, 냉난방기, 제습기 등을 활용한다. 바닥 난방은 실행에 큰 영향을 미친다. 추운 겨울날 차가운 바닥은 움직임의 제한을 가져올 뿐만 아니라 마음을 위축시킨다. 이 경우, 난방기기를 사용하거나 요가 매트를 바닥에 깔아 보완할 수 있다.

4. 음악

음악은 아무리 강조해도 지나치지 않다. 음악치료가 아니기 때문에 음악이 주된 치료도구는 아니지만, 음악이 차지하는 비중은 매우 크다. 음악은 치료사의 취향이나 선호도를 따라 선정하는 것이 아니다. 음악은 구성된 프로그램이 목표에 도달하도록 돕는다. 음악의 선율, 세기, 박자 등이 대상자 특성과도 맞아야 한다. 음악은 움직임을 도와주는 보조 역할을 넘어선다. 단순히 움직임을 방해하지 않는 정도를 넘어서서 움직임의 전환을 주도한다. 세션 전체의 흐름을 바꿀 수도 있다. 음악을 통해 움직임의 질, 리듬, 빠르기, 박자, 세기, 에너지 레벨 등을 원하는 대로 축소·확장·변형시킬 수 있다. 주제로의 진입을 가속화시키기도 하고, 마무리할 수도 있다. 개념 없이 잘못 선정된 음악이나 작은 부주의 때문에 나이트클럽 수준의 춤판이 벌어지기도 한다. 움직임이 위축되거나 중단되기도 한다. 음악은 세션 전체의 성패를 가를 만큼 큰 영향을 미친다.

1) 음악과 종교

종교성이 분명한 집단의 경우에는 음악 사용에 특히 유의해야 한다. 이는 치료사 윤리와도 직결된다. 대원칙은 중립성을 유지하면서 인간과 인간을 둘러싼 배경에 대한 무조건적 수용이다. 신념, 종교, 가치판단을 내려놓고 대상자 속으로 완전히 들어가야 한다. 이는 치료사가 대상자의 종교성이나 가치관을 받아들이라는 의미가 아니다. 자신의 종교성을 바꿀 필요도 없으며, 치료사가 대상자의 문화나 종교를 강요해서도 안 된다. 한편으로 대상자의 종교가 대상자에 대한 부정적인 시각이나 편견의 근거가 되어서도 안 된다. 비우고 내려놓는 만큼의 빈 공간에 대상자들을 품을 수 있어야 한다.

음악은 특히 강력한 종교성을 가지고 있다. 치료사와 대상자의 종교가 충돌한다면, 음악은 대상자의 종교에 맞게 선택해야 한다. 평상시에 듣는 익숙한 음악은 편안하다. 몸과 마음이 저절로 열린다. 반면, 생소한 음악은 불편하다. 몸과 마음이 저절로 닫힌다. 예를 들어, 불교 신도인 치료사가 기독교인들로만 구성된 집단을 대상으로 치료를 진행한다면 찬불가를 사용하는 순간 대상자들에게는 강한 거부감이 형성될 것이다. 반면, 라포를 형성해야 하는 초기 단계에 찬송가를 사용하면 빠른 속도로 친밀감이 형성될 것이다. 그렇다고 모든 음악이 종교적 성격을 띨 필요는 없다. 종교 중심적 음악과 함께 종교 중립적 음악들도 다양하게 준비할 수 있다. 치료사가 타 종교의 종교성과 음악이 불편하다면, 그 집단은 진행하지 않아야 한다.

2) 음악실행

음악 사용 시 끊어짐이 있으면 안 된다. 음악이 중단되면 움직임도 중단되고 몰입과 흐름이 깨진다. 음악을 저장해서 재생하는 프로그램이 중요한 이유다. 제트오디오(Zet Audio) 프로그램을 활용하면 도움이 된다. 무한 반복, 순서대로 반복, 저장 등의 기본 기능 외에 페이드(Fade)

기능이 있어서 음악과 음악 사이의 끊어짐 문제를 해결할 수 있다. 음악이 끝나는 지점과 다음 음악이 시작되는 지점을 언제부터 오버랩시킬 것인지를 설정할 수 있다.

음악 실행 시 볼륨의 선택은 매우 중요하다. 적절한 볼륨은 대상자의 연령, 움직임의 질과 목적, 공간의 크기 등에 따라 달라진다. 모든 상황에 들어맞는 공식은 없지만 약간의 지침은 제시할 수 있다. 연령이 낮은 아동은 아무리 좋은 음악이라도 큰 볼륨을 견디지 못한다. 귀를 틀어막거나, 갑자기 울음을 터트리거나, 바깥으로 나가려 한다. 아동의 기준으로 볼륨을 점검해야 한다. 음악보다는 목소리나 몸에서 나는 반복 리듬이 효과적일 수도 있다. 성인의 경우, 리듬성을 확장해서 춤으로 연결할 때 볼륨이 지대한 영향을 미친다. 에너지를 발산하는 춤인지, 자신을 표현하는 춤인지, 내면을 성찰하는 춤인지, 타인과 함께 추는 춤인지 등에 따라 달라진다. 분명한 것은 볼륨의 크기가 작으면 춤 동작도 제한된다는 것이다. 공간의 공명 정도와 크기도 영향을 미친다. 그러므로 외부 세션의 경우에는 사전에 공간의 크기를 점검해야 한다. 공간의 크기에 비해 볼륨이 턱없이 작다면 사전에 휴대용 스피커를 준비한다. 구성된 프로그램에서 볼륨의 최대치가 어디까지인지를 가늠해서 음악의 크기를 준비한다. 볼륨은 치료사의 진행에도 영향을 미친다. 음악을 틀어 놓은 상태에서 지시어를 주어야 하기 때문이다. 무엇보다도 사람의 목소리를 우선시해야 한다. 그러나 적은 공간에서 소수의 인원이 아니라, 큰 공간에서 다수의 인원일 때 치료사의 지시어가 음악소리에 묻힐 수 있다. 음악과 지시어 둘 다 중요하기 때문에 공연이 아니라 치료임에도 헤드셋을 활용해야 한다.

3) 음악 선정

학생들이 가장 많이 요청하는 것은 다음과 같다. "교수님, 그 음악 얻을 수 있을까요?" 수업 중에 받는 요청이라면 음악을 보내 준다. 그렇다면 그 학생은 음악을 받아 사용하겠지만, 음악 찾는 방법은 평생 배우지 못한다. 음악은 널려 있으며, 없어서 찾지 못하는 것이 아니다. 단지 어떤 음악을 골라서 어떤 곳에 배치해야 할지를 모를 뿐이다. 전문가가 진행 현장에 동행하여 즉흥 음악을 공급해 주지 않는 이상, 음악을 찾는 귀와 찾은 음악을 적절하게 배치하는 감각을 길러야 한다. 그렇기 때문에 음악은 치료사의 실력이다. 이 책에서는 매 세션마다 곡명을 제공하지 않는다. 대신 음악 선정 방법을 안내한다. 신체심리치료사는 음악에 배고픈 사냥꾼이어야 한다. 좋은 곡 하나를 찾기 위해 수십 개의 곡을 들어야 할 때도 있다. 별도의 시간을 내어 음악을 검색하기도 하지만 일상에서 음악을 찾을 수도 있다. 열린 귀로 주파수를 맞추고 있으면 음악은 언제라도 찾아온다. 적절한 음악이 있으면 그 자리에서 검색하고 저장해 둔다.

음악 선정의 1단계에서는 구조 3단계인 워밍업, 주제, 마무리를 따라 구성된 프로그램 내용에 적합한 음악을 찾아서 배치한다. 어떤 음악을 찾고 있는지가 분명해야 한다. 음악은 기본 3요소인 리듬(Rythem), 멜로디(Melody), 화성(Harmony) 외에도 수많은 요소가 있다. 가사 유무, 세기, 빠르기, 리듬성, 장단, 높이, 화음, 에너지, 악기 소리인지 사람의 목소리인지, 악기 종류, 나라, 목소리의 성별, 분위기, 음악 장르 등이다. 이 요소들을 기준 삼아 각 구조에 적합한지 평가한다. 신체이완이나 명상 음악은 상대적으로 찾기 수월하다. 가사가 없으면서 리듬성이 뛰어나 자연스럽게 움직임을 생성하는 음악은 상대적으로 찾기 어렵다. 가사가 있으면 가사에 얽매어 가사 맞춤형 움직임을 하려 한다. 이는 자발성과 창의성을 근간으로 하는 움직임을 방해한다. 단, 가사를 사용해야 하는 경우는 예외다.

2단계는 구조 3단계에 의해 분류된 음악을 다시 구조 내에서의 음악으로 분류하여 재배치한다. 워밍업 음악이라 하더라도 이완 목적의 스트레칭 음악과 리듬성을 만들어 내는 안마 음악, 움직임 활성화를 목적으로 하는 음악은 확연히 다르다. 이때, 단계가 매우 중요한데, 언제나 기억하고 있어야 할 음악 사용의 기본 규칙이다. 처음부터 세기가 강하고 빠른 리듬이나 춤 음악을 사용할 수는 없다. 속도를 예로 들면 느린, 보통, 빠른, 가장 빠른 등의 순으로 음악을 점진적으로 발전시켜 간다. 가장 효율적인 방법은 치료사가 음악에 맞추어서 움직임을 직접 실험해 보는 것이다. 구성된 움직임을 생성하기에 적합한지는 몸의 반응으로 알 수 있다. 음악은 치유적이어야 한다. 치료에 적합하지 않은 음악들은 과감히 소거한다. 특별한 목적 외에는 사용하지 않는 음악들도 있다. 하드록, 헤비메탈, 전자음, 기계음, 나이트클럽용 음악 등과 같이 감정을 극단적으로 끌어올리면서 자기 인식을 방해하는 음악의 사용은 신중해야 하는데, 자기 인식 능력이 무엇보다 중요하기 때문이다.

3단계는 실제 진행을 위해 음악을 제트오디오 등의 프로그램에 배치한다. 이때, 순서가 매우 중요하다. 음악을 틀어 주면서 진행도 해야 하기 때문이다. 진행 경력이 오래될수록 현장에서 대상자의 움직임을 즉흥적으로 선택해서 활용하기 때문에 만약의 경우를 대비해서 여유롭게 준비한다.

5. 소도구

신체심리치료에서 몸은 가장 핵심적인 매체다. 몸은 남의 것이 아니라 자신의 것이다. 이 때문에 몸은 직접적인 교육 매체이자 교육 주체다. 교육 매체와 학습자 사이에는 중간 매체가 없는데, 이것이 여타 예술치료와의 가장 큰 차이점이다. 그럼에도 특정 대상이나 주제에 따라 소도구(Material) 사용이 효율적일 때가 있다. 자연스런 동작 충동(Action Drive)이 일어나기 때문이다. 움직임으로의 진입을 용이하게 하고, 흥미 유발로 인해 집중력 유지가 수월하며 주제에 쉽게 접근할 수 있다. 영유아, 아동 청소년, 노년, 지적 장애나 ADHD 등의 특수대상자는 소도구에 보다 능동적으로 반응한다. 집중력이 짧거나, 몸 기능 장애가 있거나, 인식 수준이 낮거나, 몸 인식 및 표현력이 낮은 경우 등이다.

소도구는 워밍업/주제/마무리까지 구조 각 단계에서 모두 활용 가능하다. 중요한 것은 어느 단계에, 무슨 목적으로, 누구에게, 어떻게 사용할 것인지가 명확해야 한다는 점이다. 대상자들이 좋아하거나, 집중과 흥미 유지의 목적으로 각기 다른 종류의 소도구를 연속적으로 나열하면 안 된다. 목표도 없고, 방향도 없고, 구조도 없다. 소도구의 향연이 벌어진다. 각종 소도구로 재미있게 놀다 보면 소도구 의존이라는 함정에 빠지기 쉽다. 세션을 진행하다 막히거나 산만해지면 습관처럼 소도구를 들이민다. 이것이 슈퍼비전이 반드시 필요한 이유다. 소도구를 선정하기 전에 진행자는 먼저 몸의 경험을 통해 소도구를 충분히 탐색해 보아야 한다. 실제로 가지고 놀면서 색깔, 감촉, 재질, 무게, 질감, 형태, 냄새 등 소도구만의 특성을 파악한다. 소도구와 친해지면 프로그램 어느 단계에 사용할 때 효율적인지도 판단할 수 있다.

소도구는 몸을 쉽게 움직이게 한다. 움직임 진입의 용이성은 소도구가 가진 큰 강점이다. 그러나 소도구가 사라지면 정작 몸 작업으로의 전환이 힘들 수 있다. 몸은 자신의 것이고, 소도구는 타인이 제작한 것이기 때문이다. 예를 들어, 하늘거리는 시폰 천을 가지고 있으면 천을 흔들고 싶은 자연스러운 충동이 생겨나서 저절로 움직임을 한다. 그러나 천이 사라지면 움직임도 사라진다. 몸 작업으로 이어 가려면 다시 처음부터 단계를 밟아야 한다. 소도구를 꺼내고 정리하는 과정에서 세션 전체의 흐름을 방해하기도 한다. 사전에 사용하기 쉽도록 가까운 곳에 순서대로 정리해 두어야 한다. 사용 후에는 참가자들이 직접 정리하기도 하지만 시간이 많이 걸릴 경우는 보조치료사의 도움을 받을 수 있다.

6. 주치료사의 역할

프로그램이 아무리 잘 구성되었다 하더라도 치료사의 행동에 따라 목표 달성 여부가 달라진다. 치료사의 기본적인 역할은 첫째로 설계자다. 이 책에서는 다양한 운용이 가능하도록 난이도가 가장 높은 대상을 기준으로 최대한 상세하게 프로그램이 구성되었다. 각 주제는 영역별 분류, 목표 진술, 준비물, 내용, 유의점 및 치료사 역할 순으로 정리되어 있다. 치료사는 각자의 임상현장에서 이 책에 수록된 프로그램을 토대로 대상자 특성에 맞게 전체 목적을 재수립하고, 전체 회기와 시간을 결정하고, 회기에 맞는 주제를 선정한 다음에 각 회기의 내용을 실행에 옮길 준비를 해야 한다. 프로그램 내용을 숙지하고 그대로 진행할 수도 있지만 대상자 특성에 맞추어 추가, 생략, 변형 등 조정 과정을 거쳐야 할 수도 있다. 둘째로 사전 점검을 통해 사전 준비하는 관리자 역할이다. 기자재, 소도구, 장소, 구성원 수와 특성 등 필요 요소와 환경이 적절하게 갖추어져 있는지 점검한다. 외부 요청의 경우 기관의 특성, 대상자 특성, 기관의 욕구, 최종 결정권자 및 담당자의 이해도와 협조도, 비용 및 지불 방식, 영상이나 사진 촬영 여부, 저작권 문제, 참관이나 보조치료사의 평가 방식 등을 사전에 파악해서 조율한다. 셋째로 프로그램 진행자로서의 역할이다. 프로그램 내용 파악 및 숙지도, 지시어의 명확도, 모델링과 움직임 시연의 적절성, 구조 3단계의 시간 배분 적합도, 대상자 특성과의 일치성, 집중력의 지속도 등이 영향을 준다. 넷째로 참여 동기를 촉진시키는 역할이다. 한계와 규칙 설정의 명확도, 대상자와 상호 소통 유능성, 의상, 말투, 표정, 손짓 등 전문가로서의 태도 유무, 개별적 행동 특성에 대한 이해도, 동기 유발 강화, 다양한 상황에서의 유연한 대처 능력, 발달특성 이해 등이 포함된다. 다섯째로 개입자 역할이다. 움직임을 싫어하거나 갑자기 집단을 이탈하려는 등 적응하지 못하고 있는 구성원을 알아차리고 적절하게 개입해야 한다. 공감, 지지, 격려, 제한, 긍정적 모델링, 긍정적 피드백 등을 활용할 수 있다.

7. 보조치료사의 역할

보조치료사는 주치료사가 프로그램을 원활하게 진행하도록 돕는 역할을 한다. 대상자 15명에 2명 정도가 적당하다. 진행하다 보면 특별주의가 필요한 대상자가 발견될 수 있다. 지나치게 산만하거나, 부상 때문에 특정 부위를 움직일 수 없거나, 인지 기능이 떨어져서 지시를 이해할 수 없거나, 폭력적이거나, 왕따를 당하고 있거나, 진행을 방해하거나, 그룹 전체의 에너지를 감당하기 어려워하거나, 지나치게 소극적인 경우 등이다. 주치료사는 전체 진행을 해야 하기 때문에 개별 개입에 한계가 있다. 보조치료사가 있어야 하는 이유다. 현장에서 대상자 중 하나를 보조로 세워야 할 경우도 있다. 특히 청소년 그룹의 경우, 전체를 통제하는 일명 '짱'이 있다. 신속히 파악해서 사로잡지 못하면 전체 진행이 실패로 돌아간다. 방해를 하거나, 인정받기 위해 돌발 행동을 해서 다른 아이들까지 가담하게 한다. 이 경우, 예외적으로 '짱'을 아예 보조진행자로 세울 수도 있다.

보조치료사는 반드시 신체심리치료나 그 외의 예술치료 과정을 이수했거나 관련 학문 2급 이상 자격증 소지자여야 한다. 지식이나 경험이 부족하거나 이론적 배경이 다를 경우, 오히려 주치료사를 방해한다. 주치료사가 보조치료사의 잘못된 개입에까지 신경쓰다 보면 집중력이 흐트러지고 에너지를 배나 빼앗기게 된다. 주치료사의 요청 없이 함부로 개입하지 않도록 사전에 오리엔테이션해야 한다. 개별 개입 외에도 공간 세팅, 준비물 공급, 마무리 정리 등을 돕는다. 보조치료사가 아닌, 참관생이 진행 공간 안에 들어오기도 하는데, 자격증 취득 과정 중인 학생들에게 현장 참관의 기회를 제공하기 위함이며 진행에 참여할 수는 없다. 대상자들의 동선과 시선에 방해되지 않도록 공간 뒤쪽에 앉아서 조용히 관찰하도록 한다.

외부 세션의 경우, 보조교사들이 사전 허락 없이 들어오기도 한다. 신체심리치료에 대한 이해가 전혀 없는 상태이기 때문에 역할 한계를 분명히 설정하지 않으면 세션 전체를 방해한다. 예를 들어, 부끄럼이 많고 에너지가 약한 아동의 손을 잡고 큰 동작의 움직임을 시켜 주거나, 공간을 들락날락하거나, 함부로 사진이나 영상을 촬영한다. 진행 과정을 허락 없이 녹음 기록하고 있거나, 숫자가 너무 많거나, 자기들끼리 이야기를 나누면서 집중을 분산시키기도 한다. 심지어 움직임을 처음 경험하여 어색해하는 보조교사들을 참가자들이 도와주는 상황이 발생하기도 한다. 반드시 사전 점검이 필요하다. 보조교사의 수, 참여하는 목적, 기대하는 역할에 관해 확인한다. 주치료사의 생각과 불일치하는 부분은 사전에 조율한다.

SOMATIC
PSYCHOTHERAPY
TECHNIQUES AND
APPLICATIONS

제2부

신체심리치료 기법의
적용 실제

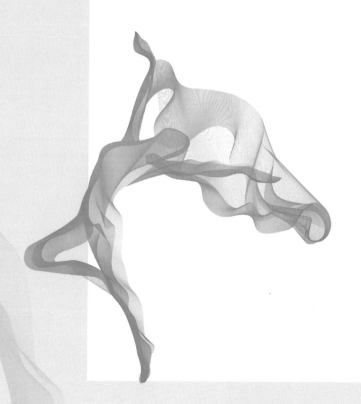

제3장

그룹 친밀감 형성

라포(Rapport)는 그룹원 간, 치료사와 그룹원 간, 그룹원과 그룹 전체 간 친밀감 또는 신뢰감을 말한다. 라포 형성(Rapport Building)은 목표 달성 여부를 판가름하는 결정적 요인이다. 그룹원에게 첫 회기는 낯설고 어색하며 불안하고 불편하다. 사람, 장소, 경험 등 모든 것이 처음이기 때문이다. 적응을 못 할까 두렵다. 내면의 문제가 들킬까 봐, 시킬까 봐, 시켰는데 잘하지 못할까 봐 걱정되고 불안하며 염려된다.

첫 회기에 치료사는 그룹원의 이런 다양한 감정을 만난다. 라포 형성에 실패하면 첫 회기의 불편함과 긴장감이 계속되다가 마음을 닫는다. 마지못해 참여하면서 비협조적이 된다. 딴짓을 하면서 진행을 적극적으로 방해하다가 아예 탈락하기도 한다. 반면, 라포 형성이 잘 이루어지면 그룹원들은 적극적 참여자가 된다. 기꺼이 자신을 드러낸다. 잘 보이려 애쓰지 않는다. 매 순간을 즐긴다. 실수해도 편안해한다. 다른 그룹원들과 치료사를 돕고자 한다. 자발성과 창조성이 솟구친다.

몸은 라포 형성을 위한 최고의 도구다. 몸의 거리는 마음의 거리다. 몸이 멀면 마음도 멀고, 몸이 가까우면 마음도 가깝다. 몸은 최고의 놀이터요, 몸짓은 최고의 놀잇감이다. 몸과 몸이 만나서 움직임이 놀이가 되면 마음과 마음이 열리고 친해진다. 가까워진 관계에 마음의 갑옷은 무장 해제된다.

1.
샐러드 킹

1 영역: 사회성

2 주제: 그룹 친밀감 형성

3 목표

① 몸의 이완으로 방어를 푼다.

② 그룹원들의 이름을 자연스럽게 알 수 있다.

③ 긍정적 에너지로 내면의 긴장감을 완화한다.

④ 다양한 방식의 신체 움직임을 통해 친밀감을 형성한다.

⑤ 다양한 종류의 인사를 통해 긍정적 관계정서를 경험한다.

4 준비물: Queen의 〈We Will Rock You〉 음악, 라벨지, 스티커형 이름표, 매직, 기다란 전지, 의자, 그림도구

5 방법

1) 워밍업

① 이름표 만들기

- 멀리서도 볼 수 있도록 크고 선명하게 그린다.

② 신체 부위별 안마

- 양손 앞, 위, 옆, 앞으로 뻗으면서 손가락을 움직인다.
- 치료사의 지시에 따라 머리, 얼굴, 어깨, 가슴('아' 하고 소리 내기), 배, 허벅지, 무릎, 발, 일어나서 돌아다니면서, 다시 제자리에 순으로 두드린다.
- 치료사의 지시없이 각자 몸이 불편한 곳을 집중적으로 두드린다.

③ 리듬을 통한 움직임 활성화

- 앉아서: Queen의 〈We Will Rock You〉 음악에 맞추어 치료사 지시에 따라 양발 번갈아 구르기 1번 + 내 손바닥 박수 8번, 양 옆 손바닥 박수 8번, 양손으로 내 가슴 박수 8번, 양손으로 내 배 박수 8번, 양손으로 내 허벅지 박수 8번 순으로 진행한다.
- 각자 걸으면서 치료사 지시에 따라 양발 번갈아 구르기 1번+ (앞의 행동 중 택 1) 4번으로 횟수를 줄여서 앞의 방식을 반복한다.
- 각자 걸으면서 치료사 지시 없이 앞의 움직임을 자유롭게 하다가 그룹원을 만나 상호작용하면서 리듬을 넣어 춤으로 발전시킨다. 마지막 만난 그룹원과 파트너가 되어 서로의 몸을 음악에 맞추어서 두드린다.

2) 주제

① 과일 이름 부르기

- 번호 정하기: 각자 자기 의자에 앉은 다음, '1, 2, 3, 1, 2, 3' 숫자를 반복하여 자신의 번호를 정한다.
- 과일 이름 정하고 자리 바꾸기 1: 과일 이름 세 가지를 정한 다음, '1, 2, 3' 숫자 대신 과일 이름을 넣는다. 치료사가 과일 한 가지를 선택해서 부르면 그 과일에 해당하는 사람은 다 일어나서 자신의 자리가 아닌 다른 자리로 이동한다. 과일 한 가지, 과일 두 가지, 과일 샐러드 순으로 부른다.
- 과일 이름 정하고 자리 바꾸기 2: 의자를 하나 뺀다. 술래는 과일 이름 중에 하나를 말하고 본인도 달려가 앉는다. 앉지 못하거나 가장 늦게까지 못 앉은 사람이 첫 번째 술래가 된다. 과일 한 가지, 과일 두 가지, 과일 샐러드 순으로 부른다.

② 과일 + 동물 이름

- 의자 하나를 뺀 상태에서 진행한다.

- 술래는 과일과 동물 이름을 말하고 본인도 달려가 다른 자리에 앉는다.
- 지정된 과일들은 일어나 지정된 동물 흉내를 내며 다른 자리에 앉는다. 이때, 앉지 못하거나 늦게 앉거나 표현력이 좋지 않은 사람이 술래가 된다.

③ 과일 이름 + 인사

- 의자 하나를 뺀 상태에서 진행한다.
- 다양한 인사 방법을 수집한다. 예를 들면, 엉덩이로 인사하기, 어깨로 인사하기. 볼 인사하기, 손 인사하기 등이다. 술래는 과일 이름과 인사법을 말하고 본인도 달려가 앉고, 지정된 과일들은 일어나 지정된 인사를 하며 다른 자리에 앉는다. 이때, 앉지 못하거나 늦게 앉거나 표현력이 좋지 않은 사람이 술래가 된다.

④ 사람 이름 + 인사

- 의자를 다시 추가한 상태에서 진행한다.
- 술래는 참가자 중 한 명의 이름을 불러 초청한다. 호명된 사람은 원 가운데 들어와 술래와 다양한 인사법 중 하나를 선택해서 음악에 맞추어 몸을 움직인다.
- 술래는 초청받은 사람 자리에 서고, 초청받은 사람이 술래가 되어 참가자 중 한 명의 이름을 부른다. 같은 방식으로 여러 번 반복한다.

⑤ 체인징 파트너

- 그룹원들은 일어서서 치료사가 파트너를 바꾸라고 할 때까지 각자 파트너를 초청해서 모든 인사법을 다 동원해서 음악에 맞추어 움직인다.
- 치료사가 두 명, 세 명, 네 명, 전체 등 숫자를 늘여 갈 때마다 그룹원들은 인사법을 통일해서 한다.

⑥ 친구 그리면서 감탄하기

- 길다란 전지에 그룹원 수대로 칸을 똑같이 표시한다. 그룹원들은 이름이 중복되지 않도록 서로 소통하면서 한 칸에 하나씩 기억나는 이름을 기록한다.
- 전지에 기록된 이름을 둘러보다가 각자 마음에 끌리는 한 명을 선택해서 얼굴을 그린다. 이때 내면 혹은 외면의 긍정적인 특징을 강조해서 그린다. 이 그림 위에 끌림의 이유와 만남의 기쁨을 감탄사, 짧은 단어, 그림 등으로 표현한다.
- 그룹원들은 완성된 그림을 돌아보면서 덧붙이고 싶은 단어, 그림, 색깔 등을 추가한다.

- 각자 자기 그림으로 돌아와 천천히 감상하면서 그룹원들이 표현한 것 중, 가장 마음에 드는 감탄사 하나를 정하면, 돌아가며 한 명씩 주인공이 되고, 그룹원들은 주인공이 선택한 감탄사를 소리, 몸짓과 함께 표현해 준다.

3) 마무리

① 소감 나누기

- "처음 만났을 때와 지금 현재, 느낌이 어떻게 달라졌나? 언제 가장 가깝다고 느꼈나? 이 그룹에 대한 느낌은 어떤가? 어떤 움직임을 할 때 가장 좋았나? 가장 마음에 드는 감탄사는? 친구들이 감탄사를 표현해 주었을 때의 느낌은? 내 이름이 불리지 않았을 때 느낌은? 내 이름이 불렸을 때 느낌은?" 등 치료사의 질문을 토대로 오늘의 경험을 단어로 기록하고 친구들에게 소개한다.

② 마무리 인사

- 내가 받은 감탄사와 친구들의 감탄사 중 가장 마음에 드는 것으로 인사한다.

6 유의점 및 치료사 역할

- 주제에서 과일 이름 부르기의 경우, 자리 이동의 용이함을 위해 바닥이 아닌 의자에 앉아서 진행한다. 이때, 미끄러져서 다칠 위험이 있으므로 바퀴가 없는 의자를 사용하며, 그룹원 전체의 만남과 움직임의 활성화를 위해 옆자리에서 바로 옆자리로 이동하지 않도록 지시어를 준다.
- 첫 만남부터 움직임을 만들어 발표하는 등의 창의적 활동을 요구하지 말아야 한다. 그룹원들에게는 낯선 사람, 새로운 경험, 익숙치 않은 공간 등 모든 것이 낯설고 두렵고 불안하다.
- 첫 만남에서 반드시 돌아가면서 자신의 이름을 소개할 필요는 없다. 자신의 이름을 소개하는 것조차 힘들어하는 그룹원이 있음을 기억해야 한다. 자기 소개를 하지 않았음에도 자연스럽게 서로의 이름을 알게 되도록 구성되어 있다.
- 움직임이 자연스럽게 물 흐르듯 흘러가도록 움직임과 움직임 사이의 연결고리가 매끄럽게 진행되도록 한다.
- 마무리 소감을 나눌 때는 제시된 개방형 질문을 사용하여 주제와 관련된 생각의 확장을 돕는다. 이때, 생각하고 이야기를 나눌 수 있는 충분한 시간을 제공한다.

2.
파도타기

1 영역: 사회성

2 주제: 라포 형성

3 목표

① 이름을 자연스럽게 기억한다.

② 다양한 몸의 만남을 통해 친밀감을 형성한다.

③ 여러 종류의 인사법을 통해 첫 만남의 어색함을 해소한다.

④ 쉽고 재미있는 몸 움직임을 통해 집단에 대한 불안감을 해소한다.

4 준비물: 라벨지 명찰, A3 용지(참가자 수만큼), 그림 도구

5 방법

1) 워밍업

① 손놀이를 통한 신체 이완

• 전체 둥글게 앉아서 손 꼼지락거리면서 위로 들기, 내 몸 두드리기, 양옆 사람을 손바닥으로 밀기, 방향 틀어서 옆 사람과 밀기, 방향 틀어서 반대쪽 사람과 밀기, 가운데 바라보면서 마음 맞는 사람과 파트너하기 순으로 진행한다.

- 파트너와 마주보고 앉아서 A는 샌드백이 되어서 손바닥을 대 주고, B는 권투 선수가 되어 A의 손바닥을 살살, 툭툭, 탁탁, 턱턱 등 다양한 소리와 함께 친다.

② 가위바위보 놀이
- 손 가위바위보: 2인 1조. 한 손은 잡고, 다른 한 손으로는 가위바위보를 한다. 이긴 사람은 상대방의 손등을 때리고, 진 사람은 자기 손등을 막는다.
- 발 가위바위보: 2인 1조. 한 손은 잡고 발로 가위바위보를 한다. 이긴 사람은 진 사람의 손등을 때리고, 진 사람은 자기 손등을 막는다.

③ 점핑 열차
- 나 홀로 점핑: 오른발을 앞으로 두 번 내밀고, 왼발을 앞으로 두 번 내민 다음, 양발을 모아서 앞으로 두 번 점프한 후, 양발을 모아서 내 마음대로 가고 싶은 방향으로 세 번 점프한다. 앞의 점핑 움직임을 음악에 맞추어서 몇 번 되풀이한다.
- 커플 점핑: 마지막에 만난 사람과 가위바위보해서 전체가 2개의 원이 될 때까지 진 사람은 이긴 사람 뒤에 붙는 방식으로 계속하여 점핑 열차를 만든다.

④ 점핑 열차 꼬리잡기
- 만들어진 2개의 원을 각각 일렬로 세워서 숫자가 같은지 점검한다.
- 치료사는 규칙을 지시한다. 첫째, 앞사람의 어깨를 손으로 연결한다. 둘째, 맨 앞사람이 상대편 열차의 꼬리를 터치하면 이긴다. 둘째, 열차가 끊어져서 탈선하면 진다. 셋째, 맨 앞사람은 열차 승객들이 다치지 않도록 안전운행을 한다.
- 꼬리잡기를 해서 진 팀은 뒤에 붙어서 전체 하나의 원을 만든 다음, 자리에 앉아서 앞사람 등을 부드럽게 쓸어내린다.

2) 주제

① 손파도타기
- 어떤 종류의 파도가 있는지 참가자들에게 질문해서 다양한 정보를 수집한다. 예를 들면, 높은 파도, 낮은 파도, 날카로운 파도, 부드러운 파도, 빠른 파도, 느린 파도 등과 같이 수집된 정보를 바탕으로 그룹원들이 돌아가며 파도의 종류를 말하면 다 함께 손을 잡고 파도를 만들어서 움직인다.

② 이름 부르며 파도타기
- 그룹원들이 한 사람의 이름을 큰 소리로 부른다. 호명된 사람이 주인공이 되어 자기 파도를 만들어 이끌면 그를 따라 다 함께 움직인다. 주인공은 적당한 시점에서 다른 그룹원의 이름을 불러 주어 파도가 끊어지지 않도록 반복한다.

③ 특징 부르며 파도타기
- 그룹원들의 이름 대신 특징, 예를 들면, 빨간색 옷 파도, 청바지 파도, 긴 머리 파도, 짧은 머리 파도 등을 큰 소리로 부른다. 특징에 해당되는 사람들이 주인공이 되어 파도를 만들면 다 함께 움직인다. 파도가 끊어지지 않도록 주인공을 바꾸어 가면서 반복한다.

④ 자기 이름 부르며 파도타기
- 자기 이름을 부른 사람이 주인공이 되어 자기 파도를 만들어 이끌면 다 함께 움직인다. 파도가 끊어지지 않도록 주인공을 바꾸어 가면서 반복한다.

⑤ 주인공이 되어 파도타기
- 누구든지 원하는 사람이 주인공이 되어 천천히 가고 싶은 방향으로 파도를 만들어 이끌다가 멈춤과 움직임을 반복한다. 파도가 끊어지지 않도록 주인공을 바꾸어 가면서 반복한다.
- 마지막 주인공은 잡은 손을 끊고 맨 앞에서 운전사가 되어 다양한 경로로 이동하고, 나머지 그룹원들은 따라가다가 멈춘다. 그룹원들끼리 천천히 손을 내밀어 악수하면서 이름을 불러 준다. 이때, 내민 손이 끊어지지 않도록 한다.

⑥ 이미지춤
- 각자 A3 용지 1장에 자신의 이름을 기록한 후, 바닥에 흩어 놓는다. 그룹원은 자신을 제외한 1개의 이름 용지를 선택한 다음, 그 사람의 긍정적인 특징을 형용사 3개와 형용사에 어울리는 이미지로 표현한다.
- 한 명씩 돌아가면서 자신이 선택한 이름 용지에 기록된 형용사 3개와 이미지를 움직임으로 표현한다. 나머지 그룹원들은 그가 누구인지 알아맞힌 다음, 주인공을 위해 표현된 형용사 3개와 이미지 움직임으로 춤을 춘다.
- 눈을 감고 각자 선물 받은 이미지 춤을 반복 · 확장 · 변형해서 추다가 호흡과 함께하는 느린 움직임으로 마무리한다.

3) 마무리

① 소감 나누기

- "가장 기억에 남는 사람과의 만남은? 이유는 무엇인가? 어떤 만남의 방식이 좋았는가? 그룹원들이 자신의 이름을 불러 주었을 때의 느낌은? 긍정 형용사를 선물 받은 느낌은? 새롭게 알게 된 사람은? 그룹원들이 자신을 위해 춤을 춰 주었을 때와 내가 나를 위해 춤을 추었을 때의 느낌은 어떻게 달랐나? 자신을 바라보는 이미지에는 어떤 변화가 생겼나?" 등 치료사의 질문을 토대로 소감을 나눈다.

② 마무리 인사

- 모두 둥글게 서서 그룹원 중 한 명이 자기 이름을 불러 준 사람에게 다가가 각자 선물 받은 형용사 3개 중 가장 마음에 드는 하나의 움직임으로 감사 인사를 하고, 나머지 그룹원들은 조용히 지켜본다. 모든 그룹원의 인사가 끝나면, 가장 마음에 와닿는 하나의 움직임으로 전체 마무리 인사를 한다.

6 유의점 및 치료사 역할

- 파도타기 움직임이 끊어지지 않도록 적절한 타이밍에 신속한 안내가 제공되도록 한다. 치료사는 크게, 작게, 높게, 낮게, 빠르게, 느리게, 거칠게, 부드럽게 등 지시어를 통해 움직임의 질을 바꾸어 준다.
- 이름표를 만들 때 멀리서도 이름이 보이도록 크고 또렷한 글씨체로 만들도록 한다.
- 첫 시간에는 자기 이름을 스스로 부르는 것보다 자기 이름이 불리는 것이 더 쉽다. 이 모두를 고려한 상태에서 프로그램이 구성되어 있기 때문에 순서를 마음대로 바꾸지 않도록 한다.
- 꼬리잡기나 파도타기 등은 움직임이 많기 때문에 바닥에서 진행할 경우 미끄러지지 않도록 양말을 벗으라고 사전에 안내한다.

3.
짝 찾아 삼만리

1 영역: 사회성

2 주제: 라포 형성

3 목표

① 그룹원 간 이해의 폭을 넓힌다.

② 그룹원 간 어색함을 해소한다.

③ 자기 공개 영역을 넓혀 사회적 관계망을 확장한다.

④ 타인에 대한 관심을 증진한다.

⑤ 그룹 내 개별 존재의 소중함을 인식한다.

4 준비물: 명찰, 사인펜, 인터뷰 용지, 선물

5 방법

1) 워밍업

① 쓱쓱 밀기

- 역할 A와 B를 정한 다음, A는 B 뒤에 서서 손바닥으로 강·중·약 세 단계에 따라 등을 쓱쓱 민다. B는 말이 아니라 몸으로 리액션을 해 준다.

② 박박 긁기

- A는 손으로 사랑의 갈고리를 만든 다음, B 뒤에 서서 사랑의 갈고리로 강 · 중 · 약 세 단계
에 따라 등을 박박 긁는다. 이때, 손톱이 아닌 손끝 지문으로 긁는다.

③ 툭툭 치기

- A는 주먹을 쥐고 손 안마기를 만들어서 B 뒤에 선 다음, 권투하듯이 강 · 중 · 약 세 단계에
따라 등을 툭툭 친다. 등이 끝나면 몸 주위를 돌면서 다양한 신체 부위를 친다.

④ 걷기 & 달리기

- 파트너와 헤어진 다음 혼자 천천히 걷기, 그룹원들 명찰을 보면서 걷기, 그룹원들 얼굴을
보며 걷기, 손을 흔들면서 빨리 걷기, 몸을 흔들면서 달리기, 조깅할 때처럼 빨리 달리기,
마라톤 선수처럼 전속력으로 달리기, 리듬에 맞추어서 온몸을 흔들면서 춤추기 순으로 진
행한다.

⑤ 쉼 & 숨

- 시원한 바람을 상상하면서 숨이 가라앉을 때까지 호흡을 한다.

2) 주제

① 기본 파트너

- 자유롭게 걷다가 음악을 멈추고 치료사가 "짝이야"를 외치면 둘씩 파트너(짝)가 된다. 파
트너를 만나면 이름을 소개하고 손잡고 환영 세레머니를 한다. 파트너를 못 찾거나, 근처
에서 파트너를 찾거나, 가장 늦게 찾으면 벌칙이 있다.

② 숫자 파트너

- 자유롭게 걷다가 음악을 멈추고 치료사가 "짝이야" 앞에 "세 명 짝이야", "다섯 명 짝이야"
등과 같이 숫자를 넣어 외친다. 파트너를 만나면 이름을 소개하고 손잡고 환영 세레머니
를 한다. 가장 늦게 만나거나 못 만난 사람들은 가위바위보를 해서 술래를 정한다.

③ 관찰 파트너

- 자유롭게 걷다가 음악을 멈추고 치료사가 숫자 대신 공통점을 넣어서 "짝이야"를 외친다.
예를 들면 성별, 머리 길이, 옷 색깔, 키, 목소리 크기, 신발 크기, 나이, 안경 유무 등이다.

비슷한 사람들끼리 숫자에 상관없이 파트너를 만든다. 파트너를 만나면 이름을 소개하고 손, 발, 얼굴로 인사한 후 환영 세레머니를 한다.

④ 인터뷰 파트너

- 생활 인터뷰: 그룹원들 모두는 방송기자다. 치료사가 인물 인터뷰 주제어를 말한다. 예를 들면, "생일이 같은 달, 같은 가족 수, 취미가 같은 사람끼리, 좋아하는 음악. 사는 지역, 좋아하는 음식끼리" 등이다. 그룹원들은 부르는 주제어를 따라 서로를 재빨리 인터뷰해서 비슷한 사람끼리 파트너를 찾는다. 파트너를 만나면 이름을 소개하고 손, 발, 얼굴로 인사한 후 환영 세레머니를 한다.

- 심층 인터뷰: 치료사가 심층 인터뷰 주제어를 부른다. 예를 들면, "가장 좋아하는 사람은? 스트레스 요인은? 가장 화날 때는? 가장 듣고 싶은 말은?" 등이다. 그룹원들은 부르는 주제어를 따라 서로를 깊게 인터뷰해서 비슷한 사람들끼리 파트너를 찾는다. 파트너를 만나면 이름을 소개하고 춤으로 환영 세레머니를 한다.

⑤ 인터뷰 용지 작성

- 인터뷰 용지에 기억나는 정보를 최대한 많이 기록한다. 기록한 인터뷰 용지를 들고 다니면서 2차 인터뷰를 한다. 각자 궁금한 점을 직접 묻거나 다른 사람의 기록지를 보면서 보충한다.

인터뷰 용지			
김○○	11月	영화 감상	학원
햄버거	엄마가 잔소리할 때	게임하기	잘 했어

⑥ 인터뷰 퀴즈

- 완성된 인터뷰 용지를 치료사에게 제출한다. 치료사는 제출한 인터뷰 용지를 보면서 퀴즈를 내고 그룹원들은 퀴즈의 주인공이 누구인지 맞힌다. 맞출 때마다 주인공을 원 가운데 초대해서 그룹원들이 축하 세레머니를 해 준다. 5분 내에 퀴즈를 가장 많이 맞힌 사람에게는 치료사가 준비한 선물을 준다.

3) 마무리

① 소감 나누기

- "몸 움직임의 느낌은? 그룹원에 대해 새롭게 알게 된 점은? 나에 대해 새롭게 발견한 점은? 지금 현재 그룹에 대한 느낌은? 좋았던 점은? 비슷한 점이 많은 그룹원들을 만났을 때 소감은?" 등 치료사의 질문을 토대로 가장 비슷한 점이 많은 그룹원끼리 만나서 소감을 나눈 후, 파트너의 소감을 전체 그룹원과 나눈다.

② 마무리 인사

- 양쪽으로 마주보고 서서 축복 터널을 만들어서 파트너끼리 지나갈 때 환호성과 함께 등을 두드려 준다.

6 유의점 및 치료사 역할

- 환영 세레머니, 축하 세레머니, 축복 터널까지 3개의 세레머니가 나온다. 그룹원의 개별적 존재감을 키워 주고, 존재의 의미를 확인시켜 주며, 그룹 내 소속감을 강화시키기 위함이다. 인터뷰 내용을 토대로 소리, 움직임, 단어, 춤, 구호 등을 활용할 수 있다.
- 자기 노출을 꺼리는 그룹원이 있을 경우, 원하지 않으면 인터뷰에 응하지 않아도 된다고 사전에 안내한다.
- 치료사는 인터뷰 내용을 미리 준비한다.
- 심층 인터뷰는 시간을 여유 있게 제공한다.
- 선물은 거창하지 않은 작은 것으로 미리 준비한다.

4.
보디 라이팅

① 영역: 사회성

② 주제: 라포 형성

③ 목표

　① 이름을 통한 자기 표현을 통해 능동적 관계 맺기를 경험한다.

　② 타인과의 관계가 집단성에서 개별성으로 발전한다.

　③ 타인 인식 능력을 증진한다.

　④ 타인을 알아가는 사회적 관계의 즐거움을 경험한다.

　⑤ 그룹원으로서의 소속감과 안정감을 형성한다.

④ 준비물: A4 크기의 라벨지 명찰(그룹원 수만큼), 포스트잇(그룹원 수만큼), 전지(명찰이 다 들어갈 정도의 여유 있는 크기), 볼펜, 그림 도구

⑤ 방법

1) 워밍업

① 자기 몸 이완

　• 모두가 둥글게 앉은 다음 현재 몸의 상태를 한 단어로 소개한다.

- 치료사가 오른쪽 어깨, 왼쪽 어깨, 가슴 등과 같이 눈으로 볼 수 있는 몸 부위를 하나씩 부르면, 그룹원들은 지시하는 몸의 부위를 눈으로 바라보면서 손바닥으로 쓱쓱 문지른다.
- 그룹원은 각자 원하는 자기 몸 부위를 눈으로 바라보면서 손바닥을 갖다 댄 후 좀 세게 쓱쓱 문지른 다음, 한 번도 손이 닿지 않은 자기 몸 부위를 손으로 부드럽게 문지른다.

② 타인 몸 이완
- 그룹원은 옆 사람에게 안마해도 되는지 물어본다. 옆 사람이 원하는 부위를 지정하면 그 부위에 손 톡톡 안마를 한다.
- 건너편 사람, 맞은편 사람, 사선으로 맞은편 사람, 정면에 있는 사람 등 치료사가 다양하게 지정하면 엉덩이로 이동해서 만난 다음, 같은 방식으로 손 톡톡 안마를 한다.
- 엉덩이로 이동해 가면서 원의 크기와 모양을 변형시키면서 파트너를 바꾸어 가며 자유롭게 만나서 손 톡톡 안마를 한다.

③ 신체 안정화
- 마지막 만난 그룹원과 엉덩이를 댄 다음 등을 기대어 휴식한다.

2) 주제

① 몸으로 이름 쓰기
- 전체 원으로 앉아서 이름표를 만든다. 치료사는 작품을 주문하는 주문자, 그룹원들은 작품을 창조하는 서예가가 되어서 신체 부위, 공간 레벨, 속도, 세기 등 치료사가 주문하는 대로 이름을 쓴다.
- 치료사는 내 마음대로 휘갈기기, 부드러운 곡선, 딱딱한 직선, 날카롭게, 삐뚤거리기 등 다양한 서체를 주문하고, 그룹원들은 일어서서 치료사의 주문에 따라 신체 부위를 바꾸어 가면서 이름 쓰기 움직임을 한다.
- 서예가는 어디로, 어떻게 이동할지 결정해서 이동하다가 원하는 지점과 타임에서 멈춘 후, 앞의 모두를 활용해서 자유롭게 이름 쓰기 움직임을 한다.

② 2인 1조 몸으로 이름 쓰기
- 2인 1조 파트너가 되어 역할 A, B를 정한 다음, A는 작품을 주문하는 주문자, B는 작품을 생산하는 서예가가 된다. A는 신체 부위 + 속도, 세기, 움직임의 질, 공간 등을 바꾸어 가

며 주문하고, B는 A의 주문대로 이름을 쓴다.

③ 이름 퀴즈 파트너 대결

- 그룹원 모두 명찰을 없앤 다음, 각자 지금까지 사용한 모든 방식을 활용해서 자신의 이름을 최대한 어필하며 다니다가 마음에 드는 파트너를 만난다.
- 역할 A와 B를 정해서 A는 몸으로 이름을 쓰고, B는 이름을 알아맞힌다. 못 맞히면 알아맞힐 때까지 반복하고, 알아맞히면 역할을 바꾸어 다른 파트너를 만나서 되풀이한다.

④ 이름 퀴즈 그룹대결

- A는 A끼리, B는 B끼리 모여 팀을 만든다.
- A는 이름 퀴즈를 내는 팀이 되어 선수 한 명씩을 내보내 이름을 쓰고, B팀은 이름을 맞힌다. 상대 팀이 자기 팀의 이름을 최대한 많이, 빨리 맞히는 팀이 이긴다.

⑤ 이름 리듬 페스티벌

- A팀은 안쪽 원, B팀은 바깥쪽 원으로 두 개의 원을 만들어 둘씩 마주보고 선다. A팀은 이름 공연자, B팀은 관객이자 도우미 역할을 맡는다.
- A팀은 마주 보고선 B팀 관객의 이름을 몸으로 쓰면서 리듬을 넣어 춤으로 확장하여 이름 주인공을 위한 1인 공연을 하고, B팀은 A팀의 공연자가 자신의 이름으로 신바람 나게 공연할 수 있도록 박수나 소리나 리듬을 맞추어 주면서 응원한다.
- 치료사는 충분하다 싶을 때쯤 종을 친 다음, A팀은 제자리에 있고 B팀만 "오른쪽 4칸, 왼쪽 6칸" 등 이동 지시를 하여 동일한 방식으로 진행한 다음, 역할을 바꾼다.
- 지금 현재 만난 파트너와 원을 벗어나 자유롭게 공간을 다니면서 춤을 춘 후 호흡으로 마무리한다.

⑥ Cheer-up 네이밍

- 그룹원 전체는 둥글게 모여서 그룹원 모두의 명찰이 다 들어갈 정도의 큰 전지에 각자 명찰을 붙인다.
- 그룹원들은 돌아가며 명찰을 보면서 포스트잇에 '긍정 동사+이름'을 써서 붙여 준 후 포스트잇이 포함된 각각의 명찰을 선으로 두른 후, 다시 전체를 선으로 연결한다.
- 각자 자기 명찰을 보면서 그룹원들이 붙여 준 포스트잇에서 가장 마음에 드는 한 가지를 선택한 후 소개하면, 그룹원들은 소리와 움직임으로 격려한다.

3) 마무리

① 소감 나누기

- "가장 기억에 남는 이름은? 가장 인상 깊었던 이름 움직임은? 이름 움직임을 해 본 느낌은? 선물 받은 긍정 동사는 무엇인가? 선물 받은 느낌은? 새롭게 알게 된 그룹원은? 나에 대해 새롭게 알게 된 것은? 내 이름에 대한 나의 느낌은? 시작 전과 후, 그룹원들을 향해 달라진 점은?" 등 치료사의 질문 중 가장 마음에 와 닿는 질문 하나를 선택해서 소감을 나눈다.

② 마무리 인사

- 그룹원들이 만들어 준 움직임으로 마무리 인사한다.

6 유의점 및 치료사 역할

- 명찰을 붙이고 명찰을 떼는 시점을 구성안대로 정확히 지키도록 한다. 명찰이 있어서 얼굴과 이름을 어느 정도 익혀야 다음 단계의 활동이 가능하기 때문이다.
- 치료사는 리듬 움직임이 춤으로 전환될 때 움직임 확장을 위해 다양한 종류의 음악을 제공한다.
- 이름 퀴즈 그룹 대결이 경쟁으로 발전해 그룹 친밀감 형성을 방해하지 않도록 자기 팀이 아닌 상대 팀을 많이 맞추는 데 초점을 둔다.
- 주제 ⑤의 이름 리듬 페스티벌 진행 시, 이름 공연자가 파트너의 이름을 기억하지 못하면 힌트를 주어서 공연을 잘할 수 있도록 돕는다.
- 그룹원들 간 상호작용의 재미와 즐거움이 극대화되도록 치료사는 흐름이 매끄럽게 이어지도록 진행한다.

5.
자리 바꾸기

1 영역: 사회성

2 주제: 라포 형성

3 목표

① 시선 접촉의 중요성을 알 수 있다.

② 다양한 시선 접촉을 통해 타인 인식력을 높인다.

③ 시선 만남을 통해 보다 깊은 친밀감을 형성한다.

④ 그룹원과의 자연스러운 관계를 형성한다.

⑤ 그룹 적응력을 개발한다.

4 준비물: 의자, 스티커용 명찰

5 방법

1) 워밍업

① 릴레이 박수로 소개하기

- 그룹원 전체는 둥글게 원으로 앉는다. 각자 돌아가면서 현재의 기분을 담은 박수와 함께 이름을 소개하면 그룹원은 따라한다.

- 이름은 빼고 박수만 소개하면 그룹원은 그 박수를 더 크게, 소리와 함께, 빠르게 등과 같이 과장해서 따라한다.
- 옆 사람 박수를 보고 그 박수를 더 크게, 소리와 함께, 빠르게 등과 같이 약간 변형하거나 과장해서 다음 사람에게 넘겨주면서 계속 이어간다.

② 릴레이 몸 박수
- 그룹원 중 한 명이 몸 부위를 바꿔 가며 박수를 치면 옆 사람이 그 박수를 따라 하면서 다음 사람에게 넘겨주면서 계속 이어간다.
- '음악 리듬에 맞추어서, 공간을 이동하면서, 파트너를 만나 상호작용하면서' 순으로 움직임을 지시하면, 따라하는 사람이 변형하거나 과장해서 다음 사람에게 넘겨주면서 계속 이어간다.

③ 자유로운 공간 박수
- 사람이 아닌, 공간과 손바닥이 만나서 박수 친다고 상상하면서 360도 방향을 바꾸어 가면서 각자 자유롭게 움직인다.

④ 리듬 춤
- 둘씩 파트너가 되어 공간 박수를 하다가 리듬과 함께 춤으로 확장한다. 파트너를 계속 바꾸다가 마지막 파트너를 만나면 눈을 감고 손바닥을 연결하여 호흡을 가라앉힌다.

2) 주제

① 시선 이동
- 그룹원 전체는 명찰을 붙인 채 둥근 원을 만들어 의자에 앉는다.
- 천천히 시선을 이동하면서 내 몸을 둘러본 다음 옆 사람 몸을 머리, 얼굴, 어깨, 손까지만 옆에서 둘러본다.
- 부드러운 시선으로 그룹원 전체를 천천히 한 바퀴 빙 둘러본 다음, 빠른 속도로 여러 바퀴를 휙휙 둘러본다.

② 이름 불러 주기
- 전체 손잡고 일어나 각자 어느 한 그룹원에게 시선을 고정시킨 채 잠시 머물렀다가 다른 그룹원에게로 시선을 천천히 이동한다.

- 손잡은 상태로 몇 걸음 안으로 들어가 그룹원들과 시선을 마주치고 제자리로 돌아오기를 반복한다. 이때, 각자 가고 싶은 방향으로 간다.
- 손잡은 상태로 몇 걸음 안으로 들어가 시선이 마주친 그룹원의 이름을 불러 준 다음, 나오기를 반복한다. 이때, 각자 가고 싶은 방향으로 간다.

③ 자리 바꾸기
- 전체 둥글게 서서 잡은 손을 놓고 한 번에 한 사람씩 눈이 마주치는 사람과 천천히 자리를 바꾼다. 나머지 그룹원은 조용히 지켜본다.
- 한 번에 둘씩, 셋씩, 넷씩, 다섯씩, 다 같이 순으로 사람 수를 늘려 가면서 자리를 바꾼다.
- 숫자에 상관없이 각자 원하는 대로 자리를 바꾼다. 치료사는 "빨리, 더 빨리, 뛰면서" 등의 지시어로 속도의 변화를 준다.
- 치료사는 "몸 부딪히면서, 한 발로 뛰면서, 춤추면서" 등 움직임의 질적 변화를 지시한다. 마지막으로 자리 바꾼 파트너와 자유롭게 춤추면서 공간을 이동한다.

④ 서클 변형 눈 맞춤
- 모두가 원으로 돌아와서 치료사가 "넓게, 더 넓게, 좁게, 더 좁게, 가장 좁게" 등의 지시어로 원의 크기에 다양한 변화를 주면, 그룹원들은 원의 크기를 변형하면서 눈 마주친 사람과 아주 천천히 자리를 바꾼다.
- 그룹원 전체는 원을 떠나 자유롭게 눈을 마주치면서 춤을 춘다.
- 치료사의 "스톱" 지시에 따라 곁에 누가 있는지 확인하고 눈을 마주치면서 이름을 불러 준다.

⑤ 눈 마사지를 통한 신체 안정화
- 마지막 파트너끼리 만나서 역할 A와 B를 정한다. A는 B를 무릎을 베고 눕힌 다음, 눈 마사지를 해 준 후 손으로 눈을 덮어서 휴식을 취하게 한다.

3) 마무리

① 소감 나누기
- 가장 기억에 남는 시선 접촉의 느낌을 그림으로 표현한 다음, 전체 그룹원과 나눈다.

② 마무리 인사

- 명상 음악과 함께 그룹원들 전체를 깊이 보는 눈으로 천천히 바라보면서 마무리 눈인사를 한다.

6 유의점 및 치료사 역할

- 워밍업에서의 박수 움직임은 남녀노소를 불문하고 누구나 부담 없이 좋아하는 움직임이다. 그러나 아동이나 청소년의 경우, 자칫 장난스럽거나 난폭한 움직임으로 바뀌다가 몸 싸움으로 발전될 수 있으므로 유의해야 한다.
- 안마를 리듬에 맞출 때는 정확하게 맞아떨어지는 정박자 리듬의 음악을 제공해야 한다.
- 시선 접촉이 어려운 그룹원의 적응도 문제없도록 내 몸, 옆에서 바라보는 옆 사람 몸, 그룹원 전체로 단계마다 발전해 가야 한다. 각 단계를 생략하지 않도록 유의해야 한다.
- 시선의 종류와 어느 부위를 바라보는지에 따라 자칫 성적 불쾌감을 유발할 수도 있다. 제시된 시선의 종류와 몸의 부위에 대한 안내를 명확히 해야 한다.
- 원의 크기가 변형되면서 만나는 거리도 달라지며, 이에 따라 시선 접촉의 느낌도 달라진다. 충분한 경험을 하도록 천천히 진행해야 한다. 특히 가장 좁은 원의 경우, 몸을 부딪치지 않는 범위까지만 좁혀야 한다.

SOMATIC
PSYCHOTHERAPY
TECHNIQUES AND
APPLICATIONS

제4장
공간 인식 및 신체경계

공간(Space)은 사회적 관계를 결정짓는 중요한 요소다. 공간에는 타인과 공유하는 일반 공간(General Space)이 있고, 타인과의 공유에 한계가 있는 개인 공간(Personal Space)이 있다. 이때 공간을 결정짓는 바로미터가 신체경계(Body Boundary)다. 신체경계는 말 그대로 내 몸의 경계선이다. 내 몸을 누구에게, 언제, 어디까지 열고 닫을 것인가를 결정짓는 기준이다. 만약 사회적 관계에서 신체경계가 아예 없거나 있는 줄도 모르면 어떤 일이 생길까? 학교폭력, 가정폭력, 성폭력처럼 타인의 몸을 아무나 함부로 침범할 것이다. 신체적 공간은 곧 심리적 공간이다. 타인에 의해 강압적으로 무너진 신체경계는 다양한 심리문제의 원인이 된다. 몸에 대한 존중 없이는 존재에 대한 존중도 없다. 타인과의 건강하고 행복한 관계를 만들기 위해서는 타인의 신체경계를 존중함과 동시에 자신의 신체경계도 스스로 지킬 수 있어야 한다. 적절하게 개방하면서 어디까지 열고 닫을 것인가를 몸의 주인인 내가 주체적으로 결정할 수 있는 힘을 길러야 한다. "내 몸은? 내가 지킨다!" "타인의 몸은? 존중한다!" 이 관계기술을 몸으로 배운다.

이 장에서는 기법으로 Laban의 공간(Space) 개념이 사용된다. 첫째, 일반 공간(General Space)이다. 무게중심을 이동한 상태에서 다른 사람의 개인 공간도 사용하는 공간을 말한다. 둘째, 개인 공간(Personal Space)이다. 제자리에서 팔이나 다리를 상하좌우 360도로 쫙 뻗었을 때 만들어지는 구 모양의 공간을 말하며 거리(Distance)인 가까운(Near), 중간(Middle), 멀리(Far)로 분류한다. 셋째, 내면의 공간(Inner Space)은 공상·상상적 공간을 말하며 승무, 살풀이, 명상춤 등이 여기에 속한다. 이 3개의 공간을 몸의 움직임으로 직접 경험하면 신체경계의 개념, 신체경계의 무너짐, 신체경계의 존중이라는 인지적 개념이 체화된 깨달음으로 다가온다.

1.
세 개의 원

1 영역: 정서

2 주제: 공간 인식 및 타인과 신체경계 세우기

3 목표

① 자신 및 타인의 신체경계를 인식한다.

② 자신 및 타인의 경계 침범 시 불쾌한 감정을 인식한다.

③ 자신 및 타인의 신체경계를 존중한다.

④ 자기 몸에 대한 주체성을 형성한다.

⑤ 명확한 의사를 기분 나쁘지 않게 표현할 수 있게 된다.

4 준비물: 세 종류의 색테이프 공간, 음악

5 방법

1) 워밍업

① 나 홀로 스트레칭

- 각자 서 있는 상태에서 자유롭게 몸을 풀다가 그룹원들의 스트레칭 동작을 따라 한다.

② 파트너 스트레칭

- 마주보고 서기: 체중이 비슷한 사람끼리 만나서 마주보고 무릎을 구부린 후 오른 손목을 잡고 날숨 시 왼팔을 뒤로 길게 늘인다(8박). 제자리로 올 때는 파트너과 눈 맞춤하고, 멀어질 때는 시선이 뒤를 본다. 왼손, 엇갈리게 잡은 양손도 동일한 방식으로 진행한 후, 엇갈리게 잡은 양손을 힘껏 몸쪽으로 잡아 당겨 힘의 균형을 깨면서 파트너의 품에 안긴다.
- 나란히 서기: 옆으로 나란히 서서 가운데 손은 잡고, 바깥쪽 팔을 위로 높이 들어 올려 한 가운데서 손을 잡은 후, 최대한 위로 뻗은 후 오른쪽 왼쪽으로 기울이면서 길게 스트레칭한다.
- 등대고 서기: 등을 마주 대고 팔짱을 낀 다음, A와 B를 정한다. A는 천천히 허리를 숙이고, B는 A의 등에 기대어 천천히 내려갔다가 천천히 올라간다. 번갈아 가며 반복하는데, 이때 A와 B의 등이 떨어지지 않도록 주의한다.

③ 인사하기

- A와 B는 서로 마주보고 양손을 잡은 상태에서 위로 들어올려 같은 방향으로 한 바퀴 돈 후, 얼굴 마주보고 인사한다.
- 함께한 파트너에게 고맙다는 인사를 박수, 하이파이브, 몸 두드리기, 껴안기 등 몸으로 표현한다.

2) 주제

① 자기 공간 확보

- 제자리에서 양팔을 뻗어 나의 위. 나의 앞, 나의 옆, 나의 뒤, 한 바퀴 돌면서 자기 공간을 인식한 후 천천히 혹은 빠르게 돈다.
- 자기 공간 안에서 360도 중 여러 방향으로 발을 옮기면서 바닥을 다 밟아 본다. 이때 팔, 어깨, 허리, 무릎, 발 등 다른 신체 부위도 함께 움직인다.
- 자기 공간 자체를 이동하면서 리듬, 신체 부위, 방향을 활용해 자유롭게 가고 싶은 곳으로 이동한다. 이때, 남의 공간은 절대 침범하지 않는다.
- 2인 1조 파트너가 되어 A는 코치, B는 무버 역할을 정한다. B는 자기 공간 자체를 이동하면서 움직이고, B는 주인공이 잘 사용하지 않는 신체 부위나 방향, 리듬, 높낮이를 찾아 움직이도록 손짓으로 코칭한 후, 역할을 바꾼다.

② 공간거리 경험하기

- 그룹원 전체는 각자 바닥에 있는 세 종류의 색테이프 공간을 자연스럽게 이동하면서 걷는다.
- 다음 안내를 따라 그룹원들 전체가 움직인 후, 어떤 거리에서 가장 화가 났는지 느낀 점을 3인 1조로 나눈다.

파란 원(Far)	양팔을 넓게 벌린 채 움직이는데 계속 침범하면서 부딪힌다.
노란 원(Middle)	양 팔꿈치를 구부린 채 움직이는데 계속 침범하면서 부딪힌다. 이때, 밀리지 않도록 팔꿈치로 밀쳐 내며 싸운다.
녹색 원(Near)	양팔을 몸에 붙이고 움직이는데 계속 침범하면서 부딪힌다. 이때, 파트너를 계속 바꾸고 신체 부위도 어깨, 등, 엉덩이 순으로 바꾸어 민다.

③ 타인 공간 침범하기

- 3명이 한 팀이 되어 주인공-침략자-목격자 역할을 정한 후, 다음 안내를 따라 움직인다. 치료사는 "언제 가장 힘들고 불편했나? 어떤 접촉이 가장 싫었나? 목격자였을 때? 주인공이 되었을 때? 침략자가 되었을 때 무엇을 하고 싶었나?" 등 질문을 던지고 그룹원들은 느낌을 나눈다.

거리1	• 주인공: 움직이지 말고 자기 공간 안에 서 있기 • 침략자: 세 종류 거리 다 사용해서 주인공의 공간을 침범 • 목격자: 구경하면서 주인공의 입장 되어 보기
거리2	• 주인공: 자기 공간에서 나와 도망가다가 잡히면 "하지 마"라고 말하기 • 침략자: 주인공을 쫓아 세 종류 거리를 다양하게 바꿔 가면서 공간을 침범. 주인공이 "하지 마"라고 말해도 무시하고 주인공의 공간을 침범 • 목격자: 주인공의 도망을 방해하면서 침략자를 도와줌
거리3	• 주인공: 침략자의 공격에 도망가다가 불쾌하면 "싫어" "하지 마"라고 거절하기 • 침략자: 주인공이 가장 싫어하는 경계를 계속 침범하고 "하지 마"라고 말하면 그 부분은 안 하지만, 또 다른 부분을 끊임없이 침범 • 목격자: 침략자를 방해하면서 주인공 도와주기

④ 타인 공간 존중하기

- 비눗방울이 되어 터지지 않도록 색테이프 안에서 서로의 거리를 존중하며 움직인다.

파란 원(Far)	양팔을 넓게 벌린 채 거리를 유지하면서 움직인다.
노란 원(Middle)	양 팔꿈치를 구부린 채 거리를 유지하면서 움직인다.
녹색 원(Near)	양팔을 몸에 붙인 채 거리를 유지하면서 움직인다.

⑤ 자기 및 타인 공간 즐기기

- 전체 그룹원은 색테이프로 표시된 세 개의 거리를 자유자재로 사용하되, 상대방 공간을 존중하면서 자유롭게 춤춘다.
- 자기 공간에 누워서 다양하게 몸을 움직이며 공간을 즐긴다.

3) 마무리

① 소감 나누기

- A3 용지에 서로의 공간을 존중하기 위해 무엇이 필요했는지 떠오르는 단어를 모두 쓴다. 이 중에서 마음에 드는 세 단어에 동그라미를 친 후, 마지막 한 단어를 선택하여 움직임으로 만든다.
- 3인 1조가 모여서 단어 선택의 이유를 나눈 후. 차례로 돌아가며 한 명씩 자신의 움직임을 발표한다.

② 마무리 인사

- 전체 그룹원은 원으로 모여 각자 선택한 단어의 움직임을 차례대로 발표한 다음, 그 중에 제일 마음에 와닿는 단어와 움직임으로 마무리 인사를 한다.

6 유의점 및 치료사 역할

- 바닥의 테이핑 작업은 진행 전에 미리 완료한다. 진행 중에 소도구 준비를 하게 되면 흐름이 끊어지기 때문에 그룹역동이나 집중도가 방해받을 수 있다.
- 당기거나 늘이는 스트레칭의 경우, 손을 잡으면 미끄러워서 손이 빠질 수 있으므로 반드시 손목을 잡도록 한다.
- 대상에 따라 프로그램 구성 중 춤의 요소는 신축성 있게 사용하도록 한다.
- 밀고 당기는 등 힘을 사용하는 움직임의 경우, 과열되지 않도록 지켜보고 있다가 스톱사인을 준다.
- 개인 공간의 크기 정도를 몸과 가까운(Near-Reach) 0~15cm 정도, 중간(Mid-Reach) 30cm 정도, 멀리(Far-Reach) 30cm 이상으로 구분할 수 있지만 이 프로그램에서는 이해하기 쉽도록 양팔과 양 팔꿈치 개념으로 설명하였다. 표기도 각각 Near, Middle, Far로

단순화하였다.

- 좁은 공간 안에서의 **빠른** 움직임은 다치지 않도록 주의를 기울인다.

- 허리, 무릎, 어깨 등 몸 상태를 사전에 점검한다.

- 활동량이 많은 프로그램이기 때문에 중간중간에 쉬는 시간을 제공해서 계속 피드백을 나눌 수 있도록 한다.

2.
게스트와 호스트

1 영역: 사회성

2 주제: 공간 지키기

3 목표

① 자신 및 타인의 신체경계를 인식한다.

② 자기 공간을 지키는 법을 배운다.

③ 자신 및 타인 공간의 개방 및 폐쇄 경계를 알게 된다.

④ 타인 공간을 존중하는 방법을 학습한다.

⑤ 자신 및 타인 공간 사용의 균형과 조화를 경험한다.

4 준비물: 마룻바닥, 타올, EVA판, 색테이프, 라벨지 명찰, 그림 도구

5 방법

1) 워밍업

① 타올 스트레칭

- 목: 각자 원하는 타올 하나를 고른 다음. 역할 A, B를 정한다. A는 바닥에 눕고 B는 A의 머리맡에 앉은 다음, 타올을 A의 목 뒤에 넣어서 이리저리 다양한 방향으로 천천히 당긴다.

A는 힘을 빼고 B에게 완전히 맡긴다. 이때, B는 팔을 구부려서 팔의 힘으로만 하지 말고 팔을 쭉 뻗어서 몸통으로 당기면서 B의 몸도 스트레칭 되도록 한다.

- 겨드랑이: 오른쪽 겨드랑이에 타올을 넣어서 이리저리 다양한 방향으로 천천히 당긴다. 동일한 방식으로 왼쪽 겨드랑이, 오른쪽 겨드랑이, 양쪽 겨드랑이 순으로 진행한다.
- 허리: 허리 아래에 타올을 넣어서 이리저리 다양한 방향으로 천천히 당긴다.
- 무릎: 오른쪽 무릎 아래에 타올을 넣어서 이리저리 다양한 방향으로 천천히 당긴다. 동일한 방식으로 왼쪽 무릎 아래, 양쪽 무릎 아래 순으로 진행한다.
- 발목: 오른쪽 발목에 타올을 묶어서 왼쪽 발목, 양쪽 발목 순으로 다양한 방향으로 천천히 당긴 후 역할을 바꾼다.

② 3인 1조 공간 여행

- 3인 1조가 되어 고객, 트레이너, 트레이너의 보조자 역할을 정한다. 고객은 자리에 누워 있고 트레이너는 고객의 머리맡에 앉거나 선다.
- 트레이너는 고객의 머리를 양손으로 잡은 후, 서서히 잡아당기면서 몸의 방향을 바꾼다. 보조자는 트레이너를 보조한다. 이때, 어지럽지 않도록 같은 방향보다 360도로 몸의 방향을 다양하게 바꾸면서 몸통을 최대한 이동한다.
- 팔, 다리 등 고객이 가장 재미있어 하는 신체 부위 순으로 같은 방식으로 진행하다가 치료사는 빠르게, 느리게 등 속도의 변화를 준다.

③ 나 홀로 상상 여행

- 그룹원 각자 마음에 드는 공간에 누워서 공간 여행을 떠올려 본다. 트레이너가 내 몸 전체를 계속 움직여 주고 있다고 상상하면서 호흡과 함께 천천히 움직이다가 마무리한다.

2) 주제

① 내 공간 만들기

- 그룹원 각자 색테이프로 세 개의 원(1번: Far, 2번: Middle, 3번: Near)을 만들고 원 한가운데에 자기 이름표가 부착된 EVA판을 놓는다.
- EVA판은 개인의 특별한 스토리가 있는 특별 공간이다. 실생활에서 가장 소중한 공간은 어디인지, 공간은 어떻게 생겼는지, 공간에 이름을 붙인다면, 왜 지키고 싶은지 등을 엮어서 스토리로 만든다.

- 전체 그룹원들에게 각자 자기 공간을 소개한다. 이때 자기 공간이 얼마나 소중하고 특별한지 잘 어필한다.

② 나 홀로 공간 지킴이

- 음악 리듬에 맞추어 돌아다니면서 남의 공간을 구경한다.
- 둘씩 파트너가 되어 지킴이와 침입자 역할을 정하고 나서 다음의 역할을 한다.

지킴이	EVA판을 빼앗기지 않도록 지킨다. 이때 뺏긴 사람은 다른 EVA판을 지키러 다닌다.
침입자	EVA판을 빼앗는다. 뺏은 사람은 또 다른 EVA를 뺏으러 다닌다.

③ 2인조 공간 지킴이

- 2인 1조가 팀을 이루어 각각 침입자와 지킴이 역할을 정한 다음, 전략회의를 거쳐서 다음의 역할을 한다. 움직임을 마친 후, 자리에 누워서 치료사의 "자기 공간을 침범할 때 지키기 위해 무엇을 했나? 빼앗기 위해 무엇을 했나? 어떻게 지켜냈나?" 등의 질문을 토대로 소감을 나눈다.

지킴이 팀	EVA판을 빼앗기지 않도록 힘을 합쳐 막아 낸다.
침입자 팀	EVA판을 힘으로 빼앗아 온다. 이때, 세 개의 원을 마음대로 넘을 수 없고 치료사가 적당한 시점에서 '2번' '3번' 등 지시를 했을 때만 들어갈 수 있다.

④ 6인 1조 공간 지킴이

- 6인 1조가 팀을 이루어 침입자와 지킴이 역할을 정한 다음, 각 팀별 전략회의를 거쳐서 다음의 역할을 맡는다. 움직임을 마친 후, 자리에 누워서 휴식을 취하면서 치료사의 "나의 공간을 침범할 때 느낌이 어땠나? 지키기 위해 무엇을 했나? 빼앗기 위해 무엇을 했나? 어떻게 지켜 냈나? 지켜 냈을 때의 느낌은?" 등의 질문에 따라 소감을 나눈다.

지킴이	한 명의 주인공을 EVA판 위에 앉힌 다음, 나머지 지킴이 5인은 EVA판을 빼앗기지 않도록 힘을 합쳐 막아 낸다.
침입자	침입자들은 EVA판을 힘으로 빼앗아 오며, 세 개의 원을 마음대로 침범할 수 있다.

④ 타인 공간 방문하기

- 지킴이와 침범자는 게스트와 호스트로 역할을 전환한다. 각자 자기 공간에 들어간 다음, 가까이 있는 둘씩 파트너가 되어 게스트와 호스트 역할을 정한다.

게스트	호스트가 자발적으로 방문을 받아들이도록 요청한다. 거절당하면 다른 공간을 찾거나 요청 방식을 바꾸어서 재방문한다.
호스트	자기 공간에 머물면서 게스트의 방문을 거절할지, 허락할지를 결정한다. 거절하고 싶으면 최대한 정중하게 거절하고, 허락하고 싶으면 공간 안으로 초대해서 함께 웰컴댄스를 추며 환대한다.

⑤ 공간 느낌 춤

- 호스트의 공간을 벗어나서 자유롭게 공간을 이동하면서 웰컴댄스를 춘다. 파트너도 바꾸고, 함께 춤을 추는 그룹원의 수도 자유롭게 선택한다. 마지막에 구성된 그룹원과 손을 잡고 서로의 호흡 리듬에 따라 동시에 올리고 내리고를 반복하면서 몸을 안정화시킨다.
- 자기 공간을 A3 용지에 그려서 느낌을 단어, 선, 색으로 표현한 다음, 그림을 보며 공간 느낌춤을 춘다.

3) 마무리

① 소감 나누기

- "지킴이와 침입자 역할 중 가장 힘들었던 때는? 좋았던 순간은? 남의 공간을 방문할 때 어떻게 했나? 공간을 지켰을 때와 빼앗겼을 때 느낌은? 기분 좋게 열어 주고 싶었을 때는 언제였나? 이유는 무엇인가? 호스트가 거절했을 때 느낌은? 왜 거절당했나? 3개의 원 중에서 어디까지 들어왔을 때 가장 싫었나? 웰컴댄스를 출 때 느낌은?" 등 치료사의 질문을 토대로 소감을 나눈다.

② 마무리 인사

- 그룹원들은 각자 돌아가며 자기의 공간 느낌 춤에서 가장 인상적이었던 1개의 움직임으로 마무리 인사를 한다.

6 유의점 및 치료사 역할

- 3인 1조 공간 여행 워밍업의 경우, 반드시 마룻바닥에서 진행해야 한다. 만약 마루가 없다면 보조자의 협력으로 제자리에서 방향만 틀도록 한다.
- 워밍업 시에는 스트레칭용 타올을 준비한다. 일반 타올은 길이가 짧아서 스트레칭용으로는 부적합하다. 또한 부위별 스트레칭 시, 허리나 목 디스크가 있거나 무릎관절 등에 질병

이 있는지 사전에 체크하고 다치지 않도록 미리 유의사항을 제공한다.

- 자기 공간을 지키는 동시에 타인 공간을 존중해야 한다. 치료사는 이 두 가지 포인트를 놓치지 않도록 한다.

- 힘을 써야 하는 순간은 언제나 가장 흥미롭지만 동시에 다칠 위험이 크다. 그룹원들의 몸 상태를 면밀히 살피면서 진행한다. 간혹 뼈가 약하거나 부딪히면 안 되는 몸 상태를 가진 사람은 관찰자 역할만 하도록 한다. 관찰만으로도 많은 것을 느낄 수 있다.

- 각 팀별로 공간 지팀이 역할 시 스크럼을 짤 건지, 손을 잡을 건지, 개별 전투를 벌일 건지와 같은 팀원 배치 문제, 전투 구도 문제 등을 위한 전략회의 아이디어를 치료사가 예시해 준다.

- 6인 1조 공간 지키기와 뺏기를 할 때, 전체 그룹원 수에 따라 반드시 6인일 필요는 없다. 시간이 너무 많이 소요되기 때문에 그룹원 전체가 다 돌아가며 경험할 필요도 없다. 원하는 사람이 주인공이 되어 두 번 정도 하면 적당하다.

3.
세탁기 돌리기

1 영역: 사회성

2 주제: 신체경계 인식

3 목표

① 타인 및 자신의 신체경계를 인식한다.

② 타인의 공간을 존중한다.

③ 타인과의 조율을 위한 신체 조절 능력을 기른다.

④ 신체경계가 침범당했을 때의 불쾌감을 몸으로 경험함으로써 존중의 필요성을 인식한다.

⑤ 자신의 공간을 지킬 수 있는 중심의 힘을 기른다.

4 준비물: 음악

5 방법

1) 워밍업

① 손바닥 자극 움직임

- 3인 1조가 한 그룹이 되어 역할 1번과 2번, 3번을 정한다.
- 1번은 손바닥을 대고 있고, 2번은 양손으로 손바닥에 장난을 치고, 3번은 2번을 도와서 아

이디어를 제공한다. 치료사는 먼저 그룹원들에게 질문해서 다양한 아이디어를 모은다. 예를 들면, 주먹으로 치기, 손가락으로 간지럽히기, 손바닥으로 밀기, 손바닥으로 쓰다듬기, 박수치기 등이 있다. 이후 그룹원 전체는 파트너를 바꾸고, 손바닥 위치를 바꾸고, 역할을 바꾸어서 움직임을 계속 한다.

② 손 자극 움직임
- 2번은 손바닥뿐만 아니라 손으로 할 수 있는 장난을 과장해서 하고, 1번은 과장해서 반응하면서 다른 신체 부위도 함께 움직인다. 예를 들면, 손바닥으로 과장해서 밀면 온몸이 다 밀려 가고, 간지럽히면 온몸으로 간지럼을 타고, 손으로 잡아당기면 온몸으로 당겨 온다. 3번은 1번을 도와서 다치지 않도록 보호한다.

③ 몸 자극 움직임
- 1번은 주인공이 되고, 2번과 3번은 1번 주위에 선다. 2번과 3번은 손을 사용해서 주인공이 몸을 마음껏 움직일 수 있도록 다양한 장난을 친다. 1번이 최대한 과장해서 반응한 다음 스스로 움직이면 2번과 3번은 장난을 멈추고 1번의 움직임을 따라한다.

④ 신체 안정화
- 그룹원 전체는 손바닥, 손, 몸으로 상호작용하면서 음악의 리듬에 맞추어 춤추며 걸어 다니다가 파트너를 바꾸어 가면서 안정이 필요한 부위에 손을 대고 함께 숨을 쉰다.

2) 주제

① 즐거운 거리
- 두 줄로 마주보고 서서 1조와 2조를 정한 다음, 마주보는 두 사람이 파트너가 되어 치료사의 다양한 움직임 지시, 예를 들면 천천히 걷기, 조금 빨리 걷기, 빠른 걸음에 어울리는 움직임을 하면서 걷기, 투스텝 등에 따라 자리를 바꾼다. 두 조의 간격은 걸어와서 한가운데 만나 움직일 정도로 충분히 둔다.

② 거리 인식
- 1조는 천천히 워킹과 멈추기를 반복하면서 자기 파트너를 한 바퀴 돌아 자기 자리로 간다. 다가갈 때는 정면으로 시선을 마주치고, 돌아갈 때는 뒤로 돌아서 가며, 멈추고 싶은 지점은 원하는 대로 선택한다. 2조는 제자리에 서 있으면서 파트너를 바라보고 있다가 어디까

지 다가왔을 때 불편한지 인식한다. 워킹보다 멈추는 시간을 좀 더 길게 한다.

③ 거리 무시

- 1조는 자신을 향해 다가오는 파트너를 보며 위협적이거나 불편함이 느껴지는 지점에서 "스톱"을 외친다. 2조는 멈추지 않고 끝까지 천천히 다가가서 파트너를 한 바퀴 돌아 자기 자리로 간다.
- 다음 각 단계를 각각 서너 차례 반복한 후, 소감을 나눈다.

1단계	1조와 2조 모두 원하는 워킹을 선택한 다음, 1조는 "스톱"을 작은 소리로 외치고, 2조는 멈추지 않는다.
2단계	1조는 큰 소리와 손동작을 사용해서 "스톱"을 외치고, 2조는 무시하면서 멈추지 않는다.
3단계	1조는 중심의 소리와 몸 전체를 사용해서 "스톱"을 외치고, 2조는 노골적으로 무시하면서 멈추지 않는다.
4단계	1조는 중심의 소리와 몸 전체의 힘을 사용해서 못 들어오도록 막고, 2조는 노골적으로 무시하면서 몸을 부딪치면서 밀고 들어간다.

④ 거리 존중

- 마주보고 선 두 개 줄을 한 개의 원으로 변형한다.
- 그룹원 각자는 세탁기 속에 들어 있는 세탁물이라고 상상하면서 빨랫감이 잘 뒤섞이도록 안과 밖으로 계속 자리를 바꾸면서 움직인다. 각자 자기 공간을 유지하고, 다른 사람의 공간은 존중하되, 움직이다가 부딪히는 사람은 얼음 자세로 멈추거나 불편한 거리라고 느껴지면 "스톱!"을 외친다. 상대방은 잠시 멈춘 후, 편안한 거리로 변경한 다음 다시 움직인다. 다음 세 종류의 세탁기를 따라 진행한다.

소형 세탁기	가장 좁은 공간이다. 차렷 자세를 유지한 채 부딪히지 않도록 돌아간다.
중형 세탁기	조금 넓은 공간이다. 양 팔꿈치를 벌린 만큼 거리를 유지한 채 부딪히지 않도록 돌아간다.
대형 세탁기	가장 넓은 공간이다. 양팔을 벌린 만큼의 거리를 유지한 채 부딪히지 않도록 돌아간다.

⑤ 거리 축제

- 각자 세 가지 거리를 다 사용하여 그룹원들과 상호작용하며 음악 리듬에 맞추어서 세탁물이 돌아가듯 움직인다. 이때, 음악이 끝나면 빨래 중단, 음악이 시작되면 빨래 시작을 반복한다.
- 둘씩 파트너가 되어 등 뒤에서, 오른쪽 옆에서, 왼쪽 옆에서, 앞에서 순으로 위에서 아래로 쓸어내린다.

3) 마무리

① 소감 나누기

- "어떤 거리가 가장 불편했나? 존중 혹은 무시당했을 때의 느낌은? 내 주장이 통했을 때는 언제였나? 이유는? 존중 혹은 무시할 때의 느낌은? 가장 즐겼던 순간은? 안전하고 편안했을 때는?" 등 치료사의 질문을 토대로 소감을 기록한 후 전체 그룹원들과 나눈다.

② 다음 존중 인사로 마무리한다.

- 나는 내 몸의 주인(양손 가슴에 모아서) → 여기는 앞(양팔 앞) → 여기는 옆(양팔 옆) → 여기는 뒤(양팔 뒤) → 여기는 내 공간(양팔 벌려 돌면서) → 내 친구를 존중합니다(손 내밀며).

6 유의점 및 치료사 역할

- 세 개의 거리를 머리가 아닌, 몸으로 체득할 때 일상 적용은 저절로 이루어진다. 이는 학교폭력 예방의 기초가 되는 훈련이다. 학교폭력은 타인의 신체경계를 함부로 침범하는 일이며 이는 상대방의 느낌이 어떠한지를 전혀 모르기 때문에 일어나기 때문이다.
- 워밍업에서 과장된 움직임을 할 때 사전 안내를 통해 다치지 않도록 유의해야 한다.
- 무용전공자가 아닌 일반인들에게 움직임은 언제나 쉽지 않음을 치료사는 늘 기억해야 한다. 아이디어를 함께 모으는 과정은 움직임에 대한 부담을 덜어 주는 시간이다. 치료사는 손 자극 움직임에 대한 충분한 아이디어를 가지고 있으면서 그룹원들의 생각을 확장시켜 주어야 한다.
- 거리 무시나 거리 인식 움직임을 할 때 속도가 너무 빨라지지 않도록 유의해야 한다. 어느 정도 거리에서 불편한지 알아차릴 수 있어야 하는데, 속도가 너무 빠르면 인식 자체가 불가능하다.
- 미는 움직임을 하다보면 중심의 힘과 소리가 저절로 연습된다. 충분히 힘을 사용할 수 있도록 격려하되 갑자기 피하거나 도망가거나 해서 다치지 않도록 미리 알려 주고 관찰해야 한다. 그룹 특성에 따라 앉아서 하는 것으로 대체할 수도 있다.
- 소감이 반드시 마무리 단계에서 한 번만 있을 필요는 없다. 주제 관련 의미 있는 움직임 직후, 치료사의 판단 여하에 따라 중간중간 여러 번 제공할 수도 있다.

SOMATIC
PSYCHOTHERAPY
TECHNIQUES AND
APPLICATIONS

제5장

소통하며 관계 맺기

통(通)하지 않으면 통(痛)한다. 타인과의 관계에서 소통(疏通)이 안 되면 불통(不通)이 되는데, 불통은 숨 막히는 고통(苦痛)이다. 혈관이 막히면 혈액이 흐르지 않아 동맥경화에 이르듯, 말길이 막혀 말이 흐르지 않으니 갈등이 생겨도 풀어 갈 방법이 없다. 흘러 보내지 못한 말과 처리되지 못한 감정이 마음속에 산더미처럼 쌓여서 시간이 지날수록 썩어 악취를 풍긴다. 마음은 돌덩이처럼 굳는다. 속마음을 나눌 수 없으니 친밀한 관계를 형성하기 어렵다. 겉과 속이 다른 형식적인 관계를 맺거나, 말 대신 힘을 사용해서 문제를 해결하려 하다가 결국 관계가 파국을 맞는다.

소통의 달인이 되기 위해 필요한 것들은 몸으로 연습해야 한다. 언어 속에는 축적된 과거의 기억과 경험이 불순물처럼 뒤섞여 있다. 머릿속에 저장되어 있던 오해, 편견, 곡해, 방어 등이 작동하면서 소통을 방해한다. 종종 현재의 갈등 사건을 언어적 소통으로 해결하려다 방해물에 휩쓸린 언어로 인해 갈등이 심화되기도 한다. 몸의 언어는 머리를 지나쳐서 몸속에 이미 내장되어 있는 소통 감각을 작동시킨다. 몸 감각은 언제나 '지금-여기(Now & Here)'에 머물러 순수하며 소통을 방해하는 불순물로부터 자유롭다. 몸의 언어는 불순물이 제거된 정제된 언어다. 이 장에서는 미러링(Mirrioring)을 주된 기법으로 사용한다. 미러링은 무용/동작치료의 선구자인 Marian Chase(1896~1970)가 창안한 기법이다. 단순히 따라 하거나 흉내 내는 정도를 넘어서서 타인의 움직임을 거울처럼 반영하면서 상호작용하는 운동감각적 모방을 말한다. 이를 통해 타인의 감정, 생각, 욕구 상태를 몸 감각적으로 경험하게 된다. 타인을 온전히 이해할 뿐만 아니라 감정적 상호교류가 일어나 공감적인 관계 형성이 가능하다. 소통이라는 추상적이고 어렵기만 한 주제가 몸이라는 도구를 통해 구체적이고 재미있게 훈련된다.

1.
지휘자와 오케스트라

1 영역: 사회성

2 주제: 타인과 소통하며 관계 맺기

3 목표

① 소통의 중요성을 인식한다.

② 비효율적인 의사소통과 효율적인 의사소통의 차이를 이해한다.

③ 비효율적인 소통방식이 감정 및 관계에 미치는 영향을 인식한다.

④ 효율적인 의사소통의 요소를 구체적으로 습득한다.

⑤ 타인과 관계 맺기 능력을 학습한다.

4 준비물: 전지, 그림 도구

5 방법

1) 워밍업

① 기지개 스트레칭

- 2명, 4~5명, 전체 그룹원 순으로 숫자를 확장해 가면서 손으로 연결하여 다양한 형태의 기지개를 켠다. 공간 레벨을 달리할 수도 있고, 동일하게 할 수도 있다. 예를 들면, 한 명은

눕고 한 명은 앉기, 한 명은 앉고 한 명은 서기, 둘 다 서기 등이다.

② 눈 마주치기를 통한 움직임 확장

- 모두 둥글게 서서 고개들 때 제일 먼저 눈에 들어오는 사람, 건너편 사람, 오른쪽이나 왼쪽 사람 등 다양한 지시어를 통해 눈 맞춤을 한다.
- 자연스럽게 걸으면서 그룹원끼리 "눈 맞춤, 검지끼리 만남, 엄지끼리 만남, 엄지끼리 도장 찍기, 손가락 전체 만남, 손바닥 전체 만남, 손등 만남" 등 손 접촉 방식에 대한 치료사 지시에 따라 만남과 헤어짐을 반복한다. "천천히 길게, 빨리 짧게"와 같은 속도의 변화를 줄 수도 있다.
- 자연스럽게 걸으면서 "새끼 손가락 걸기, 손가락 전체 깍지, 손바닥 전체 만나기"와 같은 치료사의 지시에 따라 다양한 손 연결움직임을 한다. 2명, 4명, 8명, 그룹 전체 순으로 확장한다.

③ 알아차림 움직임

- 누군가 움직임을 리드하면 그룹원들은 알아차리고 따라 한다. 하나의 움직임으로 통일되면 또 다른 누군가가 리더하여 다른 움직임을 한다. 순서를 정하지 않고 누구나 리더가 되어 같은 방식으로 반복한다.
- 전체 원으로 서서 건너편 그룹원과 눈을 마주 보면서 들숨에서 팔을 들어올리고, 날숨에서 팔 내리기를 한다. 숨이 가라앉을 때까지 반복한다.

2) 주제

① 지휘 리허설

- 둘씩 파트너가 되어 지휘자와 단원 역할을 정한 다음, 역할을 설명한다. 지휘자는 단원을 마음대로 움직일 수 있는 마술 손으로 이끌고, 단원은 지휘자의 지휘를 잘 알아차리고 따라간다.
- 1차 실행: 지휘자는 한 손을 들어 30cm 정도의 간격을 두고 손바닥이 상대방 얼굴을 향하게 한 다음 천천히 움직인다. 단원은 30cm 정도의 간격을 두고 자신의 얼굴을 지휘자의 손바닥과 마주한다. 손바닥이 움직이는 대로 따라 간다.
- 2차 실행: 속도, 방향, 공간 레벨, 세기 등에 섬세한 변화를 주어 지휘한다.
- 3차 실행: 눕기, 구르기, 기기, 뛰기 등 다양한 움직임을 추가해서 지휘한다. 단원은 지휘

의 변화를 알아차리고 지휘자의 의도에 따라 움직인다.

② 불통 지휘자

- 두 그룹을 합쳐서 4인 1조가 되어 한 명은 지휘자, 나머지 세 명은 단원의 역할을 정한다.
- 무저항: 지휘자는 불통 지휘자가 되어 단원들과 전혀 소통하지 않고 제멋대로 이끌어 가고, 단원들은 싫지만 표현하지 못하고 지휘자가 시키는 대로 움직인다.
- 소극적 저항: 단원들은 지휘자의 불통 지휘에 따라가지 않고 멈춤으로 저항할 수 있다. 지휘자는 단원들이 따라오기를 거부할 때, 손바닥의 움직임을 멈추어서 자신이 지휘자임을 확인시킨 후 다시 불통 지휘를 한다.
- 적극적 저항: 단원들은 지휘자의 불통 지휘에 멈춤뿐만 아니라 내 멋대로 움직이거나, 지휘자에게 직접 몸으로 항의하거나, 지휘자를 교체하는 등 적극적으로 저항할 수 있다. 지휘자는 단원들이 저항할 때, 손바닥의 움직임을 멈추어 자신이 지휘자임을 확인하고 다시 불통 지휘를 한다.
- 작전 타임: 단원들은 무엇이 불편하고, 하고 싶지 않으며, 저항하고 싶었는지를 말해 주고 지휘자는 단원들의 항의를 주의 깊게 듣고 자신의 지휘를 돌아본다.

③ 소통 지휘자

- 행복한 4인 1조 오케스트라가 된다. 어떤 요소들이 필요한지 그룹원들의 아이디어를 충분히 수집한 다음, 지휘자는 단원들의 피드백을 받아들여 소통 지휘를 하고, 단원들은 달라진 지휘자의 지휘를 알아차리고 지휘자의 의도에 따라 자발적으로 움직인다.
- 각 팀은 소통 지휘를 공연으로 보여 주고, 나머지는 관객이 되어 감상한다. 관객들은 소통 지휘의 요소와 소통 지휘를 보는 느낌이 어떠한지 알아차린 후, 공연이 끝나면 소감을 전달한다.

④ 방해전파 속 소통 지휘자

- 4인 1조 각 팀은 행복한 오케스트라, 나머지는 방해전파 역할을 한다.
- 방해전파는 행복한 오케스트라의 공연을 방해하는 전파다. 가벼운 신체 접촉, 끼어들기, 소리내기, 말하기, 손짓발짓하기 등 안전한 범위 내에서 모든 종류의 방해전파를 내보낸다. 행복한 오케스트라는 방해전파에도 불구하고 끝까지 소통하며 공연을 한다. 공연이 끝나면, 방해전파에도 불구하고 소통이 된 이유는 무엇인지 소통의 요소들을 찾아본다.

⑤ 소통 춤

- 더 이상 방해전파는 없다. 누구든 원하는 그룹원이 소통 리더가 되어 그룹 전체를 지휘한다. 이때 손 지휘에서 어깨, 팔, 허리, 다리, 발까지 몸 전체로 확장하여 춤으로 리드한다. 그룹원 전체는 춤을 따라 하다가 자신의 움직임으로 발전시킨다.

⑥ 신체 안정과 인지화

- 4인 1조끼리 만나서 서로의 몸에 기대어 휴식을 취한다. 그룹원 전체는 큰 전지 하나에 불통과 소통의 느낌을 이미지로 표현한 후 불통과 소통으로 분류하고, 연상되는 단어들을 이미지 주위에 기록한다. 그룹원들은 이미지들을 구경하면서 각자 자신에게 꼭 필요한 단어 하나를 선택하고 그 이유를 소개한다. 그룹원들은 주인공이 선택한 단어에 움직임을 만들어서 선물한다.

3) 마무리

① 소감 나누기

- 자신이 선택한 단어와 움직임을 소개한 후, 일상생활 속 자신의 소통 방식과 관련해서 얻은 통찰을 그룹원과 함께 나눈다.

② 마무리 인사

- 그룹원들이 만들어 준 움직인 선물 중 가장 마음에 드는 것으로 마무리 인사를 한다.

6 유의점 및 치료사 역할

- 활동이 재미있을수록 장난스럽게 진행되지 않도록 주의한다.
- 움직임의 질에 변화를 줄 때는 긴 설명보다 간략한 단어들을 사용한다.
- 역할 바꾸기의 시점은 첫째, 불통/소통/방해 후, 둘째, 매 움직임을 진행한 후에 할 수 있다. 그룹원의 인식 능력 수준에 따라 결정한다.
- 주제 진행 중간중간에 피드백을 나누는 시간을 제공함으로 의미의 구체화를 통한 소통 스타일 점검이 이루어지도록 한다. 그룹원의 에너지 수준에 따라 쉼의 시간으로 활용한다.

2.
거울아 거울아

1 영역: 사회성

2 주제: 소통과 관계성

3 목표

① 자신에 대한 표현력을 개발한다.

② 타인의 소통 내용에 대한 알아차림 능력을 강화한다.

③ 타인의 자기 표현에 반응하는 법을 배운다.

④ 언어를 뛰어넘는 몸짓 언어의 효과성을 알게 된다.

⑤ 비언어적 소통의 즐거움을 경험한다.

⑥ 소통을 통한 창조적 결과물을 보며 소통의 힘을 알게 된다.

4 준비물: 6개의 장르 표지판(공포물, 코믹물, 러브스토리, 액션, 추리극, 사극), 음악

5 방법

1) 워밍업

① 이미지 활용 신체감각 깨우기

- 두 사람씩 파트너가 되어 앉은 다음, 오토바이를 타는 사람인 '바이커 A'와 오토바이인 '바

이크 B' 역할을 정한다. A는 B 뒤에 앉아서 B의 어깨를 오토바이 손잡이라고 상상한다. 손을 얹어 "부르릉" "붕" 등 각자 다양한 소리와 함께 시동을 걸어 출발 준비를 한다.

- 속도: B는 "출발"을 외치면서 10, 20, 30, …… 100, 120, 140Km로 속도를 계속 올리고, A는 주문한 속도에 맞추어서 B의 어깨를 두드린다. B는 속도를 점차 낮추도록 주문하다가 "정지"라고 외치고 A는 정지한다.
- 세기: B는 "출발"을 외치면서 오토바이 강도를 매우 강하게, 강하게, 보통, 약하게, 매우 약하게 순으로 세기를 주문하고, A는 B가 주문한 세기에 맞추어서 어깨와 등을 두드린다. B가 "정지"라고 외치면 A는 정지한다.
- 속도와 세기+신체 부위: B는 "출발"이라고 외치면서 가장 마음에 들었던 속도와 세기를 기억하여 B에게 주문하고, A는 B가 지정한 속도와 세기에 맞추어서 어깨와 등 외에 허리, 팔, 옆구리 등 부위를 넓혀서 두드린다. B가 "정지"라고 외치면 둘 다 정지한다.

② 이미지 확장을 통한 움직임 활성화
- 파트너를 바꾼다. 바이커는 A, 바이크는 B로 역할을 정한 다음 바이커 A는 B 뒤에 선다.
- 치료사는 "출발, 바이커 교체, 정지"를 지시한다. "출발"을 외치면 B는 속도와 방향을 마음대로 정해서 달리고, A는 B가 원하는 속도와 방향에 맞추어 달린다. "역할 교체"를 외치면 B는 A 뒤로 가서 서고 A가 바이커가 되어 속도와 방향을 마음대로 정해서 달리고, B는 A가 원하는 속도와 방향에 맞추어 달린다. "정지"를 외치면 다른 오토바이족을 만나서 가위바위보를 한 다음, 진 커플은 이긴 커플 뒤에 붙는다. 같은 방식을 반복해서 전체가 연결되면 맨 앞사람이 바이커가 되어 전체를 이끈다.

③ 신체 안정화
- 모두 둥글게 누워서 호흡과 함께 휴식을 취한다.

2) 주제

① 거울 소통
- 모두 둥글게 앉아서 각자 아침에 눈을 뜨자마자 제일 먼저 하는 움직임 하나를 돌아가면서 소개하고, 전체 그룹원이 그 움직임을 따라 한다.
- 손거울: 2인 1조가 되어 손거울과 거울 속 주인공 역할을 정한다. 앉아서 손거울은 얼굴과 머리 중심의 일상 움직임을 하고, 거울 속 주인공은 손거울의 일상 움직임을 따라 한다.

- 반신 거울: 거울은 앉아서 하는 일상 움직임을 하고, 거울 속 주인공은 반신 거울의 일상 움직임을 따라 한다.
- 전신 거울: 거울은 일어서서 하는 일상 움직임을 하고, 거울 속 주인공은 전신 거울의 일상 움직임을 따라 한다.
- 움직이는 전신 거울: 거울은 일어서서 공간을 이동하면서 일상 움직임을 하고, 거울 속 주인공은 움직이는 거울의 일상 움직임을 따라한다.

② 4인 1조 스토리텔링
- 4인 1조로 그룹을 구성한 다음, 돌아가며 1, 2, 3, 4 번호를 정한다. 번호 순서대로 해당 번호가 움직이는 전신 거울이 되어 일상 움직임에 스토리를 넣어서 움직이면 나머지는 따라 한다. 이때, 1번의 일상 움직임을 2번이 이어 받아 스토리가 연속적으로 이어지도록 한다.
- 돌아가며 한 조씩 스토리텔링 움직임을 발표하고, 다른 그룹들은 관객이 되어 발표한 스토리텔링의 스토리를 알아맞히고 제목을 붙여 준 다음, 소감을 나눈다.

③ 장르가 있는 스토리텔링
- 각 그룹은 공포물, 코믹물, 러브스토리, 액션, 추리극, 사극의 6개 장르 표지판 중 하나를 선택한다. 각 그룹은 선택한 장르에 스토리를 넣어서 움직임으로 만들어서 보여 주면, 나머지 그룹원은 움직이는 전신 거울이 되어서 따라 한다.

④ 스토리텔링 공연
- 그룹별로 돌아가며 공연자가 되어 장르가 있는 스토리텔링 움직임을 발표하고, 나머지는 관객이 된다. 관객들은 공연을 보다가 스토리를 보완 · 추가 · 변형하고 싶으면 언제라도 합류해서 자연스럽게 스토리를 이어 간다. 그룹원 전체가 스토리텔링 움직임의 주인공이 되어 함께 작품을 완성한다.

⑤ 축하 세레머니
- 스토리텔링을 완성한 기념으로 축하 세레머니를 한다. 축하 음악과 함께 스토리텔링 움직임 중 가장 기억에 남는 움직임 하나를 선택해서 반복적인 리듬을 넣는다. 그룹원들은 파트너를 바꾸어 가면서 자유롭게 만나서 반복적인 리듬을 반복 · 확장 · 변형해서 춤을 춘 다음, 그룹별로 만나서 춤을 이어 간다.
- 그룹별로 손을 잡고 누워서 호흡과 함께 휴식한다.

3) 마무리

① 소감 나누기

- "소통이 가장 잘 되었을 때는 언제였는지? 상대방의 몸의 언어를 알아들을 수 있었던 이유는? 몸으로 스토리텔링할 때 가장 좋았던 순간은? 이해할 수 없었던 때는? 다른 그룹 발표 시 언제 뛰어들어 스토리를 보완·추가·변형하고 싶었나? 나의 소통 감각은?" 등 치료사의 질문을 토대로 소감을 나눈다.

② 마무리 인사

- 각자 가장 기억에 남는 하나의 움직임으로 마무리 인사를 한다.

6 유의점 및 치료사 역할

- 단계마다 목표를 향해 나아가는 진행은 매우 중요하다. 아무리 어려워 보이는 움직임도 각 단계를 정확히 밟아 나가면 누구나 쉽게 할 수 있다. 따라서 갑자기 생략하거나 건너뛰지 않도록 한다.
- 장르를 잘 이해하지 못하는 아동의 경우, 스토리텔링 움직임만으로도 목표 달성이 가능하다.
- 그룹의 특징에 따라 스토리텔링 보완·추가·변형 시 발표 그룹이 불편해한다면 이것 자체를 피드백으로 다루어 준다. 다른 그룹의 개입은 어땠는지, 혹시 불편했다면 왜 불편했는지, 불편하지 않게 개입하려면 어떻게 해야 하는지 등을 질문할 수 있다.
- 그룹의 특성에 따라 춤으로 연결하지 않고 리듬의 반복으로 마무리할 수도 있다.
- 리듬에서 춤으로 전환 시, 음악 선정은 매우 중요하다. 나이, 남녀, 몸의 경직성 정도 등을 고려해서 다양한 음악을 공급해야 한다.

3.
몸의 대화

1 영역: 사회성

2 주제: 소통

3 목표

① 타인의 욕구를 알아차릴 수 있다.

② 잠재된 소통 감각을 개발한다.

③ 타인의 소통 내용을 알아차리는 소통 민감성을 극대화한다.

④ 알아차림과 반응 능력을 학습한다.

⑤ 몸 소통의 즐거움을 경험한다.

4 준비물: 음악, 수수깡 혹은 막대기

5 방법

1) 워밍업

① 몸풀기

- 각자 오늘 하루 가장 많이 사용한 신체 부위를 스트레칭하면서 걷다가, 다른 그룹원의 스트레칭 방식을 따라 한다.

- 각자 제일 마음에 드는 스트레칭 방식 3개를 선택해서 연결 동작으로 몸을 푼 다음, 파트너를 계속 바꾸어 가면서 각자 선택한 3개의 스트레칭 동작을 보여 주고 따라 한다. 가장 마음에 드는 스트레칭 동작 1개를 최종적으로 선택한다.
- 전체가 모여서 각자 선택한 스트레칭 동작 1개를 보여 주면 그룹원 전체가 따라 한다.

② 2인 1조 몸풀기
- 치료사는 만날 수 있는 몸의 부위를 물어보고 수집한다. 치료사가 손가락, 손바닥, 손등, 팔꿈치, 어깨, 허리, 등, 엉덩이, 무릎, 발, 머리 등 신체 부위를 말하면 그룹원들은 파트너를 바꾸어 가며 둘씩 만나서 지정된 신체 부위를 접촉해서 가볍게 움직인다.
- 각자 자기 공간에 서서 파트너와 만났던 신체 부위를 스스로 움직인다.

③ 2인 1조 몸 접촉 움직임
- 마지막 만난 파트너와 A와 B를 정한 다음, 지금까지 만났던 모든 신체 부위를 바꾸어 가면서 접촉하다가 리듬을 넣어서 춤을 춘다. 이때, 어디를 어떻게 접촉할지 순서를 정하지 않은 상태에서 A가 원하면 B가 맞추고 B가 원하면 A가 맞춘다. 4인 1조, 8인 1조, …… 전체 순으로 확장시켜 간다.

④ 신체 안정화
- 전체 그룹원은 각자 눈을 감고 서기, 앉기, 눕기 순으로 공간 레벨을 바꾸어 가며 호흡을 한다.

2) 주제

① 수수깡 접촉 움직임
- 검지: 둘씩 파트너가 되어 리더와 팔로워 역할을 정한다. 둘은 수수깡을 사이에 두고 검지를 마주 댄 다음, 리더는 팔로워를 인도하고, 팔로워는 리더를 따라 간다. 이때, 수수깡이 부러지거나 떨어지지 않도록 하며 치료사는 방향, 공간 레벨, 속도, 세기의 변화를 준다.
- 손바닥: 리더와 팔로워는 수수깡을 사이에 두고 손바닥을 마주 댄 다음, 앞에서와 같은 방식으로 진행한다.
- 신체 부위별: 리더와 팔로워는 사용하지 않았던 신체 부위들(이마, 머리, 어깨, 배꼽 등)에 수수깡을 마주 댄 채 둘 다 동시에 리더와 팔로워가 되어 인도하기도 하고 따라가기도 한

다. 이때, 수수깡이 떨어지나 부러지지 않도록 하며 혹시 수수깡이 떨어지면 작전회의 시간을 제공하여 회의 결과를 발표한다.

- 공연: 2인 1조 절반은 공연자가 되고 나머지는 관객이 된다. 공연팀은 작전 회의 결과를 반영하면서 둘 다 동시에 리더와 팔로워가 되어 가장 자신 있는 신체 부위별 움직임을 한다. 수수깡을 떨어뜨리거나 부러진 팀은 움직임을 멈추고 공연을 지켜보며, 마지막까지 남은 팀에게는 그룹원들이 비결을 인터뷰한다.

② 신체 접촉 움직임

- 'Open Eyes': 둘씩 파트너가 되어 리더와 팔로워를 정한 다음, 검지를 마주 댄 채 리더는 팔로워를 인도하고 팔로워는 리더를 따라간다. 치료사는 방향, 공간 레벨, 속도, 세기에 변화를 준다. 손바닥, 어깨, 등 순으로 동일하게 진행한다.
- 'Close Eyes': 둘씩 파트너가 되어 리더와 팔로워를 정한 다음, 리더는 눈을 뜨고 팔로워는 눈을 감은 채 검지를 마주 대면, 리더는 팔로워를 인도하고 팔로워는 리더를 따라간다. 치료사는 방향, 공간 레벨, 속도, 세기에 변화를 준다. 손바닥, 어깨, 등 순으로 동일하게 진행한다.
- 'Open & Close': 손바닥을 마주 댄 채 리더는 눈을 뜬 채 리드하고 팔로워는 눈을 감은 채 따라가고, 리더는 눈을 감은 채 리드하고 팔로워는 눈을 뜬 채 따라간다. 이 두 가지 활동을 번갈아 가며 한다. 치료사는 방향, 공간 레벨, 속도, 세기에 변화를 준다.

③ 접촉 춤

- 파트너 춤: 역할을 정하지 않고 누구든지 원하면 리더와 팔로워가 된다. 둘 다 눈을 감은 채 손바닥을 붙이고 동시에 따라가기도 하고 인도하기도 한다.
- 그룹 춤: 눈을 감은 채 그룹원 전체가 하나의 원이 될 때까지 4명, 8명, 12명, 전체 순으로 숫자를 늘려 가면서 동시에 리더가 되고 팔로워가 되어 손바닥을 붙이고 동시에 따라가기도 하고 인도하기도 한다.
- 호흡 춤: 눈을 감은 채 자신만의 공간에서 호흡의 리듬과 함께 춤을 이어 가다가 누워서 마무리한다.

3) 마무리

① 소감 나누기

- "눈을 감았을 때와 눈을 떴을 때의 소통 차이는? 언제 가장 소통이 잘되었나? 소통이 잘된 이유는 무엇인가? 제대로 되지 않았을 때 나는 어떻게 했나? 따라 하면서 좋았던 점은? 리더를 하면서 힘들었던 점은? 동시에 리더와 팔로워로 움직였을 때 소통된다고 느꼈던 지점은? 시작했을 때와 마쳤을 때 나의 소통 능력은 어떻게 달라졌나?" 등 치료사의 질문 중에서 가장 마음에 와 닿는 문장 하나를 선택해서 소감을 작성한 후, 전체 그룹에서 나눈다.

② 마무리 인사

- 그룹원 전체는 눈을 뜬 채 손을 연결하여 움직임을 한다. 치료사가 "멈춰"라고 할 때 움직임을 멈추고 눈으로 인사, "시작"이라고 할 때 움직임을 하다가 "멈춰"로 마무리 인사를 한다.

6 유의점 및 치료사 역할

- 접촉 움직임과 비접촉 움직임은 목표와 효과성 면에서 매우 다르다. 이 프로그램은 비접촉 움직임에서 접촉 움직임, 눈을 뜬 움직임에서 눈을 감은 움직임으로 발전하고 있다. 두 개의 대비된 움직임은 목표로 하는 소통 능력에 대한 인식력을 높여 준다. 시각적으로 파트너의 움직임 흐름이 보이는 상황과 시각이 차단되어 파트너의 움직임 흐름을 볼 수 없는 상황에서 작동되는 소통 감각 레벨은 차이가 날 수밖에 없다. 시각이 차단된 상황에서 몸과 몸이 만나면 소통 감각이 최고 수준으로 활성화된다. 시각이 잠들면 몸의 움직임에 몰입되고 감각에 집중된다. 머리가 만들어 내는 언어가 잠들고 표현하려는 움직임의 의도는 언어 이전에 몸 감각으로 먼저 드러난다. 표현된 움직임의 의도는 몸 감각으로 먼저 파악된다. 소통 내용은 모호하거나 복잡하지 않다. 분명하고 또렷하게 드러나고 파악된다. 낮은 난도에서 높은 난도로 이동하면서 몸의 소통 감각은 섬세하게 훈련된다.
- 몸 풀기에서의 몸 인사는 몸을 접촉한 상태에서의 가벼운 움직임이다. 신체 접촉에 적응하기 위한 과정이다. 주제에서의 접촉 움직임은 각 신체 부위에 충분히 머물면서 소통을 훈련하기 위한 과정이다. 치료사는 이 둘의 차이를 분명히 알고 진행해야 한다.
- 그룹 친밀도에 따라 몸 인사의 접촉 부위를 조절한다. 특히 가슴, 허리, 배꼽, 엉덩이 등 성적 자극을 유발할 수 있는 접촉은 그룹 친밀도와 관계없이 사용하지 않도록 유의해야 한다.

- 신체 접촉이 어색한 참가자가 있을 수도 있다. 불편함에 대해서는 의사표현을 분명히 하고 상대는 그것을 존중해야 함을 사전에 오리엔테이션해야 한다.
- 제대로 소통되지 않으면 수수깡이 떨어지거나 부서지는 등 그 결과가 눈앞에 바로 나타난다. 매우 효과적인 도구지만 동시에 그룹원들의 짜증이나 서로를 향한 비난을 유발할 수도 있다. 치료사는 옳고 틀리고를 판단하지 않는다. 대신, 이를 세션으로 가져와서 소통 훈련의 재료로 활용할 수 있다.
- 수수깡, 눈 뜨고 접촉, 눈 감고 접촉 등의 순으로 단계마다 난도를 높여 가며 소통력을 훈련하고 있다. 진행 순서가 뒤바뀌지 않도록 유의해야 한다. 이때, 알아차림 감각과 민감성 훈련을 위해 순서를 정하거나 먼저 하라고 신호를 보내지 않도록 주의를 준다.
- 눈을 감고 움직임을 할 때, 치료사는 다른 팀과 부딪히지 않도록 주의 깊게 관찰하면서 적절하게 개입해야 한다.
- 치료사의 편안한 기다림이 무엇보다 중요한 세션이다. 시작할 때 서툰 소통 능력 때문에 짜증이 유발될 수도 있기 때문이다. 난도를 높여 가면서 단계를 밟아 가다 보면 짧은 시간이지만 놀라운 발전을 눈으로 확인하게 된다. 치료사의 안정감은 그룹원의 안정감이며, 치료사의 기다림은 그룹원의 기다림이다.

4.
말 나르기

1 영역: 사회성

2 주제: 소통

3 목표

① 소통 내용의 전달 과정을 이해한다.
② 소통 내용의 전달이 변형되는 과정을 배운다.
③ 소통 내용을 정확하게 알아듣는 능력을 기른다.
④ 소통 내용을 정확하게 전달하는 능력을 함양한다.

4 준비물: A4 용지 크기의 문장 카드(18장), 종이, 가위, 귀마개(그룹원 수만큼), 관찰 기록지

5 방법

1) 워밍업

① 나 홀로 몸 흔들기

• 그룹원 각자 양반다리로 둥글게 앉는다. 몸통을 앞뒤와 양옆으로 흔드는데 자기 체중 유지, 자기 체중 이동, 옆 사람에게 체중 싣기, 옆 사람에게 체중 실어서 기대기 순으로 진행한다.

② 그룹 몸 흔들기

- 그룹원 전체는 원으로 앉는다. 양옆, 앞뒤, 타원으로 흔드는데 손을 잡은 채, 팔짱낀 채, 어깨동무한 채 순으로 진행한다. 자연스럽게 기댄 채 마무리한다.

③ 그룹 안마

- 모두 둥글게 앉은 상태에서 오른쪽으로 돌아서 앞사람의 머리, 목, 어깨, 팔, 등 순으로 안마를 한다. 원 안으로 돌면서 4명씩 그룹을 만들어 앞사람의 딱딱하게 굳은 부분을 안마하고, 또다시 원 안으로 돌면서 2명씩 그룹 만들어 앞사람의 주문을 따라 안마한다.

④ 글씨 퀴즈

- 뒷사람이 앞사람 등에다 소통과 관련된 한 단어로 된 글씨를 쓰면 앞사람이 맞춘다. 못 맞추면 맞출 때까지 기회를 준다. 각자 어떤 글을 읽었는지 발표한다.

2) 주제

① 소도구 제작

- 6인 1조로 구성하여 그룹별로 퀴즈 카드를 각각 15장씩 만들어서 취합한 다음, 뒤섞어 놓는다. 영화 제목, 소설의 한 대목, 영화 속의 한 장면, 노래 가사 속한 구절, 명언, 속담 등 카드 소재는 자유롭다. 단, 두세 단어로 구성된 한 문장이어야 하며 재미있어야 한다.

② 몸짓 퀴즈

- 퀴즈를 맞혀야 하는 그룹을 제외한 나머지는 관찰 그룹이 된다. 퀴즈 그룹의 그룹원들은 번호순으로 서서 1번이 2번에게 치료사가 보여 주는 퀴즈 카드 속 단어를 몸으로 전달하면 2번이 알아맞히고, 2번은 다시 3번에게 몸으로 전달한다. 6번까지 같은 방식으로 끝나면, 5분 이내에 많이 맞춘 그룹이 이긴다. 단어 카드를 볼 수 없도록 나머지 그룹원들은 등을 돌린 채 줄을 서 있는다.
- 관찰 그룹은 퀴즈 그룹을 관찰하면서 언제, 어디서, 어떻게, 왜, 무엇이 잘못 전달되고 있는지를 관찰 기록지에 체크한다. 모든 그룹의 활동이 마무리되면 자기 그룹의 관찰 기록지를 취합하여 읽어 보면서 소감을 나눈다.

몸짓 퀴즈 관찰 기록지						
항목	그룹1		그룹2		그룹3	
	관찰 기록	득점 수	관찰 기록	득점 수	관찰 기록	득점 수
언제						
어디서						
무엇을						
어떻게						
왜						

③ 언어 퀴즈

- 퀴즈 그룹은 하나이며 나머지는 관찰 그룹이 된다. 퀴즈 그룹의 그룹원들은 귀마개를 하고 1, 2, 3, 4, 5, 6 번호순으로 줄을 선 다음, 1번은 퀴즈 카드를 크고 분명한 입 모양으로 천천히 읽는다. 나머지는 앞의 퀴즈 그룹과 동일한 방식으로 진행한다. 이때의 퀴즈 카드는 장르를 바꾸어서 다시 한 문장을 만든다

- 관찰 그룹은 퀴즈 그룹을 관찰하면서 언제, 어디서, 어떻게, 왜, 무엇이 잘못 전달되고 있는지 관찰 기록지에 체크한다. 모든 그룹의 활동이 마무리되면, 자기 그룹의 관찰 기록지를 취합하여 읽어 보면서 소감을 나눈다.

언어 퀴즈 관찰 기록지						
항목	그룹1		그룹2		그룹3	
	관찰 기록	득점 수	관찰 기록	득점 수	관찰 기록	득점 수
언제						
어디서						
무엇을						
어떻게						
왜						

④ 몸짓/언어 퀴즈

- 퀴즈 그룹은 하나, 나머지는 관찰 개입 그룹이 된다. 퀴즈 그룹의 그룹원들은 귀마개를 하고 1, 2, 3, 4, 5, 6 번호순으로 줄을 선 다음, 1번은 퀴즈 카드를 말과 몸짓으로 전달한다. 나머지는 앞에서와 동일한 방식으로 진행한다.

- 관찰 개입 그룹은 퀴즈 그룹을 관찰하면서 언제, 어디서, 어떻게, 왜, 무엇이 잘못 전달되고 있는지 언제라도 개입해서 기분 나쁘지 않게/친절하게/부드럽게 수정해 준다. 이때, 정답을 알려 주지 말고 힌트와 함께 전달 방식의 잘못된 점을 몸짓과 말로 알려 준다.

⑤ 쿵푸 파이팅 춤 공연

- 각 그룹마다 리더 한 명씩을 선정한다. 치료사는 리더들을 데리고 나가 호흡과 함께하는 공간 보호 동작을 가르쳐 준다. 양팔을 위로 뻗기(나의 위) → 양팔 앞으로 뻗기(나의 앞) → 양팔 양옆으로 뻗기(나의 옆) → 몸을 뒤로 돌려서 뒤쪽으로 양팔 뻗기(나의 뒤) → 양팔 벌려서 한 바퀴 돌기(여기는 내 공간) → 양팔을 가슴에 올리기(이것은 나의 몸)을 쿵푸 동작처럼 한다.
- 리더는 자기 그룹으로 와서 그룹원들에게 쿵푸 동작을 가르친 다음, 자기 그룹만의 의미가 들어간 단어로 바꾼다. 예를 들면, "여기는 내 땅, 오지 마, 저리 가, 싫다, 여기는 내 땅, 여기는 우리 땅" "좋구나, 앞을 봐도 좋고, 옆을 봐도 좋고, 뒤를 봐도 좋고, 에브리바디 좋구나, 얼씨구" 등
- 대형을 자유롭게 정해서 그룹별로 발표하고, 나머지 그룹원들은 따라 한다.
- 그룹별로 자기 그룹의 움직임을 반복하며 다니다가 다른 그룹원을 만나면 배틀을 해서 하나의 움직임으로 통일시켜 나간다.
- 통일된 최종 움직임을 각자 반복하며 다니다가 그룹원들과 상호작용하면서 확장, 변형, 춤으로 발전시킨다. 치료사는 흐름(Flow), 시간(Time), 무게(Weight), 공간(Space)의 변화를 안내한다.

3) 마무리

① 소감 나누기

- "전달하는 데 어려움은 없었나? 알아듣는 것은 어땠나? 관찰하면서 느낌은? 개입하고 싶었을 때는? 나의 알아차림은? 가장 기분이 좋았을 때는? 가장 재미있었던 때는?" 등 치료사 질문을 토대로 소감을 나눈다,

② 마무리 인사

- 최종적으로 선택된 동작 하나를 무술하듯, 바람결처럼, 귀엽게, 씩씩하게, 섹시하게, 사랑스럽게 등으로 변형하면서 마무리 인사를 한다

6 유의점 및 치료사 역할

- 흔드는 워밍업에서 그룹 친밀도에 따라 기대기는 생략해도 무방하다. 몸을 흔들다 보면 자연스럽게 체중 이동이 일어나고 잡은 손을 놓치게 되는데, 고치거나 바로잡으려 하지 말고 이 자체를 진행에 활용해서 서로에게 기대는 움직임으로 마무리한다.
- 전체 그룹의 인원수에 따라 그룹 수를 조정해야 한다. 그룹당 최소 5명 이상의 인원이 배치되도록 한다.
- 그룹의 특성상, 아이디어가 나오기 어렵다면 치료사가 퀴즈 카드를 미리 제작할 수도 있다.
- 몸짓/언어 퀴즈를 전달받는 과정에서 뒤돌아 서기, 눈 감기, 귀마개 하기를 철저하게 해서 내용이 새 나가지 않도록 한다.
- 이기고 지는 경쟁 게임으로 가지 않도록 물질적인 보상을 미리 발표하지 않는다. 이긴 그룹에게는 박수나 환호 등 심리적 보상을 제공한다.
- 주제 ⑤에서 Laban의 에포트(Effort) 요소에 따라 변화를 안내한다. 흐름(Flow)은 자유로운/통제되는, 시간(Time)은 빨라지는/느려지는, 무게(Weight)는 강한/가벼운, 공간(Space)은 직접적인/간접적인으로 설명할 수 있다.

5.
장님과 수호천사

1 영역: 사회성

2 주제: 소통

3 목표

① 몸 속에 내재된 소통 감각을 개발한다.

② 비언어적 소통의 의미를 이해한다.

③ 쌍방 소통의 구체적 방법을 체득한다.

④ 효과적인 의사 전달 방식을 습득한다.

⑤ 소통의 즐거움을 몸으로 직접 경험한다.

4 준비물: 의자(20개)

5 방법

1) 워밍업

① 발 스트레칭

• 그룹원 각자 자신의 공간에 앉는다. 오른쪽 다리는 쭉 펴고, 왼쪽 다리는 무릎을 접어서 오른쪽 다리위에 올린 후 발 쓰다듬기, 발목 돌리기, 발가락 벌리기, 발가락 사이에 손가락 넣어서 손가락으로 힘주기와 발가락 사이에 손가락 넣어서 발가락으로 힘주기, 발가락 안

으로 모으기와 발가락 힘주어 펴기, 발목 꺾기와 펴기를 순서대로 진행한다.

② 나 홀로 걷기

- 그룹원 전체는 각자 바닥에 닿는 발의 감각을 느끼면서 공간을 자연스럽게 걷는다.
- 치료사가 제시하는 다양한 걷기의 방식대로 공간을 걷는다. 걷는 방식으로는 자연스러운 일자 걸음, 팔자걸음, 부자연스러운 팔자걸음, 과장된 안짱걸음, 펭귄 걸음, 씩씩한 걸음, 날렵한 걸음, 콧노래 부르면서 즐거운 걸음, 춤추듯 걷는 걸음 등이 있다.
- 치료사가 제시한 걷기 방식에다 자신만의 다양한 경로를 추가해서 걷는다.

③ 두 사람 걷기

- 두 사람 씩 만나 역할 A와 B를 정한 다음, A는 자신의 방식대로 걷고 B는 뒤에서 따라가며 A와 똑같은 방식으로 걷는다. 치료사의 지시를 따라 "오른쪽 옆에서, 왼쪽 옆에서, 앞에서"와 같은 방식으로 걷다가 역할을 바꾼다.
- A와 B는 상호작용하면서 서는 위치를 앞뒤좌우로 변경하며 다양한 걷기 방식을 모두 활용해 공간을 걷는다.

④ 춤추며 걷기

- 그룹원 전체는 파트너를 바꾸어 가며 서로의 사이를 점점 더 빠른 속도로 지나간다. 몸 전체로 리듬이 전달되면 춤추듯이 걷다가 만남의 수, 걷기 방식, 서는 위치 모두를 변형해 가면서 공간을 다닌다.
- 명상 음악에 맞추어서 천천히 호흡하면서 걸으며 마무리한다.

2) 주제

① 2인 1조 장님과 수호천사

- 각자 눈을 감고 방향감각이 희미해질 때까지 천천히 두세 바퀴를 회전한 후, 바닥, 벽, 가구, 놓인 물건 등 공간을 더듬어 가며 느린 동작으로 걷는다. 두 사람이 부딪치면 눈을 감은 채 서로를 피해 간다.
- 말 소통: 공간 중간중간에 7개의 장애물(의자)을 다양하게 놓는다. 둘씩 파트너가 되어 수호천사와 장님 역할을 정한다. 수호천사는 눈을 뜨고 장님을 말로 인도하고, 장님은 눈을 감고 수호천사의 안내에 따라 장애물을 지나 종착지에 도착한다. 수호천사가 장님을 터치

하면 장님은 눈을 뜨고 역할을 바꾼다.

- 손 소통: 공간 중간중간에 10개의 장애물(의자)을 다양하게 놓는다. 둘씩 파트너가 되어 한 명은 수호천사, 한 명은 장님 역할을 한다. 수호천사는 눈을 뜨고 장님의 손을 잡고 인도하고, 장님은 눈을 감고 수호천사의 안내에 따라 장애물을 지나 종착지에 도착한 후 역할을 바꾼다.

- 박수 소통: 공간 중간중간에 15개의 장애물(의자)을 다양하게 놓는다. 둘씩 파트너가 되어 한 명은 수호천사, 한 명은 장님 역할을 한다. 수호천사는 눈을 뜨고 장님들을 박수 소리로 인도하고, 장님들은 눈을 감고 수호천사의 박수 소리를 따라가면서 장애물을 지나 종착지에 도착한 후 역할을 바꾼다.

- 커플 공연: 2인 1조씩 3팀이 나와서 공연자가 된다. 각 팀들은 15개의 장애물(의자)을 피하면서 말/손/박수 소통을 총동원해서 종착지에 안내하고, 나머지는 관객이 되어 관찰한다. 공연이 끝나고 나면 관객들은 공연팀에게 긍정적인 피드백을 제공한다.

② 4인 1조 장님과 수호천사

- 공간 중간 중간에 놓여 있는 15개의 장애물(의자) 위치를 변경한다. 4인 1조는 1번 수호천사, 2번 장님, 3번 방해꾼, 4번 도우미 역할을 정한 다음, 다음 표에 제시된 역할을 한다. 소감을 나눈 후, 차례대로 역할을 바꾼다.

수호천사	눈을 뜨고 말/손/박수를 총동원해서 장님들을 인도하여 장애물을 지나 종착지에 갈 수 있도록 한다.
장님	눈을 감고 수호천사의 안내를 따라간다.
방해꾼	장님이 수호천사의 안내를 제대로 받지 못하도록 방해한다.
도우미	상황을 지켜보면서 세 사람 중 누구를 돕고 싶은지 결정해서 돕는다.

- 소그룹 공연: 4인 1조 각 그룹은 돌아가면서 공연자가 되어 장님과 수호천사 움직임을 발표한다. 나머지는 관객이 되어 관찰한다. 공연이 끝나면 관객들은 공연팀에게 긍정적인 피드백을 제공한다.

③ 대그룹 장님과 수호천사

- 공간에 놓여 있는 15개의 장애물(의자) 위치를 바꾼다. 그룹 전체를 A팀과 B팀으로 나눈 후, 리더를 교체해 가면서 다음과 같이 역할을 수행하고 소감을 나눈다.

A팀	수호천사	선정된 한 명의 수호천사는 말/손/박수를 총동원해서 방해에도 불구하고 장님들 전체를 종착지에 안내한다. 수호천사 선정은 자원 혹은 그룹원 추천 방식을 활용하며 그룹원 수가 많으면 두세 명이 될 수도 있다.
	장님	수호천사 한 명을 제외한 모든 그룹원은 장님이 된다. 앞사람 어깨에 손을 얹은 채 눈을 감고 수호천사의 안내를 따라간다.
B팀	방해꾼	수호천사와 장님들이 종착지에 도달하지 못하도록 방해한다.
	도우미	수호천사와 장님들이 종착지에 잘 도달하도록 돕는다.
		* 상황을 지켜보면서 방해꾼 혹은 도우미가 될지 스스로 결정한다.

④ 리듬 춤 축제

- 공간에 있는 장애물을 모두 제거한 다음, A팀은 원 가운데, B팀은 원 바깥에 둥글게 선다. B팀은 A팀의 춤 도우미가 되어 1단계 말/손/박수, 2단계 발짓, 3단계 몸짓을 거치면서 함께 추는 춤으로 발전해 간다. A팀은 B팀 춤 도우미들의 가장 도움이 되는 지시어를 자유자재로 선택해서 춤을 춘다.

⑤ 신체 안정화

- A팀은 눈을 감고, B팀은 각자 A팀원 중 한 명을 선택하여 손을 잡고 천천히 공간을 호흡하면서 걷는다. 신체가 안정화되면 마음에 드는 공간에 앉힌 다음, 머리, 어깨, 팔, 등 순으로 쓸어내린 후 백허그를 한다.

3) 마무리

① 소감 나누기

- "지금 현재 느낌은? 다양한 역할 중에서 제일 인상 깊었던 역할은? 장님이 잘 따라왔던 순간은 언제였나? 그 이유는? 소통이 잘 되지 않았을 때 나는 어떻게 했나? 수호천사의 안내를 잘 받기 위해 나는 무엇을 했나? 한 단어로 말하면? 방해가 있을 때 소통하기 위해 나는 무엇을 했는가? 나의 소통 감각은? 나의 소통 방식에 어떤 성장이 있었나? 소통했을 때의 느낌은?" 등 치료사의 질문을 토대로 옆 사람과 소감을 나눈 후, 그룹 전체와 나눈다.

② 마무리 인사

- 소리, 움직임, 단어가 들어간 축하 세레머니와 격려 세레머니를 파트너에게 해 준 다음, 그 중에서 그룹원들이 제일 좋아하는 세레머니 방식 하나로 마무리 인사를 한다.

6 유의점 및 치료사 역할

- 그룹원들끼리 상호작용할 때 치료사는 움직임 지시를 최소화하는 대신, 자발성과 창조성이 발현될 때까지 신뢰하고 기다려야 한다. 치료사의 움직임을 보여 주고 따라 할 때는 치료사의 움직임에 제한된다. 자신만의 움직임으로 타인과 교류할 때는 모방, 확대, 재생산, 변형이 이루어지면서 움직임이 확장된다.

- 의자 숫자는 난이도를 기준으로 공간 크기와 참가자 수를 고려해서 결정한다. 의자 수가 너무 적으면 소통 능력이 개발되지 않고, 너무 많으면 좌절하기 쉽다. 실내 공간이 좁으면 야외의 자연 장애물을 활용해도 좋다. 자연도 없고, 공간도 좁다면, 의자 대신 다양한 종류의 장애물 배치를 통해 난이도를 조절한다.

- 신체심리치료는 이기고 지는 승부가 아니다. 치료사는 성공과 실패 도식에서 갇히지 않도록 유의해야 한다. 난이도를 상향 조절할 때마다 소통 방식에 성장, 성숙, 변화가 나타났는지 질문을 통한 의식화 작업을 한다. 종착지에 제일 늦게 도착하거나, 끝까지 도착하지 못했다면 성공과 실패라는 시각보다 이 경험 자체를 자기 성찰의 기회로 전환해 준다.

- 장님 역할의 경우, 갑자기 역할을 교체하면 눈을 감고 있다가 놀랄 수 있으므로 제시된 방법을 따라 한다. 역할 교체 시점은 정하지 않았으므로 그룹 역동에 따라 치료사가 결정하도록 한다.

- 말, 손, 박수 순으로 프로그램이 구성되어 있다. 난이도 순으로 쉬운 단계에서 어려운 단계로 발전한다. 가장 어려운 것은 박수다. 눈을 감고 박수 소리에 귀 기울일 때 초감각이 활성화한다. 치료사는 이 단계를 잘 이해하고 진행한다.

- 장님 역할은 눈을 뜨지 않도록 유의한다. 눈을 감았을 때 소통 감각이 가장 예민하게 개발된다.

- 공연은 객관화를 돕는 더없이 좋은 기법이다. 직접 참여할 때와 달리, 제3자의 시선에서 바라보기 때문에 자기 인식이 저절로 일어난다. 그룹원들은 비판이나 지적이 아니라 다른 그룹의 공연을 통해 배운 바를 피드백으로 제공한다.

- 이기고 지는 승부 게임은 유아동 혹은 청소년 집단의 특성이다. 완전히 배제할 수는 없다. 전적으로 치료사에게 달려 있다. 이기고 지는 결과가 아니라 어떤 방식으로 이기고 졌는지, "누가, 어떻게, 언제 소통을 잘했는지" 과정을 기준으로 채점 방식을 제시한다. 주제에서 그룹 장님과 수호천사 활동 이후, 팀을 그대로 유지한 채 리더를 교체하면서 릴레이 경주를 할 수 있다.

6.
아이 콘택트 무브

1 영역: 사회성

2 주제: 눈 맞춤을 통한 소통

3 목표

① 시선이 소통에 미치는 영향을 안다.

② 소통 민감성을 개발된다.

③ 시선의 의미를 이해하고 반응한다.

④ 신체 언어의 중요성을 인식한다.

⑤ 몸의 감각을 통한 알아차림 능력을 높인다.

4 준비물: 숨기기 좋은 얇고 납작하고 작은 인형(2인 1조당 1개), 물건을 감추기 좋은 공간, 라벨지 명찰(2인 1조당 1개), A3 용지(참가자 수만큼), 그림 도구

5 방법

1) 워밍업

① 셀프무브

• 그룹원 전체는 각자 자기 공간에 앉는다. 시선을 자기 신체 부위로 천천히 이동하면서 시선이 머무는 신체 부위를 움찔거린다. 특정 신체 부위에 시선이 좀 더 오래 머물면서 다양

하게 움직인다.

② 아이 콘택트 무브

- 먼저 둘씩 파트너가 되어 A와 B를 정한다. 1단계는 A가 B의 신체 부위 중 한 군데에 시선을 멈추면 B는 제자리에서 그 부위를 움직인다. 2단계는 A가 가까이, 멀리 등 거리를 이동하면서 B의 신체 부위 중 한군데에 시선을 멈추면 B는 제자리에서 그 부위를 움직인다. 3단계는 A와 B가 동시에 멀고 가까워지면서 시선을 주고받으며 모든 신체 부위를 자유롭게 움직인다. 4단계는 각자 시선이 마주치는 다른 그룹원들과 파트너가 되어 눈으로 상호작용하면서 모든 신체 부위를 자유롭게 움직인다. 시선 이동의 연속성과 속도를 조절한다.

③ 눈과 손 협응터치

- 4인 1조가 한 그룹이 되어, A는 눈으로 지시를 하고, B와 C는 눈으로 지시하는 곳에 손이 머물면서 다양한 터치를 하고, D는 편안하게 누워서 터치를 받는다. 차례대로 역할을 바꾼 후. 눈과 손으로 감사를 표현한다.

2) 주제

① 인형터치 하기

- 둘씩 파트너가 되어 A과 B를 정한 다음, 인형의 이름을 지어서 이름표에 붙여서 발표한다. 1단계에서 A가 제자리에 서서 인형의 위치(높낮이, 방향, 거리, 속도)를 바꾸면 B는 인형을 손으로 터치하고, 2단계에서는 A가 인형을 몸속에 감춘 채 공간을 이동하면 B는 인형을 찾아서 손으로 터치한 후 역할을 바꾼다.

② No 아이 콘택트 무브

- A는 B가 눈을 감은 채 숫자 10까지 헤아리는 동안 인형을 공간 어딘가에 최대한 찾기 어렵도록 감춘다. B는 술래가 되어 인형을 찾으러 다니고, A는 말없이 따라다니다가 인형을 찾으면 역할을 바꾸고 못 찾으면 계속한다.

③ No/Yes 아이 콘택트 무브

- 치료사는 술래가 잘 찾을 수 있도록 파트너가 눈으로 힌트를 줄 것이므로 눈을 잘 보라고 안내한다. A는 B가 눈을 감은 채 숫자 10까지 헤아리는 동안 인형을 공간 어딘가에 최대한 찾기 어렵도록 감춘다. B는 술래가 되어 인형을 찾으러 다니고, A는 멀찌감치 서서 눈으로

살짝 힌트를 준 후(힌트 주기), 얼른 시선을 다른 곳에 두기(힌트 철회)를 반복한다. 술래가 인형을 찾으면 역할을 바꾸고, 못 찾으면 계속한다.

③ Yes 아이 콘택트 무브

- 치료사는 술래가 잘 찾을 수 있도록 파트너가 눈으로 힌트를 줄 것이므로 눈을 잘 보라고 안내한다. A는 B가 눈을 감은 채 숫자 10까지 헤아리는 동안 인형을 자신의 파트너가 아닌 다른 그룹원의 몸 속에 감춘다. B는 술래가 되어 인형을 찾으러 다니고 A는 자신의 파트너가 인형을 찾을 수 있도록 인형을 감추고 돌아다니는 그룹원에게 시선을 두면서 고정 힌트를 준다. 술래가 인형을 찾으면 A와 B는 동시에 춤을 추면서 역할을 바꾸고 못 찾으면 계속한다.

④ 아이 콘택트 즉흥 춤

- A와 B는 시선을 멀리 혹은 가까이 교환하면서 상호작용하며 춤추다가 다른 그룹원과 파트너를 계속 바꾼다. 마지막 만난 파트너와 시선 접촉을 유지한 채 상호작용하면서 다른 파트너의 뒤나 공간 어딘가에 숨기도 하고 나타나기도 하면서 춤을 춘다. 파트너와 손을 잡고 들숨에서 확장, 날숨에서 수축하면서 몸의 움직임을 이어 가다가 신체가 안정화되면 각자의 공간에 누워서 들숨과 날숨을 이어 간다.

⑤ 이미지 춤과 안정화

- 각자가 경험한 눈을 그린 다음, 떠오르는 모든 이미지를 그림으로 표현해서 전시한다. 한 명씩 돌아가며 주인공이 되어 그림을 설명하고, 나머지 그룹원들은 갤러리가 되어 설명을 듣는다. 주인공의 그림이 마음에 와닿는 그룹원들은 누구든지 나와서 그림의 이미지를 춤으로 표현한 다음, 주인공을 위한 몸짓, 단어, 소리를 선물로 준다.

3) 마무리

① 소감 나누기

- "타인과의 눈 맞춤은 불편했나 혹은 편안했나? 시선을 읽을 때의 어려움은? 시선의 의미를 알아차릴 수 있었던 순간은? 시선 반응의 어려움은? 서로 소통이 잘 된다고 느낄 때는? 나의 알아차림 수준은? 나의 민감성 수준은?" 등 치료사의 질문을 토대로 각자 소감을 나눈다.

② 마무리 인사

- 그룹원 전체는 둥근 원으로 선다. 각자 그룹원들로부터 선물 받은 몸짓, 단어, 소리 중 가장 마음에 와닿는 것 한 가지를 선택한 다음 소개하면서 마무리 인사를 한다.

⑥ 유의점 및 치료사 역할

- 눈은 가장 강력하고 진실한 의사소통의 도구다. 시선의 의미를 알아차리고 반응하는 것은 소통의 필수 요소인 민감성과 알아차림 능력을 최고 수준으로 향상시킨다.
- 워밍업 시에는 동성끼리 파트너를 맺는다. 특히 눈으로 상대방의 신체를 바라볼 때 민감한 부분을 보지 않도록 사전에 안내해야 한다.
- 역할을 바꾸는 시점은 매우 중요하다. 적절하지 못하면 진행의 흐름이 끊어질 수도 있고 혹은 지루할 수도 있다.
- 말을 사용하지 않도록 유의해야 한다. 언어에 의한 직접적인 지시는 소통에 필요한 몸 감각 훈련을 방해한다.
- 즉흥 춤은 자신만의 자유로움 몸짓이며, 타인에게 보여 주기 위한 춤이 아니다. 타인의 시선으로부터 자유로운 존재의 표현이다. 가장 자기다운 춤은 아름답다. 무용 전문사처럼 고도의 전문적 기술이 없더라도 누구나 춤출 수 있다. 세션 내내 널려 있는 움직임 단서(Cue)로 그룹원 모두는 이미 춤꾼이다. 치료사의 춤에 대한 시각이 매우 중요하다. 어떤 표현이든 평가가 아니라 수용하고 즐기는 마음으로 바라보아야 한다.

제6장

수동성과 능동성

　입시 공화국이라 불리는 대한민국의 아이들은 수동성의 대명사다. 태어나자마자 일류 대학에 진학하기 위해 부모에 의해 설계된 삶을 강요당하며 살아간다. 삶의 주도권을 부모에게 빼앗긴 자녀들은 능동성을 잃어버린다. 남에 의해 끌려 다니는 객체적 삶을 산다. "시키는 것만 한다. 시키니까 한다. 시키는 대로만 한다. 시키지 않으면 안 한다. 스스로 알아서 하지 못한다. 결정하지 못한다." 이런 행동들은 수동성의 구체적 특징이다. 그 결과, 삶에 대한 재미, 의욕, 흥미, 열정, 의미를 상실한다. 교실 안에는 무기력증이 전염병처럼 번진다. 능동성은 적극적·자발적·자율적으로 움직이는 성질을 말한다. 끌려가는 삶이 아닌 이끄는 삶, 곧 주체적 삶이다. 창의성의 토대가 된다. 4차 산업혁명 시대에는 AI가 수동적 삶을 대신한다. 창의융합형 인재만이 살아남을 이 시대의 아이들은 능동성을 학습하고 훈련하여야 한다.

　이 장에서는 내가 이끌어 가는 움직임과 타인에 의해 이끌려 가는 움직임 경험을 제공한다. 수동성과 능동성, 이 정반대의 경험을 통해 조화와 균형을 찾아간다. 좀비(Zombie)의 움직임을 상상해 보라. 살아 있으나 죽은 좀비처럼 실체도 알 수 없는 존재에 의해 이리저리 끌려 다닌다. 즉흥 움직임(improvision)은 이러한 경우에 탁월한 기법이다. 내가 내 몸의 주인이 되어 매 순간 어디를 어떻게 움직일지 결정한다. 이 주체적 선택의 결과물이 즉흥이다. 남이 가르쳐 주는 움직임이 아니며 남의 움직임을 따라 하는 것도 아니다. 남에 의해 이끌리는 움직임은 더더욱 아니다. 내 몸과 마음과 영혼이 이끄는 대로 반응하는 내 존재의 춤이다. 생생한 에너지와 활기와 생명력으로 넘쳐나는 나만의 춤이다. 몸의 주체성이 훈련되면 삶의 주체성도 확립된다. 몸의 존재감을 체험하면 자아의 존재감도 체득된다.

1.
Push & Pull

1 영역: 사회성

2 주제: 수동성과 능동성

3 목표

① 자신의 수동성과 능동성 패턴을 인식한다.

② 자신의 욕구를 인식하여 구체적으로 표현할 수 있다.

③ 몸의 직접 경험을 통해 능동성의 힘을 알 수 있다.

④ 능동성의 구체적 요소를 학습한다.

⑤ 객체가 아닌, 주체로 살아가는 법을 배운다.

4 준비물: 색테이프, 명패

5 방법

1) 워밍업

① 지시어를 활용한 신체 이완

• 그룹원 전체가 둥글게 앉는다. 치료사의 안내를 따라 머리를 이용하여 앞뒤좌우 4개의 점을 찍은 다음 천천히 연결한다. 원의 크기를 작게, 크게, 점점 크게, 가장 크게 확장한다. 머리에서 시작된 원의 움직임을 어깨, 팔, 상체 전체로 연결하여 확장한 다음, 상체를 스트

레칭한다.

② 이미지를 활용한 몸 깨우기

- 3인 1조가 되어 역할 A, B, C를 정한 다음, A와 B는 마사지사가 되고 C는 마사지 받으러 온 고객이 된다. A와 B는 바닥에 누워 있는 C의 양쪽에 위치해서 손가락, 손바닥, 주먹, 팔꿈치, 발을 사용해서 마사지한 다음, 차례대로 역할을 바꾼다.

③ 신체이완과 움직임 확장

- 그룹원 전체는 원으로 모여 선다. 각자 차례대로 돌아가면서 아직 덜 풀린 신체 부위 한 군데를 지정해서 1분 동안 스트레칭하고 나머지 그룹원들은 따라 한다. 1분이 지나면 치료사가 알려 주지 않고 본인이 스스로 시간을 측정해서 멈춘다.

④ 리듬을 활용한 신체 활성화

- 각자의 1분 스트레칭을 계속 변형하면서 3분 스트레칭을 한다. 각자의 3분 스트레칭에 다른 그룹원의 스트레칭을 추가하면서 시간을 늘려 간다. 치료사는 천천히 부드럽게 이어지는 몸 풀기 음악 리듬에서 시작해 점차 경쾌하고 빠른 춤 리듬으로 변형하고 그룹원들은 상호작용하면서 스트레칭 움직임을 춤으로 변형한다.

2) 주제

① 능동과 수동

- 2인 1조가 되어 수동과 능동 역할을 정한다. 각자 색테이프로 팔꿈치를 구부렸을 때의 넓이의 원을 만들어 자기 공간을 만든 다음, 이름표를 붙인다.
- 능동은 수동의 신체 부위를 하나씩 이동하면서 손가락으로 찌르기, 밀기, 당기기, 쓸어내리기, 누르기, 불기 등 자극을 주어서 움직이게 한다. 1단계는 섬세하고 부드러운 자극, 2단계는 공간을 이동할 정도로 강한 자극 순으로 진행한다. 수동은 제자리에서 능동의 자극에 따라 반응하면서 기계적으로 움직인다. 이때, 한 번에 하나의 자극과 반응이어야 하며 움직임 끝에는 반드시 잠시 정지한 다음, 다른 자극과 반응 움직임으로 넘어간다. 얼마나 오래 정지할지는 능동이 결정한다.

② 자발적 능동과 수동

- 능동과 수동 모두 각자 자기 공간에 서서 내면의 이끌림대로 1인 수동 능동 움직임을 한

다. 수동은 누군가가 내 몸을 조종한다는 느낌으로, 능동은 내가 주체적으로 선택한다는 느낌으로 다양한 방식의 조합을 한다. 예를 들면, 능동 수동 정지, 능동 정지 능등 수동 정지, 수동 수동 능동 능동 정지 수동 등이다.

③ 자발적 능동

- 동일한 방식에서 정지와 수동을 생략한다. 자기 공간에서 연속적인 능동 움직임을 자유롭게 하다가 타인 공간으로 이동해서 둘셋씩 자발적 능동 움직임으로 춤춘다.

④ 방해 속 자발적 능동과 수동

- 3인 1조로 그룹을 구성해서 주인공 한 명, 방해자 두 명으로 역할을 정한다. 주인공은 방해자들의 방해에도 불구하고 연속적으로 능동 움직임을 하고, 방해자는 주인공이 능동 움직임을 포기하고 방해자들의 움직임을 따라오도록 주인공을 방해한다. 다음 단계는 이와 반대로 주인공이 방해자들의 방해 움직임을 포기하고 주인공의 능동 움직임을 따라오도록 방해자들의 움직임에 영향을 준다.

⑤ 능동과 수동 즉흥 춤 공연

- 3인 1조는 각자가 주인공이 되어 능동 수동 움직임을 자유롭게 선택하여 춤춘다. 소그룹 내에서 움직임이 마무리되면 색테이프로 공연 무대를 만든 다음, 그룹원 전체가 즉흥 춤 공연을 펼친다. 공연자, 공연 대기자, 관객 중 원하는 역할을 선택하여 공연자는 공연 무대 위에서 능동 수동 움직임으로 춤을 추고, 공연 대기자는 공간 바깥에서 공연할 준비를 하고, 관객은 관람석에서 구경한다. 공연을 끝마친 후, 3인 1조끼리 흔들기와 흔들리기를 활용해서 마무리 움직임을 한다.

3) 마무리

① 소감 나누기

- "현재 느낌은 어떠한가? 따라갈 때와 이끌고 갈 때 중 무엇이 더 힘들었나? 현재 내 삶을 가장 많이 끌고 가는 사람은 누구인가? 방해하면서 어떤 느낌이 들었나? 방해에도 불구하고 능동움직임을 유지할 수 있었던 힘은 무엇이었나? 오늘 활동에서 발견한 나는?" 등 치료사의 질문을 토대로 소감문을 작성한 다음, 3인 1조에서 나눈다.

- 전체 둥근 원을 만들어서 손으로 연결한 다음, 손으로 허리를 둘러서 상체 뒤로 젖히기, 어깨동무해서 상체 앞으로 숙이기, 양손을 앞으로 보내서 옆사람 손과 깍지를 낀 후 허리를 앞으로 숙이면서 마무리 인사를 한다.

6 유의점 및 치료사 역할

- 타인에 의해 강요된 능동과 수동, 자발적 능동 수동, 자발적 능동 순으로 점진적으로 발전하면서 존재의 주체성이 몸의 주체성으로 훈련된다. 치료사는 전체 흐름을 잘 숙지한다.
- 능동과 수동 움직임을 확장할 때, 다치지 않도록 강하지만 빠르거나 거칠지 않게 한다.
- 능동 수동 확장 움직임의 경우, 보다 안전한 진행을 위해 50대 이후의 연령은 누워서 활동하도록 한다.
- 터치를 원하지 않는 신체 부위에 대한 정보를 파트너와 사전에 나누도록 한다.
- 소감을 나눌 때 그룹원의 개별 이슈가 드러날 수도 있다. 치료사는 이슈가 무엇이며 원인은 무엇인지 등의 질문으로 개인사를 캐물어서는 안 된다. 공감을 통해 그룹원의 지지와 격려를 경험하도록 진행해야 한다.

2.
나와 너 따라 하기

1 영역: 사회성

2 주제: 자발성

3 목표

① 자신의 욕구를 파악하고 표현한다.

② 소리 내는 법을 자연스럽게 학습한다.

③ 적극적으로 자신의 욕구를 주장한다.

④ 타인의 욕구를 존중하고 조율한다.

⑤ 자신을 표현하는 두려움을 해소한다.

4 준비물: 음악

5 방법

1) 워밍업

① 공간 스트레칭

- 각자 공간을 천천히 걸어 다니면서 벽, 바닥, 의자, 창문, 매트, 책상, 손잡이 등 공간에 있는 재료들을 탐색한다. 마음에 드는 한 가지 재료를 활용해서 1분 스트레칭을 한다. 1분마다 재료를 바꾸어 가며 스트레칭을 하다가 두 명, 세 명까지 숫자를 늘려 간다. 제일 마지

막에 만난 그룹끼리 가장 마음에 드는 스트레칭 동작 하나를 선택해서 소개하면 나머지 그룹원 전체는 따라한다.

② 'No Weight'

- 치료사는 그룹원들과 함께 가볍게 둥둥 떠다니는 '뜨기(Float)' 움직임 이미지, 예를 들면 새 털, 구름, 먼지, 꽃잎, 비눗방울 등을 수집한다. 각자 마음에 드는 이미지를 선택한 다음, 이미지의 특성을 움직임으로 표현하면서 자유롭게 공간을 다닌다.
- 둘씩 파트너가 되어 A는 바람, B는 선택한 이미지가 된다. A는 '봄바람, 산들바람, 솔바람, 살랑바람, 비바람, 센바람, 회오리바람' 등 다양한 바람의 이미지를 동작과 함께 B에게 주문하면, B는 A가 주문하는 바람의 종류에 따라 이미지의 움직임을 확장하고 변형한다. 2인 1조에서 4인 1조로 그룹을 확장해서 1, 2, 3, 4 번호를 정한 다음, 1번부터 차례대로 바람, 나머지는 바람을 맞는 역할을 한다.

② Weight 움직임 이미지

- 치료사는 그룹원들과 함께 발바닥 전체에 체중이 실리면서 바닥을 무겁게 누르는 움직임 이미지, 예를 들면, 늪, 진흙탕, 사춘기 청소년의 걸음걸이 등을 수집한다.
- 각자 마음에 드는 이미지를 선택한 다음, 이미지의 특성을 움직임으로 표현하면서 자유롭게 공간을 돌아다니다가 '그룹원 사이를 걷기, 그룹원 사이를 쿵쾅거리며 걷기, 둘씩 파트너가 되어 발소리 크게 내기 배틀, 발소리에 어울리는 목소리 넣어서 배틀' 순으로 차례대로 진행한다.

③ 발의 움직임을 이용한 공간확장

- 2인 1조 파트너가 되어 A는 제자리에 서 있고, B는 파트너의 주위를 가까이, 혹은 멀리 돌면서 발소리를 내다가 B가 A의 발을 밟고, A는 발이 밟히지 않도록 소리 지르면서 피한다. B는 끝까지 따라가서 발을 밟는다. 2인 1조에서 그룹원 전체로 확장해서 파트너를 계속 바꾸어 가며 밟기도 하고, 피하기도 하고, 밟히기도 한다.
- 평화로운 음악과 함께 서로의 등을 호흡하면서 쓸어내린다.

2) 주제

① 10인 1조 움직임 따라 하기

- 10인 1조: 열 명이 한 그룹이 되어 둥글게 선다. 일상 움직임에 대한 아이디어를 수집한 다음, 각자 치료사가 스톱할 때까지 움직임으로 표현한다. 순서대로 돌아가면서 한 명씩 8박자 일상 움직임 한 가지를 소개하면 나머지 그룹원들은 그 움직임을 따라 한다.
- 한 명의 주인공이 가운데로 초대되어 8박자 움직임 3개를 하면 나머지 그룹원들은 그 움직임을 따라 하고, 주인공은 그룹원 중 한 명을 초대한 후 초대된 사람의 자리에 들어간다.
- 5인 1조: 다섯 명이 한 그룹이 되어 같은 방식으로 진행한다.

② 2인 1조 움직임 따라 하기

- 두 명이 한 그룹이 되어 역할 A와 B를 정한다. A가 8박자 움직임 하나를 하면 B가 따라 하고, B가 8박자 움직임 하나를 하면 A가 따라 하다가 주인공과 팔로워 역할 없이 동시에 움직인다. 적절한 시점에 8박자에서 자신만의 움직임으로 전환한다.

③ 나 혹은 너 따라 하기

- 나 따라 하기: 앞의 2인 1조를 그대로 유지한다. A와 B 중에서 주인공이 되고 싶은 사람은 큰 소리로 "나"를 외치면서 움직임을 하고, 나머지 한 명은 주인공을 따라 한다. 이때, 주인공을 따라 하다가도 내가 주인공이 되고 싶으면 언제라도 "나"를 외칠 수 있다. 4인 1조로 그룹을 바꾸어 같은 방식으로 한다. 여러 그룹원이 동시에 "나"를 외칠 경우, 제일 마지막에 외친 그룹원이 주인공이 된다.
- 너 따라 하기: 앞의 4인 1조를 그대로 유지한다. 그룹원 중 누구든지 주인공을 시키고 싶은 사람을 향해 큰 소리로 "너"라고 지정하면, 지목된 사람이 주인공이 되어 움직임을 하고 모든 그룹원은 따라한다. 이때, 지목된 주인공은 언제라도 다른 그룹원을 "너"라고 재지정할 수 있다. 여러 그룹원이 동시에 "너"를 외칠 경우, 제일 마지막에 외친 그룹원이 주인공이 된다. 8인 1조로 그룹을 바꾸어 같은 방식으로 한다. 대형을 벗어나서 공간을 자유롭게 이동하면서 창의적인 동작이 되도록 한다.

④ 8인 1조 나 & 너 따라 하기

- 앞의 8인 1조를 그대로 유지한다. 그룹원들은 누구든지, 언제라도 "나"와 "너"를 사용할 수 있다. 자신이 주인공을 하다가 아무도 "나"를 외치지 않거나, 다른 사람을 시키고 싶거나,

혹은 전혀 안 하고 있는 사람 있을 때, "너"하고 지목하면 지목받은 사람이 주인공이 된다. 지목받은 사람은 자신이 주인공을 하고 싶지 않으면 다른 그룹원을 "너"라고 재지목할 수 있다. 동시에 그룹원 중 누구든지 자신이 주인공을 하고 싶으면 언제라도 "나"를 외칠 수 있다. 8인 1조를 벗어나 전체 그룹으로 확장해서 공간을 자유롭게 이동하며 '나'와 '너'가 역동적으로 변형되도록 한다.

⑤ '우리 & 너희' 따라 하기

• 그룹원들이 "우리" 혹은 "너희"라고 지정하면 즉석에서 파트너를 이루어 하나의 움직임을 하고, 나머지 그룹원들은 따라 한다. 이후 주인공을 하고 싶으면 언제라도 "우리"를 외칠 수 있고, 원하지 않으면 "너희"를 외치면서 다른 그룹원을 재지목할 수 있다.

• 전체 그룹원은 둥글게 앉아서 같은 방향을 향한다. 안쪽 다리를 원안으로 쭉 편 상태에서 앞사람의 척추 12개를 손으로 만지기, 척추 사이사이를 손으로 누르기, 척추에서 기립근 쪽을 향해 양손으로 강하게 누르면서 밀기, 손바닥을 넓게 펴서 척추에서 출발해 다양한 모양의 원 그리기, 힘을 뺀 손바닥으로 등 전체에 부드러운 곡선을 그리기, 어깨에서 손가락까지 부드럽게 쓸어내리기 순으로 신체를 안정화시킨다. 역할을 바꿀 때는 반대 방향으로 돌아서 안쪽 다리를 원안으로 넣어서 쭉 편다.

3) 마무리

① 소감 나누기

• "가장 좋았던 순간은? 지목당했을 때와 지목했을 때의 느낌은? 나는 '나'를 얼마나 자주 외쳤나? 주저할 때는 언제였나? 지목하고 싶었지만 참았던 순간은? 그 이유는? 내가 원하는 것을 표현했을 때의 느낌은? 주인공을 따라할 때와 내가 주인공이 되었을 때의 차이는?" 등 치료사의 질문을 토대로 소감을 나눈다.

② 마무리 인사

• 차례대로 돌아가면서 "나, 김○○"이라고 자신의 이름을 큰 소리로 외치면서 현재 하고 싶은 움직임으로 마무리 인사를 한다.

6 유의점 및 치료사 역할

• '나, 너, 나와 너'를 할 수 있으려면 자신이 무엇을 원하는지 알아야 하고, 원하는 바를 목소

리에 담아낼 수 있어야 하며, 눈치 보지 않고 자신의 목소리를 낼 수 있어야 한다. 이는 능동성의 가장 기본적인 요소다. 이 프로그램에서는 발소리, 목소리로 발전하면서 자연스럽게 소리가 날 수 있도록 도와준다. 체중이 실린 발 구르기는 사춘기 청소년의 특징적인 움직임이다. 발을 구르면서 부모의 목소리가 아닌, 자기 존재의 진짜 소리가 나온다. 이 과정을 거쳐서 부모 분리와 독립된 개체 형성이라는 발달 과제를 달성한다. 치료사는 이 의미를 정확하게 이해하고 진행해야 한다.

- 공간 스트레칭 시, 활용하려는 공간의 재료나 인원수에 따라 스트레칭 변형이 무궁무진하다. 인원수는 최대 3인까지가 적당하며 더 이상 아이디어가 나오지 않으면, 다른 그룹원들의 스트레칭 방법을 참고하라고 안내해야 한다. 몸에 구조적으로 무리가 가는 자세가 있으면 치료사는 개별적으로 교정해 주어야 한다.

- 주제 ①의 임상 움직임은 집에서 하는 움직임 외에 학교, 직장, 놀이터, 자연 등 그룹 특성에 맞추어서 제시해야 한다. 예를 들어, 노인 그룹이라면 김치 담글 때, 빨래할 때, 손자를 데리고 놀 때 등의 일상생활에 리듬을 넣으면 움직임을 흥미롭게 만들 수 있다.

- 자기 주장을 하기 위해 소리를 내는 것은 매우 중요하다. 워밍업 단계에서 발 밟기를 하다 보면 저절로 소리가 난다. 치료사는 그룹원들의 소리를 계속 확장시켜서 충분히 소리를 낼 수 있도록 도와주어야 한다.

- 움직임을 만들어 내야 하는 상황이 그룹원들에게는 언제나 부담스러울 수 있음을 기억해야 한다. 어떻게 움직임을 해야 할지 당황하지 않도록 전체 아이디어 수집, 혼자 연습, 짝꿍과 연습, 전체 등의 각 단계를 빠뜨리지 말고 진행하도록 유의한다.

제7장

보호, 배려, 존중

세상에서 가장 '나쁜' 사람은 '나뿐인' 사람이다. '나 홀로'가 아닌, '더불어' 살아가도록 지음 받은 사회적 존재인 인간이 건강하고 행복한 관계를 맺기 위해서는 보호, 존중, 배려라는 건강한 관계 맺기 3종 세트가 필요하다. 보호는 위험이나 곤란 따위가 미치지 않도록 잘 보살펴 돌보는 이타적 행동을 말한다. 존중은 남을 나보다 낫게 여기면서 소중하게 대하는 마음이다. 배려는 상대를 자신의 짝처럼 생각하는 마음으로, 내 입장보다 상대의 입장과 처지, 상황을 먼저 고려하는 행동을 말한다.

이 세 가지가 결여된 관계는 피곤하고 삭막해지며 쉽게 파괴된다. 언제나 나만 보호받아야 하고 타인을 보호할 줄 모르는 사람은 유아적인 이기주의자다. 타인을 존중하지 못하는 사람은 우월주의자다. 배려하지 못하는 사람은 자기밖에 모르는 무례한 사람이다. 각기 다른 3개의 용어지만 3종 세트 중 어느 하나만 없어도 직장 내 괴롭힘, 사이버 폭력, 성희롱, 왕따, 갑질, 폭행, 폭언, 인종차별 등 한국 사회 내 고질병을 유발한다. 반면, 이 3종 세트를 갖출 수만 있다면 이러한 고질병을 치유할 수 있다. 나(Me)를 뒤집으면 우리(We)가 된다.

이 장에서의 주된 기법은 역할 놀이(Role Play)다. 보호, 배려, 존중의 있고 없음을 체험하며 탐색한다. 머리로 나 혼자 생각하는 주관적 배려는 이미 배려가 아니다. 배려가 사라진 상황을 몸으로 경험하면 타인 중심적 배려가 무엇인지 몸 감각으로 알 수 있다. 보호받지 못할 때의 느낌을 체험하면 결코 학교폭력배가 될 수 없다. 존중받아 본 경험을 바탕으로 다른 사람을 존중할 수 있다. 추상적이고 이론적이고 타자화된 개념이 구체적이며 실천적이고 주체적 개념으로 다가온다. 이것이 체화된 지식의 힘이다.

1.
보디가드와 슈퍼스타

1 **영역:** 사회성

2 **주제:** 보호, 배려, 존중

3 **목표**

① 보호하고 보호받는 움직임을 통해 긍정적 정서를 경험한다.

② 타인 보호의 중요성과 소중함을 안다.

③ 존중과 배려를 학습한다.

④ 건강한 관계 맺기를 학습한다.

⑤ 타인과 더불어 살아가는 즐거움을 안다.

4 **준비물:** 요가 매트, 음악

5 **방법**

1) 워밍업

① 두드림

• 손가락 끝으로 자기 몸을 두드린다. 머리, 얼굴, 목, 가슴, 옆구리, 배, 엉덩이, 허리, 허벅지, 다리, 발 순으로 진행한다.

- 그룹원들이 신체 부위를 제시하면 자기 몸의 그 부위만 두드린다.
- 그룹원들이 신체 부위와 두드리는 다양한 방법을 제시하면 그룹원 전체가 연결된 상태에서 바로 옆 사람 몸을 지시대로 두드린다.
- 방금 두드린 옆 사람과 파트너가 되어서 앞서 경험한 두드림의 방법을 모두 활용해 두드려 준 후, 역할을 바꾼다.
- 그룹원 전체는 일어나 돌아다니면서 파트너를 바꾸어 가며 두드리다 쓸어내리기로 마무리한다.

② 신체 안정화

- 마지막에 만난 파트너와 서기, 앉기, 눕기 순으로 공간 레벨을 바꾸면서 쓸어내린다.
- 눈을 감은 채 호흡과 함께 자신의 몸 전체를 각자 쓸어내린다.

2) 주제

① 보디가드와 슈퍼스타

- 2인 1조가 되어 보디가드와 슈퍼스타 역할을 정한다. 슈퍼스타는 보디가드의 어깨에 손을 올리고, 보디가드는 슈퍼스타와 함께 자유롭게 여행을 다니다가 치료사의 '스톱' 지시에 멈추고 다른 팀을 만난다. 앞에 서 있는 보디가드끼리 손으로 연결한 상태에서 뒤에 서 있는 슈퍼스타는 상대편 슈퍼스타의 몸을 손으로 공격하고, 보디가드는 자신의 슈퍼스타를 건드리지 못하도록 보호한다. 어느 팀이든 슈퍼스타의 몸에 손이 닿으면 역할을 바꾼다.

② 슈퍼스타와 보디가드, 스토커

- 세 명이 한 그룹이 되어 어깨에 손을 올린 채 자유롭게 여행을 다니다가, 치료사의 "스톱" 지시에 멈추고 슈퍼스타, 보디가드, 스토커 역할을 정한다. 슈퍼스타는 보디가드의 어깨에 손을 올린 채 스토커의 공격을 피하고, 보디가드는 스토커의 공격에서 슈퍼스타를 보호하고, 스토커는 슈퍼스타를 손으로 공격한다. 슈퍼스타의 몸에 손이 닿으면 역할을 바꾼다.

③ 공간을 활용한 슈퍼스타와 보디가드, 스토커

- 삼각 공간: 요가 매트로 세 명이 움직일 정도의 삼각형 공간을 만든다. 3인 1조는 각자 흩어져서 자유롭게 여행을 다니다가 치료사의 "스톱" 지시에 삼각 공간으로 모인다. 슈퍼스타와 보디가드는 삼각 공간 내에서만 움직임을 하고 스토커는 삼각 공간 밖에서 손으로 슈

퍼스타를 공격한다. 슈퍼스타는 보디가드의 어깨에 손을 올리지 않고 자유롭게 다니면서 스토커의 공격을 피하고, 보디가드는 스토커의 공격에서 슈퍼스타를 보호한다. 슈퍼스타의 몸에 손이 닿으면 역할을 바꾼다. 움직임이 마무리되면, 슈퍼스타와 보디가드, 스토커 모두 어깨나 손의 연결 없이 삼각 공간을 벗어나 자유롭게 다니면서 역할을 한다.

④ 제멋대로 슈퍼스타와 나쁜 보디가드, 스토커

- 어깨에 손을 올린 채 자유롭게 여행을 하다가 "스톱"이라고 하면 멈춘다. 보호도 배려도 존중도 없는 역할임을 안내한다. 슈퍼스타는 보디가드 말을 전혀 듣지 않고 제멋대로 돌아다니고, 보디가드는 성질이 나쁘고 거칠며, 스토커는 슈퍼스타를 공격하는 최악의 스토커다. 역할을 바꾼 후 공연을 한 다음 소감을 나눈다.

⑤ 제멋대로 슈퍼스타, 착한 보디가드, 스토커

- 어깨에 손 올린 채 자유롭게 여행을 하다가 "스톱"이라고 하면 멈춘다. 보호만 있고 배려와 존중이 없는 역할임을 안내한다. 슈퍼스타는 여전히 보디가드 말을 전혀 듣지 않고 제멋대로 돌아다니며, 보디가드는 슈퍼스타를 끝까지 배려하고 존중하면서 보호한다. 스토커는 슈퍼스타를 공격하는 나쁜 스토커다. 슈퍼스타의 몸에 손이 닿으면 역할을 바꾼다.

⑥ 멋진 슈퍼스타와 착한 보디가드, 스토커

- 어깨에 손을 올린 채 자유롭게 여행을 하다가 "스톱"이라고 하면 멈춘다. 슈퍼스타는 보디가드에 대한 보호와 배려와 존중이 있고, 보디가드는 슈퍼스타에 대한 배려와 존중으로 보호하고, 스토커는 슈퍼스타를 공격하는 나쁜 스토커다. 몸을 터치하면 역할을 바꾼다.

⑦ 공연

- 3인 1조 각 그룹은 양극 움직임인 ④번과 ⑥번을 공연으로 보여 준다. 나머지는 관객이 되어 관람하면서 2개의 공연에 제목을 붙인다. 공연이 끝나면 관람객은 제목과 제목의 이유를 발표하면, 공연팀은 가장 마음에 와닿는 제목 하나를 선택한다. 관객들은 공연팀이 선택한 제목에 어울리는 움직임을 만들어 춤으로 발전시키고 공연팀도 함께 춤을 춘다.

3) 마무리

① 소감 나누기

- "배려와 존중이 없을 때의 느낌은? 보호/배려/존중 중 가장 힘들었던 것은? 어떻게 보호받

을 때 가장 좋았는지? 화가 날 때는 언제였는지? 존중받는 느낌을 받았던 구체적인 행동은 무엇이었는지? 일상생활에서 나의 보호/존중/배려는?" 등 치료사의 질문을 토대로 생각을 정리한 다음 소감을 나눈다.

② 마무리 인사

• 각자 차례대로 돌아가면서 보호/배려/존중 중 가장 마음에 와닿는 특징 하나를 움직임으로 표현하면 그룹원 전체가 따라한다.

6 유의점 및 치료사 역할

• 인원수 대비 공간의 크기와 부딪힐 수 있는 물건의 정리 등 안전한 공간 확보가 매우 중요하다.

• 대상자의 특징에 따라 기법을 유연하게 활용해야 한다. 어떤 단계는 생략하기도 하고, 하나의 기법에 집중하여 경험하기도 하고, 어떤 단계만 전략적으로 선택할 수도 있다. 이 경우도 목표 달성을 기준으로 하여 놀이가 아닌 교육이어야 함에 유의해야 한다.

• 매우 흥미로운 활동이지만 에너지 소모가 많기 때문에 중간중간 소감 나누기와 휴식 시간을 배정해야 한다.

• 활동에 몰입하다 보면 움직임이 과격해져서 대상자가 다칠 수 있다. 치료사는 주의 깊게 관찰하다가 과격해질 조짐이 보이면 "스톱"을 외쳐서 중단시킨 다음, 과열된 움직임을 가라앉히고 활동을 다시 시작해야 한다.

• 배려, 존중, 보호가 무엇인지에 관해 구체적인 역할을 안내할 필요는 없다. 생각을 제한시키면 스스로 발견하는 지식도 제한되기 때문이다.

• 중노년기의 대상자에게 적용할 경우, 발목, 무릎, 허리, 어깨 등 몸 상태를 사전에 점검해야 한다. 어깨연결이나 넓은 공간을 뛰어다니는 것 같이 다칠 수 있는 움직임은 제자리에서 천천히 움직이도록 프로그램을 재조정해야 한다.

2.
열고 닫기

1 영역: 사회성

2 주제: 관계 기술

3 목표

① 위험에서 자신을 보호하는 법을 배운다.

② 타인에 대한 관심을 증진한다.

③ 타인 보호의 성취감을 몸으로 직접 경험한다.

④ 보호받았을 때의 안정감을 경험한다.

⑤ 공동체의 일원으로서 역할과 책임감을 기른다.

4 준비물: 색깔천(개인당 1개), 풍선(10개)

5 방법

1) 워밍업

① 신체감각 깨우기

- 나 홀로 안마기: 머리부터 발끝까지 손가락으로 빗방울이 떨어지듯 가볍게 톡톡 두드리다가 음악 리듬에 맞추어서 두드리기, 신체 부위 한군데를 집중적으로 두드리기 순으로 진행한다.

- 사랑의 안마기: 2인 1조 파트너가 되어 안마사와 고객 역할을 정한다. 안마사는 손바닥에 공기를 넣어서 고객의 등을 두드린다. 고객은 편안하게 앉아 있는다.
- 사랑의 때밀이: 안마사는 손바닥을 펴서 때밀이 모양을 만든 다음, 고객의 등을 구석구석 힘을 주어 밀어 준다.
- 사랑의 다리미: 안마사는 손바닥을 펴서 다리미 밑판 모양을 만든 다음, 고객의 등을 다양한 방향으로 펴 준다.

② 움직임 확장

- 공간 바닥과 벽을 활용하여 두드리기, 긁기, 펴기, 밀기의 네 가지 접촉 움직임을 연속적으로 이어 가다가, 치료사의 지시에 따라 빠르게, 느리게, 크게, 작게, 부드럽게, 딱딱하게 등 움직임의 질을 계속 바꾸면서 공간을 자유롭게 돌아다닌다. 파트너를 바꾸어 가면서 둘씩 만나 상호작용하면서 네 가지 접촉 움직임을 변형한다. 음악 리듬과 함께 춤으로 확장한다.

③ 신체 안정화

- 한 번도 바닥에 닿지 않는 몸이 없도록 바닥과 몸이 골고루 만난다. 천천히 부드럽게 몸을 굴려 가면서 바닥과 접촉 움직임을 이어 가다가 들숨날숨 리듬에 맞춘다. 들숨에서 최대한 확장, 날숨에서 최대한 수축해서 호흡 움직임으로 몸을 안정화시킨다.

2) 주제

① 닫힌 울타리

- 그룹원 전체는 둥글게 서서 쥐 한 명, 고양이 한 명의 역할을 정한다. 쥐는 풍선을 안고 고양이를 피해 도망가고, 고양이는 쥐를 잡으러 쫓아간다. 다른 그룹원 전체는 손을 잡고 서서 쥐를 보호하는 울타리 역할을 한다. 쥐가 오면 열어 주고 고양이가 오면 닫는다. 쥐는 잡히면 울타리 중 한 명에게 쥐 역할을 주고 본인은 그 자리에 들어간다. 고양이가 쥐를 끝까지 못 잡으면 치료사가 적당한 시점에서 둘 다 교체한다. 쥐 2마리와 고양이 2마리, 쥐 3마리와 고양이 3마리 순으로 숫자를 늘려 가면서 난이도를 적절하게 조절한다.

② 열린 울타리

- 5인 1조가 되어 쥐 한 명, 고양이 한 명, 울타리 세 명 역할을 정한다. 고양이는 쥐를 잡으러 가고, 쥐는 도망가고, 울타리는 손을 잡고 쥐를 보호한다. 쥐 2마리와 고양이 2마리, 쥐

3마리와 고양이 3마리 순으로 숫자를 늘려 가면서 난이도를 적절하게 조절한다. 어떻게 하면 잘 보호받고 보호할 수 있을지 전략 회의를 한다.

- 앞의 5인 1조에 방해자 한 명 역할을 추가하여 고양이는 쥐를 잡으러 가고, 쥐는 도망가고, 방해자는 고양이가 쥐를 잡지 못하도록 고양이를 방해하고, 울타리는 잡은 손을 놓고 쥐를 보호하러 간다. 어떻게 하면 잘 보호받고 보호할 수 있을지 전략 회의를 한다.

③ 색깔천 울타리

- 3인 1조가 되어 고양이 한 명, 쥐 한 명, 울타리 한 명 역할을 정한다. 울타리는 색깔천 5개로 쥐를 덮어서 감싸고, 쥐는 색깔천 안으로 들어간다. 고양이는 색깔천 안에 있는 쥐의 몸을 터치한다. 그룹원들의 연령대를 고려해 다칠 우려가 없는 경우, 한 단계를 더 올려서 안에 있는 쥐를 바깥으로 끌어내는 방식을 추가한다. 터치당하거나 끌려 나오면 역할을 바꾼다.

④ 색깔천 페스티벌

- 그룹원들은 각자 색깔천 한 개를 들고 공간을 다니면서 고양이, 쥐, 울타리 역할을 자유자재로 바꾸어 가면서 한다. 쥐는 자기 혹은 다른 사람의 색깔천 속에 들어가고, 고양이는 색깔천을 휘날리며 잡으러 간다. 울타리는 색깔천을 열어서 쥐나 고양이 누구든 들어오도록 한다.
- 전체 그룹원은 색깔천을 휘날리면서 자유롭게 뛰어다니다가 춤을 춘다. 각자의 색깔천을 연결하여 원을 만든 다음, 그룹원 두세 명씩 원 가운데 초대한다. 주인공들은 색깔천을 들고 춤을 추고, 나머지는 같은 리듬으로 춤추면서 천을 펄럭여 준다. 각자 색깔천으로 몸을 덮은 다음, 자리에 누워 색감과 감촉과 향을 즐기면서 경험한 내용을 떠올려 본다.

3) 마무리

① 소감 나누기

- "보호받는 느낌이 가장 많이 났을 때는 언제였나? 그때의 느낌은? 보호해 주지 못했을 때는 언제였나? 그 이유는? 그룹원을 효과적으로 보호하기 위해 나에게 필요했던 것은? 천으로 감싼 채 보호받았을 때의 느낌은? 천이 있을 때와 없을 때 무엇이 달라졌나? 자신을 보호하기 위해 나는 무엇을 했나?" 등 치료사의 질문을 토대로 정리된 소감을 그룹원 전체와 나눈다.

② 마무리 인사

- 그룹원 한 명씩을 주인공으로 초대해서 색깔천으로 감싸 준 다음, 쓰다듬어 주면서 현재의 느낌 단어로 마무리 인사를 한다

6 유의점 및 치료사 역할

- 연령이 어린 아동의 경우, 풍선이나 색깔천 같은 소도구를 미리 노출시키지 않도록 한다. 특히 풍선은 아이들이 좋아하는 소도구다. 눈에 띄는 순간 순식간에 가져와 논다. 치료사가 세션 진행을 위해 재미있게 놀고 있는 아이들을 중단시키기란 매우 어렵다.
- 주제 ①의 '닫힌 울타리'에서 쥐가 풍선을 안고 있는 이유는 역할 구분이 쉽고, 매우 좋아하는 프로그램이라 자칫 과열되지 않도록 에너지를 조절해 주기 때문이다.
- 쥐와 고양이 역할을 서로 하고 싶어 하다가 마음이 상할 수도 있다. 쥐의 선택을 존중하도록 사전에 오리엔테이션시킨다. 애매할 경우에는 승복하겠다는 다짐을 받고 가위바위보로 결정한다. 그래도 끝까지 하고 싶어 할 경우, 그룹원들의 양해를 구하고 기회를 한 번 더 준다. 그래도 안 되면 다음 진행에서 역할을 할 수 있음을 알려 준다.
- 난이도란 어렵고 쉬운 정도를 말한다. 너무 쉬우면 시시해서 산만해지거나 목표 달성이 어렵고, 너무 어려우면 좌절감을 느끼게 된다. 난이도를 기준으로 치료사는 진행 상태를 잘 관찰하면서 쥐, 고양이, 울타리, 방해자의 숫자 비율을 조절해야 한다.
- 색깔천은 쉬폰으로 된 얇고 하늘거리는 천이다. 여러 겹을 감싸도 공기 순환에 문제가 없어 갑갑하지 않다. 다른 천은 감금된 느낌을 줄 수 있기 때문에 사용하지 않도록 한다.
- 색깔천 안으로 들어가야 하기 때문에 색깔천은 미리 세탁해서 좋은 향이 나도록 준비한다.
- 그룹원끼리 상호작용할 때는 너무 상세히 안내하지 않아도 된다. 자발성과 창조성이 있기 때문이다. 때로 치료사의 너무 구체적인 안내가 그룹원의 창조성과 자발성을 방해할 수도 있음에 유의해야 한다.

SOMATIC
PSYCHOTHERAPY
TECHNIQUES AND
APPLICATIONS

제8장
자기주장성

　올바른 자기주장(Self Assertion)은 대인관계에서 상대방의 감정을 상하지 않게 하면서 자신의 생각, 감정, 권리, 욕구, 의견을 직접적으로 솔직하게 표현하는 것이다. 자기주장에는 부정적 자기주장과 긍정적 자기주장 두 종류가 있다. 첫째, 긍정적 자기주장은 내가 원하는 것, 내 생각, 내 의견을 말함으로 자기 권리를 지켜 내려는 주장이다. 둘째, 부정적 자기주장은 부당함이나 위험 등에서 자신을 지켜내기 위한 주장이다.

　긍정적 자기주장을 할 수 없으면 독립적인 존재로 살 수 없으며, 겉과 속이 다른 이중적인 인간이 된다. 오랜 시간 혼자 참고 눌러 온 상한 감정이 쌓여 마음의 병이 생기기도 한다. 가족 등 친밀한 관계의 경우, 속마음을 알 수도, 나눌 수도 없어 친밀감이 결여되다가 불만이 누적되어 관계가 파괴된다. 부정적 자기주장을 할 수 없으면 타인이 자신의 삶을 함부로 휘두르거나 지배하도록 허락하고 만다. "싫어요. 안돼요. 그만하세요."와 같은 자기주장은 성폭력, 학교폭력, 가정폭력 등의 위험한 상황에서 스스로를 지켜낼 수 있는 보호막이다.

　중요한 것은 자기주장을 상대방에게 제대로 전달하는 것이다. 주장의 내용을 전달하는 것은 몸이다. 몸의 언어를 어떻게 사용해야 하는지 잘 모르면 내용의 전달성이 반감된다. 예를 들면, 말의 내용과 몸의 언어가 불일치하거나, 호흡이 약해서 소리를 제대로 내지 못하거나, 눈 맞춤을 제대로 못하거나, 중심의 힘이 약할 경우다. 눈 맞춤, 중심의 힘, 호흡, 목소리 등을 활용해서 자기주장의 효율성을 높인다. 특히 높낮이, 크기, 속도, 세기, 음색, 공명성, 정확성 등 목소리의 구성 요소는 매우 활용도가 높다.

1.
도망자와 추적자

1 영역: 사회성

2 주제: 자기주장

3 목표

① 자기주장의 중요성을 인식한다.

② 소리 내는 법을 학습한다.

③ 비효율적인 자기주장성의 요소들이 무엇인지 정확하게 알아차린다.

④ 비효율적인 자기주장이 미치는 영향과 결과를 인식한다.

⑤ 효율적인 자기주장법의 요소들을 스스로 찾아낸다.

⑥ 발견한 효율적 자기주장법을 연습해 봄으로 자기주장 능력을 함양한다.

4 준비물: 색테이프, 종이, 펜, 음악

5 방법

1) 워밍업

① 목소리 연주

- 8음계 소리: 모두 둥글게 앉아서 차례대로 돌아가며 도레미파솔라시도를 한 음씩 올린다, 더 이상 올라가지 않으면 한 음씩 내리다가 더 이상 내려가지 않으면 멈춘다. 2인 1조가 되

어 번갈아 가면서 같은 방식으로 한다.

- 자기 소리: 4인 1조가 되어 1, 2, 3, 4번으로 순서를 정한다. 1번부터 차례대로 돌아가면서 도레미파솔라시도 대신 "야, 오, 후, 와, 이" 등 내고 싶은 소리를 같은 방식으로 한다.

② 몸 소리 연주

- 손 지휘 합창: 4인 1조 중 한 명은 지휘자, 나머지는 단원이 되어 순서를 정한다. 지휘자는 일어나서 손 지휘를 하면서 8박자의 자기 소리로 한 음씩 올리다가 더 이상 올라가지 않으면 내리고, 단원들은 손 지휘에 따라 몸을 움직이면서 지휘자와 같은 소리로 합창을 한다. 예를 들어, 소리가 올라가면서 손이 올라가면 단원들의 몸도 같이 올라가고 내리면 몸도 내려간다.
- 손발 지휘 합창: 지휘자는 8박자의 자기 소리에 손 지휘와 발동작을 더한다. 단원들은 손발 지휘에 따라 발도 같이 움직이면서 지휘자와 같은 소리로 합창을 한다.

③ 목소리 공명

- 전체 그룹원 각자는 8박자의 자기 소리와 손동작, 발동작을 하면서 자유롭게 공간을 이동하다가, 리듬이 만들어지면 다른 신체 부위로 리듬을 확장해서 춤을 춘다. 그룹원들과 상호작용하면서 춤을 춘 후, 둥글게 앉는다.
- 눈을 감고 가장 편하게 낼 수 있는 소리와 음계를 정해서 한 명씩 돌아가며 소리를 낸다. 소리가 끊어지지 않도록 마지막 그룹원에 이를 때까지 자기 소리를 계속 유지한다. 마지막 그룹원에 도달하면, 다른 사람의 소리를 들으면서 그룹원 전체가 하나의 소리를 만들어 낸 다음 소리의 크기를 조절하다가 가장 조용한 소리로 마무리한다.

2) 주제

① 자기주장 인식

- 추적자 인식: 2인 1조로 추적자와 도망자 역할을 정한 다음, 도망자는 말없이 걸어가고, 추적자는 말없이 따라가다가 도망자를 바꾼다.
- 가장 먼 거리: 도망자는 추적자를 의식하면서 말없이 걸어가고, 추적자는 앞뒤좌우 등 여러 방향에서 말없이 멀찌감치 서서 따라간다.
- 중간 거리: 도망자는 추적자를 의식하면서 말없이 몸으로 반응하면서 걸어가고, 추적자는 팔꿈치를 구부린 거리만큼 가까이 와서 속도를 점점 빨리하면서 말없이 따라간다.

② 비효율적인 자기주장

- 몸의 주장: 추적자는 신체 접촉 없이 앞, 뒤, 양옆 등 몸과 몸이 닿을 만큼 간격 없이 바싹 붙어서 진로를 방해한다. 도망자는 몸을 사용해서 기분 나쁘게 거절해서 화가 난 추적자의 진로방해 행동이 더 심해지도록 한다.
- 말의 주장: 추적자는 "따라가겠다"며 막무가내로 떼를 쓰면서 진로를 방해한다. 도망자는 "저리 가" "따라 오지 마" "너 바보니?" "귀찮아" 등의 말로 기분 나쁘게 거절해서 화가 난 추적자의 진로방해 행동이 심해지도록 한다.
- 몸과 말의 주장: 추적자는 몸과 말을 다 사용해서 "따라가겠다"며 진로를 방해한다. 매달리거나 건드리거나 잡아끄는 등 신체 접촉이 가능하다. 도망자는 말과 몸을 사용하여 기분 나쁘게 거절해서 화가 난 추적자의 진로방해 행동이 더 심해지게 한다. 역할을 바꾼 다음, 언제 멈추고 싶었는지, 효과적으로 멈추기 위해 필요한 것은 무엇인지 등 전략회의를 한다.

③ 효율적인 자기주장

- 몸과 말의 주장: 추적자는 몸과 말을 사용해서 도망자가 화를 낼 정도로 "따라가겠다"며 진로를 방해한다. 신체 접촉이 가능하다. 도망자는 몸과 말을 사용해서 추적자가 기분 좋게, 자발적으로 진로방해를 멈추도록 한다.
- 팀 코칭: 실험팀과 관찰팀으로 역할을 나눈다. 실험팀은 몸과 말을 사용해서 효율적인 자기주장법을 시연한다. 관찰팀은 실험팀의 시연을 관찰한 다음, 보완이 필요한 효율적인 자기주장법을 코칭해 준다(단호한 말투, 침착한 목소리, 웃지 않는 표정 등).
- 팀 플레이: 실험팀은 팀코칭의 결과물을 반영한 효율적인 자기주장법을 시연한다. 관객은 각 팀 시연이 끝날 때마다 효율적인 자기주장법의 키워드를 찾아내어 발표한다.

④ Shall We Dance?

- 그룹원 각자는 춤 파트너를 찾아서 여행을 떠난다. 원하는 상대를 만났으면 "Shall We Dance?"라고 물어본다. 원하면 춤을 추고, 원하지 않으면 기분 나쁘지 않으면서도 정중하게 거절한다. 마지막에는 가장 마음에 드는 파트너와 왈츠를 춘다.

3) 마무리

① 소감 나누기

- "언제 멈추고 싶었나? 어떤 말이나 행동이 멈추도록 만들었나? 기분 나쁜 거절은 무엇이었

나? 언제 마음이 움직였나? 목소리를 낼 때 어떤 느낌이 들었나? 나를 주장할 때 불편했던 순간은? 일상생활에서 나는? 어떤 성장이 있었나?" 등 치료사의 질문을 토대로 둘씩 소감을 나눈 다음, 긴 전지에 효율적인 자기주장법의 키워드를 기록한다.

② 마무리 인사
- 자기주장법의 키워드를 동작으로 바꾸어서 마무리 인사를 한다.

6 유의점 및 치료사 역할

- 워밍업에서의 목소리 워밍업은 매우 중요하다. 대부분 자신의 목소리를 생소하고 어색하게 느낀다. 자기 목소리에 친숙해지는 과정은 주장 훈련의 기초다. 음계부터 시작해서 자기 목소리로 발전해 가며 자연스럽게 자신의 소리를 낼 수 있다. 치료사는 이 시간이 평가하는 시간이 아님을 강조해야 한다.
- 계속 장난스럽게 웃으면서 자기주장을 하지 못하는 경우, 치료사가 개별적으로 개입해서 시연해 보일 수도 있다.
- 주제 진행 시 개인적 사례가 아닌, 따라가고 못 따라오게 하는 확실한 상황을 가지고 진행한다. 주제와 관련한 개인적인 사례(엄마는 딸의 손을 잡고 싶어 하고 딸은 엄마의 손을 뿌리치는, 혹은 한 명은 같이 놀고 싶은데 다른 한 명은 놀기 싫은 등)의 경우, 자기주장 훈련이 아니라 공감이나 치유가 필요한 사례일 수도 있기 때문이다. 이 경우, 세션 종료 후 개인적으로 다루겠다고 미리 안내해야 한다.
- 옷을 잡고 매달릴 때 다치지 않도록 치료사는 주의 깊게 관찰해야 한다.

2.
Don't Touch Me

1 영역: 사회성

2 주제: 중심의 힘

3 목표

① 자신의 신체경계를 안다.

② 중심의 힘을 기른다.

③ 호흡과 소리의 연관성을 이해한다.

④ 자기주장의 필요성을 인식한다.

⑤ 비효과적 거절의 결과를 몸으로 경험한다.

⑥ 효과적으로 주장하는 법을 구체적으로 배운다.

4 준비물: A3 용지, 그림 도구

5 방법

1) 워밍업

① 이미지를 활용한 신체 이완

- 그룹원 각자가 바람이 부는 들판에 피어 있는 꽃이라 상상하면서 바람결에 따라 자신의 몸을 이리저리 흔든다. 치료사는 앞뒤, 좌우, 대각선, 위아래 등 방향뿐만 아니라 바람의 속

도, 무게, 세기에 관한 지시어를 제공하여 움직임의 질을 확장시킨다.

- 그룹원 전체가 하나의 큰 꽃이 되어 꽃잎이 펼쳐지고 오므라드는 이미지를 상상한다. 다 함께 양팔을 넓게 벌린 채 천천히 뒷걸음질 치다가 서로의 손끝이 닿으면 원 가운데로 들어와 양팔을 오므리면서 가장 작은 원을 만든다. 같은 움직임을 반복하면서 느리게 혹은 빠르게 등 속도의 변화를 준다.
- 손을 잡고 펼치고 오므릴 때 어울리는 소리에 대해 물어본 다음, 그룹원 전체는 같은 방식의 움직임을 소리와 함께 여러 번 반복한다. 속도와 크기의 변화를 준다.

③ 왈츠 움직임

- 그룹원 각자 제자리에서 오른팔이 축이 되어 펼치면서 오른쪽으로 한 바퀴 돌고, 왼팔이 축이 되어 펼치면서 왼쪽으로 한 바퀴 돈다. 그리고 중심축을 유지하면서 양팔을 벌려 360도 회전한다. 여러 번 반복 후, 각자 공간을 걸으면서 자신의 속도, 리듬, 경로에 따라 오른팔, 왼팔, 양팔 순으로 움직임을 한다.
- 둘씩 파트너가 되어 A는 회전 축, B는 회전 축을 따라 움직이는 역할을 맡은 다음, 앞의 방식으로 움직임을 반복하다가 역할을 바꾼다. 치료사의 '양팔' 지시어에 따라 A와 B는 양팔을 잡고 왈츠 움직임만으로 공간을 자유롭게 다니다가 그룹원 전체와 계속 파트너를 바꾼다.

④ 호흡 춤

- 마지막으로 만난 그룹원과 파트너가 되어 손을 연결한 상태에서 들숨 시 양팔을 넓게 펼치고, 날숨 시 양팔을 내린다. 이때, 치료사는 충분히 들이쉬고 내쉬도록 안내한다.

2) 주제

① 거리두며 걷기

- 각자 땅을 보고 걷기, 주위에 누가 있는지 살펴보며 걷기, 눈 마주치면 잠시 멈추기, 가장 먼 거리에서 지나가는 그룹원과 눈 마주치며 걷기, 공간 전체를 자유롭게 걷기 순으로 진행한다.

② 부딪히며 걷기

- 파트너를 바꾸어 가면서 걷다가 둘씩 어깨 부딪히기, 멈춤 없이 어깨를 부딪히면서 빠른 속도로 지나가기, 멈춤 없이 어깨를 밀면서 빠른 속도로 지나가기, 멈추고 소리를 내면서 어깨 밀기, 3~4명씩 멈추고 소리를 내면서 어깨를 밀기 순으로 진행한다.

③ 비효과적 거절

- 각자 공간을 자유롭게 걷다가 둘씩 만나서 역할 A와 B를 정한다. B는 도망가고, A는 B의 어깨에 손 올린 채 따라간다. 치료사가 "직면"이라고 말하면, B는 더 이상 도망가지 않고 멈춘 후, A의 기분을 상하게 하는 방식으로 "건드리지 마"라고 말하며 거부한다. 이때, B는 언어뿐만 아니라 눈, 손짓, 손과 다른 신체 부위, 말, 말과 전체 몸을 활용하여 거부 의사를 전달한다. 그러나 A는 무시한 채 B의 어깨에 손을 올리고 끝까지 따라간다. 역할을 바꾼 후 소감을 나눈다.

④ 효과적 거절

- 4인 1조가 한 그룹이 되어 주인공 한 명, 보호자 한 명, 가해자 한 명과 동조자 한 명 역할을 정한다. 주인공은 가해자가 자신을 기분 나쁘게 건드리면 말과 몸을 모두 사용해서 기분 나쁘지 않게 거절하고, 가해자는 말과 몸 모두를 사용해서 주인공을 기분 나쁘게 건드린다. 보호자는 주인공을 돕고, 동조자는 가해자를 돕는다. 차례대로 역할을 바꾼 후 소감을 나누면서 공통 단어 세 가지와 움직임을 만들어서 발표한다.

⑤ 공연

- 앞의 4인 1조 각 그룹은 자신들이 만든 세 가지 움직임을 연결한 다음, 리듬을 넣는다. 치료사는 무겁게, 가볍게, 느리게, 빨리, 앞으로, 뒤로, 멀어지면서, 가까워지면서, 멈춤 등을 지시하면서 각 그룹의 리듬에 변화를 준다. 그룹끼리 공간을 이동하면서 다른 그룹과 만나서 상호작용하여 자신들의 움직임에 변화를 준 후, 자기 그룹에게로 돌아와 변화된 움직임으로 춤을 춘다.
- 한 그룹씩 돌아가며 공연을 한다. 이때, 관객들도 일어나 공연 그룹의 움직임을 따라 하면서 함께 공연에 참여한다. 마지막 그룹의 공연 후, 모든 그룹원이 다 뛰어들어 합동 공연을 한다.

3) 마무리

① 소감 나누기

- "가장 기분 나빴을 때는? 어떤 때 멈추고 싶었나? 이유는? 언제 가장 즐거웠나? 지금 느낌은? 힘들다고 느꼈던 순간은? 효과적으로 거절하기 위해 내가 가장 많이 노력했던 점은? 가장 편안했던 때는?" 등 치료사의 질문을 토대로 지금의 느낌을 이미지로 표현한다.

② 마무리 인사

- 이미지를 움직임으로 만들어 소개하면서 마무리 인사를 한다.

6 유의점 및 치료사 역할

- 자기주장성은 호흡과 소리에 밀접한 관련이 있다. 가능한 한 호흡이 단전에서 이루어져 소리가 나올 수 있도록 도와주어야 한다.
- 회전하는 움직임은 연령이 많은 경우, 어지러울 수 있음에 유의한다. 횟수를 줄이거나 경로를 크게 그리도록 안내해야 한다.
- 날숨과 들숨 시 배꼽 주위의 중심을 향해 몸이 오므라들었다가 펼쳐지도록 지시어를 주어야 한다. 배꼽 주위를 바라보면서 숨을 쉬면 보다 정확히 중심의 힘을 알 수 있다.
- 주제 ②의 일어서서 힘을 주어 미는 움직임을 할 때, 갑자기 피해서 넘어지거나 다치지 않도록 유의해야 한다. 그룹 특성에 따라 앉아서 할 수도 있다. 성적으로 민감한 부분을 건드리지 않도록 유의해야 한다.
- 주제 ④에서 효과적 거절과 비효과적 거절의 결과에 대한 양극적인 몸의 상태를 구체적으로 탐색해야 한다. 양극적인 두 개의 내용을 즉흥극으로 꾸며서 발표를 해도 좋다.

3.
눈빛색감

1 영역: 사회성

2 주제: 자기주장

3 목표

① 다양한 시선이 미치는 심리적 영향을 이해한다.

② 사회적 관계에서 시선 접촉의 중요성을 안다.

③ 효과적인 자기주장에 필요한 시선 접촉의 종류를 안다.

④ 효율적인 자기주장을 위한 시선 접촉 활용법을 배운다.

4 준비물: 전지, 그림 도구, 포스트잇

5 방법

1) 워밍업

① 구조적 이완법

- 2인 1조씩 한 그룹이 되어 역할 A와 B를 정한 다음, A는 편안하게 바닥에 눕고 B는 A의 발 사이에 들어가서 무릎을 꿇고 앉는다.
- 발: B는 손바닥을 비벼서 열을 낸 다음, A의 발에 갖다 댔다가 감싸 쥐면서 서서히 힘을 준다. 쥐었다 놓았다를 몇 번 반복한다.

- 발목에서 무릎: 발목에서 시작해서 오른쪽과 왼쪽으로 체중을 이동하면서 종아리와 다리, 무릎까지 양손으로 꾹꾹 눌러 준다.
- 무릎: 양손으로 감싼 채 잠시 머무른다. 손마디로 무릎뼈를 잡고 흔들고, 뼈를 따라 눌러 준다.
- 골반: 좌우 골반 위에 양손을 올려놓고 오른쪽 왼쪽 체중을 이동하면서 눌러 준다.
- 팔: 어깨 아래에서 양팔을 잡고 어깨가 들썩일 수 있도록 위아래를 번갈아 가며 당긴다.
- 어깨: 양 어깨 위에 양손을 올려서 체중을 이동해 가면서 눌러 준다.
- 머리: 머리 밑에 손을 넣어 목뒤를 눌러 준 다음, 손바닥에 머리를 올려놓아 무게를 느낀 상태에서 목을 길게 늘여 준다.
- 온몸: 머리끝부터 발끝까지 훑어 내리면서 시원한 바람 소리를 내 준다.

② 터치된 몸 깨어나기
- 각자 파트너의 손이 지나간 몸의 느낌을 부위별로 떠올리면서 봄에 새싹이 돋아나듯, 부위별로 꿈틀거린다. 부위별 작은 꿈틀거림을 몸 전체의 큰 꿈틀거림으로 확장해서 몸통 전체로 공간을 굴러다닌다. 혼자 구르다가 다른 몸과 부딪히면, 첫째, 타고 넘거나, 둘째, 피해가거나, 셋째, 함께 구를 수 있다. 각자 셋 중의 하나를 선택해서 구르다가 치료사가 '첫째, 둘째, 셋째'를 차례대로 부르면, 그룹 전체는 지시어를 따라 구르기를 한다.

③ 체중 싣기 호흡
- A는 바닥을 향해 눕고, B는 A의 배 위에 가슴이 닿도록(등이나 다리를 놓아도 됨) 가로(십자가 형태)로 엎드린다. 이때, 골반 밑으로 몸이 가지 않도록 유의한다.
- A는 몸을 옆으로 계속 굴려서 B를 바닥에 내려 준 다음, 일어나서 발바닥으로 몸 전체를 밟아 준다. B는 A가 누르는 타이밍에 맞추어서 날숨을 하며 가늘고 긴 소리를 낸다. B는 A의 호흡이 잘 느껴지는 부위 하나를 정해서 A의 호흡이 길고 깊어지도록 천천히, 지긋이 밟아 주면서 함께 호흡을 한다.

2) 주제

① 시선 유형 수집
- 그룹원 전체는 서로 의논하면서 중복되지 않도록 각각의 용지에 다양한 종류의 시선, 예를 들면 회피하는 시선, 깊이 바라보는 시선, 깜빡거리는 시선, 쏘는 듯한 시선, 흘기는 시

선, 뚫어져라 보는 시선, 웃는 시선, 불안한 시선 등을 그린다.
- 전시된 시선 그림들을 구경하면서 각 시선에 어울리는 구체적인 상황, 예를 들면 어머니한테 야단맞을 때, 상 받았을 때, 꽃잎에 앉은 나비를 잡을 때, 반가운 친구를 만났을 때, 눈에 먼지가 들어갔을 때, 배가 고플 때 등을 포스트잇에 기록해서 붙인다.

② 시선과 거리두기

- 그룹원들은 각자 지나가는 그룹원들을 살피면서 걷는다. 치료사가 다양한 시선의 종류를 지정하면 그룹원들은 지정한 시선을 하며 걷다가, 자신이 원하는 시선으로 바꾼다. 자신과 비슷한 시선을 하고 있는 사람들끼리 만나서 상호작용하면서 걷다가 파트너를 바꾸어 가며 멀리, 혹은 가까이 거리를 바꾼다. 다음에는 5인 1조씩 그룹 내 파트너들과 상호작용하면서 선택한 시선과 거리를 바꾸면서 걷는다.

③ 시선 거두기

- 5인 1조씩 그룹 내에서 주인공 한 명을 정하고 나머지 모두는 악당이 된다. 주인공은 변신하기 전 슈퍼맨이 되어 제자리에 꼼짝도 못한 채 고개를 숙이고 시선을 피한다. 악당은 다음과 같이 점점 수위를 더해 가며 슈퍼맨을 공격한다.

1차 공격	악당들은 주인공 주위를 가까이, 혹은 멀리 돌면서 기분 나쁜 시선을 보낸다.
2차 공격	악당들은 주인공 주위를 가까이, 혹은 멀리 돌면서 위협적인 시선과 여기에 어울리는 몸동작을 한다.
3차 공격	악당들은 주인공 주위를 가까이, 혹은 멀리 돌면서 위협적인 시선과 여기에 어울리는 몸동작과 거친 말을 한다. 이때, 가벼운 신체 접촉도 가능하다.

④ 시선 두기

- 주인공은 슈퍼맨으로 변신하여 다음처럼 점점 수위를 더해 가며 악당들의 공격에서 자신을 보호하고 주장한다. 악당들은 제자리에 서 있는다.

1차 공격	악당들 주위를 돌면서 한 명씩 시선을 빠르게 혹은 느리게 마주친다.
2차 공격	악당들 사이를 돌면서 천천히 코가 닿을 정도로 다가가서 시선을 마주친다.
3차 공격	악당들 한 명씩 천천히 코가 닿을 정도로 다가가서 시선과 몸동작으로 한 걸음씩 물러나게 한다.
4차 공격	한 걸음이라도 뒷걸음질친 악당은 슈퍼맨으로 변신해서 주인공과 힘을 합쳐 악당을 제압한다. 이때 시선, 몸동작, 소리를 모두 사용한다. 모든 악당이 슈퍼맨으로 변신할 때까지 반복한다.

⑤ 시선 공연

- 5인 1조는 시선 그림과 상황 스티커를 보면서 비슷한 경험을 나눈 다음, 하나의 공연에 사용할 하나의 스토리를 정한다. 각 상황을 시선 두기와 시선 거두기 움직임으로 풀어가는 과정을 안무한 다음, 공연한다. 공연을 관람한 그룹원들은 공연에서 나온 시선 접촉의 느낌을 하나의 그림으로 완성한 다음, 제목을 붙여서 선물한다.
- 그룹들의 공연이 끝나면 선물 받은 모든 그림을 바닥에 전시한다. 그룹원들은 그림 하나하나를 관람하다가 특별히 마음에 이끌리는 그림 앞에 서서 선, 색, 도형, 무늬 등 단서를 따라 움직임을 시작하다가 춤을 춘다. 충분히 춤을 추었으면 다른 그림으로 이동하거나, 누군가의 춤을 보면서 함께 춤을 춘 후, 마지막 파트너와 세상에서 가장 따스한 시선으로 바라보면서 호흡을 한다.

3) 마무리

① 소감 나누기

- "어떤 시선에 마음이 움직였나? 시선 접촉이 어렵게 느껴지던 때는 없었나? 더 공격하고 싶었던 때는? 기분 나쁘지 않으면서 행동의 변화를 가져온 시선 접촉은? 언제 가장 불쾌했나? 가장 기억에 남는 시선 접촉은? 지금 현재 느낌은?" 등 치료사의 질문을 토대로 소감을 나눈다.

② 마무리 인사

- 그룹원 전체는 둥글게 서서 눈에다 마음을 담아서 작별 인사를 한다.

6 유의점 및 치료사 역할

- 효과적인 자기주장이 되려면 전달하는 말의 내용뿐만 아니라 몸의 언어도 일치해야 한다. 신체 부위 중에서 눈은 가장 강력한 힘을 가지고 있다. 다른 사람과의 첫 번째 접촉이 눈을 통해 이루어지기 때문에 마음의 창이라고도 불린다. 눈은 다양한 방법으로 감정이나 생각의 비언어적 정보를 제공한다. 말로는 싫다고 하면서 눈길을 다른 곳으로 돌리거나 눈을 내리깔아서 시선을 피한다면 말의 무게는 반감될 수밖에 없다.
- 워밍업에서의 구조적 이완법은 몸의 해부학적 구조를 따라 누구에게나 무리 없이 진행할 수 있도록 구성되었다. 단계마다 생략 없이 진행해야 하며, 체중이 비슷한 사람끼리 파트

너를 맺도록 한다.

- 그리기 시간은 미술 시간이 아니다. 치료사는 대상자들의 그림을 평가하지 않도록 유의해야 한다. 시선을 그리면서 다양한 시선 유형과 심리적 의미를 자연스럽게 학습하는 과정이 훨씬 더 중요하다.
- 치료사는 시선의 유형이나 구체적 상황에 대한 다양한 아이디어를 가지고 생각을 확장시켜 주어야 한다.
- 시선 접촉 움직임 시, 역할임을 분명히 강조해서 지나친 몰입으로 인한 상처를 받지 않도록 유의해야 한다.
- 슈퍼맨 대신 아버지, 엄마, 오빠, 남편 등 각자에게 가장 힘 있는 사람으로 대신해도 된다. 이 경우, 좀 더 깊은 내면의 상처가 드러날 가능성이 있으며 치유적인 접근이 필요하다.
- 시선 공연 준비 시, 자신의 경험을 나누고 싶지 않은 그룹원에게는 경험을 나누지 않아도 된다고 미리 알려 주어야 한다.

4.
Yes or No

1 영역: 사회성

2 주제: 자기주장

3 목표

① 자기주장을 방해하는 요인이 무엇인지 안다.

② 자신의 욕구가 무엇인지 안다.

③ "Yes" 혹은 "No"를 정확히 말할 수 있다.

④ 자기주장 능력이 약한 이유를 안다.

⑤ 효과적인 자기주장 능력을 함양한다.

4 준비물: 빨간색 스티커와 파란색 스티커(참가자 수만큼)

5 방법

1) 워밍업

① 목소리 내기

• 모두 둥글게 앉아서 양 손가락으로 머리끝부터 발끝까지 가볍게 두드리다가 그룹원 한 명씩 돌아가면서 자신의 가슴 한가운데를 양손가락으로 빠르게 치면서 "헬로"를 말한다. 점점 더 빠르게 치면서 "헬로" 소리를 끝까지 높이다가 더 높일 수 없으면 점점 낮춘다. 전체

그룹원은 따라 한다.

- 2인 조: 둘씩 파트너가 되어 역할 A와 B를 정한 다음, 번갈아 가면서 "헬로" 소리를 끝까지 높이다가 더 높일 수 없으면 점점 낮춘다. 서로 따라 한다.
- 4인 1조: 일어서서 네 명씩 파트너가 되어 1, 2, 3, 4번을 정한 다음, 번호순으로 돌아가면서 한 명씩 오페라 가수처럼 동작을 하면서 헬로 소리를 끝까지 높이다가 더 높일 수 없으면 점점 낮춘다. 그룹원들은 따라 한다.
- 6인 1조, 8인 1조, 전체로 확장한다.

② 보이스 무브

- 2인 1조가 되어 A와 B를 정한 다음, A는 무브와 스톱 움직임을 한다. 무브에서는 "헬로" 소리를 내면서 어울리는 동작을 하고, 스톱에서는 멈춘다. B가 A의 스톱을 이어받아 "헬로" 소리를 내면서 동작과 함께 움직이고, 스톱에서 멈춘다. 여러 번 반복하면서 움직임이 변형되고 확장되도록 한다.
- A와 B는 "스톱"이 없이 "무브"만 한다. A가 무브에서 "헬로" 소리를 내면서 어울리는 움직임을 하면, B는 A의 움직임을 이어받아 "헬로" 소리를 내면서 움직이다가 차츰 움직임을 최대한 변형하고 확장한다. 음악을 제공하여 춤으로 연결한다.

③ 신체 안정화

- 각자 자신만의 공간에서 눈을 감는다. "헬로" 소리를 반복하면서 몸 전체를 가볍게 두드리며 마무리한다.

2) 주제

① 자기주장 소리 내기

- 그룹원들은 각자 자유롭게 선다. 치료사의 첫 번째 8박 카운트가 시작되면 박자에 맞추어 누군가를 향해 걸어가서 만난 다음, 둘 중 하나가 "내 파트너가 되어 주시겠습니까?"라고 묻는다. 질문 받은 사람이 "Yes"라고 말하면 파트너가 되어 나란히 서고, 질문 받은 사람이 "No"라고 말하면 제자리에 서 있으면서 출발 신호를 기다린다.
- 치료사의 두 번째 8박 카운트가 시작되면 파트너가 있는 사람은 제자리에 서 있고, 파트너가 없는 사람은 파트너가 없는 사람 혹은 파트너가 있는 사람에게 다가가서 "내 파트너가 되어 주시겠습니까?"라고 묻는다. 질문 받은 사람이 "Yes"라고 답하면 파트너가 있으면 파

트너를 빼앗아서 나란히 서고. 파트너가 없으면 파트너가 되어 나란히 서고, "No"라고 말하면 다른 파트너를 찾는다. 이때, 파트너를 빼앗긴 사람도 파트너를 찾아 나설 수 있다. 파트너가 모두 만들어질 때까지 반복한다.

② 자기주장 놀이

- 팀 스카웃: A팀과 B팀을 정해서 A팀은 스카웃을 하고, B팀은 스카웃을 당한다. 빨간색과 파란색 스티커를 붙여서 팀 구별을 한 다음, 이열횡대로 마주보고 서서 〈우리 집에 왜 왔니 왜 왔니〉 놀이를 한다.
- 개별 스카웃: 〈우리 집에 왜 왔니〉 놀이를 하면서 스카웃팀은 가위바위보 대신, 수비팀 중 한 명을 선택해서 "우리 팀이 되어 주시겠습니까?" 라고 묻는다. 질문 받은 그룹원이 "Yes"라고 답하면 스카웃해 가고, "No"라고 답하면 스카웃을 못한다. 공격과 수비를 번갈아 가며 한다.

③ 자기주장을 위한 몸의 언어

- 〈우리 집에 왜 왔니?〉 노래 없이 스카웃팀은 수비팀에게 다가가 가위바위보 대신, 수비팀 중 한 명을 선택해서 "우리 팀이 되어 주시겠습니까?"라고 묻는다. 스카웃팀은 질문 받은 그룹원이 "Yes"라고 답하면 데려가고, "No"라고 답하면 못 데려간다. 이때, 스카웃팀은 빼앗아 오려고, 수비팀은 빼앗기지 않으려고 움직임, 소리, 표정, 손짓 등 몸의 언어를 총동원해서 어필한다. 질문 받은 그룹원은 스카웃팀과 수비팀의 어필을 보면서 "Yes" 혹은 "No"를 선택한다.

④ 자기주장을 위한 몸의 언어와 공간 확장

- 〈우리 집에 왜 왔니〉 노래 없이 스카웃팀은 수비팀 중 누군가를 스카웃하기 위해 뛰어다니고, 수비팀은 자유롭게 도망 다닌다. 스카웃팀원이 수비팀원의 어깨를 터치하면 멈추어 선다. 이때, 반드시 일대일로 할 필요는 없다. 2대1, 3대2 등 비율은 그룹원의 역동에 맡겨 둔다. 스카웃팀원은 "우리 팀이 되어 주시겠습니까?"라고 질문한 후, 움직임, 소리, 표정, 손짓 등 몸의 언어를 총동원해서 어필한다. 수비팀 원은 스카웃팀의 어필을 보면서 "Yes" 혹은 "No"를 선택하고 스카웃팀은 "Yes"라고 답하면 데려가고, "No"라고 답하면 못 데려간다. 치료사는 3분이 내에 몇 명을 스카웃하는지 카운트한다.

⑤ 자기주장 춤 축제

- 그룹원 전체는 음악의 리듬에 맞추어서 자유롭게 다니다가 스카웃하고 싶은 사람을 만나면, 춤으로 어필해서 파트너를 만든 다음 함께 움직인다. 파트너가 계속 바뀌면서 언제라도 스카웃할 수 있고, 누구라도 스카웃 당할 수 있다. 제일 마지막에 만난 파트너와 상호작용하면서 춤을 추다가 자리에 누워서 호흡과 함께 마무리한다.

3) 마무리

① 소감나누기

- "언제 Yes와 No가 분명해졌나? Yes와 No 중 더 쉬웠던 것은? No를 말하기에 불편했던 때는? 혼란스러웠던 때는? 그 이유는? 몸의 언어가 총동원되었을 때 느낌은? 내 의사를 가장 효과적으로 주장했다고 느껴질 때는?" 등 치료사의 질문을 토대로 제일 마지막에 만난 파트너와 소감을 나눈다.

② 마무리 인사

- 그룹원들은 돌아가면서 본인이 가장 많이 사용했던 Yes 혹은 No를 몸동작으로 만들어서 그룹원과 마무리 인사를 한다.

6 유의점 및 치료사 역할

- 자기주장의 기초가 소리이기 때문에 소리 워밍업이 충분히 이루어지도록 해야 한다.
- 치료사는 〈우리 집에 왜 왔니〉 놀이의 노랫말과 진행순서를 인터넷 검색을 통해 숙지해야 한다.
- "Yes"는 쉽지만 "No"를 말하기는 어려워하는 그룹원이 있을 수 있다. 치료사는 작은 소리를 내게 하거나 몸의 신호로 말하게 하거나, 그룹원들을 응원군으로 활용할 수 있다. 창피한 느낌이 나지 않도록 따뜻하게 진행해야 한다.
- 피드백할 때 "No"를 말하기 어려운 이유를 충분히 찾아서 나누도록 한다. 이때, 무조건 소리 지르는 것이 아니라 어떻게 해야 효과적인 "No"가 될지 함께 생각하도록 한다.
- 자기밖에 모르는 이기주의에서의 "No"와 기본 권리를 지키려는 "No"를 구별하여야 한다.

제9장

차이조율

　모든 인간은 다르다. 겉으로 나타나는 외모만이 아니라, 성격, 생각, 성별, 능력, 가치, 적성 등도 다르다. 때문에 차이 자체는 갈등의 요인이 아니다. 다만 차이를 어떻게 다루는지가 갈등의 요인이 될 수 있다.

　차이는 애초에 없앨 수 없다. 그러나 없앨 수 있다는 자만심, 없애야 한다는 의무감, 없어져야한다는 당위성이 부여되는 순간에 갈등이 시작된다. 나와 다른 것은 틀리고, 잘못되었다고, 나쁘다며 평가절하하는 것은 인간의 고유성을 말살하는 행위다. 차이를 용납하지 않으려는 획일성은 곧폭력성이다. 한국 사회의 고질병인 SNS 악플, 인종차별, 왕따, 성폭력, 가정폭력, 학교폭력, 자살등이 그 결과물이라 할 수 있다. 나와 다른 것은 다를 뿐이지 틀린 것은 아니다. 전 세대에 걸쳐 이관용의 정신을 가르쳐야 한다. 차이를 존중하고 인정하며 수용하는 법이 전수되어야 한다. 학의다리가 길다고 자를 수는 없다. 긴 다리를 즐기면 된다. 빨주노초파남보가 어우러져 무지개가 된다. 다르기 때문에 상호보완하면서 무지개를 만들면 된다.

　타인과의 차이는 수용하면서 동시에 타인과의 상생을 방해하는 나됨은 성장시켜 가는 것, 그것이 조율이며 조율은 곧 균형이다. 나와 남이 대척점을 이루는 것이 아닌 우리가 되는 균형점을 찾아가는 것이다. 나의 나됨이 타인과 조화를 이루어 가는 과정이다. 나와 다른 너의 몸이 현재에 와있다. 몸의 작업은 추상적 개념이 아닌 구체적 삶을 불러들인다. 갈등, 보완, 조화의 과정을 거치며 조율된다. 나와 너는 남이 아닌 우리가 된다. 조율의 기쁨을 맛본 모두는 조율의 달인이 된다.

1.
나 홀로 핀 장미

1 **영역:** 사회성

2 **주제:** 학교폭력 및 왕따

3 **목표**

① 타인의 입장을 경험한다.

② 왕따 경험을 통해 공감 능력을 향상시킨다.

③ 지킴이의 구체적 역할을 안다.

④ 환대 경험을 통해 친구의 소중함을 이해한다.

⑤ 왕따 및 학교폭력을 예방한다.

4 **준비물:** 색테이프

5 **방법**

1) 워밍업

① 3인조 스트레칭

- 옆: 역할 A, B, C를 정한 다음, A는 주인공이 되어 양반다리 자세로 앉고 B와 C는 양 옆에 앉는다. B와 C는 A의 팔을 양옆으로 길게 잡아당기면서 스트레칭해 주다가 양옆으로 가볍게 흔들어 준다.

- 뒤: B와 C는 A의 팔을 천천히 뒤로 당기면서 스트레칭해 주다가 앞뒤로 가볍게 흔들어 준다. 이때, 어깨가 올라가지 않도록 부드럽게 내려 준다. 어깨가 아픈 사람은 아프지 않은 지점까지만 뒤로 당긴다.
- 위: B와 C는 A의 팔을 천천히 위로 길게 당기면서 스트레칭해 준다. B와 C는 A의 위로 당긴 팔을 합장하여 좌우로 천천히 넘긴다.
- 앞: B와 C는 A의 팔을 앞으로 천천히 길게 당기면서 스트레칭해 준다. B는 앞으로 당긴 채로 유지하고 C는 뒤로 가서 허리 부분을 지긋이 눌러 준다. 이때, 약간 뻐근할 정도만 하며 허리 아픈 사람은 아프지 않은 지점까지만 누른다.
- 천천히 일으켜 세운 후, B와 C는 주인공 A의 신체 전체를 훑어 내리고 A는 몸으로 감사 표현을 한다.

② 움직임 부르면 따라하기

- 모두가 둥글게 선다. 그룹원들은 차례대로 돌아가면서 신체 부위 한군데를 지정하면 그룹원 전체는 움직인다. 이후 신체 부위+움직임 방식, 신체 부위+움직임 방식+그룹원 수를 지정하면 그룹원 전체는 지정한 대로 움직인다.
- 움직임 3개를 선택해서 1, 2, 3번을 매긴 다음 부르는 번호의 움직임을 한다. 움직임을 5개로 늘인다.
- 그룹원 각자 바닥에 누워서 신체 부위+움직임 방식을 자신에게 지정하면서 움직인다, 호흡으로 마무리한다.

2) 주제

① 정원 속 장미

- 각자 공간에 누워서 정원 속 장미 한 송이의 이미지를 떠올린 다음, 일어나 앉아서 떠오르는 단어를 하나의 동작으로 보여 주면 그룹원들은 따라한다.
- 5인 1조가 하나의 그룹이 되어 한 명은 왕따 장미, 나머지 네 명은 절친 장미 역할을 맡는다. 절친 장미는 정원 속에 원래 있던 장미이고 왕따 장미는 새로운 들어 온 장미다.

② 절친 그룹

- 절친 장미들은 그룹별로 색테이프로 자신들만의 정원을 만든 후, 정원명, 절친 인사. 절친 구호를 정해서 발표한다. 절친 장미들은 정원 안에서 재미있게 놀고, 왕따 장미들은 각 정

원을 돌아다니면서 구경한다.

③ 왕따 그룹 1

- 왕따 장미는 절친 장미 그룹 중 하나를 선택해서 들어가려 한다. 절친 장미들은 왕따 장미가 색테이프 원 안으로 들어오지 못하도록 손으로 막다가 스크럼을 짜서 막고, 왕따 장미는 손과 스크럼을 뚫고 기어코 들어가려 한다. 절친 장미와 왕따 장미는 각각 그룹별로 소감을 나눈다.

④ 왕따 그룹 2

- 절친 장미들은 가해자, 동조자, 방관자, 지킴이를 정한다. 가해자는 왕따 장미가 들어오지 못하도록 손이나 스크럼을 짜서 노골적으로 방해한다. 동조자는 가해 장미를 도와서 왕따 장미가 들어오지 못하도록 노골적으로 방해한다. 방관자는 못 본 척, 못 들은 척, 모르는 척하고, 지킴이는 왕따 장미가 그룹 안으로 들어올 수 있도록 적극적으로 돕는다. 각각 그룹별로 소감을 나눈다.

⑤ 환대 그룹

- 절친 장미 전체가 지킴이가 된다. 절친 장미들은 손이나 스크럼을 짜서 왕따 장미가 언제라도 들어올수 있도록 환호성과 함께 춤추며 열어 준다. 왕따 장미는 자기 그룹뿐만 아니라 다른 그룹도 마음대로 춤추며 들락거린다. 절친 장미들과 왕따 장미는 한 정원 안에서 춤추며 논다.

⑥ 공연

- 각 그룹별로 앞의 경험을 토대로 공연 제목을 정한 다음, 안무를 한다. 공연팀은 돌아가며 공연을 하고, 나머지 그룹원들은 관객이 되어 공연을 관람한다. 공연이 끝나면, 공연 그룹의 특징적인 움직임 몇 개를 연결해서 선물한다,

3) 마무리

① 소감 나누기

- "새로운 장미가 들어왔을 때 느낌은? 가장 힘들었던 역할은? 왕따가 되었을 때 느낌은? 언제 가장 행복했나? 지킴이가 되고 나서 무엇을 했나? 내 속에 어떤 변화가 있었나?" 등 치료사의 질문을 토대로 소감을 나눈다.

② 마무리 인사

- 그룹별로 한 명씩 주인공이 되어 전체 그룹원들이 소리와 움직임으로 환대 세레머니를 한다. 환대 세레머니 중 가장 기억에 남는 소리와 움직임 3개를 선택한 다음, 연결 움직임으로 인사한다.

6 유의점 및 치료사 역할

- 숫자에 상관없이 진행 가능하다. 참가자 숫자에 따라 역할의 수나 그룹의 수를 줄인다.
- 색테이프로 정원을 만들 때 움직임이 제한받지 않도록 크기를 조절한다.
- 지나치게 역할에 몰입해서 장미와 자신을 혼돈하지 않도록 주지시킨다. 미운 감정으로 밀친 것이 아니라 장미가 또 다른 꽃을 밀친 것임을 강조한다.
- 왕따 경험이 떠오를 수도 있다. 질문을 통해 사건을 파헤치기보다 치료사와 그룹원 전체가 공감하도록 한다.
- 즉흥극 관람 시, 치료사는 극 자체에 대한 비판이나 평가를 하지 않는다. 그룹원들이 어떤 의미를 발견했고 어떤 느낌을 가졌는지에 초점을 두어 질문한다.
- 그룹의 특성에 따라 꽃 대신, 동물, 가족 구성원, 영화 속 인물 등으로 응용 가능하다.

SOMATIC
PSYCHOTHERAPY
TECHNIQUES AND
APPLICATIONS

제10장

대인관계 유능성

대인관계 유능성(Interpersonal Competence)은 Spitzberg와 Cupach(1989)가 처음으로 제안한 것으로, 다른 사람과의 관계를 효과적으로 맺고 유지하는 능력을 말한다. 대인관계 유능성을 결정짓는 두 가지 요소는 효과성과 적절성이다. 효과성이란 타인과 상호작용을 통해 자신이 기대하던 것을 얻고 긍정적인 정서를 느끼는 것이고, 적절성이란 사회적으로 요구되는 규칙이나 기대를 위반하지 않으면서 타인과의 관계를 형성하고 유지하는 것이다. 원래가 사회적 동물인 인간의 행복은 관계 유능성에 달려 있다. 특히 최근에는 나 홀로족과 1인 가구, 노인 고독사, 스마트폰 중독 등 급락한 관계지수와 대인기피증, 인간관계의 단절로 인해 파생되는 문제들이 사회적 현상으로 대두되고 있다.

다양한 원인에 대한 다각도의 접근이 필요하지만, 예방적 개입이 근원적이고 효율적이다. 교육적 차원에서 개인의 관계 유능성을 증진시켜 관계 맺기의 즐거움을 알려 줄 수 있다. 이 막연한 추상적 개념은 몸의 움직임 체험을 통해 구체화된다. 기계 대 인간과 인간 대 인간의 가장 큰 차이는 몸이다. 기계는 물질로만 이루어져 있지만, 소마(Soma)로서의 몸은 정서를 담고 있다. 정서가 살고 있는 집이 곧 마음이다. 몸이 가까워지면 마음도 가까워지고, 마음이 가까워지면 사람과의 관계도 가까워진다. 몸의 거리는 관계의 거리이고, 관계의 거리는 몸의 거리다. 사람과의 관계에서 맛본 친밀감과 행복감이 몸에 저장되어 있는 만큼 마음이 건강해진다. 몸과 몸의 행복한 만남을 위해 눈 맞춤을 위시한 신체 접촉, 보디 액션(Body Action), 무브, 춤, 호흡 등이 총동원된다. 몸의 지혜가 관계를 건축한다.

1.
Yes, 데이팅

1 영역: 사회성

2 주제: 친구 사귀기

3 목표

　① 파트너 찾기 움직임을 통해 새로운 만남의 어색함을 해소한다.

　② 자신의 관계패턴을 인식한다.

　③ 긍정적 상호작용을 경험한다.

　④ 관계교류기술을 개발한다.

4 준비물: 라벨지 명찰, 네임펜, 데이팅 용지

5 방법

1) 워밍업

① 웰컴 움직임

　• 치료사는 다음의 웰컴 인사의 인사말과 동작을 가르친다. 그룹원들은 둘씩 파트너를 바꾸
　어 가며, 4명, 8명…… 순으로 두 그룹이 될 때까지 반복적으로 진행한다.

> 안녕하세요(4박자): 악수하며 무릎과 손을 흔든다.
> 반갑습니다(4박자): 인사를 한다.
> 사랑합니다(4박자): 머리 위에 하트를 만든다.
> 춤을 춥시다(4박자): 자유롭게 몸을 흔든다.
> 왼팔을 끼고 한 바퀴 돈다(8박자)
> 오른팔을 끼고 한 바퀴 돈다(8박자)

② 3개의 움직임

- 두 그룹이 되었으면 안쪽과 바깥쪽 두 개의 원을 만든다. 안쪽은 원안을 바라보고, 바깥쪽은 안쪽 그룹원의 등을 바라본 후 가사에 맞추어서 자신의 방식대로 다양한 움직임으로 리드한다.
- 앞의 리듬에 맞추어서 파트너의 등을 '주무르기, 누르기, 훑어 내리기' 중 원하는 한 가지 방식대로 혹은 세 가지 방식을 다 활용해서 움직임을 하고, 파트너는 몸으로 반응한다.
- 바닥에 눕혀서 쓰다듬기를 집중적으로 활용해서 신체를 안정화시킨다.

2) 주제

① 파트너 찾기 움직임

- 두 개의 원인 바깥 원과 안쪽 원을 만들어서 원 한가운데 술래 한 명이 들어간다. 이때, 전체 숫자는 한 명이 더 많아야 한다. 술래는 음악에 맞추어 단순한 하나의 움직임을 만들어서 반복하고, 바깥 원은 오른쪽으로 돌며 술래의 움직임을 따라하고, 안쪽 원은 왼쪽으로 돌며 술래의 움직임을 따라한다. 어느 정도 움직임이 진행되다가 가운데 술래가 "짝이야"를 외치면 둘씩 파트너가 되어야 한다. 이때, 술래는 파트너를 찾지 않아야 모자라서 술래를 정할 수 있다. 가까이에서 파트너를 찾거나, 파트너를 못 찾거나, 같은 파트너를 찾거나, 가장 늦게 파트너를 찾은 사람이 술래가 된다.

② 커플 데이트 움직임

- 앞에서와 같은 방식으로 진행하다가 파트너를 만나면 치료사는 '여행지에서 만난 짝'이라고 알려 준다. 파트너와 3분 동안 여행지에서 하고 싶은 것을 움직임으로 표현하면서 기억할 만한 추억을 쌓는다. 이후 같은 방식으로 총 5번의 데이트를 한다. 두 번째 데이트는 음식점, 세 번째 데이트는 목욕탕, 네 번째 데이트는 서점, 다섯 번째 데이트는 영화관 순으

로 진행한다.

③ 추억의 움직임

- 치료사가 '목욕탕에서 만난 짝'을 지정하면, 그 파트너를 기억해서 찾는다. 찾은 파트너들은 못 찾은 파트너가 찾을 때까지 기다리면서 도움을 주고, 모두 파트너를 찾으면 3분 동안 그때 했던 추억의 움직임과 추가하고 싶은 새로운 움직임을 한다, 이후, '영화관에서 만난 파트너' 등도 같은 방식으로 진행한다.

④ 몸짓 언어 퀴즈

- 치료사가 '여행지, 음식점' 등을 지정하면 같은 장소끼리 만나서 그룹을 구성한 다음, 주인공 한 명을 정한다. 주인공은 외모, 나누었던 이야기, 옷차림 등 5개의 장소에서 데이트했던 파트너들의 특징을 그룹원들에게 몸짓으로 소개하면, 그룹원들은 소개 내용을 '데이팅' 용지의 특징 칸에 기록하고 누구인지 알아맞힌다. 이후 각자 데이팅 용지를 들고 맞게 매칭했는지 확인하러 다닌다. 맞게 매칭했으면 결과 칸에 '○', 틀리게 매칭했으면 '×' 표시를 한다.

데이팅

(데이트 장소:)

주인공 이름	특징	데이트 상대 이름	결과

⑤ 커뮤니티 댄스

- 그룹원 각자는 자기 작품의 안무가가 되어서 오늘 데이트 장소에서 했던 모든 움직임을 연속적으로 이어 가다가 리듬을 넣어서 춤을 생성한다. 제자리에서, 공간을 이동하며, 그룹원들과 상호작용 순으로 춤을 확장하다가 오늘 만났던 5명의 데이트 상대와 번갈아 가며 왈츠를 춘다.

3) 마무리

① 소감 나누기

- "데이팅 용지에 기록하고 확인하러 다닌 소감은? 그룹원에 대해 알게 된 것은 무엇인가? 가장 인상에 남았던 데이트는? 그룹원과의 관계에 어떤 성장이 있었나? 부담스러웠던 적은? 나의 관계 맺기에 어떤 발전이 있었니? 나는 어떤 노력을 했나? 지금 현재 그룹원을 보는 느낌은? 그 이유는?" 등 치료사의 주제 관련 질문을 토대로 소감을 나눈다.

② 마무리 인사

- 전체 그룹원들과 손으로 연결한 상태에서 왈츠 움직임을 하다가 적당한 시점에서 마무리 인사를 한다.

6 유의점 및 치료사 역할

- 타인의 이름과 얼굴을 아는 것은 관계의 시작이다. 이 목표를 향해 몸은 치밀하게 나아간다. 노는 것 같지만 놀다 보니 낯선 얼굴들이 가까이 다가온다. 몸의 놀이적 기능이다. 관계 맺기에 서툰 개인도 마무리할 때 즈음 먼저 손을 내민다. 관계가 싫었던 개인도 행복한 웃음을 짓고 있다. 변화와 성장, 회복과 성숙을 가능케 하는 몸의 교육적 기능이다. 타인에 의해 주어진 객체적 깨달음이 아니라 몸의 주체인 스스로에 의한 자발적 깨달음이다.
- 워밍업 단계에서 구조화된 인사법은 특별한 사전 신체 준비 없이도 가능하다. 동작을 여러 번 반복해서 연습시킨 다음 리듬에 맞는 음악을 제공하여 춤으로 연결시킨다.
- 데이트 상대를 찾는 퀴즈에서 많이 맞힐 수도 있고 아닐 수도 있다. 1등이나 2등에게 물질적 보상을 수여하면 경쟁을 유발할 수 있다. 이 점이 레크리에이션과 신체심리치료의 가장 큰 차이다. 신체심리치료는 성장과 발전에 초점을 맞추어야 한다. 서로를 알아가는 과정에서 어떤 변화가 있었는지를 질문한다. 치료사는 단 한 명을 맞혀도 의미가 있음에 유의하면서 그룹원 전체에게 의미 부여를 해야 한다.
- 데이트 상대가 기억나지 않으면 당황할 수 있다. 치료사가 먼저 따뜻한 마음으로 응원하면서 기다려 준다.
- 왈츠 움직임은 3/4 박자 리듬의 음악만 있으면 누구나 할 수 있다. 치료사가 먼저 시범을 보여 준다. 연령대에 맞는 왈츠 음악을 준비해야 한다.

2.
동대문을 열어라

1 **영역:** 사회성

2 **주제:** 친구 사귀기

3 **목표**

① 서로의 이름을 자연스럽게 알 수 있다.

② 몸을 통한 상호작용의 즐거움을 경험한다.

③ 그룹 내 존재감을 확인한다.

④ 낯선 사람과의 만남의 기쁨을 경험한다.

⑤ 그룹 소속감을 함양한다.

4 **준비물:** 1칸 라벨지, 색테이프, 그림 도구

5 **방법**

1) 워밍업

① 신체 부위 회전

- 그룹원은 모두 둥글게 모여 선다. 치료사가 신체 부위를 하나, 둘, 셋…… 전체 순으로 지정하면 지정된 신체 부위, 예를 들어 머리, 머리와 팔, 머리와 눈과 무릎 등을 돌린다. 다음 단계에서는 치료사가 아닌 그룹원이 신체 부위를 지정한다.

② 몸통 회전

- 가까이에 있는 두 명씩 파트너가 되어 역할 A, B를 정한다. A는 B를 만나서 양손을 잡고 흔들다가 잡고 있는 오른손을 높이 들어 B를 돌린다. 이어서 왼손, 양손 순으로 돌린다. 자연스럽게 될 때까지 반복한다.

③ 왈츠 추기

- A와 B는 손을 마주잡고 공간을 이동하면서 왈츠 움직임을 하다가 자연스럽게 A가 오른손 돌리기, 왼손 돌리기, 양손 돌리기를 리드한다. 왈츠 음악과 함께 기본 패턴, 파트너를 바꾸어 가며 기본 패턴 변경, 3명, 5명, 전체가 될 때까지 파트너 숫자 추가 순으로 진행한다. 전체 원에서 손을 잡고 왈츠 움직임을 하다가 누구든지 "Stop"이라고 하면 멈추고, "Go" 하면 움직이다가 "Stop"으로 마무리한다.

2) 주제

① 기본 폼

- 가위바위보에서 진 두 사람은 문지기 역할을 맡아 손을 높이 들어 마주 잡아 대문을 만든다. 나머지는 대문을 통과하는 백성들이다. 백성들은 일렬로 서서 "동동 동대문을 열어라 남남 남대문을 열어라 12시가 되면은 문을 닫는다."라는 노래에 맞추어 대문을 통과한다. 노래가 끝나면 문지기들은 팔을 내려서 대문을 닫아 한 명씩 잡는다. 잡힌 사람은 문지기가 되어 대문에 합류한다.

② 움직이는 대문

- 여러 개의 대문: 동일한 방식으로 진행하면서 잡힌 백성들은 계속 문지기에 합류해서 대문을 만든다. 백성들은 여러 개의 대문 사이를 다양한 형태로 지나다닌다. 절반 정도 남을 때까지 진행한다.
- 움직이는 대문: 절반 정도의 백성들이 남아 있을 때 대문 자체가 움직인다. 치료사는 오른쪽, 왼쪽, 점점 크게, 점점 작게, 느리게, 빠르게 등을 지시한다. 백성들은 움직이는 여러 개의 대문 사이사이를 다양한 형태로 들어가면서 통과하고, 잡히면 문지기가 되어 손을 잡아 대문을 만든다. 마지막 한 명의 백성이 남을 때까지 진행한다.

③ 움직이는 대문 탈출

• 두 그룹으로 나누어 A, B 역할을 정한다. A 그룹은 문지기가 되어 손을 잡고 연결한 대문을 움직이고, B 그룹은 백성이 되어 노래를 부르면서 대문 사이사이를 다양한 형태로 통과하다가 잡히면 문지기들이 "당신은 누구십니까?"라고 묻는다. 이때, 백성들이 암호를 대면 대문을 열어 통과시켜 주는데 암호는 잡힌 백성의 이름이다.

④ 열린 대문

• 전체 그룹의 1/3은 문지기, 2/3는 억울한 누명을 쓴 백성 역할을 맡는다. 문지기들은 잡은 손을 놓고 백성들을 잡으러 가고 백성들은 도망친다. 문지기들은 원을 만들어 잡힌 백성을 가두고 "당신은 누구십니까"라고 묻는다. 이때, 모든 백성은 잡힌 백성의 이름을 말한다. 맞는 이름이면 탈출, 틀린 이름이면 문지기가 된다. 반복해서 진행하다가 문지기의 숫자가 3~4명까지 줄어들면 백성들이 "당신은 누구십니까?"라고 묻고, 백성들은 문지기의 이름을 말해서 탈출시킨다.

⑤ 강강술래 춤

• 전체 그룹원은 손을 잡고 선다, 리더 한 명이 그룹원을 이끌고 달팽이처럼 둥글게 안으로 들어갔다가 바깥으로 나와서 손을 잡고 돈다. 리더가 계속 교체되면서 반복하다가 모두가 원을 만들어서 손을 잡고 오른쪽으로 돌기와 왼쪽으로 돌기를 반복한다. 치료사는 점점 빨리, 가장 빨리, 느리게, 가장 느리게 등 속도의 변화를 지시한 다음, 강강술래 음악에 맞추어서 가장 느린 속도로 마무리한다.

⑥ 만남 움직임 표현

• 그룹원 전체는 색테이프로 강강술래 길 하나를 만든다. 라벨지에 강강술래 길을 따라 그룹원들 이름과 얼굴을 그려서 길 위에 놓는다. 중복되지 않도록 서로 협력한다. 각자 강강술래 길을 따라 걸으면서 그룹원 얼굴에다 만남의 기쁨을 한 단어로 새겨 넣는다. 자기 얼굴로 돌아와 새겨진 단어들을 읽은 다음, 가장 마음에 드는 단어 하나를 소개한다. 그룹원들은 단어에 어울리는 동작을 선물한다.

3) 마무리

① 소감 나누기

- "지금 현재 나의 느낌은? 그룹원들이 내 이름을 기억하고 불러주었을 때의 느낌은? 이름이 기억나지 않았을 때는 언제? 지금 현재 그룹원들을 바라보는 느낌은? 가장 재미있고 즐거웠던 순간은?" 등 치료사의 질문을 토대로 소감을 나눈다.

② 강강술래 인사

- 선물 받은 동작으로 마무리 인사를 한다

⑥ 유의점 및 치료사 역할

- 구조화된 움직임으로 워밍업을 대신할 수도 있다. 그룹원들의 자발성과 창조성을 더 많이 활용할 수도 있고, 치료사의 전문적인 지시어에 더 많이 의존할 수도 있다. 이 프로그램은 인체의 해부학적 구조를 따라 자연스럽게 움직임이 연결되도록 구성되어 있기 때문에 치료사의 지시어가 매우 중요하다.
- 연령이 낮은 그룹의 경우, 잡히면 울거나 한 번 더하게 해 달라고 조를 수 있다. 치료사는 '안 돼'라며 무조건 거절하기보다 공감을 해 준 후, 그룹원들에게 양해를 구하고 행동 설정을 해 주어야 한다.
- 열린 대문에서 이름을 틀리게 말하더라도 무안을 주지 않도록 유의해야 한다.
- 숫자가 작은 그룹의 경우, 백성과 문지기 숫자 배정은 전체 그룹원 수를 고려해서 배정해야 한다.
- 움직이는 대문은 대문 자체가 움직이기 때문에 매우 역동적인 움직임이 이루어진다. 그룹원의 전체 숫자가 자유롭게 움직일 수 있는 규모의 공간을 준비해서 움직임의 제한이 없도록 한다.

3.
가위바위보

1 **영역:** 사회성

2 **주제:** 친구 사귀기

3 **목표**

① 이름 알기를 통해 타인에 대한 관심을 넓힌다.

② 사회적 관계 맺기 능력을 기른다.

③ 사회적 관계에서 능동성을 학습한다.

④ 몸의 상호작용을 통해 친밀감을 형성한다.

⑤ 친숙한 관계 형성을 통한 심리적 안정감을 경험한다.

4 **준비물:** 〈Wellcome to the Jungle〉 음악, 각 그룹원의 이름이 새겨진 라벨지 명찰

5 **방법**

1) 워밍업

① 신체 이완

- 〈Wellcome to the Jungle〉 음악에 맞추어서 앉아서, 걸어 다니며 순으로 자신의 온몸을 두드린다.

② 콘택트 & 언택트 무브
- 그룹원 각자 공간을 자유롭게 걷기. 지나가는 그룹원들을 바라보며 걷기, 손으로 인사하며 걷기, 발로 인사하며 걷기, 온몸으로 인사하고 걷기 순으로 진행한다.
- 콘택트 인사: 둘씩 파트너가 되어 손, 발, 온몸 순으로 접촉해서 움직인다.
- 언택트 인사: 둘씩 파트너가 되어 손, 발, 온몸 순으로 접촉 없이 움직인다.
- 콘택트 & 언택트 인사: 셋 혹은 다섯 등 그룹원 수, 접촉 부위, 파트너를 계속 바꾸어 가며 콘택트와 언택트 둘 다를 사용해서 움직인다.

③ 기대기와 쉐이킹
- 둘씩 파트너가 되어 마주보고 선 후, 각자 양손으로 자기 가슴 감싸 안기, 옆에서 머리를 어깨에 기대기, 등 기대기 순으로 진행한다,
- 둘씩 등을 기댄 상태에서 그대로 앉은 다음, A는 바닥에 눕고 B는 A의 다리를 들어서 위로 당기기와 흔들기, 팔을 들어서 위로 당기기와 흔들기, 몸 위에 서서 양팔 들어 위로 당기기와 흔들기, 양손으로 목을 바처서 당기기와 흔들기 순으로 진행한다.
- A는 B의 천추, 요추, 척추 순으로 차례대로 양손으로 밀면서 일으켜 세우다가 몸이 완전히 앉았으면 상체를 구부려서 가볍게 누른다.
- A는 맞은편에 앉은 B의 양손을 잡아 뒷걸음질치며 잡아당겨서 일으켜 세운다. 양손으로 B의 몸 앞, 뒤, 좌, 우를 머리부터 발끝까지 훑어 내린다.

2) 주제

① 손 가위바위보
- 둘씩 파트너가 되어 앉는다. 파트너끼리 오른손을 잡고, 왼손으로 가위바위보를 한다. 이긴 사람은 진 사람의 오른 손등을 때리고, 진 사람은 막는다. 이때, 이겼다 졌다 말로 하면서 한다. 파트너를 바꾸어 두세 번 반복한다.

② 발 가위바위보
- 마지막 만난 그룹원과 파트너가 되어 한 손을 잡고 일으켜 세운다. 파트너끼리 오른손을 잡고, 양발로 가위바위보를 한다. 이긴 사람은 진 사람의 오른 손등을 때리고, 진 사람은 막는다. 이때, 이겼다 졌다 말로 하면서 한다. 파트너를 계속 바꾸어 가며 반복한다.

③ 점핑 움직임

- 점핑 개별 이동: 각자 오른발 앞으로 내밀기 두 번, 왼발 앞으로 내밀기 두 번, 양발 모아 앞으로 두 번 점프, 양발 모아 가고 싶은 방향으로 세 번 점프해서 파트너를 만난다. 여러 번 반복한다.
- 점핑 연결 이동: 점핑 마지막 움직임인 세 번 점프에서 다른 파트너를 향해서 간다. 만나면 이름을 물어보고 서로의 이름을 불러 준 다음, 가위바위보를 한다. 진 사람은 이긴 사람 뒤에 붙어서 허리 혹은 어깨를 잡고 열차를 만들어서 이동한다. 전체 두 개의 열차가 나올 때까지 점핑 움직임, 이름 소개, 가위바위보를 반복하면서 열차를 합체한다.

④ 이동하며 터치하기

- 각 열차 이름을 정해서 발표한다. 각 기관사는 열차를 운행하면서 상대 열차의 꼬리를 터치한다. 터치되거나 전복되면 멈추고, 기관사를 교체한다. 서너 번 반복한다.

⑤ Move & Stop

- 전체 하나의 원이 되어 손으로 연결한다. 각자 가고 싶은 그룹원을 향하여 가다가 치료사가 "Stop"이라고 말하면 그 자리에서 멈추어서 이름을 불러 주고, "Move"라고 말하면 움직인다. 이때, 움직임이 끊어지지 않도록 하여 그룹원 전체 이름을 다 불러 줄 때까지 반복한다.
- 그룹원 중 누군가가 그룹원의 이름을 부르면 호명된 그룹원을 찾아가서 손 연결이 없는 'Move & Stop' 움직임을 하다가 둘 혹은 세 명씩 이름을 부르면 각자 흩어져서 호명된 그룹원을 찾아가서 'Move & Stop' 움직임을 한다. 마지막으로 만난 그룹원끼리 모여서 각자 한 명의 주인공을 정한 다음, 주인공의 이름에 다양한 리듬을 넣어서 몸 전체를 쓸어 내린다.

3) 마무리

① 소감 나누기

- "새롭게 알게 된 그룹원은? 이름을 불러 줄 때 느낌은? 가장 기억에 남는 그룹원의 이름은? 현재 느낌은?" 등 치료사의 질문을 토대로 소감을 나눈다.

② 마무리 인사

- 오늘 만난 그룹원들과 편안한 거리를 유지하면서 악수한다. 악수한 손을 리듬에 맞추어 흔들면서 인사한 다음, 모두가 원을 만들어서 'Move & Stop' 움직임으로 마무리 인사를 한

다. 'Stop'에서 다양한 포즈를 취한다.

⑥ 유의점 및 치료사 역할

- 그룹의 친밀도에 따라 접촉 움직임의 부위를 제한해야 한다.
- 주제의 '이동하며 터치하기' 움직임에서 과열되기 쉽다. 치료사는 주의 깊게 관찰하다가 다칠 우려가 있으면 즉시 "Stop" 사인으로 중단시킨 후, 안정되면 다시 시작한다.
- 파트너를 못 찾으면 기다리지 말고 찾아가라고 안내한다.
- 흥미로운 움직임의 연속으로 구성되어 있기 때문에 치료사는 끊어짐 없이 매끄럽게 진행되도록 한다.

4.
공 전달하기

1 영역: 사회성

2 주제: 타인과 친해지기

3 목표

① 공 움직임을 통해 관계놀이의 즐거움을 경험한다.

② 자연스러운 시선 접촉을 통해 쌍방적 관계를 익힌다.

③ 이름을 불러 주고 기억하면서 친사회적 행동을 증진한다.

④ 몸의 만남을 통해 사회적 적응력을 기른다.

⑤ 몸의 직접 경험을 통해 사회적 기술을 배운다.

4 준비물: 폭신한 천으로 된 작은 공, 라벨지 명찰

5 방법

1) 워밍업

① 소도구 탐색

- 그룹원 전체는 둥글게 앉아서 각자 소도구를 다양한 방식으로 가지고 논다. 서로의 공놀이를 흉내 내기도 하고, 새로운 방식을 찾아내기도 한다.

② 공 마사지

- 2인 1조씩 파트너가 되어 역할 A와 B를 정한다. A는 자리에 눕고, B는 자신의 방식대로 A의 몸 위에서 천천히 공을 굴린다. 멈추고 싶은 특정 부위가 있으면 집중적으로 공을 굴린다.
- B는 A가 원하는 방식으로 A의 몸 위에서 천천히 공을 굴린다. 집중 마사지가 필요한 부위를 물어보고, 집중적으로 공을 굴린다.

③ 체중 의존

- A는 엎드리고 B는 공이 지나간 자리를 손으로 천천히 쓰다듬다가 그룹원 자신이 공이 되어 치료사의 방향 지시에 따라 구른다.
- A는 치료사의 지시에 따라 점차 빨리 구르다가 가장 빠른 속도에서 가까이 있는 그룹원의 몸 위를 지나간다.
- 그룹원 중 여러 사람의 몸과 만나서 체중을 실어 다양한 신체 부위와 접촉하면서 움직인다. 치료사는 누워서, 앉아서, 서서 등 다양한 공간 레벨을 안내한다.
- 둘씩 등을 대고 앉아서 체중을 주고받으며 천천히 아래로 내려가기와 올라가기를 반복하다가 똑바로 앉은 상태에서 손을 맞잡고 한 바퀴 회전한다.

2) 주제

① 앉은 자세로 공 전달

- 손으로 전달: 그룹원 전체는 둥글게 앉은 다음 옆 사람에게 손으로 공을 전달한다. 옆 사람과 눈을 보고 전달하기, 내 이름을 말하면서 전달하기, 상대방 이름 말하면서 전달하기로 발전한다.
- 방향 바꾸며 전달: 공을 옆 사람에게 전달한다. 일정한 방향으로 가다가 방향을 바꾸고 싶은 사람은 자기 이름을 크게 부르면서 방향 바꾸기, 이름 부르지 않고 조용히 방향 바꾸기, 속도를 점점 빨리하면서 공의 방향 바꾸기, 공의 숫자를 늘리면서 방향 바꾸기 순으로 진행한다. 공이 겹쳐서 도착되면 술래가 된다. "춤추기, 오랑우탄 흉내 내기" 등 움직임 지시를 한다.
- 굴리며 전달: 옆 사람을 제외한 사람에게 공을 굴리면서 전달한다. 전달받은 사람은 다른 사람에게 굴리며 전달하기, 시선을 마주쳐서 공이 갈 것이란 사인을 준 후 전달하기, 공을 보낼 사람 이름을 크게 부른 후 전달하기, 속도를 점점 더 빨리하면서 시선을 마주치고 이

름을 부르면서 전달하기 순으로 진행한다.

② 선 자세로 공 전달

- 던지며 전달: 그룹원 전체가 둥글게 선다. 공을 건네주고 싶은 그룹원의 이름을 부르면서 시선을 마주친 다음 던지고 받기, 그룹원의 이름을 부르면서 던지면 양옆의 사람 중 한 명이 받기, 공의 갯수를 늘이면서 그룹원 이름을 부르면서 던지면 양옆의 사람 중 한 명이 받기 순으로 진행한다.
- 자리 바꾸며 전달: 전달하고 싶은 그룹원에게 다가가서 공을 직접 건네준 후, 자리를 바꾼다. 점점 빠른 속도로 전달하기, 춤추기, 뛰기, 기기 등 자신만의 방식대로 전달하기, 공의 갯수를 늘이면서 자신만의 방식대로 전달하기 순으로 진행한다.

③ 공간 이동 움직임

- 공 터치와 빼앗기: 공을 가진 그룹원 3명은 도망자, 공이 없는 그룹원들은 추격자 역할을 한다. 도망자들은 추격자를 피해 도망가면서 동시에 추격자들의 공을 빼앗는다. 추격자는 도망자를 잡으러 가면서 동시에 공을 지킨다. 이때, 추격자가 공으로 신체를 터치하면 도망자는 그 자리에서 정지하고, 추격자가 공을 빼앗기면 도망자가 된다. 도망자가 모두 정지할 때까지 진행한다.
- 공 터치와 살리기: 추격자가 도망자의 몸을 공으로 터치하면서 이름을 불러 주면 도망자는 살아난다. 이름을 잘 모르면 도망자들이 힌트를 준다. 모든 도망자가 살아날 때까지 진행한다.

④ 공 이미지 춤

- 공간을 이동하면서 공 주고받기 이미지로 파트너를 바꾸어 가며 상호작용을 하다가 마음에 드는 파트너를 정해서 공 주고받기 이미지에 리듬을 넣어 춤을 춘다. 절반은 공연자, 절반은 공연자를 흉내 내는 공연자가 되어 합동 공연을 한 후 역할을 바꾼다.

3) 마무리

① 소감 나누기

- "가장 인상 깊었던 순간은? 즐거웠던 순간은? 그룹원의 이름을 어느 정도 알게 되었나? 지금 현재 그룹원을 바라보는 느낌은? 세션 시작 전과 후 나에게 일어난 긍정적인 변화는?"

등 치료사의 질문을 토대로 생각나는 단어들을 떠올리며 기록한 다음, 가장 마음에 와닿는 3개의 단어를 움직임과 함께 소개한다.

② 마무리 인사

- 그룹원 각자의 공간을 자유롭게 다니면서 파트너를 만나서 3개의 단어 연결 움직임을 주고받다가 하나의 움직임으로 통일해서 또 다른 그룹을 만난다. 그룹원 전체가 하나의 움직임으로 통일되었을 때 그 움직임으로 마무리 인사를 한다.

6 유의점 및 치료사 역할

- 구르기에서 속도가 빨라질 때 서로 부딪혀서 다치지 않도록 주의해야 한다. 안경은 벗도록 한다.
- 그룹원 수가 15명 이하일 경우, 공의 개수는 3개 이상을 넘지 않도록 한다. 15명 이하면 2개, 15명 이상은 3개 이상일 수도 있다.
- 주제 움직임이 워밍업 없이도 가능하기 때문에 워밍업에 너무 많은 시간을 소요하지 않도록 한다. 소도구를 사용하면 몸을 직접 사용할 때보다 훨씬 적응이 쉽다.
- 소도구를 쓸 때는 공을 넣었다 뺐다 하는 일에 시간이 소요되지 않도록 사전에 미리 준비해야 한다.
- 소도구 사용 시 치료사는 곧바로 세션에 들어가지 말고 기다리면서 그룹원들이 소도구에 적응할 시간을 주어야 한다.

5.
풍선 친구

1 영역: 사회성

2 주제: 친구와 친해지기

3 목표

① 몸을 통한 사회적 경험의 즐거움을 안다.

② 타인과의 관계성을 증진한다.

③ 타인 인식 능력을 함양한다.

④ 타인과 친해지는 법을 학습한다.

⑤ 타인에 대한 관심을 표현하는 능력을 증진한다.

4 준비물: 풍선(그룹원 수만큼), 라벨지 명찰

5 방법

1) 워밍업

① 소매틱 스트레칭

- 2인 1조가 되어 A와 B를 정한다. A는 자리에 눕고 B는 A의 발목, 무릎, 허리, 손목, 팔꿈치, 어깨, 목 순으로 뼈를 다양한 방식, 예를 들면 가볍게 흔들기, 누르기, 빼기, 늘이기 등으로 실험을 한다.

- 2인 1조는 돌아가며 자신들의 실험 방식 중 3개를 소개하면 그룹원 전체는 따라 하다가 자신들의 방식에 그룹원들이 소개한 방식을 다양하게 섞어서 뼈 실험을 계속한다.

② 뼈 움직임

- A가 '어깨뼈, 목뼈' 등 B와 함께 실험한 뼈들을 부르면서 B의 지정된 부위를 손으로 잡고 움직여 준다. 충분히 움직임을 한 후, 각자 파트너가 지정했던 부위와 움직임을 떠올리면서 스스로 움직인다.

③ 뼈 이완

- A는 B의 등 뒤에 서서 머리, 턱, 목뼈 7개, 척추 12개, 요추 5개, 엉덩이뼈, 고관절, 무릎 순으로 지시하면서 손가락을 댄 채 살짝살짝 눌러 준다. B는 A의 지시와 눌러 주는 손가락의 감촉에 따라 머리의 무게를 느낀 다음, 지시한 순서대로 머리부터 차례대로 바닥을 향해 구부리며 내려온다. 반대로 다시 밑에서부터 하나하나 세워 간 다음 제일 마지막에 머리를 든다.
- 충분한 체험 후 각자 공간에 서서 눈을 감고 호흡하면서 파트너의 도움 없이 스스로 여러 번 반복한다.

2) 주제

① 소도구 제작 및 탐색놀이

- 그룹원은 각자 풍선을 분 다음, 풍선 위에 매직펜으로 이름을 새겨서 장식한다.
- 풍선을 자유롭게 가지고 논다. 이때, 바닥에 떨어지지 않도록 계속 쳐 올리면서 최대한 오래 공중에 띄운다. 이후 공간 이동, 다양한 신체 부위, 그룹원 수 늘려 가기 순으로 진행하다가 전체 원을 만든다.
- 각자 돌아가며 1, 2, 3…… 번호를 매긴 다음, 치료사가 번호를 부르면 나와서 풍선이 바닥에 떨어지지 않도록 손으로 쳐서 올린다. 치료사는 천천히, 점점 빨리, 더 빨리 등 속도의 변화를 준다.

② 이름 부르기

- 치료사가 명찰을 보고 호명: 치료사는 명찰을 보면서 그룹원 중 한 명의 이름을 호명하면 주인공이 되어 원 가운데로 들어와서 풍선을 쳐 올린다. 이때, 그룹원들은 힘을 합쳐서 주

인공의 풍선이 바닥에 떨어지지 않도록 도와주며, 주인공은 원하는 만큼 여러 번 반복한다. 치료사가 "스톱"이라고 외치면 움직임을 멈추고 그룹원들이 다 함께 주인공의 이름을 큰 소리로 불러 주면 자기 자리로 돌아간다.

- 그룹원이 명찰을 보고 호명: 그룹원이 명찰을 보고 한 명의 이름을 호명하면 주인공이 되어 원 가운데로 들어와서 풍선을 쳐 올린다. 이때, 원하는 만큼 여러 번 반복하도록 한다. 그룹원들이 "스톱"이라고 외치면 움직임을 멈추고 그룹원들이 다 함께 큰 소리로 주인공의 이름을 불러 주면 주인공은 다른 그룹원을 지목하고 그 자리에 들어간다.
- 그룹원이 명찰 없이 호명: 그룹원 전체는 명찰을 뗀다. 그룹원이 한 명의 이름을 기억해서 호명하면 주인공이 되어 앞으로 나와서 풍선을 쳐 올린다. 이때, 앞에서와 같은 방식으로 원하는 만큼 여러 번 반복한다. 치료사는 한 번도 안 불린 친구의 이름을 호명할 수 있도록 안내한다.

③ 특징 알아가기

- 그룹 전체: 치료사가 줄무늬 옷, 짧은 머리, 검은 양말, 짙은 눈썹, 노란색 바지 등 외적 특징을 말하면 그룹원들이 주인공을 찾아내 초대한다. 주인공은 나와서 풍선을 쳐 올리면서 초대하고 싶은 그룹원의 특징을 말한다. 이때, 원하는 만큼 여러 번 반복한다. 그룹원들이 주인공을 찾아내어 가운데로 데리고 나오면 원래의 주인공은 그 자리에 들어간다.
- 2인 1조: 두 사람씩 파트너가 되어 A는 질문자, B는 응답자 역할을 정한다. A는 풍선을 쳐 넘기면서 좋아하는 음식, 싫어하는 것, 바라는 것, 나는 누구다, 좋아하는 계절, 외로울 때 등 파트너에 대해 알고 싶은 심층 질문 1개를 하고, B는 풍선을 쳐서 넘기며 답을 한다. 이때, 답이 마무리될 때까지 풍선이 떨어지지 않도록 계속 친다.

④ 이미지 풍선 춤

- 큰 전지에 알게 된 그룹원의 정보를 기록한다. 그룹원들은 돌아다니면서 정보를 읽은 다음, 각자가 생각하는 그룹원 이름을 기록한다. 한 명씩 초대해서 맞는지 확인한 다음, 주인공을 위해 그룹원들은 풍선 이미지 춤을 추며 축하 공연을 해 준다. 그룹원 전체가 다가와서 주인공의 몸을 소리와 함께 두드리면서 축복해 준다.

3) 마무리

① 소감 나누기

- "그룹원들에 대해 알게 된 점은 무엇인가? 이름을 기억하며 생겨난 변화는? 주인공이 되었을 때 느낌은? 그룹원들이 내 이름을 기억해 주었을 때 느낌은? 그룹원들에게 다가가는 데 어려움은 없었나? 언제 가장 즐거웠나?" 등 치료사의 질문을 토대로 소감을 나눈다.

② 마무리 인사

- 모두가 둥글게 선 다음 말없이 서로의 눈을 바라보다가 오늘 가장 친하게 된 사람을 찾아가 양손을 잡고 흔든 후 허그로 인사하며 자리를 바꾼다. 현재의 느낌을 하나의 동작으로 만든 다음 그 움직임으로 마무리 인사를 한다.

6 유의점 및 치료사 역할

- 진행의 흐름이 깨어지지 않도록 풍선은 미리 불어서 준비해 둔다.
- 풍선은 누구나 좋아하는 도구다. 다만, 적당한 크기로 불어서 터지지 않도록 해야 한다.
- 그룹원을 주인공으로 초대할 때 이름이 골고루 호명되도록 한다.
- 풍선 움직임을 반복해 왔기 때문에 적절한 음악이 제공되면 리듬이 춤으로 바뀐다. 춤추고 싶은 마음이 들 정도로 리듬성이 좋은 음악을 준비해야 한다.

6.
우리 집에 왜 왔니 왜 왔니

1 영역: 사회성

2 주제: 타인과 관계 맺기

3 목표

① 이름 알기를 통해 그룹 친밀감을 형성한다.

② 전통 몸 놀이를 통해 그룹 소속감을 경험한다.

③ 함께하는 창조적 놀이의 재미와 즐거움을 안다.

④ 서로의 특성을 알게 됨으로 관계를 확장한다.

4 준비물: 그룹원 이름이 새겨진 라벨지 명찰, 전지, 그림 도구

5 방법

1) 워밍업

① 발가락 이완

- 각자 편안한 공간에 앉는다. 발 쓰다듬기, 발가락 사이 벌리기, 발가락 잡아 당기기, 발가락 마디 돌리기, 발가락 전체 안으로 모으기, 발가락 전체 바깥으로 펴기, 발 전체를 빨래 짜듯 뒤틀기, 발끝 포인트, 발목 풀기, 발바닥 누르기, 손으로 발바닥 전체 두드리기 순으로 진행한다.

② 손가락 이완

- 손바닥 비벼서 열 내기, 손가락 끝을 누르기, 손가락 끝을 가볍게 잡아 당기기, 손가락 끝 돌리기, 손가락을 손등 쪽으로 길게 누르기, 손등 뼈 사이 근육을 위아래로 누르기, 손가락 끼리 깍지를 껴서 힘주기, 깍지 낀 양손을 부딪히면서 소리내기, 꽉 끼인 양 손가락을 천천히 힘주어 빼기, 빠른/중간/느린 박수 순으로 진행한다.

③ 손발 리듬 생성

- 각자 자기 공간에 앉은 채 발가락 꼼지락, 손가락 꼼지락, 손과 발을 동시에 꼼지락거리다가 음악 리듬에 맞추어서 각각 따로따로 움직인다.
- 발 리더: 자리에 일어나 발이 리드하는 대로 몸이 따라가다가 마음에 드는 공간에서 멈추어 손과 발을 함께 움직인다.
- 손 리더: 손이 리드하는 대로 몸이 따라가다가 마음에 드는 공간에서 멈추어 손과 발을 함께 움직인다.
- 손발 리더: 손발이 동시에 리드하는 대로 몸이 따라가다가 다른 사람의 손발을 만나서 상호작용하며 움직인다. 치료사는 4명, 2명, 5명 등 그룹원의 숫자를 달리 지정하면서 상호작용을 확장시킨다. 마지막에 만난 5명의 그룹원과 둥글게 둘러앉은 다음 다리를 쭉 펴고 발, 손, 손발 순으로 천천히 부드럽게 접촉한 다음 자리에 누워서 호흡한다.

2) 주제

① 〈우리 집에 왜 왔니〉 기본 폼

- 2인 1조, 4인 1조. 6인 1조, 8인 1조…… 순으로 두 팀씩 마주보며 〈우리 집에 왜 왔니〉 놀이를 한다. "○○꽃을 찾으러 왔단다 왔단다."라고 지정할 때 그룹원들의 이름을 말하면 호명된 그룹원을 보내 준다. 최대한 서로의 이름을 알 때까지 전체 그룹이 두 그룹으로 나누어 질 때까지 반복한다.

② 변형 폼1 특성지정

- 두 그룹이 마주 보면서 "○○꽃을 찾으러 왔단다 왔단다."라고 지정할 때 지정할 그룹원의 특성을 말하면 해당되는 그룹원을 보내 준다. 최대한 그룹원들이 서로의 특성을 알도록 한다. 반복하다가 한 그룹의 그룹원이 완전히 없어지거나 인원이 줄어든 쪽이 진다.

③ 변형 폼2 번호지정

- 박수치기, 뛰기, 춤추기 등 가사에 입힐 재미있는 움직임 아이디어를 모은 다음, 최종 4개의 움직임을 선택한다. 각 움직임에 1번 박수 치기, 2번 빨리 뛰기, 3번 춤추기, 4번 왈츠 스텝 등 번호와 움직임을 정한다. 두 팀이 마주 보면서 〈우리 집에 왜 왔니〉 놀이를 할 때 치료사는 1번, 3번 등 움직임 지시를 한다.

④ 변형 폼3 3인 1조 번호지정

- 3인 1조가 한 그룹이 되어 역할 A, B, C를 정한다. A는 번호를 불러서 움직임 지시를 하고, B와 C는 움직임 지시에 따라 〈우리 집에 왜 왔니〉 놀이를 한다. 차례대로 역할을 바꾼다.

⑤ 리듬 변형 춤

- 3명의 그룹원 중 누구든지 번호를 불러서 움직임 지시를 하면 나머지 두 명은 지시에 따라 움직인다. 이때 〈우리 집에 왜 왔니〉 대신, 음악 리듬에 따라 공간을 자유롭게 돌아다니면서 움직인다.
- 번호 움직임 지시 없이 3명의 그룹원이 상호작용하면서 넘버링 움직임을 자유롭게 변형하고 춤추다가 전체 그룹원으로 확장한다.
- 3인 1조는 전지에 한 명씩 돌아가면서 현재의 느낌을 연결 그림으로 완성한 다음, 그룹별로 그림을 전시하고 발표한다. 그룹별로 그림을 구경하면서 떠오르는 이미지 하나를 움직임으로 만들어 전시그룹에게 선물로 준다.

3) 마무리

① 소감 나누기

- 각자 공간에 누워서 호흡하며 "제일 즐거웠던 순간은? 특별히 마음에 남아 있는 그룹원은? 그룹원에 대해 알게 된 것은? 지금 현재 느낌 단어는? 다른 그룹원들과 춤출 때의 느낌은?" 등 치료사의 질문을 토대로 오늘의 경험을 떠올려 본 다음, 소감을 나눈다.

② 마무리 인사

- 각자 선물 받은 움직임들을 연결하여 전체 그룹 인사를 한다.

6 유의점 및 치료사 역할

- '우리 집에 왜 왔니' 놀이를 아는지 점검한 다음, 잘 모르면 설명해 준다.
- 전통놀이의 반복 리듬은 전체를 하나로 만드는 힘이 있다. 아무리 그룹에 끼지 못하는 그룹원이 있다 하더라도 어느 순간 하나가 되어 있다. 치료사는 이 기회를 잘 활용하여 소속감을 느낄 수 있도록 관찰하면서 진행해야 한다.
- 신체심리치료에서는 치료사가 율동을 짜서 따라 하게 하는 방법은 최소화해야 한다. 그룹원의 자발성과 창조성을 활용할 수 없기 때문이다. 특별한 아이디어가 나오지 않더라도 치료사는 그룹원 스스로가 넘버링 움직임을 구성할 수 있도록 기다려 준다. 기다림은 그룹원의 자발성과 창조성을 끄집어내는 원동력이다.
- 연결 그림은 차례대로 한 명씩 그림을 완성해 가는 방식이다. 이때, 뒷사람은 앞사람의 그림을 보면서 연결해야 한다.

7.
네이밍 콜

1 영역: 사회성

2 주제: 관계성 증진

3 목표

① 상황 파악 능력을 개발한다.

② 타인 민감성을 향상한다.

③ 집단 보호를 경험함으로 안정감을 형성한다.

④ 그룹 집중력을 강화한다.

⑤ 이름 부르기를 통해 그룹 내 자기 존재감을 확인한다.

4 준비물: 각자 이름이 기록된 1칸 라벨지 명찰, 색깔천

5 방법

1) 워밍업

① 쉐이킹과 몸 이완

• 셀프 쉐이킹: 각자 편안한 공간에서 바닥에 온몸이 닿은 상태로 눕는다. 눈을 감고 누군가 잠들어 있는 나를 흔들어 깨운다고 상상하면서 머리, 어깨, 팔, 팔꿈치, 손, 견갑골, 허리, 엉덩이, 허벅지. 무릎, 다리, 발 순으로 흔든다. 강도를 점점 세게 함에 따라 몸의 흔들림도

심해지면서 공간을 이동한다.

- 2인 1조 쉐이킹: 가장 가까운 두 사람이 만난다. A는 그대로 누워 있고, B는 일어나서 A의 머리, 어깨, 팔, 팔꿈치, 손, 견갑골, 허리, 엉덩이, 허벅지. 무릎, 다리, 발 순으로 흔들어 준다. 잘 흔들리지 않는 신체 부위에 머물러서 집중적으로 흔들어 준다.

② 호흡 워킹

- 호흡 워킹: 들판, 숲길, 꽃길 등을 상상하면서 걷다가 멈추어 서서 들숨과 날숨의 자기 호흡 속도를 인식한 다음, 자기 호흡에 맞추어서 걷는다
- 리듬 워킹: 마사이족의 걸음을 상상한다. 발뒤꿈치에서부터 시작해서 발 중앙을 거쳐서 발 앞에 차례로 무게중심을 이동해서 발바닥 전체 면이 닿도록 걷는다. 이때, 다리만 움직이는 것이 아니라 골반 전체가 함께 이동하며 걷는다. 치료사는 속도, 공간 레벨, 경로의 변화를 주도록 안내한다.

③ 리듬 생성

- 자리에 눕거나, 앉거나, 서서 자신과 그룹원이 선물 받은 씨앗의 움직임을 자연스럽게 연결시킨 다음, 날숨과 들숨 리듬에 맞추어서 움직임을 점점 작게 만든다. 움직임 없이 호흡만 하면서 휴식을 취한다.

2) 주제

① 이름 불러 주기

- 그룹원 전체가 둥글게 선 다음, 술래 한 명이 원 가운데로 들어간다. 술래는 조스(상어)가 되어 그룹원 중 한 명을 주인공으로 정해서 다가간다. 주인공은 조스가 다가오기 오기 전에 신속하게 아는 그룹원의 이름을 부른다. 주인공은 이름을 부르면 살아남아서 자신이 부른 그룹원과 자리를 바꾸고 술래는 그대로 유지되며, 이름을 못 부르면 주인공이 술래가 되고 술래는 주인공 자리에 선다. 이때, 본인 이름이나 술래 이름은 안 된다.

② 주인공 구출 작전 1

- 술래는 조스가 되어 주인공 한 명을 정해서 다가간다. 주인공 양옆의 그룹원은 보호자가 되어 조스가 다가오기 전에 신속하게 주인공의 이름을 불러 준다. 맞는 이름을 부르면 주인공은 살아남지만, 이름이 틀리면 주인공이 술래가 되고 술래가 주인공 자리에 선다. 점

점 빨리 진행하면서 조스가 닿기 전에 더 빨리 이름 말하기, 조스 숫자 늘리기. 각자 자유롭게 다니면서 조스와 주인공 역할을 상호작용에 따라 바꾸며 움직이기 순으로 진행한다.

③ 주인공 구출 작전 2

- 술래가 조스가 되어 주인공에게 다가온다. 양옆의 그룹원은 보호자가 되어 조스가 다가오기 전에 색깔천을 씌워서 감추고 공격하지 못하도록 지켜 준다. 조스는 색깔천을 벗겨서 주인공의 몸을 터치하면 주인공이 술래가 된다. 조스 숫자를 늘려가며 진행하다가 각자 자유롭게 다니면서 상호작용에 따라 조스와 주인공 역할을 바꾼다. 색깔천 없이 몸으로 보호한다.

④ 색깔천 감각 휴식

- 둘씩 파트너가 되어 A와 B 역할을 정한다. A는 색깔천 속에 들어가서 눕고, B는 A를 색깔천으로 덮은 다음, A의 신체를 부드럽게 문지른다. 각자 자기의 색깔천 속에 들어가서 호흡하며 쉰다.

3) 마무리

① 소감 나누기

- "가장 좋았던 순간은? 그룹원의 보호가 느껴졌던 때는? 내 이름이 불렸을 때 느낌은? 조스가 다가올 때 어땠나? 그룹을 바라보는 현재의 느낌은?" 등 치료사의 질문을 토대로 소감을 나눈다.

② 마무리 인사

- 모두 둥글게 모여 그룹원 각자가 조스가 아니라 나비가 되어 날아가면서 몸으로 감사를 표현한다.

6 유의점 및 치료사 역할

- 주제 진행에서 술래가 그룹원의 이름을 기억하지 못해 부를 수 없으면 좌절하기 쉽다. 멀리서도 명찰에 적힌 이름이 보이도록 1칸 라벨지를 사용한다.
- 언제 이름이 불릴지 모르도록 하여 긴장을 유발시켜야 한다. 산만한 그룹의 집중도를 높이는 데 효과적이다.

- 술래는 신속하게 이름을 찾으려고 주변을 두리번거리게 된다. 이로 인해 타인에 대한 관심이 증대되고 자연스럽게 이름을 기억할 수 있다.
- 연령이 낮을 경우, 술래에게 상어 모자를 씌우고, 상어 음악을 틀어 주면 더 효과적이다.
- 색깔천은 미리 준비해 두어서 진행의 흐름이 깨지지 않도록 한다.

8.
인사이드 & 아웃사이드

1 영역: 사회성

2 주제: 타인과 관계 맺기

3 목표

① 타인에게 다가가는 법을 안다.

② 성공적인 관계 맺기를 경험한다.

③ 관계 거절에 대한 두려움을 완화한다.

④ 관계 건축가 역할의 즐거움을 경험한다.

⑤ 그룹 내 아웃사이더의 존재에 대한 관심과 이해를 증진한다.

⑥ 친밀한 관계 형성의 과정과 요소를 이해한다.

4 준비물: 음악, 색테이프

5 방법

1) 워밍업

① 포크댄스 워밍업

- 그룹원은 두 편으로 나누어 충분한 거리를 둔 채 양쪽으로 마주보고 선다. 각자 자신의 파트너를 향해 가다가 한가운데 색테이프로 표시된 미팅 선에서 만나 움직임을 한 후 헤어져

서 파트너의 자리에 가서 선다. 치료사는 눈 마주치기, 박수 치기, 고개 까딱하기, 어깨 살짝 대기, 손바닥 대기, 등 돌리기, 발 구르기, 왈츠 추기 등 두 사람이 미팅 선에 만났을 때 할 수 있는 다양한 움직임을 안내한다. 이때, 포크댄스 음악을 틀어 준다.

② 웰컴 터널 통과하기
- 열린 터널: 동일 대형으로 마주 본 상태에서 각 커플은 여러 움직임 중 하나를 선택한다. 제일 끝에 있는 커플부터 선택한 움직임을 하면서 대열 한가운데를 지나 반대쪽 끝에 선다. 끊어짐 없이 같은 방식으로 계속 진행한다.
- 닫힌 터널: 양쪽은 미팅 선을 기준으로 가운데를 향해 걸어와서 양팔을 높이 들어 손끝을 붙인다. 한 명씩 자신만의 움직임을 하면서 터널을 통과해서 반대쪽에 선다. 그룹원들은 박수와 환호성을 지르며 환영한다.

③ 신체 안정화
- 맞은편에 있는 파트너와 만나서 A와 B를 정한다. A는 제자리에 서 있고 B는 A의 앞뒤좌우에 서서 토닥이고 쓰다듬어 주어서 몸을 안정화시킨다.

2) 주제

① 2인 1조 따라 걷기
- 익명의 팔로워: 그룹원들은 각자 공간을 자유롭게 걸어 다니다가 각자 원하는 대로 리더와 팔로워 역할을 선택한다. 리더는 누가 따라오는지 눈치 채지 못하거나 상관하지 않고 걷는다. 원하면 언제라도 팔로워가 될 수 있다. 팔로워는 친해지고 싶은 사람 한 명을 정해서 따라간다. 원하면 언제라도 다른 리더를 따라갈 수도 있고, 리더가 될 수도 있다. 따라가는 숫자는 자유롭게 정한다.
- 의식되는 팔로워: 리더는 누가 따라오는지 의식하면서 걷는다. 팔로워는 친해지고 싶은 한 사람을 정해서 따라간다.
- 관심 집중 팔로워: 리더는 누가 따라오는지 관심을 기울이며 걷는다. 팔로워는 친해지고 싶은 한 사람에게 더 가까이 접근하면서 따라간다. 이때, 어떻게 하면 리더가 도망가지 않고 나를 환영할까를 고민한다.
- 환영받는 팔로워: 리더는 팔로워를 환영하면서 가까이서 나란히 걷는다. 팔로워는 리더의 환영을 받으면서 가까이서 나란히 걷는다.

- 공연: 각 2인 1조는 앞의 친해지는 전 과정을 연결하여 하나의 작품으로 만든다. 그룹을 절반으로 나누어 공연자와 관객 역할을 정한다. 공연자는 공연을 하고, 관객은 공연을 보면서 각 팀의 제목을 정해서 공연팀에게 선물한다. 공연자도 친해지기 전략에 대해 소개하면서 소감을 나눈다.

② 5인 1조 친해지기

- 소외된 아웃사이더: 5인 1조 그룹을 구성한 다음, 주인공 한 명, 주인공의 친구들 세 명, 아웃사이더 한 명으로 역할을 배정한다. 주인공은 친구들에게 둘러싸여 재미있게 어울려 놀다가 아웃사이더가 다가오면 노골적으로 싫어하면서 피한다. 주인공의 친구들은 주인공을 빙 둘러싸고 재미있게 논다. 아웃사이더는 주인공과 친하고 싶지만 어떻게 다가가야 할지 몰라 주위를 빙빙 돈다.
- 환영받는 아웃사이더: 주인공은 친구들에게 둘러싸여서 재미있게 어울려 놀면서도 아웃사이더를 환영한다. 주인공의 친구들은 아웃사이더가 주인공과 친해질 수 있도록 어떻게 도와줄지 구체적인 전략을 짜서 아웃사이더에게 전달한다. 아웃사이더는 주인공의 친구들이 준 전략대로 다가가 주인공과 친해진다.
- 공연: 각 5인 1조는 친해지는 전 과정을 연결하여 하나의 작품이 되도록 한다. 각 그룹은 공연을 하고. 나머지 그룹은 관객이 되어 관람한다. 각 팀의 공연이 끝날 때마다 관객들은 서로를 친하게 만들어 준 요소들을 찾아내어 핵심 단어로 정리한 후 나눈다. 공연자도 공연 소감을 나눈다.

③ 웰컴 축제

- 각자 돌아다니면서 움직임으로 핵심 단어를 반복 표현한다.
- 그룹원 전체가 환영받는 느낌을 받도록 상호작용하면서 웰컴 인사를 한다. 웰컴 인사에 리듬을 넣어서 춤이 되도록 한 다음, 선정된 주인공 한 명을 위해 그룹원 전체가 웰컴 춤을 춘다.

3) 마무리

① 소감 나누기

- "누군가 따라올 때 느낌은? 친밀한 관계 형성의 과정을 본 소감은? 가장 마음에 드는 역할은? 아웃사이더를 관찰하면서 드는 느낌은? 관계 도우미 역할을 했을 때 어땠나? 나에게도

비슷한 경험이 있는가? 친밀한 관계 형성에서 가장 중요한 요인은? 지금 현재 드는 생각과 느낌은?" 등 치료사의 질문을 토대로 소감을 나눈다.

② 마무리 인사

- 각자 타인과의 친밀한 관계 형성을 위해 나에게 가장 필요한 요소를 한 단어로 말하면, 그 룹원들이 다 함께 큰 소리로 따라 한다.

6 유의점과 치료사 역할

- 5인 1조 친해지기는 2인 1조 친해지기보다 한 단계 더 나아가서 친해지는 과정이 보다 세 분화되고 구체화된다. 단계별로 진행하거나 그룹 특성에 따라 하나의 단계만 선택해서 진 행할 수도 있다.
- 왕따, 폭력 등 심각한 주제는 배제하고 사회성을 기르는 것만을 목적으로 프로그램이 구 성되어 있다. 따뜻하고 가벼운 분위기에서 진행하도록 한다.
- 왕따 경험이 평생 잊을 수 없는 악몽이듯 누군가에게, 특히 그룹에게 환대받는 경험은 평 생 잊을 수 없는 추억이 된다. 치료사는 한 번도 환대받아 본 경험이 없는 누군가에게 평생 의 선물을 주는 마음으로 진행해야 한다.
- 소감 나누기에서 왕따 경험이 나온다면 질문을 통해 그 경험을 파헤치면서 기억을 다시 떠 오르게 하기보다 감정에 집중해 다루어 주면서 더 깊이 들어가지 않도록 유의해야 한다.

9.
블라인딩 캐처

1 영역: 사회성

2 주제: 타인과 친밀감 형성하기

3 목표

① 타인 인식 능력을 개발한다.

② 타인 민감성을 극대화한다.

③ 타인의 자극에 대한 반응 능력을 함양한다.

④ 몸의 감각을 통한 알아차림 능력을 증진한다.

⑤ 상호작용력을 기른다.

⑥ 타인에 대한 관심을 확장한다.

4 준비물: 음악

5 방법

1) 워밍업

① 커플 스트레칭

- 2인 1조 파트너가 되어 A와 B를 정한다.
- 마주보고 선다: A가 B의 어깨에 손을 올리고 아래로 누르기. A와 B가 서로의 어깨에 손을

올리고 어깨를 아래로 누르기. A와 B가 다리를 펴고 서로의 어깨를 직각으로 누르기

- 등대고 선다: 등대고 어깨 들어 올렸다 내리기, 양손 잡고 위로 들어올리기, 양손 잡고 옆구리 늘리기, 팔짱 껴서 뒤로 업어 주기

- 등대고 앉는다: 팔짱끼고 앉기, 손을 잡고 팔 위로 뻗기, 손을 잡고 팔 위로 뻗어서 옆구리 늘리기, 오른쪽 다리부터 시계방향으로 움직이면서 한 바퀴 돌아서 다리 벌려 마주하기

- 마주보고 앉는다: 다리를 벌리고 잡아서 팽팽한 상태를 유지한 채 A는 상체를 앞으로 숙이고 B는 뒤로 눕기, 다리 벌려 상체 회전하기, 발바닥 마주 대고 자전거 타기, 양손을 잡고 양 발바닥을 마주한 상태에서 양다리를 위로 들어 올려 V자 만들기

② 구조화된 리듬 생성

- 2인 1조 파트너가 되어 오른 손뼉 4번, 왼 손뼉 4번, 양 손뼉 4번, 양팔 벌려서 손잡고 공간 이동하면서 점핑 4번, 오른쪽 팔짱끼고 4박자 만에 한 바퀴 돌기, 왼쪽 팔짱끼고 4박자 만에 한 바퀴 돌기, 제자리에서 엉덩이 부딪히면서 4박자 만에 방향 바꾸기, 파트너 체인지 순으로 진행한다. 2인에서 4인, 6인······ 전체 순으로 숫자를 늘린다.

③ 신체 안정화

- 태아 자세를 취한 상태에서 숨 쉬며 쉰다.

2) 주제

① 손 악수 전달

- 전체 그룹원은 손잡고 원으로 둘러 앉아 1, 2, 3······ 번호를 매긴다. 1번이 2번의 오른손을 꽉 잡으면 2번이 3번의 오른손을 꽉 잡는 식으로 4번, 5번, 6번······ 계속 전달한다. 누군가 방향을 바꾸어 왼손을 꽉 잡으면 그 방향으로 계속 전달한다. 누구든지 언제라도 방향을 바꿀 수 있다. 처음에는 천천히 진행하다가 점차 속도를 빨리한다. 눈을 감고 진행할 수도 있는데, 이때 반드시 눈을 감았을 때와 눈을 떴을 때의 차이점이 무엇인지 물어본다.

② 움직임 전달

- 그룹원 전체가 둥글게 선다. 일상생활에서 가장 많이 하는 움직임에는 어떤 것이 있는지 물어봐서 움직임 정보를 충분히 수집한다. 1번부터 번호순으로 움직임 하나를 보여 주면 그룹원 전체는 반복적으로 따라 한다. 이때, 수집한 움직임 중 하나를 해도 되고, 하고 싶

은 움직임을 해도 된다.

③ 체인저 알아맞히기

- 그룹원 중 누군가 체인저(Changer)가 되어 움직임을 바꾸면 재빨리 알아차리고 다 함께 바꾼 움직임을 따라 한다. 움직임을 바꾸는 속도를 점차 빠르게 한다. 충분히 경험한 후, 캐처 한 명을 선정해서 움직임을 바꾼 체인저가 누구인지 알아맞힌다. 캐처가 알아맞혔으면 체인저와 역할을 바꾸고, 못 맞혔으면 그대로 진행한다.

④ 파트너 알아맞히기

- 둘씩 파트너가 되어 역할 A와 B를 정해서 걷는다. 한 명은 앞을 보고 다른 한 명은 뒤에 서서 앞사람의 어깨 위에 가볍게 손을 올리고 걷는다. 앞사람은 눈을 감고 뒷사람은 말없이 천천히 걷기, 조금 빨리 걷기, 가장 빨리 걷기, 밀면서 걷기, 점프하기 등 다양한 방식으로 움직인다. 이때, 방향은 앞으로만 가야 한다.
- 치료사가 "정지"라고 말하면 앞사람은 눈을 감은 채 정지하고, 뒷사람은 재빨리 다른 앞사람 뒤에 가서 선다. 앞사람은 돌아다니면서 자신의 파트너가 누구인지 찾고, 뒷사람은 어떤 단서도 제공하지 말고 정지한 채 서 있는다. 이때, 앞사람은 같이 움직임을 해 보거나 냄새를 맡아 보는 등 단서를 찾기 위한 다양한 실험이 가능하다.
- 치료사의 '만나세요'라는 안내에 따라 앞사람은 자신의 파트너라 생각하는 사람 앞에 가서 선다. 파트너가 맞으면 박수와 환호성을 치고, 파트너가 맞지 않으면 맞을 때까지 찾는다. 전체가 다 파트너를 찾을 때까지 그룹원들은 기다려 주거나 도와준다.

⑤ 체인징 무브

- 그룹원 전체가 움직임을 하면서 다니다가, 누군가가 체인저가 되어 움직임을 바꾸면 전체가 따라 한다. 그룹원 전체가 원으로 모여 움직임을 하고 누군가가 체인저가 되어 움직임을 바꾸면 전체가 따라 한다. 호흡과 함께하는 스트레칭 움직임으로 마무리한다.

3) 마무리

① 소감 나누기

- "체인저를 어떻게 찾았나? 눈을 감았을 때와 눈을 떴을 때의 차이는? 파트너를 찾을 수 있었던 이유는? 체인저의 바뀐 움직임을 알아차리기 위해 나는 무엇을 했나? 나의 알아차림

능력은? 파트너가 나를 찾았을 때 느낌은?" 등 치료사의 질문을 토대로 소감을 나눈다.

② 마무리 인사
- 가장 인상 깊었던 체인징 무브 하나를 선택해서 마무리 인사를 한다.

⑥ 유의점 및 치료사 역할

- 타인 인식 능력은 관계 맺기의 기본이다. 몸이라는 구체적 도구를 통해 훈련하기 때문에 아무리 자기 세계 속에 빠져 있어도 어느 순간에는 타인을 바라보게 된다. 치료사의 이런 믿음은 매우 중요하다.
- 파트너 알아맞히기에서 뒷사람은 최대한 언어적 지시를 사용하지 않도록 한다. 언어를 사용하는 순간, 몸에 장착된 감각 능력이 기능하지 않기 때문이다.
- 이 세션은 체인저가 움직임을 할 때 외에는 음악이 필요 없다. 몸의 감각에 집중하기 위해서다.
- 파트너를 빨리 찾지 못하는 커플이 있을 경우, 치료사는 따뜻한 시선으로 기다려 주면서 그룹원들에게도 동일한 요구를 해야 한다. 기법보다 더 중요한 것은 치료사의 인격이다.

SOMATIC
PSYCHOTHERAPY
TECHNIQUES AND
APPLICATIONS

제11장

공동체 의식

아프리카 부족을 연구하던 인류학자가 딸기 한 바구니를 저만치 놓고 아이들에게 말했다. "제일 빨리 뛰어간 사람 한 명에게만 딸기 한 바구니를 다 주겠다." 배고픈 아이들이니 딸기 한 바구니를 손에 넣으려 죽기 살기로 뛸 것이라 생각했다.

말이 끝나자마자 아이들은 약속이나 한 듯 손에 손을 잡고 한 줄로 나란히 달려가더니 함께 도착해서 딸기를 나누어 먹었다. 인류학자가 물었다. "왜 같이 뛰었니? 혼자 먼저 달려가면 다 먹을 수 있을 텐데……."

아이들은 합창하듯 외쳤다.

"우분투(Ubuntu)"

아프리카 말로 "네가 있어 내가 있다"는 뜻이다.

아이들은 또 말했다.

"친구들이 모두 슬퍼할 텐데 나 혼자 어떻게 행복할 수 있어요?"

나 홀로 사는 편리함보다, 더불어 살아가는 행복을 아는 아이!

"함께"는 "혼자"보다 강하다. 경쟁과 다툼과 독점을 넘어서는 협동과 협력, 상생은 4차 산업혁명 시대를 선도할 리더의 자질이다. 몸과 몸이 만나서 연결이 되면 '함께'의 힘을 체험한다.

1.
상상 여행

1 영역: 사회성

2 주제: 공동체 협력과 협동

3 목표

① 타인에 대한 관심을 확장한다.

② 공동체 의식을 함양한다.

③ 타인과 협력하는 법을 배우고 익힌다.

④ 공동체 협력에 필요한 요소들을 구체적으로 학습한다.

⑤ 공동체 협력에 의한 성취감을 경험한다.

4 준비물: 큰 전지, 크레파스와 색연필, 볼펜

5 방법

1) 워밍업

① 포크댄스 움직임

- 손바닥으로 무릎 치기(8박자), 파트너와 손바닥 치기(8박자), 파트너와 손을 넓게 마주 잡고 춤추기(8박자), 파트너와 팔짱끼고 돌기(8박자), 파트너 체인지 순으로 진행한다. 4명, 8명, 전체 순으로 그룹원 수를 확장해서 같은 방식으로 한다.

② 원 변형 움직임

- 전체가 큰 원을 연결하여 움직이다가 치료사가 "분리"라고 말하면 그룹원 중 누구든지 현재의 원을 끊고 돌면서 새로운 조합의 원을 만든다. "합체"라고 말하면 큰 원을 만들어 연결 움직임을 한다. "분리"와 "합체"를 반복하면서 새로운 조합의 원을 계속 만들어 돌면서 움직인다.

③ 호흡 명상

- 전체 원에서 벗어나 각자의 공간을 걸으면서 서서히 움직임을 줄여 가다가 멈춘다. 눈을 감고 숨을 들이마시고 내쉬면서 몸을 가라앉힌다.

2) 주제

① 나 홀로 산책

- 크루즈 상상 여행을 떠난다. 그룹원들은 승객이 되어 혼자 산책을 다니면서 이곳저곳을 구경한다. 배에서 할 수 있는 활동들을 직접 해 보기도 하고 만져 보기도 한다.

② 불균형 움직임

- 3인 1조 물고기: 세 사람이 만나서 같이 걷고 같이 움직인다. 같이 걸으면서 공간의 거리를 점점 좁힌다. 즉, 멀리 떨어져 걷다가, 가까이 걷다가, 팔꿈치가 닿을 정도로 가까이 붙어서 걷는다. 같이 걷다가 누군가 한 명이 어디론가 구경하러 가면 하나의 몸인 것처럼 전부 뭉쳐서 우르르 몰려간다. 이때, 배의 균형이 깨진다.
- 6인 1조 물고기: 물고기 떼가 유영하다가 갑자기 방향을 바꾸듯 속도를 점점 빠르게 한다. 주동자 한 명이 갑자기 방향을 바꾸면 나머지 그룹원들은 한 몸인 듯 뭉쳐서 우르르 몰려간다. 주동자는 계속 바뀐다.
- 전체 물고기: 그룹원 전체가 하나의 물고기 떼가 되어 6인 1조 물고기 움직임과 같은 방식으로 움직인다.

③ 균형 움직임

- 배에 균열이 생겼다. 침몰하기 일보직전이다. 승객들은 힘을 합쳐서 배의 균형을 맞추어야 한다.
- 도형배 균형 맞추기: 삼각형 배, 사각형 배, 마름모 배 순으로 진행한다. 삼각형 배는 3명이

몸으로 3개의 꼭짓점을 찍어서 만들고, 사각형 배는 4명이 몸으로 4개의 꼭짓점을 찍어서 만들고, 마름모 배는 4명이 몸으로 찍은 4개의 점이 마름모가 되도록 만든다. 그룹원 중 하나가 꼭짓점의 위치를 이동해서 균형을 깨면 그룹원들은 힘을 합쳐서 균형을 맞추어 도형 배 모양을 유지한다. 균형 깨기와 배가 침몰하지 않도록 균형 맞추기 움직임을 반복한다.

- 작전타임: 배의 균형을 맞추어 배 모양을 유지하기 위한 의견을 나눈다.

④ 크루즈호 균형 맞추기

- 공간 전체를 크루즈호라고 상상한다. 그룹원 전체는 배가 침몰하지 않도록 계속 움직이면서 배의 균형을 맞춘다. 공간 전체와 그룹원들의 움직임을 보면서 비어 있는 곳은 채우고, 몰려 있는 곳은 흩어지는 식으로 한다.
- 움직임의 속도를 점차 빨리하다가 치료사가 "스톱"이라고 외치면 움직임을 멈추고 다 함께 지금 배의 균형 상태를 확인한다. 균형이 맞지 않으면 바로 앞의 과정을 다시 반복한다. 균형이 맞추어졌다고 그룹원 전체가 동의되면 다 같이 "스톱"이라고 외치면서 움직임을 멈춘다.

⑤ 선상 위의 페스티벌

- 배가 균형을 맞추어서 구조되었다. 그룹원들은 마음껏 춤추며 축제를 연다.

3) 마무리

① 소감 나누기

- 전지 여러 장을 연결해서 그룹원들이 다 들어갈 만한 크기의 배를 그린 다음, 각자 배 위에 자신의 모습을 그려 넣는다. 배의 균형을 맞추기 위해 무엇을 했는지를 설명하고 한 단어로 요약해서 자신의 모습에 기록한다. 각자 기록한 내용을 그룹원들에게 설명하면서 소감을 나눈다

② 마무리 인사

- 단어들을 전부 선으로 연결한 다음, 각자 자기 모습 위에 선다. 선 상태로 모든 손을 가장 넓게 벌려서 다른 그룹원과 연결한 다음, 이 상태로 배 위에서 내려온다. 누구든 연결선을 변형시키는 주동자가 되어 선이 자연스럽게 변형되도록 하면서 그룹원들과 인사를 한다.

6 유의점 및 치료사 역할

- 상상을 어려워하는 지적장애아들에게 활용할 때는 구체적인 배의 모형을 그려 놓고 진행한다.
- 음악이 많이 사용되는 세션이므로 연령에 맞는 다양한 음악을 준비해야 한다.
- 주제 ③의 도형배 활동 시 자리 배치를 잘 하면 숫자의 제한 없이 모형을 만들 수 있다. 힌트를 주어서 고정된 생각의 틀을 깨도록 돕는다.
- 참가자 움직임이 제한되지 않을 크기의 공간에서 진행한다.
- 그룹의 에너지 레벨이나 표현력의 정도에 따라 춤으로 확장할 수도 있고, 춤이 아닌 움직임만으로 마무리할 수도 있다.

2.
커뮤니티 댄스

1 영역: 사회성

2 주제: 협동 협력

3 목표

① 긍정적인 사회적 상호작용을 경험한다.

② 함께하는 움직임을 통해 협동 의식을 함양한다.

③ 상호 소통을 통한 만족감과 성취감을 경험한다.

④ 타인과 공존하는 법을 배운다.

⑤ 공동의 유대감을 형성한다.

⑥ 그룹의 일원으로서의 소속감을 형성한다.

4 준비물: 넓은 공간, 음악

5 방법

1) 워밍업

① 신체 부위별 스트레칭

- 발목: 발목을 몸 쪽으로 당겼다가 발등을 길게 편다. 발목을 들어서 안에서 바깥으로, 바깥에서 안으로 돌린다.

- 무릎: 상체를 숙여서 양쪽 무릎을 손으로 잡고 돌린다. 손으로 마사지한다.
- 허리: 골반을 앞뒤좌우 방향으로 천천히 민다. 앞뒤좌우 네 개의 점을 찍어서 왼쪽, 오른쪽으로 원을 그리면서 연결한다.
- 어깨: 오른쪽, 왼쪽, 양쪽 순으로 어깨를 귀가 닿을 정도로 끌어올린다. 앞에서 뒤로, 뒤에서 앞으로 돌린다.
- 목: 양 엄지손가락으로 턱을 위로 밀고, 양손으로 정수리를 잡아 아래로 당긴다. 상모놀이하듯 앞뒤좌우 네 개의 점을 찍어 원을 그리면서 점점 크게 연결한다.
- 각자 위의 신체 부위를 차례대로 연속적으로 한 다음, 가장 약한 한 부위를 정해서 집중적으로 풀어 준다.

② 8박 움직임
- 치료사는 움직임 시범을 보여 준다. 양손을 직각으로 들어서 손목을 좌우로 8박자에 맞추어 흔들면서 양발은 한 발씩 번갈아 내밀며 원 가운데로 전진과 후퇴를 반복한다. 그룹원들은 둘씩 만나서 가위바위보를 해서 이긴 사람이 8박자 움직임을 한 다음 멈추어 있으면, 진 사람은 이긴 사람의 움직임을 따라 한다. 치료사가 파트너를 바꾸라고 할 때까지 반복한다.

③ 눈 감고 손가락 따라 하기
- 그룹원 전체는 자유롭게 개인 움직임을 하다가 적절한 시점에서 손가락 끝으로 다른 사람을 탐색하면서 움직임을 따라 한다. 자연스럽게 다른 손가락을 만나면 손가락 끝의 접촉에 집중하여 움직임을 계속 이어 가다가 파트너를 바꾼다.

2) 주제

① 7인조 일렬횡대
- 전체 그룹을 7인 1조 소그룹으로 각각 구성한다. 소그룹 구성원 일곱 명은 일렬 횡대로 서고, 각 그룹은 1열, 2열, 3열…… 순으로 차례대로 뒤에 선다.
- 각 그룹들은 1열, 2열, 3열…… 차례대로 치료사의 움직임 지시를 따라 앞을 향해 가서 공간 끝까지 도달한다. 다음 열은 어느 정도 간격을 두고 출발하며 각 열이 다 도착할 때까지 모든 열은 기다린다. 다 도착했으면 1열, 2열, 3열…… 차례대로 치료사의 움직임 지시를 따라서 왔던 곳으로 되돌아간다. 치료사는 다음의 움직임을 차례대로 지시한다.

> 1번: 박수 치면서 걷는다.
>
> 2번: 박수 치면서 발을 끌면서 걷는다.
>
> 3번: 박수 치면서 뒤로 걷는다.
>
> 4번: 각자 알아서 앞뒤를 섞어서 걷는다. 이때, 팔을 자연스럽게 사용한다.
>
> 5번: 하나, 둘, 셋, 넷 4박자만에 한 발씩 번갈아 가며 내밀면서 점을 찍고, 4박자만에 한 발씩 번갈아 내밀면서 한 바퀴를 돌아서 제자리로 돌아온다. 이때, 팔을 자연스럽게 사용한다.

② 소그룹 변형대형

- 치료사는 2인 1조, 4인 1조…… 순으로 그룹핑을 하면서 '옆으로 나란히 서기, 뒤에 서기, 마주 보고 서기, 삼각편대' 등 대형의 변형을 다양하게 지시하고, 그룹원들은 변형된 대형과 앞의 움직임 루틴을 종합해서 움직인다.

③ 솔로 자유대형

- 각자 자기 움직임의 안무가가 되어 앞의 움직임 루틴 전체를 자신만의 경로를 따라 반복하다가 박자, 순서, 속도, 움직임의 크기, 움직임의 질에 변화를 준다.

④ 공연

- 전체 그룹을 절반으로 나누어 공연팀과 관객팀 역할을 정한다. 공연팀은 무대로 나와서 솔로 자유대형 공연을 하고, 관객팀은 공연을 관람하다가 무대 안으로 들어와서 마음에 드는 파트너와 둘, 셋, 여섯 등 그룹원 수를 바꾸어 가면서 합동 공연을 한 다음 역할을 바꾼다.
- 각자 공간을 천천히 걸으면서 공연에서 가장 많이 사용한 신체 부위를 스트레칭하다가 마음에 드는 공간에서 멈춘 후 자리에 누워서 스트레칭을 이어 간다.

3) 마무리

① 소감 나누기

- "그룹원들과 보조를 맞추어 움직여 본 느낌은? 보조를 맞추면서 내가 가장 노력했던 점은? 힘들었던 순간은? 가장 즐거웠던 때는? 공연을 본 느낌은? 솔로 자유대형을 할 때의 느낌은? 공연을 하면서 가장 인상 깊었던 순간은? 합동 공연할 때의 느낌은?" 등 치료사의 질문을 토대로 둘씩 파트너가 되어 소감을 나눈 후, 파트너의 이야기를 그룹원 전체와 나눈다.

② 마무리 인사
- 각자 그룹원들을 찾아가서 움직임으로 감사 표현을 한 다음 세 가지 움직임을 골라 연결하여 마무리 인사를 한다.

6 유의점 및 치료사 역할

- 움직임이 많은 프로그램이기 때문에 워밍업 단계에서 몸을 충분히 풀어 주어야 한다.
- 전체 그룹원 수가 적으면 한 그룹당 인원수를 더 적게 잡을 수도 있다.
- 소그룹끼리 마주보고 서서할 경우, 한 명이 앞으로 가면 다른 한 명은 뒤로 가는 등의 유연성과 창의성이 필요하다.
- 협력 움직임이기 때문에 뜻대로 되지 않으면 짜증이 올라올 수도 있다. 치료사는 고쳐 주려 하기보다, 협력을 배울 절호의 기회임을 인지하면서 공감과 질문을 통해 스스로 답을 찾도록 안내해야 한다.

3.
우분투 수건돌리기

1 영역: 사회성

2 주제: 협력 협동

3 목표

① 공동체의 결속력을 다진다.

② 공동체의 일원으로서의 소속감을 기른다.

③ 반복적인 팀 빌딩을 통해 협동심을 함양한다.

④ 새로운 공동체에 대한 집단 적응력을 향상한다.

⑤ 공동체의 힘을 경험한다.

4 준비물: 수건(4개)

5 방법

1) 워밍업

① 이완 움직임 이끌기

- 체중이 비슷한 사람끼리 2인 1조가 되어 역할 A와 B를 정한다. A는 눈을 감은 채 바닥에 누워서 힘을 뺀 상태에 있고, B는 A의 머리맡에 앉거나 서서 A의 머리, 오른팔, 왼팔, 양팔, 오른쪽 다리, 왼쪽 다리, 양다리 순으로 움직인다. B는 다양한 방식으로 A를 움직여서 A가

충분히 이완될 수 있도록 한 후, 양다리를 잡고 이동하면서 공간 여행을 시켜 준다.

② 연속 움직임

- 전체가 둥글게 앉는다.
- 양손은 높이 들어 올려서 손목을 돌린다.
- 양손을 그대로 내리면서 양쪽 그룹원 어깨에 손을 올려서 주무른다.
- 어깨에 올린 양손을 양쪽 그룹원 등 뒤에 올려서 쓱싹쓱싹 문지른다. 이 상태 그대로 엉덩이를 뒤로 움직이면서 원을 넓힌 다음 손을 잡는다.
- 양쪽 그룹원의 잡은 손을 꼭꼭 힘을 주어 쥐어 준다.
- 잡은 손으로 파도를 만든 다음 파도를 점점 키워서 그룹원 전체의 몸이 파도가 되어 흔들거린다. 잔잔한 파도로 마무리한다.

③ 이완 명상

- 손을 잡은 상태에서 자리에 편안하게 누워서 발과 발을 연결한다. 연결된 손발의 감촉을 느낀다. 천천히 손발을 분리하여 자신만의 공간에서 눈을 감고 호흡하며 휴식을 취한다.

2) 주제

① 수건돌리기 기본폼

- 그룹원 전체는 둥근 원으로 앉아서 다 함께 쉬운 동요를 부른다. 술래는 수건 1개로 수건돌리기를 한다. 술래 역할을 해 보지 못한 사람을 찾아서 수건을 놓는다. 앉아 있는 원의 크기를 키워서 수건을 2개로 늘린다.

② 수건돌리기 팀별 폼

- 2인 1조로 팀을 구성한다. 같은 팀끼리 결속을 다지는 구호와 동작을 외친 후 몇 번의 자리 이동하기를 통해 팀원끼리 최대한 분리한다.
- 1개의 수건으로 수건돌리기를 시작한다. 2인 1조 중에서 한 명에게 수건이 놓이면 두 사람은 떨어져 있지만 하나인 것처럼 만나서 손을 잡고 원을 돌다가 누군가가 다른 그룹원 뒤에 수건을 두면 나머지도 재빨리 제자리에 앉는다. 돌 때 잡은 손을 놓지 않도록 한다. 여러 번 되풀이한 후, 앉아 있는 원의 크기를 키워서 2개의 수건으로 한다. 끝난 후 어떻게 하면 손을 놓지 않을지 전략회의를 한 다음, 각 팀별로 발표한다.

- 같은 방식으로 3인 1조, 4인 1조, 5인 1조를 수건 1개로 진행해도 되고 원의 크기를 키워서 수건의 숫자를 늘려도 된다.

③ 4인 할당된 움직임 하기

- 4인 1조로 팀을 구성한다. 같은 팀끼리 팀명을 정해서 발표한 다음 결속을 다지는 구호와 동작을 외친 후 몇 번의 자리 이동하기를 통해 팀을 최대한 분리한다. 치료사는 '1번 손잡고 돌기, 2번 구호 외치며 돌기, 3번 박수치며 돌기, 4번 구호 외치며 움직임 하기'로 번호에 움직임을 할당한 후, 팀별로 연습 시간을 제공한다.
- 치료사가 팀 이름과 번호를 부르면 그 팀만 일어나서 번호 움직임을 동시에 하면서 돌다가 치료사가 다른 팀 이름과 번호를 지정하면 기존 팀은 동시에 제자리에 앉고 새로운 팀은 같은 방식으로 움직임을 한다. 이때, 팀원 전체가 단합된 모습을 보인다.
- 4인 그룹원 중 한 명이 팀 이름과 번호를 부르면 같은 팀은 모두 일어나 돌면서 번호 움직임을 한다. 이때, 전체 그룹원 중 누구든지 움직임 번호를 바꿀 수 있다. 충분히 돌다가 4인 그룹원 중 한 명이 앉아 있는 전체 그룹원 중 한 명의 등을 친 후 제자리에 앉으면 같은 팀은 모두 재빨리 제자리에 앉고, 새로운 그룹원이 일어서서 같은 방식으로 움직인다.

④ 5인 자유로운 움직임 하기

- 그룹원 전체는 각자 자기 팀 이름, 구호, 동작을 외치며 자유롭게 걷는다. 그룹원 중 한 명이 다른 팀 이름을 부르면 나머지 팀은 그 자리에서 스톱하고, 호명된 팀은 손잡고 전체 그룹원 사이를 자유롭게 돌아다닌다. 이후 손을 잡는 대신 앞의 번호 움직임 하기, 그룹원이 각자 하고 싶은 자유로운 움직임을 하기로 발전해 간다.

⑤ 공연

- 그룹원 중 누구든지 무대에 올라 자유로운 움직임을 하면 같은 그룹이 함께 나와 합동 공연을 하다가 한 명이 퇴장하면 그룹도 함께 퇴장한다. 무대와 관객석을 활용해서 자유롭게 등장과 퇴장을 한다. 15분 정도의 공연이 끝나면 전체가 무대에 올라와 각자의 자유로운 움직임을 한다. 이후 천천히 걸으면서 지나가는 그룹원들과 몸이 닿으면 그 자리에서 멈추고 숨쉬고 걷기를 반복한다.

3) 마무리

① 소감 나누기

- "그룹원들과 함께 움직임을 하며 느낀 점은? 손 연결이 끊어지려 할 때 나는 무엇을 했나? 다시 끊어진 손을 연결할 수 있었던 이유는? 한 단어로 정리하면 무엇인가? 최고의 팀워크를 경험했던 순간은?" 등 치료사의 질문을 토대로 집단 움직임의 경험을 그림으로 표현한 다음, 그룹 안에서 나눈다.

② 마무리 인사

- 각 그룹은 자신들의 그림을 특징짓는 움직임 하나를 뽑아서 소개한 다음, 그룹별 움직임 하나하나를 연결해서 마무리 인사를 한다.

6 유의점 및 치료사 역할

- 놀이와 교육의 차이가 분명하게 드러나는 프로그램이다. 수건돌리기는 누구에게나 친숙한 놀이다. 기본 폼으로 끝나면 놀이지만, 주제와 목표에 맞추어서 단계마다 변형·발전시켜 나가면 팀 빌딩의 훌륭한 소재가 된다. 치료사는 언제나 분명한 자기 정체성을 가지고 진행해야 한다.
- 치료사는 그룹원 개인이나 전체를 향한 긍정적인 피드백을 언제, 어떻게 해야 할지 분명히 알고 있어야 한다. 이 프로그램은 난도가 점차 올라가면서 목표를 달성하도록 구성되어 있다. 수건이 있거나 없는 상태에서, 손을 잡고 뛰기 위해서, 할당된 움직임을 함께하기 위해서, 같이 앉고 같이 뛰기 위해서 등 각 단계마다 그룹원들 간 수많은 협력이 있어야 가능한 움직임이다. 같은 팀을 파악해야 하고, 팀원의 움직임을 예의 주시해야 하고, 자기 속도를 조절해야 하고, 언제까지 뛸 건지 언제 자리에 앉을 건지를 결정해야 하고, 수건을 누구에게 줄 건지 행동해야 한다. 치료사는 이 단계가 왜 필요한지 숙지하고 있다가 이와 관련된 구체적인 행동의 변화가 있으면 언제라도 긍정적인 피드백을 제공해 주어야 한다.
- 주제 ①의 수건돌리기 기본 폼에서 연결된 손이 끊어지면 그룹원들에게서 다양한 반응이 나온다. 치료사는 정답을 제시하지 말고, 반응 자체를 다루어 주면서 공감과 확산적 사고를 통해 더 나은 반응을 생각하거나 선택할 수 있도록 한다.
- 수건을 얼마나 더 늘리고 그룹 구성원의 수를 몇 명까지 할지에 대해서는 이 프로그램을 참조할 수 있지만 절대적인 기준이 되어서는 안 된다. 공간이 좁은데 그룹 구성원의 수가

많아지면 협력하려 해도 저절로 손 연결이 끊어진다. 그룹 인원수가 적은데 수건을 늘리면 프로그램을 진행할 수가 없다. 따라서 그룹의 특성과 공간의 크기를 고려해서 치료사가 타올 수와 그룹원 수를 조정해야 한다.

• 주제 ④에서 5인 할당된 움직임을 할 때 앞에서 제시된 것 이외에도 팔짱끼기, 어깨동무 등 자연스럽게 단합을 만들어 가는 소재를 활용해도 좋다.

4.
인간 매듭 풀기

1 영역: 사회성

2 주제: 공동체 협력

3 목표

① 공동체 내에서의 자기 모습을 인식한다.

② 협력을 통한 과제 완성의 성취감을 경험한다.

③ 타인과의 관계에서 신뢰감을 형성한다.

④ 함께 완성해 가는 과정에서 자기 존재감을 확인한다.

⑤ 협력의 즐거움을 경험한다.

4 준비물: 필기도구, A4 용지

5 방법

1) 워밍업

① 신체 이완

• 그룹원 각자 공간을 자유롭게 걸어 다니다가 마음에 드는 공간에서 멈춘다. 손목, 팔꿈치, 어깨에서 팔까지 크게 돌린 다음, 손끝에 달린 상상의 붓으로 자신을 둘러싼 모든 공간을 활용하여 곡선으로 그림을 그린다. 손의 리드를 따라 호흡과 함께 천천히 몸의 전체 부위

를 다 움직이도록 한다.

② 발소리 리듬 생성

- 그룹원 각자 공간을 자유롭게 걸어 다니다가 마음에 드는 공간에서 멈춘 다음, 머리, 얼굴, 목, 어깨, 팔뚝, 팔, 가슴, 배, 허리, 엉덩이, 허벅지, 종아리, 발까지 손으로 가볍게 두드린다.
- 탭슈즈를 신은 탭댄서라 상상하고 발로 바닥을 치면서 자신만의 발소리 리듬을 만들어 낸다.
- 마음에 와닿는 발소리 리듬이 있으면 둘, 셋, 넷씩 만나 상호작용하면서 파트너를 바꾸어 가며 함께 연주를 하다가 그룹원 전체 하나의 발소리 리듬으로 통일해 간다.

③ 척추 이완

- 각자 마음에 드는 공간에 선다. 몸의 균형을 유지하며 중심을 잡은 채 들숨과 날숨이 끊이지 않도록 한다. 머리의 무게를 느끼면서 머리가 리더가 되어 천천히 아래로 내려간다. 경추(7개), 척추(12개), 요추(5개), 고관절, 천추, 미추, 무릎 순으로 내려가다가 발 전체에 무게가 실리면 좌/우/위/아래로 양팔을 흔든 다음, 다시 밑에서부터 반대로 하나하나 세워 간다.

2) 주제

① 2인 매듭 풀기

- 그룹원 전체는 손잡고 제자리를 돈다. 치료사가 "해체"라고 말하면 가장 가까이 있는 두 명씩 만나서 파트너가 되어 전체 원을 해체한다. 만난 둘은 서로 마주보고 오른손끼리, 왼손끼리 잡아서 X자가 되도록 한다. 서로 손을 놓지 않는 방법으로 꼬인 매듭을 푼다. 성공한 팀은 기쁨의 세레머니를 소리와 움직임으로 표현한다. 실패한 팀을 위해 성공한 팀들은 힌트를 주면서 기다린다.

② 4인 매듭 풀기

- 그룹원 전체는 손잡고 다양한 방식으로 제자리를 돈다. 치료사가 "해체"라고 말하면 가장 가까이 있는 네 명씩 만나서 파트너가 되어 전체 원을 해체한다. 만난 네 명은 원을 만들어 한 손은 위에(손바닥 밑으로), 한 손은 밑에(손바닥 위로) 놓은 후 옆 사람과 연결한다. 서로 손을 놓지 않는 방법으로 꼬인 매듭을 푼다.

③ 8인 매듭 풀기

- 그룹원 전체는 손잡고 다양한 방식으로 제자리를 돈다. 치료사가 "해체"라고 말하면 가장 가까이 있는 여덟 명씩 만나서 파트너가 되어 전체 원을 해체한다. 만난 여덟 명은 원을 만들어 한 손은 위에(손바닥 밑으로), 한 손은 밑에(손바닥 위로) 놓은 후 옆 사람과 연결한다. 서로 손을 놓지 않는 방법으로 꼬인 매듭을 푼다.

④ 전체 그룹 매듭 풀기

- 전체 그룹원은 손을 연결한 상태에서 다양한 방식으로 움직이다가 치료사가 "스톱"이라고 말하면 그대로 멈추고, "체인지"라고 말하면 잡은 손을 분리하여 자리와 형태를 바꾸어서 다른 손을 만나서 연결한 상태로 움직인다.
- 연결한 상태로 움직이다가 치료사가 "스톱"이라고 하면 멈추고, "풀어"라고 말하면 서로 손이 연결된 상태에서 꼬여 있는 손을 푼다. 완전히 풀어지지 않더라도 푸는 과정 자체를 즐기면 된다고 안내한다.

⑤ 상상의 매듭 풀기 공연

- 전체, 여덟 명, 네 명, 두 명 순으로 그룹원의 숫자를 줄여 가면서 매듭 풀기 공연을 한 다음, 다시 두 명, 네 명, 여덟 명, 전체 순으로 손 연결 없이 상상의 매듭 풀기 공연을 한다. 이때, 함께 작업했던 그룹을 구태여 만날 필요는 없으며, 매듭 풀기의 결과보다 매듭 풀기 과정이 예술 작품이 되도록 안내한다. 공연이 끝나면, 자신만의 공간에서 눈을 감고 매듭 풀기 움직임을 자유롭게 변형하면서 자기를 위한 솔로 공연을 한다. 그 자리에 누워서 호흡과 함께 온몸을 부드럽게 쓰다듬는다.

3) 마무리

① 소감 나누기

- "매듭 풀기를 성공했을 때의 느낌은? 잘 풀리지 않았을 때 어떻게 했나? 나는 무슨 역할을 했나? 그룹 수에 따라서 매듭 풀기 느낌은 어떻게 달라졌나? 전체 그룹 매듭 풀기를 가능하게 했던 요소는 무엇이었나? 몇 개의 단어로 표현한다면? 다른 사람들과 협력할 때의 어려움은? 상상의 매듭 풀기 공연을 하거나 보았을 때 느낌은?" 등 치료사의 질문 중에서 가장 마음에 와닿는 질문 하나를 선택하여 소감을 작성한 다음, 그룹 안에서 나눈다.

② 마무리 인사

- 그룹원 전체는 둥글게 선다. 한 손은 위에(손바닥 밑으로), 한 손은 밑에(손바닥 위로) 놓은 후 옆 사람과 연결하여 빠른 속도로 푼 다음 감탄사로 기쁨의 세레머니를 펼친다.

6 유의점 및 치료사 역할

- 세션 시작 전에 장소를 미리 확인하여 부딪혀 다칠 수 있는 물건은 모두 치운다. 특히 바닥이 마루일 경우, 미끄러져서 다치거나 힘을 쓸 수 없기 때문에 양말을 벗도록 사전에 안내해야 한다.
- 신체심리치료는 전문 무용수를 양성하기 위한 기술 연마가 목적이 아니다. 인간됨을 위한 교육이나 치유가 목적이기 때문에 결과보다 과정이 더 중요해야 한다. 치료사가 시범을 보여 주어야 할 때도 있지만, 시범을 통한 성공이 목적이 아니라 목표를 달성하는 과정에서 시범이 필요할 경우에 활용하는 것이다. 오히려 치료사가 매듭 풀기를 시범으로 보여 주는 것을 그대로 따라하지 않도록 유의해야 한다. 되풀이되는 실패의 과정을 거치면서 협력하는 법을 배운다. 풀어낸 결과보다 풀어 가는 과정이 더 중요하다.
- 손 풀기 과정에서 관절이 꺾여서 다치지 않도록 주의를 주고, 치료사가 세밀하게 관찰해야 한다.
- 주제 ④의 그룹원 전체가 풀어 가는 매듭은 앞에서 연습했던 것과는 달리 그룹원들이 만들어 낸 매듭이라 좀 더 복잡하고 어렵다. 완전히 풀지 못했다 하더라도 치료사는 푸는 과정에서의 작은 발전이나 변화를 놓치지 말고 파악해서 아낌없는 격려를 제공해야 한다.
- 매듭 풀기를 잘 못하는 그룹이 있다면, 치료사는 가능한 한 모든 그룹원이 성공 경험을 할 수 있도록 기다려 주면서 약간의 힌트를 주어야 한다. 먼저 성공한 그룹원이 도우미 역할을 해도 좋다.
- 아무리 치료사가 도움을 주고 싶더라도 그룹원들이 도움 받기를 허락했을 경우에만 가능하다.

5.
행군행렬

1 영역: 사회성

2 주제: 공동체 의식

3 목표

① 타인과 협력하는 법을 구체적으로 배운다.

② 협력하여 과제를 완수하는 즐거움을 경험한다.

③ 공동체 의식을 함양한다.

④ 이기주의와 개인주의를 극복한다.

⑤ 공동체 일원으로서의 역할을 수행함으로 책임의식을 기른다.

4 준비물: 보조치료사(1인), 군대 행진곡, 협동점수판

5 방법

1) 워밍업

① 이완 걷기

• 홀로 걷기: 그룹원 각자 공간을 자유롭게 걷는다. 이때, 자세를 바로잡는다. 시선은 멀리 앞을 보고, 어깨를 펴고, 가슴을 살짝 들고, 허리를 펴서 골반을 함께 움직이면서 걷다가 다음 순서대로 여덟 박자 이완 걷기를 한다.

- 같이 걷기: 두 사람씩 마주 보며, 옆으로 나란히, 앞뒤 중에서 원하는 대형 선택 순으로 여덟 박자 이완 걷기를 한다. 3명, 4명 등 숫자를 늘릴 수도 있다.

② 리듬 걷기

- 여덟 박자 이완 걷기를 네 박자 이완 걷기로 한다. 마지막 4박에 발을 모은 다음, 모든 단계를 4박에 맞추어 진행하다가 두 박자, 한 박자로 점차 빨라지면서 리듬을 넣어서 자유롭게 변형한다. 3명, 4명…… 숫자를 늘일 수도 있다.

2) 주제

① 행군 준비

- 5인 1조씩 각 조는 소부대가 되어 구호와 분대명을 정해서 발표한다. 각 부대는 협력해서 일치 단합된 모습을 보여 주어야 함을 설명한다. 협동점수판을 보여 주면서 행진이 멈춤 없이 이어지는지, 동작이 재빠른지, 대형이 일정한지, 낙오자나 비협조자가 생겼는지 기준을 발표하고, 치료자가 채점한다.

협동점수판				
	분대1	분대2	분대3	분대4
행진의 연속성				
동작의 민첩성				
대형의 일정성				
낙오자				
협력				

② 행군 대형

- 일렬종대와 일렬횡대: 각 5인 1조는 앞에서부터 차례대로 번호를 매겨 순서대로 선다. 치료사가 "일렬종대"라고 명령하면 각 부대는 군대 행진곡에 맞추어 일렬종대로 발맞추어

행군하고, "일렬횡대"라고 명령하면 일렬횡대를 만들어서 앞으로 걷는다. 일렬종대와 일렬횡대를 교대로 명령하면 부대원들은 신속하게 수행한다.

③ 행군 미션
- 각 분대는 치료사의 지시에 따라 다양한 미션을 수행한다.

행군 속도	천천히, 더 천천히, 빨리, 더 빨리 등 행군 속도를 바꾼다.
행군 경로	오른쪽, 왼쪽, 앞으로, 뒤로, 뒤로 돌아가, 제자리 서, 제자리 돌아 등 행군경로를 바꾼다.
행군 과제	꼬부랑길 걷기, 강 건너기, 절벽 타고 오르기, 눈길 걷기, 로프 타고 절벽 사이 건너기, 뾰족한 돌멩이길 걷기, 뜨거운 화산길 걷기, 흔들리는 길 걷기, 진흙탕 건너기 등 행군 과제를 수행한다.
타 부대와 협력	나란히 걷기, 뒤따라가며 걷기, 방해하며 걷기, 마주보며 걷기, 빙빙 돌며 걷기, 춤추며 걷기, 어깨 부딪히며 걷기, 하이파이브하며 걷기 등 다른 부대와 상호작용한다.

- 각 부대에서 누구든지 대장이 되어 앞의 행군 속도, 행군 경로, 행군 과제, 타 부대와 협력 중 하나를 번갈아 가며 지시하면 부대원들은 지시대로 움직인다. 이 외에 무엇이든 지시할 수 있다.
- 대장은 언어적 지시 없이 몸 움직임으로 보여 주면 부대원들은 모두 똑같이 따라 한다. 누구든지 대장이 될 수 있다.
- 부대별로 모여서 "나는 부대의 일원으로서 무엇을 했는지" 각자 자랑을 한다. 대장은 부대원들이 자랑한 내용을 정리한다.

④ 공연
- 각 부대는 언어적 지시와 몸 움직임 지시를 통한 행군 미션 수행 과정을 작품으로 안무해서 발표한다. 나머지는 관객이 되어 움직임과 소리로 발표하는 부대를 응원한다. 모든 부대의 발표가 끝나면 경험했던 모든 움직임을 단서로 자유롭게 춤을 춘다.
- 치료사가 정리한 협동점수판을 각 부대에 전달하면 부대원들은 그것을 읽고 앞서 정리한 자랑거리를 소개한 뒤 소감을 나눈다.

3) 마무리

① 소감 나누기
- "힘들었던 순간은? 보람 있다고 느낄 때는? 재미있었던 때는? 협력이 가장 잘 되었던 때와 그때의 느낌은? 함께하면서 좋았던 순간은?" 등 치료사의 질문을 토대로 소감을 부대원끼

리 나눈 다음, 전체가 함께 나눈다.

② 마무리 인사

- 각 부대별로 모여서 부대원 한 명씩을 눕혀서 들고 공간을 이동한 다음, 모두 모여서 타 부대와 협력 미션 중에서 한 가지를 하면서 마무리 인사를 한다.

6 유의점 및 치료사 역할

- 공동체 훈련에 군대만큼 좋은 소재는 없다. 그러나 그룹원들이 경직되지 않도록 치료사로서의 정체성을 잘 유지해야 한다.
- 워밍업에서 이완 움직임이 매우 중요한 프로그램이다. 경직된 몸이 집단 명령을 만나면 또 다른 경직을 불러일으킬 수 있다. 그러나 이완된 몸은 집단 명령 수행을 용이하게 한다.
- 주제 ④에서 행군 경로 진행 시, 경로에 대한 이해가 달라서 잘못 수행할 수도 있다. 이 경우, 치료사는 성급하게 개입해서 고쳐 주기보다 그룹원들 스스로 협력해서 해결하도록 기다려야 한다.
- 치료사는 전체 진행을 해야 하므로 협동점수판의 채점은 보조치료사에게 맡긴다. 변화와 발전을 위한 피드백의 도구로 사용한다. 이때, 대상자에게 평가받는 느낌을 주지 않도록 유의해야 한다.
- 주제 관련 공동체 의식에 필요한 요소들은 부대원들이 자랑거리를 나눌 때 이미 도출된다. 치료사는 자랑거리를 발표할 때 한 번 더 의미 부여를 하고 정리해 주어야 한다.
- 그룹원의 체력 상태를 관찰하면서 중간중간에 휴식 시간을 제공한다.
- 그룹 적응에 어려움이 있는 그룹원들이 드러날 수 있다. 이때, 치료사는 개별적인 개입을 해서 공감해 주어야 한다. 반면, 향상된 행동이 나오면 민감하게 알아차려서 반드시 긍정적인 피드백을 공급해야 한다.

6.
택시 드라이빙

1 영역: 사회성

2 주제: 공동체 의식

3 목표

① 협응력을 기른다.

② 공동체의 지지와 격려를 통해 친사회적 성향을 형성한다.

③ 공동체 내에서의 힘 조절력을 향상한다.

④ 공동체 작업을 통해 문제해결 능력을 기른다.

⑤ 참여 의식을 증진한다.

4 준비물: 신호등(빨간색, 초록색, 노란색), 공, 풍선, 낙하산

5 방법

1) 워밍업

① 비연결 개별 움직임

• 그룹원 전체는 둥글게 앉아서 편안하게 운전할 준비를 한다. 시선은 전방 주시, 어깨는 내리고, 가슴은 살짝 올리고, 등은 펴고, 엉덩이는 뒤로 밀어 넣어서 양반다리를 한다. 각자 손으로 핸들을 쥐고 오른손, 왼손, 양손의 순서를 따라 우회전, 좌회전, 직진, 후진, U턴 등

을 한다. 이때, 몸도 천천히 함께 따라가면서 충분히 스트레칭되도록 한다.

② 연결 집단 움직임
• 그룹 전체는 팔짱을 끼고 연결한 상태에서 같은 방식으로 운전을 한다. 지시 없이 그룹원들이 자발적으로 운전 방식을 바꾸면 그룹원 전체는 협력해서 같은 방식으로 운전한다.

③ 공간 이동 움직임
• 그룹 전체는 일어서서 각자 자기 차의 운전사가 되어서 다양한 방식으로 운전을 하다가 치료사가 신호등을 들어 보이면, 초록색은 주행, 노란색은 감속, 빨간색은 정지를 따른다. 정지 신호에서 자리에 앉아 호흡과 함께 몸을 안정화시킨다.

2) 주제

① 시운전
• 전체가 둥글게 앉아서 치료사 지시에 따라 각자 엉덩이를 움직여서 전체 원의 모양을 작은 원, 큰 원, 중간 원, 울퉁불퉁 원, 찌그러진 원, 예쁜 원 등으로 변형한다.
• 그룹원끼리 손을 잡고 치료사 지시에 따라 각자 엉덩이를 움직여 작은 원, 큰 원, 중간 원, 울퉁불퉁한 원, 찌그러진 원, 예쁜 원 등을 만든다.

② 4인 고정운전
• 4인 1조 그룹을 만들어 차례대로 일렬종대로 앉은 다음, 차종과 차명, 목적지를 정해서 그룹별로 발표한다. 운전하고 관련된 움직임에는 어떤 것이 있는지 그룹원들에게 질문해서 아이디어를 충분히 모은다. 1단계에서 그룹원들은 치료사의 지시대로 움직이다가 치료사가 '운전사 교체'라고 말하면 맨 앞사람이 제일 뒤로 간다. 2단계에서는 각 그룹의 맨 앞사람이 운전사가 되어 운전 움직임을 지시하고 그룹원들은 따라한 다음 운전사를 교체한다.

③ 4인 이동운전
• 4인 1조 그룹끼리 일어서서 어깨나 허리를 손으로 연결한 다음, 앞의 방식대로 운전한다. 치료사가 "해체"라고 말하면 그룹원들은 흩어져 돌아다니면서 혼자 운전하다가 "합체"라고 말하면 4인 1조 그룹끼리 연결해서 운전한다. 이후 "합체 셋, 합체 넷, 합체 다섯" 등 숫자를 말하면 자기 그룹을 떠나 다른 그룹원과 연결해서 운전하다가 "전체"라고 말하면 모든 그룹원이 연결되어 운전한다. 운전사는 계속 교체한다.

④ 낙하산 운전

- 그룹원 전체는 바닥에 펼쳐진 낙하산 가장자리에 선다. 손으로 천을 잡아서 운전하기 편한 위치만큼 들어 올린다. 한 명씩 돌아가며 운전사가 되어 운전 움직임을 지시하면 모든 그룹원은 지시를 따라 낙하산을 이동시킨다.
- 낙하산 한가운데 공을 넣는다. 1개부터 시작해 점차 갯수를 늘려가며 떨어지지 않도록 하면서 같은 방식으로 낙하산을 이동시킨다.
- 낙하산 한가운데 풍선을 넣는다. 1개부터 시작해 점차 갯수를 늘려 가며 떨어지지 않도록 하면서 같은 방식으로 낙하산을 이동시킨다.

⑤ 낙하산 치어업

- 그룹원 절반은 낙하산 아래에 들어가고, 절반은 바깥에서 낙하산을 덮어 씌운 다음, 신체 부위를 쓰다듬는다. 역할을 바꾼다.
- 그룹원 절반은 낙하산 아래에 들어가고, 절반은 바깥에서 낙하산을 잡고 동시에 하나둘셋 하며 들어 올렸다가 내리기를 반복한다. 역할을 바꾼다.
- 낙하산 한 가운데 그룹원을 한 명씩 태워서 그룹원 전체의 자율에 의해 다양하게 운전한다. 환호성을 지르며 마음껏 격려한다.

3) 마무리

① 소감 나누기

- "가장 재미있었던 순간은? 협력이 가장 필요했던 때는 언제였나? 협력하기 위해 내가 했던 일은? 비협조 때문에 힘들어했던 때는 언제? 그때 느낌은? 다시 하나가 되었던 순간은? 이유는? 느낌은? 발견한 내 모습은?" 등 치료사의 질문을 토대로 소감을 나눈다.

② 마무리 인사

- 공동체가 하나될 수 있었던 비결을 하나씩 돌아가며 말한 후, 각자의 단어를 구호처럼 동시에 외치고 인사하면서 마무리한다.

⑥ 유의점 및 치료사 역할

- 치료사는 난이도를 잘 조절해서 성공 경험을 제공하고, 혹 실패했으면 난이도를 재조절하

거나 성공할 때까지 기회를 제공한다.

- 허리를 잡는 연결 방식은 그룹원을 튼튼하게 결속시킬 수 있는 장점이 있지만, 남녀 혼성 그룹의 경우 민감할 수 있다. 어깨에 손을 올리는 것으로 대체한다.

- 치료사는 다양한 운전 방식에 관한 아이디어를 가지고 있다가 그룹원들의 생각을 넓혀준다. 예를 들면, 시동 걸기, 신호등 넣기, 클락션 누르기, 직진, 좌회전, 우회전, 주차, 유턴, 방지턱, 와이퍼, 장애물, 스톱, 세차, 주유 등이 있다.

- 다양한 크기의 낙하산이 있으므로 치료사는 그룹원 수에 따라 낙하산 크기를 조절하거나 인원수를 조절한다.

- 낙하산 한가운데 넣는 공이나 풍선의 개수는 그룹 특성에 따라 협응력을 최대치로 끌어낼 정도까지 한다.

- 낙하산 운전 시, 풍선은 가장 난도가 높다. 가볍기 때문에 그룹원들이 조금이라도 균형을 맞추지 못하거나 속도를 조절하지 못하면 풍선은 떨어진다. 주의 깊게 관찰하면서 풍선 개수를 조절하여 성공 경험으로 마무리되도록 해야 한다.

7.
따로 같이 걷기

1 영역: 사회성

2 주제: 공동체 협동

3 목표

① 공동체가 하나 되는 기쁨을 경험한다.

② 심리적 유대감을 형성한다.

③ 긍정적 관계를 경험한다.

④ 타인과 조율하는 법을 학습한다.

⑤ 타인 민감성을 개발한다.

4 준비물: 음악

5 방법

1) 워밍업

① 몸풀기

- 2인 1조로 가위바위보를 해서 역할 A와 B를 정한다. A는 이긴 사람, B는 진 사람이다.
- A는 안쪽 원, B는 바깥 원에 선다.
- B는 한 칸씩 오른쪽으로 자리를 이동하면서 한 가지씩 자신의 방식대로 A의 몸을 풀어 준

다. 끝까지 다 돌면 역할을 바꾼다.

- A는 B에게 원하는 몸 풀기 방식을 알려 주면, B는 A가 원하는 방식대로 몸 풀기를 한다. 끝까지 다 돌면 역할을 바꾼다.
- A와 B는 동시에 서로 번갈아 가면서 경험한 몸 풀기 방식 모두를 사용한다.
- A와 B는 가장 마음에 드는 몸 풀기 방식 하나를 선택해서 집중적으로 해 준다.

2) 주제

① 지시 따라 혼자걷기

- 혼자 공간을 자유롭게 걷다가 치료사의 다섯 가지 워킹 지시인 "앞으로 박수, 뒤로 박수, 오른쪽 옆으로 박수, 왼쪽 옆으로 박수, 턴 박수"를 따라 걷는다. 치료사가 "스톱"이라고 지시하면 멈춘 다음, 앞의 다섯 가지 워킹 지시를 치료사의 지시 없이 혼자만의 순서와 박자로 움직인다.

② 2인 워킹

- 2인 1조가 되어 나란히 말없이 걷는다. 1단계에서 두 명은 한 명이 멈추면 다른 한 명도 같이 멈추고 한 명이 움직이면 다른 한 명도 같이 움직인다. 2단계는 앞의 다섯 가지 워킹+스톱을 정해진 순서대로 똑같이 통일해서 한다. 3단계는 앞의 다섯 가지 워킹+스톱을 정해진 순서 없이 동시에 똑같이 한다. 누가, 언제, 어떤 걸음으로 바꿀지 예측되지 않는 상황에서 움직임을 통일시켜 간다.

③ 5인 워킹

- 5인 1조가 되어 나란히 걷는다. 1단계는 다섯 명 중에서 한 명이 멈추면 다른 네 명도 같이 멈추고 한 명이 움직이면 다른 네 명도 같이 움직인다. 2단계는 다섯 가지 워킹+스톱을 정해진 순서대로 통일시켜 간다. 3단계는 다섯 가지 워킹+스톱을 정해진 순서 없이 동시에 똑같이 한다. 누가, 언제, 어떤 걸음으로 바꿀지 예측되지 않는 상황에서 움직임을 통일시켜 간다.

④ 공연

- 각 그룹은 다섯 가지 워킹을 기본으로 자신만의 걸음+스톱을 정해진 순서 없이 통일시키는 방식으로 공연을 한다. 나머지 그룹원들은 관람하면서 통일(Union)의 요소들을 찾아내

고 작품명을 붙여 준다. 공연한 그룹에게 통일의 요소, 작품명, 관람 소감을 나누고 공연한 그룹도 소감을 나눈다.

⑤ 통일 축제
- 그룹원 전체가 무대로 나와서 각자 자신만의 걸음+스톱을 자신의 방식대로 자유롭게 하다가 그룹원들과 상호작용하면서 자신만의 걸음+스톱을 통일시켜 나간다. 그룹 전체가 하나의 걸음+스톱으로 통일될 때까지 진행하다가 통일되면 하나의 박수와 소리를 넣으며 다닌다. 마지막으로 전체 둥글게 모여 통일된 하나의 걸음+스톱에다가 통일된 하나의 소리와 박수를 추가한다.

3) 마무리

① 소감 나누기
- "가장 잊을 수 없는 순간은? 가장 힘들었던 때는? 그룹이 하나 되기 위해 내가 했던 것은? 하나 되기 위한 통일의 요소는? 마지막에 전체가 하나로 통일되었을 때의 느낌은?" 등 치료사의 질문을 토대로 소감을 나눈다.

② 마무리 인사
- 하나 됨의 느낌 한 단어를 그룹원들이 돌아가며 나눈 다음, 가장 인상 깊은 단어를 움직임으로 만들어서 마무리 인사를 한다.

6 유의점 및 치료사 역할

- 예측 불가능한 즉흥 움직임을 통해 공동체가 하나되기 위해 필요한 타인 인식, 민감성, 자율성, 집중력, 유연성 등을 최고 레벨로 훈련할 수 있다.
- 순서대로, 순서 없이 등 움직임의 차이는 분명한 목적을 가지고 구성되어 있기 때문에 치료사는 진행하기 전에 직접 움직여 보면서 차이를 몸으로 터득해야 한다.
- 주제 ③의 5인 1조 워킹은 그룹 레벨에 따라 대형을 하나 더 추가할 수도 있다.
- 워킹 음악을 다양하게 준비하면 훨씬 더 재미있게 진행할 수 있다.

8.
팀 빌딩

1 영역: 사회성

2 주제: 공동체 협동

3 목표

① 타인의 존재를 알아차린다.

② 타인과의 관계에서 신뢰감의 중요성을 인식한다.

③ 타인에 대한 자신의 신뢰 수준을 안다.

④ 불안감의 감소와 이완된 몸의 상관 관계를 경험한다.

⑤ 타인에 대한 신뢰감을 형성한다.

4 준비물: 요가매트

5 방법

1) 워밍업

① 쉐이킹(Shaking) 이완 움직임

- 전체 그룹원은 둥글게 원을 만들고 선다. 원으로 걸으면서 머리 흔들기, 어깨 흔들기, 팔 흔들기, 손 흔들기, 허리 흔들기, 엉덩이 흔들기, 다리 흔들기, 발 흔들기, 전체 흔들기 순으로 진행하다가 앞사람 어깨 위에 손을 올리고 안마하면서 걷는다.

② 두드림 몸 감각 깨우기

- 두 사람씩 파트너가 되어, A가 허리를 숙이고 있으면 B는 손바닥에 공기를 넣고 모아서 타악기 두드리듯 박자에 맞추어서 두드린다. 이때, 온몸을 춤추듯 움직이면서 강약 리듬을 넣어서 두드린다.

③ 돌리기 이완 움직임

- A는 제자리에 서고, B는 A의 어깨를 뒤에서 잡아 이리저리 돌려 주다가 방향 전환, 눈을 감고 공간 이동 순으로 차츰 난도를 높인다. A는 완전히 힘을 빼고 자신의 몸을 맡긴다. 역할을 바꾼 후, B는 A가 등에 편안하게 기댈 수 있도록 다리를 사용해 균형을 잡는다. 그리고 서서히 아래로 내려가다가 더 내려갈 수 없을 때 다리로 지탱하면서 받쳐 주고, A는 힘을 뺀 채 B의 등에 체중을 실어서 서서히 아래로 내려간다. 모든 역할이 끝나면 둘 다 바닥에 누워서 휴식을 취한다.

2) 주제

① 2인 기대기

- 2명씩 파트너가 되어 역할 A와 B를 정한다. A는 고목나무가 되어 서 있고 B는 고목나무에 기대어 쉬고 있는 역할을 한다. 치료사가 하나, 둘, 셋으로 신호할 때 B는 자신의 신체 부위를 바꾸어 가며 체중을 실어 A에 기댄다. 역할을 바꾸어 하다가 치료사의 하나, 둘, 셋 신호에 따라 둘이 동시에 신체 부위를 바꾸어 가며 체중을 실어 기댄다.

② 3인 넘어지고 일으키기

- 3인 1조가 되어 주인공 한 명과 보호자 두 명을 정한다. 보호자 두 명은 약 2미터 정도 떨어져서 마주 보고 선다. 주인공은 가운데 서서 한 명을 마주 본 다음, 눈을 뜨고 앞뒤로 넘어진다. 이때 앞으로 넘어지면 앞에 있는 보호자가 받아 내고, 뒤로 넘어지면 뒤에 있는 보호자가 받아서 일으켜 원래 자리에 둔다.

③ 5인 넘어지고 일으키기

- 5인 1조가 되어 주인공 한 명과 보호자 네 명을 정한다. 보호자 네 명은 동서남북으로 한 명씩 서고, 주인공 한 명은 가운데 서서 눈을 뜨고 앞뒤좌우로 넘어진다. 보호자들은 각자 자기 방향으로 넘어지는 주인공을 놓치지 않고 받아서 일으켜 원래 자리에 둔다.

④ 10인 넘어지고 일으키기

- 10인 1조가 되어 둥글게 선다. 주인공 한 명은 원 가운데 들어가서 중심을 잡은 상태에서 넘어지고 싶은 방향으로 넘어진다. 이때, 360도를 다 활용한다. 보호자들은 빈틈없이 밀집된 상태로 서서 각자 자기 방향으로 넘어지는 주인공을 놓치지 않고 받아서 원래 자리에 둔다. 부드럽게 이어질 때까지 반복하다가 눈을 감고 하기, 받은 보호자가 다른 방향으로 부드럽게 밀기 순으로 난도를 높인다.

⑤ 주기와 받기 접촉 즉흥

- 10인 1조가 되어 좀 더 가까운 거리에서 밀집한 상태로 둥글게 선다. 보호자는 원 가운데 있는 주인공을 다른 방향으로 부드럽게 밀면 받아서 밀기를 끊임없이 연속적으로 한다. 주인공은 눈을 감고 자기 몸을 보호자들에게 완전히 내맡긴 상태에서의 자연스런 움직임을 즐긴다.
- 2인 1조씩 바닥에 눕는다. 체중을 실어서 둘이 동시에 신체 부위를 골고루 접촉해서 한 몸이 되어 움직인 다음, 서로의 몸에 기대어 휴식을 취한다.

3) 마무리

① 소감 나누기

- "언제 신뢰할 수 없었는지? 불안감이 극도로 높았던 때는? 언제부터 불안감이 사라졌는지? 가장 좋았던 순간은? 파트너와의 관계에서 나에게 생겨난 변화는? 신뢰하고 신뢰받았을 때 느낌은?" 등 치료사의 질문을 토대로 소감을 나눈다.

② 마무리 인사

- 5명의 그룹원과 등으로 접촉하며 인사한 후, 전체 그룹원끼리 손을 허리 뒤로 감싸 안은 채 연결 상태에서 허리를 숙여 인사한다.

6 유의점 및 치료사 역할

- 이 프로그램은 타인에 대한 신뢰감이 없으면 할 수 없으나, 일단 하다 보면 신뢰감이 생긴다. 되풀이되는 몸의 신뢰 체험은 마음의 불신과 불안감을 사라지게 한다. 몸을 통한 신뢰는 마음을 통한 신뢰로 발전된다.

- 눈을 감을수록 신뢰도가 떨어지고 불안이 커진다. 눈을 뜰수록 신뢰도는 높아지고 불안감은 낮아진다. 프로그램 속에는 눈을 뜨고 감는 시점이 명확하게 제시되어 있다. 치료사는 이 둘의 차이를 명확하게 알고 있어야 한다. 불안감이 높은 그룹은 눈을 감고 하는 움직임을 생략할 수도 있다.

- 워밍업에서의 두드림 움직임을 도와주기 위해 타악기 연주 음악을 제공한다.

- 주제에서의 넘어지고 일으키기 움직임을 할 때 다치지 않도록 유의해야 한다. 보호자는 어떤 경우라도 주인공을 책임지고 받아 내야 함을 강조하는 동시에 각도와 거리에 따라 체중을 받아 내는 방법을 안내해야 한다. 이때, 보호자는 몸의 일부만 넘어지는 것이 아니라 체중 이동을 해서 몸 전체가 막대기처럼 넘어지도록 한다. 필요하다면 일일이 돌아다니면서 개인 코칭을 해야 한다.

- 체중이 실린 접촉 즉흥은 피부에서 근육, 뼈까지의 접촉이다. 깊은 접촉은 친밀감의 표현이자 친밀감 형성의 주요 기법이다. 동시에 신체 접촉의 강한 거부는 개인의 트라우마와 밀접한 관련이 있다. 폭력적인 접촉이나, 애착 형성 과정에서 신체 접촉의 심각한 결핍을 경험했거나, 잘못된 성적 접촉이 원인일 수 있다. 강하게 거부하는 그룹원이 있다면 그 자체를 평가하거나 분석하지 말고, 그럴 수 있음을 자연스럽게 인정해 주면서 가볍게 넘어간다. 치유보다 교육에 초점을 맞추어서 구성된 프로그램이기 때문이다. 참여자 대신 관찰자 역할을 부여하는 것도 한 방법이다. 강한 거부가 아니더라도 남녀 간의 신체 접촉을 불편해할 수도 있다. 같은 성끼리 파트너를 한다. 마지막 접촉 즉흥은 그룹의 특성에 따라 생략할 수도 있다.

SOMATIC
PSYCHOTHERAPY
TECHNIQUES AND
APPLICATIONS

제12장

자아정체성

자아정체성은 '나는 누구인가?'에 대한 자기개념을 말한다. 환경, 행동, 상황, 사고 등의 변화에도 불구하고 자신의 독특성에 대해서는 일관되게 인식하는 느낌이다. 여기에는 '되고 싶은 나'인 이상 자아(Ideal Self), '남이 만들어 준 나'인 거짓 자아(False Self), '원래의 나'인 진짜 자아(Real Self)가 있다. 이 셋은 종종 통합되지 못한 채 충돌한다. 진짜 내가 누구인지 모르거나, 거짓 자아를 진짜 자아라고 믿거나, 이상 자아를 진짜 자아라고 믿기도 한다. 자아정체성은 세상을 살아가는 근원적 힘이다. 제대로 확립되어 있지 않거나 잘못 확립되어 있으면 작은 비바람에도 뿌리 채 뽑히는 나무가 된다. '진짜 나'로 살기 위해 '진짜 나'를 만나야 한다. 뿌리 깊은 나무가 되면 거센 태풍에도 끄떡없는 견고한 삶을 살 수 있다.

하위 개념으로 자기 가치감 또는 자아상(Self Image)을 포괄하는 자기 존중감이 있다. 자기에 대한 전체적인 평가를 말한다. 낮거나 높을 수도 있고, 긍정적이거나 부정적일 수도 있다. 결정적 요인은 양육 환경, 특히 부모의 양육 태도. 존재 자체에 대한 '그럼에도 불구하고(In Spite of) 사랑'이 아닌 성취나 능력의 결과에 대한 '때문에 사랑(Because of)'을 경험하며 자랐다면 자기 존중감은 불안정할 수밖에 없다. 성적으로 존재 가치가 평가되는 입시 위주의 경쟁 사회에서 아이들이 자기 존중감을 가지고 살아가기란 요원하다.

자기 존중감은 신체 이미지와 밀접한 관련이 있다. 건강한 자아상은 건강한 신체상으로 표출되고, 건강한 신체상은 건강한 자아상으로 표현된다. 몸을 통한 자아 찾기에는 목소리(Voice), 중심(Center), 자세(Posture)를 활용한 무브 & 스톱(Move & Stop) 등의 기법이 활용된다.

1.
나는 누구인가

1 영역: 정서

2 주제: 자기 탐색

3 목표

① 중심의 힘을 경험한다.

② 현재의 자기를 충분히 탐색한다.

③ 자신에 대한 인식능력을 향상한다.

④ 새로운 자기개념을 발견하고 확장한다.

⑤ 현재의 자기와 과거의 자기를 통합한다.

4 준비물: A4 용지, 필기도구, 그림 도구, A3 용지(개인당 3장)

5 방법

1) 워밍업

① 중심 느끼기

- 그라운딩 1: 역할 A와 B를 정한다. A는 양다리를 벌리고 무릎을 구부린 채 지탱한다. B는 뒤에서 양팔을 A의 겨드랑이에 집어넣어 위로 들어올린다.
- 그라운딩2: A는 양다리를 벌리고 무릎을 구부린 채 중심의 힘을 느끼면서 지탱한다. B는 뒤

에서 A가 중심을 사용하지 못하도록 허리를 안고 들어 올린 후 그라운딩 1과 비교해 본다.

- 그라운딩 3: A는 양팔을 모아 높이 위로 올리고 갈비뼈를 확장, 견갑골은 뒤로 보내고, 고개는 정면을 바라보고, 가슴 중심축은 아래로 내리면서, 중심에 힘을 주며 양발은 바닥에 깊숙이 뿌리내린다. B는 A의 허리를 안고 들어 올린다. 그라운딩 1번, 2번과 비교해 본다.

② 밀고 당기기

- 중심의 힘을 활용해서 두 손을 파트너의 두 손에 대고 가볍게 밀다가 차츰 한계에 도달할 때까지 계속 민다. 어깨와 어깨, 등과 등. 엉덩이와 엉덩이 밀기로 확장한 다음, 손으로 파트너의 팔과 어깨를 여러 방향으로 당기면 그대로 끌려간다.
- 바닥에 눕힌 채 손으로 파트너의 몸을 여러 방향으로 당기고 굴리면 파트너는 힘을 빼고 완전히 몸을 맡긴다.

2) 주제

① 초상화 그리기

- 각자 자신의 초상화를 그린 다음, 자서전을 쓴다. 자서전을 보면서 나를 특징짓는 3개의 문장을 형용사로 완성한 후 초상화에 문장을 기록한다. 예를 들면, '나는 지쳐 있다' '나는 자유롭다' '나는 날고 싶다' 등이다.

② 타인 초상화 움직임 표현

- 2인 1조가 되어 역할 A와 B를 정한 다음, A는 B를 마주 보고 앉고, B는 A를 마주 보고 선다. A는 자신의 초상화를 B에게 보여 주면서 3개의 문장을 차례대로 불러 준다. B는 불러 주는 문장을 하나씩 들으면서 떠오르는 이미지를 따라서 눈을 감고 움직임을 한다. 문장 하나당 5분의 시간을 준다. 움직임이 끝나면 A는 B에게 하고 싶은 움직임을 해 준다.

③ 자기 초상화 움직임 변형

- 4인 1조가 되어 순서를 정한다. 주인공 1인은 원 가운데 들어와 눈을 감은 채 자기 초상화를 움직임으로 표현하고, 그룹원들은 주인공의 움직임을 따라 한다. 주인공이 눈을 뜨면 그룹원들 중 누구든지 주인공 움직임의 특징을 변형하고, 주인공을 포함해서 그룹원 전체는 변형된 움직임을 따라 한다. 이때, 움직임이 끊어지지 않도록 치료사는 번호를 불러서 주인공이 자연스럽게 교체되도록 한다.

④ 솔로 춤

- 각자 눈을 감고 원래 움직임, 변형 움직임 등 앞의 움직임으로 자기를 위한 춤을 춘 다음, 마음에 드는 공간을 찾아가 자리에 앉아서 눈을 감고 호흡을 한다.
- 또 다른 종이에 지금 현재의 초상화를 그린 후 지금 현재의 나를 특징짓는 형용사 3개를 기록한다. 원래 초상화와 어떻게 달라졌는지 비교해 본다.

3) 마무리

① 소감 나누기

- "그룹원이 나를 위해 움직임을 했을 때 느낌은? 나에 대한 느낌이 변화해 갔던 순간은? 가장 마음에 남았던 움직임 표현은? 움직임의 변형에 따라 느낌은 어떻게 달라졌는가? 자기 춤을 추었을 때는 어땠는가? 시작할 때와 마무리할 때 나에 대한 느낌이나 생각은 어떻게 달라졌는가?" 등 치료사의 질문을 토대로 소감을 나눈다.

② 마무리 인사

- 지금 현재의 초상화와 함께 3개의 형용사 문장 중 가장 마음에 드는 한 문장에 움직임을 넣어서 마무리 인사를 한다.

6 유의점 및 치료사 역할

- 몸이 없으면 나는 존재할 수 없다. 나에 대한 개념은 몸을 통해 드러난다. 몸의 존재감은 중심의 힘과 밀접한 관련이 있다. 배꼽 아래 3센티미터 지점에 위치한 중심의 존재를 인식하고, 중심의 힘을 사용하도록 훈련함으로 존재의 힘을 키워 간다. 워밍업에서 중심의 존재를 모르는 단계와 중심의 힘을 인식하는 단계와 중심의 힘을 사용하는 단계로 구성 되어 있다. 첫 번째, 두 번째와 달리 중심의 힘을 활용한 그라운딩(Grounding)은 파트너가 쉽게 들어 올릴 수 없다. 그 차이를 몸으로 느낄 수 있도록 안내한다. 머리로만 아는 추상적 자기개념이 몸으로 체험되면서 구체적 자기개념으로 자리 잡는다.
- 누구나 춤을 출 수 있기 때문에 대상자와 상관없이 진행 가능한 프로그램이다. 치료사는 모든 사람은 춤꾼임을 믿어야 한다. 전문가 수준의 춤이 아니라 자기 속에서 나오는 진정한 춤이다. 타인을 위한 춤이 아닌 나를 위한 춤이다. 춤의 내용이 달라지면 자기개념도 달라진다.

- 그럼에도 불구하고 움직임 경험이 전혀 없거나, 전체 회기 초반에 진행하기에는 다소 어려움이 있기 때문에 전체 회기의 중반 혹은 어느 정도의 움직임 경험을 제공한 후에 활용해야 한다.
- 아동·청소년의 경우, 그룹원들이 주인공을 위해 움직임을 함께 안무해서 발표하는 식으로 진행할 수도 있다.
- 자기 움직임에 집중할 때는 조명을 낮추거나 꺼 준다.
- 2시간가량 충분한 시간을 할애하도록 한다. 시간적 제약은 자기 탐색의 가장 큰 방해물이다.

2.
꽃보다 아름다워!

1 영역: 정서

2 주제: 긍정적 자아상 회복

3 목표

① 자신을 새로운 관점에서 바라볼 수 있다.

② 긍정적 자기 이미지를 발견한다.

③ 긍정적 자기 표현력을 강화한다.

④ 그룹원들의 격려를 통해 자신감을 향상한다.

4 준비물: 8칸 라벨지, 필기도구

5 방법

1) 워밍업

① 신체 부위별 이완

- 자기 공간에 앉아서 손가락, 손, 어깨, 얼굴, 발, 다리 등 각자 신체 부위를 바꾸면서 움직이고 멈추기를 반복한다.
- 치료사 지시에 의해 빨리, 천천히, 강하게, 부드럽게, 아래, 위, 가볍게, 무겁게, 귀엽게 등 각자 움직임의 질 변화를 통해 움직이고 멈추기를 반복한다.

② 무브 & 스톱

- 그룹원 한 명씩 돌아가며 제자리에서 무브 & 스톱 움직임 하나씩을 보여 주고 따라 하게 한다. 이어서 일어나 걸어 다니면서 각자 무브 & 스톱 움직임을 하다가 그룹원 중 한 명을 바꾸어 가면서 따라 한다.
- 일어나 걸어 다니면서 스톱을 없애고 무브만 한다. 그룹원들은 자신의 움직임을 하다가 그룹원 중 한 명을 계속 바꾸어 가면서 따라 한다.
- 자연스럽게 춤으로 연결한다.
- 자리에 누워서 호흡과 함께 몸을 이완한다.

2) 주제

① 이동 촬영

- 그룹원 전체는 상상 여행을 떠난다. 각자 가고 싶은 여행지와 하고 싶은 것을 정해서 소개한다.
- 각자 여행지를 다니면서 구경하다가 치료사가 그룹원들을 향해 "두 명! 하나, 둘, 셋, 찰칵"을 외치면 두 명씩 만나 즉석에서 사진 촬영 포즈를 취한다. 특별하게 웃긴 포즈로 촬영을 해야 하며, 만약 사진이 마음에 들지 않으면 되돌려 보낸다. 세 명, 네 명, 다섯 명, 그룹원 전체 등 숫자를 바꾸어 가며 같은 방식으로 진행한다.

② 정지 촬영

- 둘씩 파트너가 되어 A와 B를 정한다. A가 워킹 후 멈추면서 포즈를 취하면 B는 A 주위를 워킹 후 A의 앞, 뒤, 옆, 어디든 활용해서 같은 포즈를 취한 후 멈춘다. 이어서 B가 워킹 후 멈추면서 포즈를 취하면 A는 B 주위를 워킹 후 동일한 포즈로 멈추면서 포즈를 취한다.
- A가 워킹 후 포즈를 취하면 B는 A 주위를 워킹한 다음, A의 포즈를 감상하다가 변형해서 포즈를 취한다. 이어서 B가 워킹 후 포즈를 취하면 A는 B의 포즈를 감상하다가 변형해서 포즈를 취한다.

③ 인생샷 전시

- 각자 내 생애에서 최고로 멋졌다고 생각되는 순간을 머리에 떠올린 다음, A는 B에게 그 순간의 스토리를 말해 준다. B는 그 순간의 A가 어떤 모습일지 상상해서 가장 멋진 포즈를 만들어 준 다음, 라벨지에 제목을 써서 신체 한 부위에 붙여 준다.

- 인생샷 전시회를 한다. B는 큐레이터가 되어서 A의 스토리와 제목을 소개하면서 사진을 설명한다. 갤러리들은 포즈를 취하고 있는 A에게 다가가서 소리와 움직임으로 환호성을 보낸다.

④ 워킹 춤

- 그룹원 전체는 양쪽으로 마주보고 선다. 한 명씩 가운데 길을 춤추면서 워킹하고 그룹원들은 박수, 소리, 움직임으로 환호한다.
- 각자 최고로 멋진 모델이라 상상하면서 런웨이를 따라 당당하고 자신 있게 춤추듯이 워킹하다가 누군가의 뒤를 따라가며 똑같이 워킹한다. 따라가는 사람과 방향과 숫자를 매번 바꾼다.
- 누군가 한 명이 스톱하면 그룹원 전체는 멈춘 사람을 중심으로 각자 포즈를 취하고 선다. 누군가 워킹 춤을 시작하면 각자 흩어져서 워킹을 한다. 스톱, 포즈, 워킹을 반복하다가 포즈로 마무리한다.

3) 마무리

① 소감 나누기

- "내가 가장 멋지다고 생각되는 포즈를 취하고 있을 때의 느낌은? 파트너가 포즈를 만들어 주었을 때는? 표현할 때의 어색함은? 가장 좋았던 순간은? 지금 나에 대한 느낌은? 그룹원들의 포즈를 보았을 때 드는 생각은? 그룹원들의 소개를 들으면서 어땠는지" 등의 질문을 던진 후 소감을 나눈다.

② 마무리 인사

- 그룹원들 전체가 모여서 단체 사진을 촬영하면서 마무리한다. 매번 포즈를 취할 때마다 "나는 내가 좋다" "나는 내가 참 좋다" "나는 내가 정말 좋다"를 구호로 외친다.

6 유의점 및 치료사 역할

- 워밍업에서 파트너를 바꾸어 가며 따라가다가 자연스럽게 춤으로 연결하는 부분에서 진행자가 너무 많이 개입하면 그룹원들의 자발성과 창조성을 방해할 수 있다. 그룹의 역동성을 믿고 기다려야 한다.

- 주제에서 사진 촬영 시 자연스러운 포즈가 나올 수 있도록 지체 없이 빠른 속도로 진행해야 한다.
- 부정적 자아상을 가진 그룹원이 있다면 자기표현이 어색할 수도 있다. 치료사는 어색한 느낌조차 변화의 과정임을 받아들이고, 해당 그룹원을 지적하여 말하기보다 전체 앞에서 자연스럽게 공감을 표현하면서 동시에 변화를 기대하도록 안내한다.
- 워킹춤에서는 음악이 매우 중요하다. 대상자에 따라, 예를 들어 중년여성의 경우에는 안치환의 〈사람이 꽃보다 아름다워〉를, 청소년의 경우에는 2NE1의 〈내가 제일 잘 나가〉와 같은 음악을 활용한다.

3.
I am OK, You are OK

1 영역: 사회/정서

2 주제: 긍정적 자아개념

3 목표

① 최대한의 긍정적 자기 자원을 발견한다.

② 부정적인 자아 개념을 긍정적 자아 개념으로 전환한다.

③ 자아효능감을 개발한다.

④ 타인에 대한 긍정적 시각을 형성한다.

4 준비물: 전지, 그림 도구

5 방법

1) 워밍업

① 스트레칭

• 나 홀로 자유롭게 스트레칭을 하다가 그룹원 전체가 돌아가면서 스트레칭 동작 하나를 소개하면 따라 한다. 이어서 둘씩 파트너가 되어 방금했던 여러 가지 스트레칭 동작을 연결한다.

② 안마를 통한 신체감각 깨우기

- 일어나 걸으면서 자신의 몸을 손가락 끝으로 톡톡 두드리다가 다른 그룹원의 등을 손바닥으로 툭툭 두드린다. 좀 더 빠른 속도로 뛰면서 다른 그룹원의 어깨를 주먹으로 툭툭 건드린다.

③ 몸 인사를 통한 움직임 확장

- 치료사가 신체 부위를 손가락, 손바닥, 팔꿈치, 어깨, 등, 발 등으로 지정하면 파트너를 바꾸어 가면서 그 부분끼리 만나서 인사한다.
- 한 명의 파트너와 만나서 신체 부위를 계속 바꾸어 가면서 움직이다가 춤으로 연결한다. 파트너의 등 뒤에서 어깨 위에 손 올리고 호흡을 천천히 가라앉혀 준다.

2) 주제

① 신체 지도 그리기

- 둘씩 파트너가 되어 역할 A와 역할 B를 정한다. A와 B는 각각 자신의 전지에 서로의 신체 지도를 그린 다음, 자신의 신체 지도를 장식한다.

② 장점 기록하기

- 1단계에서는 각자 자신의 장점을 최대한 많이 찾아서 신체 지도에 기록한다. 2단계에서 A와 B는 서로의 신체 지도에 장점을 최대한 많이 찾아서 추가로 덧붙인다. 3단계에서 그룹원 전체는 다른 그룹원의 신체 지도를 보면서 장점을 최대한 많이 찾아서 추가로 덧붙인다.

③ 장점을 동작으로 만들기

- 각자 자신의 신체 지도를 보면서 장점을 하나하나 소리 내어 읽는다. 이 중에서 나만의 특별한 장점 3개를 찾아서 순위 매긴 다음, 순서대로 이어서 움직임으로 만든다.

④ 장점 선물하기

- A와 B는 파트너가 되어 발표한다. A가 자신이 만든 장점 움직임 세 가지를 몸으로 표현하면 B는 언어로 통역한 후 역할을 바꾼다.
- A와 B는 함께 다른 커플을 만나서 A는 B의 장점 동작 세 가지를 몸 동작으로 소개하면서 자랑하고, 다른 커플이 알아맞히면 B가 A의 장점 동작 세 가지를 소개하면서 자랑한다. 한 커플이 끝나면 다른 커플도 마찬가지 방식으로 진행한다. 모든 커플을 만날 때까지 반복하며 진행한다.

⑤ OK 춤

- 둘 혹은 셋씩 파트너를 바꾸어 가며 만나서 장점 동작 하나를 반복, 변형, 확장한 다음, 춤으로 연결한다. 마지막 춤 파트너와 함께 자리에 누운 다음, 손을 붓이라 상상하면서 파트너의 몸을 강도 높은 터치에서 미세한 터치로 천천히 마무리하면서 안정화시킨다.

3) 마무리

① 소감 나누기

- "나의 장점을 그룹원들이 찾아 줄 때 어땠는가? 나를 바라보는 시각에 생겨난 변화는? 다른 사람들의 장점을 찾아 줄 때는? 내 장점을 다른 사람에게 자랑해 줄 때는? 장점을 춤으로 표현할 때는?" 등의 질문을 통해 소감을 나눈다.

② 마무리 인사

- 그룹원 전체를 향해 감사 인사를 한다. 양팔을 높이 들어 손을 '반짝반짝'하면서, 1단계로 자신의 몸을 향해 내리고, 2단계로 옆 사람의 몸을 향해 내리며, 3단계로 마주보고 있는 사람을 향해 내린다. 4단계로 그룹원 전체를 향해 내리며 "감사합니다."라고 인사한다. 각 단계마다 양팔을 높이 들어 손을 '반짝반짝'하고 움직인다.

6 유의점 및 치료사 역할

- 워밍업 ③에서 몸 인사 진행 시, 성별에 따라 민감한 접촉 부위는 제한한다.
- 주제 진행에서 개인, 파트너, 그룹원들로 단계마다 발전해 가면서 자신은 미처 생각하지 못한 장점이 발굴되고 확장된다. 이 과정을 통해 생각의 한계를 뛰어넘는다. 따라서 각 단계가 생략되지 않도록 정확하게 진행해야 한다.
- 주제 ④의 장점 선물하기에서 다른 커플이 못 알아맞히면 자기 파트너가 힌트를 주어서 알아맞히도록 돕는다. 이때, 중요한 것은 자신의 장점을 누군가 대신 자랑해 주는 것이다. 긍정적 자기개념 형성에 있어서 타인주도적 칭찬은 자기주도적 칭찬보다 훨씬 더 효율적인 언어다.
- 리듬에서 춤으로 발전시킬 때 음악은 중요한 역할을 한다. 치료사는 리듬성이 좋은 음악들을 준비해야 한다.

4.
나의 초상화

1 **영역:** 정서

2 **주제:** 긍정적 신체 이미지

3 **목표**

① 신체에 대한 자기 인식력을 높인다.

② 부정적 신체상과 신체 부위를 구체적으로 안다.

③ 신체 이미지의 중요성을 안다.

④ 부정적 신체 부위도 나의 일부임을 수용한다.

⑤ 부정적 신체상의 변화를 통해 부정적 자아개념을 개선한다.

4 **준비물:** 몸 전체를 그릴 수 있는 전지(개인당 1장), 그림 도구

5 **방법**

1) 워밍업

① 신체 이완

- 머리, 어깨, 손목 순으로 돌린다. 치료사는 속도와 크기의 변화를 지시한다.
- 이 외에 돌리고 싶은 부위는 어디인지 그룹원들에게 물어본 다음, 그룹원들의 지시에 따라 돌린다.

- 치료사가 머리와 발목, 목과 허리 등 신체 부위 두 군데를 지정하면 그룹원들은 지정된 부위 두 곳을 동시에 돌린다. 셋, 넷…… 전체 순으로 지정된 신체 부위를 돌린다.

② 워킹을 통한 이완 움직임 확장

- 각자 걸어 다니면서 자신에게 신체 부위 지시어를 주면서 지정한 부위를 돌린다. 신체 부위 움직임을 점차 확장하면서 몸 전체를 돌리다가 둘씩 만나서 몸 전체를 돌린다. 둘이 번갈아 가면서 몸 전체를 돌리다가 "스톱"이라고 말하면 가장 멋진 포즈를 취한다.

③ 자유로운 몸 표현

- 뮤지컬 배우가 되어서 각자 돌아다니다가 그룹원 중 한 명과 눈이 마주치면 스톱과 포즈 취하기를 반복한다. 한 손, 어깨, 팔꿈치, 머리, 등, 다리 등 신체 부위를 다양하게 바꾸어 가면서 접촉한 후 포즈 취하기를 반복한다. 이 방식을 음악의 리듬에 맞추어서 반복하다가 자연스럽게 춤으로 연결한다.

④ 안정화

- 자리에 눕거나 앉아서 호흡하면서 가장 많이 사용했던 신체 부위를 천천히 돌린다.

2) 주제

① 신체상 그리기

- 둘씩 파트너가 되어서 역할 A와 B를 정한 다음, A와 B는 각자의 전지에 서로의 몸 전체를 본뜬다. 자신의 신체 지도에 특별히 불편한 신체 부분, 감추고 싶은 부분, 싫어하는 부분, 부끄러운 부분 등을 색깔, 무늬, 기호, 떠오르는 단어로 표현한 후 파트너와 나눈다.

② 부정적 신체상 움직임

- A와 B는 천천히 공간을 걷다가 A가 B의 신체 중 불편하거나 감추고 싶거나 싫어하는 신체 부위를 건드리고, B는 건드리지 못하도록 감추면서 도망간다. 이때, 치료사는 움직임의 질을 "재미있게, 사랑스럽게, 귀엽게, 소중하게" 등으로 변형해서 지시한다.
- 치료사는 마지막 움직임의 질을 "짜증나게"로 지시한다. A는 B를 화가 날 정도로 건드리고, B는 A를 바라보면서 왜 화가 나는지 말하면, A는 "아, 그랬군요."라는 공감의 마음으로 멈춘다.

③ 부정적 신체상 짝꿍 터치

- A는 B를 눕히거나, 앉히거나, 세우거나 셋 중 한 가지를 선택한 다음, B가 싫어하거나, 감추고 싶거나, 불편해하는 신체 부위를 바꾸어 가면서 따스한 마음을 담아 손으로 부드럽게 토닥이면서 쓰다듬는다.

④ 신체상 장식

- 자신의 신체 지도 위에 터치 받은 느낌이나 지금 현재의 마음 상태를 색깔, 무늬, 기호, 단어 등으로 새겨 넣어 장식한 다음, 벽에 걸어서 전시한다. 전시된 다른 그룹원들의 신체 지도를 관람하면서 색깔, 무늬, 기호, 단어 등을 장식처럼 새겨 넣는다.

⑤ 셀프 이미지 댄스

- 그룹원들에 의해 원래의 신체 지도가 어떻게 달라졌는지, 무엇이 새겨져 있는지 감상한 다음, 원래의 파트너를 만나서 A와 B를 정한다. A는 눈을 뜬 채 제자리에 서고, B는 A의 신체 중 부정적 이미지를 가진 부위를 터치할 때마다 A는 죽은 고목나무에 싹이 돋듯 움찔거리면서 움직인다.
- A는 그림을 마주 보면서 움직임의 느낌을 확장시켜 자유롭게 춤을 추고, B는 앉아서 바라보다가 함께 춤을 춘다. B와 함께 춤을 추던 A는 자리에 앉아서 B의 춤을 바라보다가 춤이 마무리되면 다가가서 해 주고 싶은 말을 한다.

⑥ 긍정적 셀프 터치와 셀프 토크

- 각자 자리에 누워서 싫어하거나 불편하거나 감추고 싶었던 신체 부위에 손을 올려놓고 천천히, 부드럽게, 소중하게 쓰다듬으면서 미안함과 고마움을 셀프 토크로 전한다. 신체 지도를 어떻게 바꾸고 싶은지 표현한 다음, 파트너와 나눈다. 서로에게 '긍정 형용사+신체 부위'를 한 문장으로 만들어서 선물한다. 예를 들면, '반짝이는 눈' '부지런한 손' '단단한 어깨' 등이다.

3) 마무리

① 소감 나누기

- "내 몸에 대해 알게 된 것은? 그룹원들이 해 준 장식 중 가장 마음에 들었던 것은? 파트너가 터치해 줄 때 드는 느낌은? 신체에 대해 변화된 생각이나 느낌은? 춤출 때 몸의 감각은?

나에 대한 느낌은?" 등 치료사의 질문을 토대로 신체 지도를 바꾸고 싶은 대로 표현한 다음, 파트너와 나눈다.

② 마무리 인사
- 파트너에게 선물 받은 한 문장을 동작과 함께 소개하면 그룹원 전체가 가까이 다가와서 반복적으로 들려준다.

6 유의점 및 치료사 역할

- 부정적 신체상은 부정적 자아개념과 밀접한 관련이 있다. 자기 몸을 사랑하지 않으면 자신을 사랑하기 어렵고, 자신을 사랑하지 않으면 자기 몸도 사랑하기 어렵다. 치료사의 움직임 질 변형에 대한 지시는 부정적 신체상에 대한 심각성에 가볍고 재미있는 놀이 경험을 제공한다. 부정적 편견의 틀을 깨뜨리는 가벼운 전환점을 마련해 준다. 총 3번의 부정적 신체상 수정이 이루어지면서 자연스럽게 자기개념의 변화가 수반된다.
- 치료사는 워밍업에서 돌리는 움직임에 적합한 리듬의 음악을 사용해야 한다.
- 파트너와의 신체 접촉에서 같은 성끼리 파트너를 맺도록 한다. 이때, "터치해도 될까요?"와 같이 물어보고 실행해야 한다. 이는 아무리 강조해도 지나치지 않다.
- 터치할 때는 조명을 어둡게 하거나 고요한 음악을 제공하여서 장난스럽게 진행되지 않도록 한다.
- 폭력 등과 같이 몸의 부정적 경험을 통한 부정적 신체 이미지의 경험이 억압되어 있는 경우 감정이 표출될 수도 있다. 억지로 끄집어내는 것이 아니라 치유적인 접촉을 통해 따스하게 녹여 내고 있기 때문에 이는 자연스러운 과정이다. 치료사는 구체적인 사건을 물어보거나 충고나 해결책을 제시하기보다 공감적 개입을 통해 현재의 감정을 처리해 주어야 한다. 더 깊숙한 과거의 상한 감정은 개별 세션을 통해 다루도록 한다.

5.
모델워킹

1 영역: 정서

2 주제: 긍정적 신체 이미지 확립

3 목표

① 기존 생각의 틀을 벗어나 자신의 몸을 바라보는 시각을 확장한다.

② 자기신체의 긍정적인 면을 구체적으로 인식한다.

③ 신체를 바라보는 관점이 긍정적으로 변화한다.

④ 자신에 대한 긍정적인 표현력을 높인다.

⑤ 자신감을 높인다.

4 준비물: 몸 전체가 들어갈 만한 크기의 전지(개인당 2장), 색테이프, 매트, 필기도구, 가위, 풀, 4칸 라벨지, 8칸 라벨지, 그림 도구

5 방법

1) 워밍업

① 스트레칭 워킹

- 각자 하고 싶은 스트레칭을 하며 자유롭게 걷다가 다른 그룹원들의 스트레칭을 흉내 내며 걷는다.

② 지시어 워킹
- 1단계 각자 자신의 방식대로 걷기, 2단계 직장인, 갓난아기, 노인, 임산부. 스케이트 선수, 코미디언 등 치료사의 사람 지시어에 따라 걷기, 3단계 치료사의 사람 지시어 전체를 활용해서 걷기, 4단계 마음에 드는 지시어 하나를 선택해서 걷기 순으로 진행한다.

③ 털기 런닝
- 갑자기 비가 내렸다고 상상한다. 온몸에 묻은 빗방울을 털면서 뛰기, 지나가는 그룹원들의 몸에 묻은 빗방울을 털어 주면서 뛰기, 마음에 드는 파트너와 마주 보고 서서 서로 다른 방향으로 털어 주기, 둘, 넷 등 그룹 수를 달리하며 털어 주기, 마지막 그룹핑된 그룹원들과 빗속에서 춤추며 빗방울을 털어 주기 순으로 진행한다.

④ 신체 안정화
- 각자 마음에 드는 자기 공간에 눕거나 앉는다. 비가 멈추고 내리비치는 따스한 햇살에 몸을 말리면서 호흡을 가라앉힌다.

2) 주제

① 긍정 신체상 만들기
- 전지에 신체 중 좋아하고, 드러내고 싶고, 특별하며, 소중한 부위를 각각 별도로 그린 다음, 색깔, 무늬, 선, 기호 등으로 장식해서 오린다.
- 각 부위를 보며 '긍정 형용사+신체 부위'로 구성된 한 문장을 4칸 라벨지에 기록한 다음, 각 부위에 붙인다. 예를 들면, 오뚝한 콧날, 촉촉한 피부, 풍성한 머리숱, 그림 잘 그리는 손, 빠른 발, 잘 웃는 입 등이다.
- 둘씩 파트너가 되어 긍정 신체 부위 그림을 소개한 후, 소감을 나눈다.

② 위축된 슈퍼모델 워킹
- 바닥에 색 테이프나 매트를 활용해서 패션쇼가 진행될 런웨이를 그룹원들과 함께 창의적으로 만든다.
- 둘씩 파트너가 되어 역할 A와 B를 정한 다음, A는 관람객, B는 자신감이 결여되어 위축된 슈퍼모델이 된다. 치료사는 위축된 슈퍼모델의 시선, 목, 어깨, 가슴, 양팔, 허리, 무릎, 발 등 자세와 걸음걸이는 어떠할지 그룹원들의 생각을 최대한 많이 수집한다. 다음의 단계를

따라 진행한다. 역할을 바꾼 후 소감을 나눈다.

관찰	B는 주눅 든 슈퍼모델이 되어 워킹을 하고, A는 자세히 관찰한다.
모방	치료사의 모방 지시에 따라 A는 B의 뒤에서 워킹을 똑같이 따라 하며 걷는다.
과장	치료사의 과장 지시에 따라 B는 위축된 슈퍼모델 워킹을 극도로 과장해서 하고, A는 B의 워킹을 똑같이 따라 하며 걷는다.
교체	치료사의 교체 지시에 따라 A는 극도로 과장된 B의 워킹을 계속하고, B는 관람객이 되어 벽에 붙어서 앉아서 자신의 워킹을 관찰한다.
코칭	B는 관찰을 토대로 A에게 다가가서 코칭을 통해 위축된 워킹을 교정한다.

③ 당당한 슈퍼모델 워킹

- A는 관람객, B는 당당한 슈퍼모델이 된다. 치료사는 자신감으로 가득 찬 당당한 슈퍼모델의 시선, 목, 어깨, 가슴, 양팔, 허리, 무릎, 발 등 자세와 걸음걸이는 어떠할지 그룹원들의 생각을 최대한 많이 수집한다. 앞의 관찰, 모방, 과장, 교체, 코칭의 단계를 따라 동일하게 진행한다. 역할을 바꾼 후 소감을 나눈다.

관찰	B는 당당한 슈퍼모델이 되어 워킹을 하고, A는 자세히 관찰한다.
모방	치료사의 모방 지시에 따라 A는 B의 뒤에서 워킹을 똑같이 따라 하며 걷는다.
과장	치료사의 과장 지시에 따라 B는 당당한 슈퍼모델 워킹을 극도로 과장해서 하고, A는 B의 워킹을 똑같이 따라 하며 걷는다.
교체	치료사의 교체 지시에 따라 A는 극도로 과장된 B의 워킹을 계속하고, B는 관람객이 되어 벽에 붙어서 앉아서 자신의 워킹을 관찰한다.
코칭	B는 관찰을 토대로 A에게 다가가서 코칭을 통해 당당한 워킹을 업그레이드시킨다.

④ 나다운 슈퍼모델 워킹

- 그룹원 전체는 각자 런웨이를 벗어나 공간 전체를 나다운 위킹으로 자유롭게 다닌다. 이때, 자신이 만든 긍정 신체상 중에서 좋아하고, 드러내고 싶고, 특별하며, 소중한 부분을 최대한 어필하면서 워킹을 한다. 누군가를 유혹해서 나를 따라오게도 하고, 누군가에게 유혹당해서 따라가기도 한다. 계속적으로 체인징 파트너를 하다가 가장 끌리는 고정 파트너 한 명을 선택한다.
- 파트너끼리 왜 끌렸는지 이유를 물어보고 각자 '신체 부위+긍정 형용사+이름'으로 구성된 한 문장을 완성한다. 예를 들면, '눈매가 선한 김○○', '자세가 똑바른 신○○', '귀로 남의 말을 잘 듣는 박○○', '목선이 예쁜 장○○' 등의 문장을 8칸 라벨지에 기록해서 ①번 진행

에서 만들어 둔 긍정 신체상에 붙인다. 부위에 맞추어서 붙이고, 부위가 없으면 그려 넣어서 붙인다.

⑤ 춤추는 신체상

- 새로운 전지에 전체 몸 윤곽을 먼저 그린 다음, ①의 긍정 신체상을 보면서 신체 부위를 그려 넣거나 오려서 붙인다. 색깔, 선, 로고, 단어 스티커 등을 총 동원해서 자신이 가장 돋보이도록 장식한 다음, 벽에 전시한다. 그룹원들은 각각의 신체상 그림을 관람한 후, 똑같이 포즈를 취하고, 감탄사를 적어 준다.
- 각자 자신의 신체상 그림을 앞에 서서 바라보며 기록된 감탄사와 문장을 읽는다. 자신의 신체상 그림이 살아 움직인다고 상상하면서 그림과 함께 춤을 춘다. 바닥에 누워서 호흡하며 신체상 그림에 기록된 문장으로 셀프 토크를 한다.

3) 마무리

① 소감 나누기

- "위축된 워킹과 당당한 워킹의 가장 큰 차이는? 어색하고 불편한 워킹은 무엇이었나? 그때 내 몸의 반응은? 현재 내 몸에 대한 느낌은? 나다운 워킹을 했을 때 좋았던 순간은? 지금의 느낌은? 셀프 토크할 때의 느낌은? 춤출 때 내 몸의 반응은? 지금 나에 대해 떠오르는 이미지는?" 등을 나눈다.

② 마무리 인사

- 한 명씩 차례대로 자신의 신체상 그림 앞에 서면 그룹원들이 다가가서 적힌 단어들을 몸짓과 함께 표현한다. 주인공은 선물 받은 몸짓으로 마무리 인사를 한다.

6 유의점 및 치료사 역할

- 워밍업을 진행할 때, 아이들의 경우에는 동물이나 자연 이미지와 같이 연령에 어울리는 다양한 지시어를 사용한다.
- 주제 진행 ①의 '긍정적인 신체 부위 만들기 작업'이 전체 진행에서 가장 중요하다. 처음에는 한두 개 밖에 찾지 못하지만 격려하면서 충분히 기다려 주면 더 많이 찾아낼 수 있다. 움직임을 하다보면 예쁨이나 잘생김만이 절대 기준이 아님을 알게 되고 자신의 몸을 바라

보는 관점이 바뀐다.

- '위축된'과 '당당한'의 양극 움직임에서 발견한 자기개념을 토대로 '나다운' 모습을 찾아간다. 열등감이 많을 경우, '당당한' 워킹은 어색하고 불편하고 힘들 수 있다. 치료사는 대상자를 변화시키고 싶어서 '당당한' 워킹을 억지로 강요하지 않도록 유의해야 한다. 먼저 대상자의 마음을 읽고, 대상자 수준으로 내려가서 손을 잡고 대상자와 함께 올라오도록 한다. 이는 현재 대상자가 자기 수준에서 표현하고 있는 '위축된' 워킹을 평가하지 않고 함께 따라해 주다가 편안해졌으면 알아차릴 수 없을 정도의 작은 변화에서 큰 변화로 점차 나아간다는 의미다. 치료사가 시범을 보여 줄 수도 있다
- 주제 진행 시 런웨이의 동선 길이를 2바퀴 이상으로 하여 충분히 자기표현을 할 수 있도록 한다. 공간이 좁아서 길이가 너무 짧으면 4~5바퀴로 횟수를 늘인다. 기존의 직선과 곡선에서 벗어나 보다 창의적인 길을 만들도록 도전한다.
- 주제 진행 ④의 유혹하거나 유혹 당하는 것은 이성적인 유혹을 의미하는 것이 아니라 자신만의 특별한 매력을 어필하는 것이다. 그때그때의 느낌에 따라 그룹원들이 자발적으로 결정하기 때문에 치료사는 개입을 최소로 해야 한다.
- 주제 진행 ⑤번의 상상 춤에서는 대상자 연령에 따라 음악을 사용하거나 눈을 감기도 하고 조명을 낮추어 주기도 한다.

6.
두 개의 나

1 영역: 사회/정서

2 주제: 진짜 나와 가짜 나의 통합

3 목표

① 가짜 나와 진짜 나를 탐색함으로써 자기 인식력을 증대한다.

② 진짜 나를 발견한다.

③ 내면의 소리를 듣고 표현하는 능력을 증대한다.

④ 진짜 나와 가짜 나의 통합을 통해 건강한 자아상을 형성한다.

4 준비물: 흰색 가면, A3 용지, 그림 도구

5 방법

1) 워밍업

① 얼굴 감각 깨우기

- 눈을 감고 누운 상태에서 마음의 눈으로 자신의 얼굴을 바라본다. 손으로 얼굴 전체 윤곽 뼈, 눈코입 윤곽 뼈, 눈코입을 제외한 나머지 뼈를 따라 꼭꼭 누른다.

② 얼굴 근육 이완

- 얼굴 근육을 자유롭게 움직여 보다가 싫지만 내색할 수 없는 사람을 만났을 때의 긴장된 얼굴과 진짜 내 모습을 보여 줘도 편안한 사람을 만났을 때의 이완된 얼굴을 만들어 본다. 긴장과 이완 두 얼굴을 교차하면서 움직인 다음, 손바닥 전체를 사용해서 얼굴 근육을 펴 준다.

③ 신체 움직임 활성화

- 앉은 상태에서 척추를 똑바로 세워서 호흡과 함께 머리, 어깨, 허리, 상체, 전체 순으로 회전한다. 상체 전체를 작게, 점점 크게, 더 크게, 가장 크게 순으로 회전의 크기에 변화를 준다. 이때, 상체 전체 회전 시 팔이 회전을 도와주면서 함께 움직인다.

④ 이미지를 활용한 움직임 확장

- 일어선 상태에서 상체 전체를 회전한다. 이때, 팔과 다리가 도와주면서 함께 움직인다. 치료사는 봄바람, 미풍, 순풍, 태풍, 토네이도 등 다양한 바람 이미지를 제공하여 움직임의 질을 변형하면서 자연스럽게 춤으로 연결한다. 가장 좋아하는 공간에서 바람이 멎었다고 상상하면서 누워서 호흡한다. 현재 몸의 느낌을 알아차린다.

2) 초대

① 소도구 제작

- 2개의 가면에 각각 진짜 얼굴과 가짜 얼굴을 그린다. 진짜 얼굴은 나에게 보여 주는 존재의 얼굴이고, 가짜 얼굴은 남에게 보여 주는 역할의 얼굴이다. 2개의 가면 각각을 명암, 색깔, 그림, 선, 기호 등으로 장식한 다음, 번갈아 가며 써 본다.

② 두 개의 가면 소리 듣기

- 침묵 명상을 하면서 가짜 가면을 조용히 바라본다. 가짜 가면이 자신을 향해 던지는 말이 무엇인지 들어 본 후, 그 말을 A3 용지에 빠른 속도로 기록한다. 진짜 가면도 동일한 방식으로 진행한 후, 3인 1조가 되어 돌아가며 기록된 말을 소개한다.

③ 두 개의 가면 소리 내기

- 1단계: 3인 1조를 구성해서 가짜 가면 대역, 진짜 가면 대역, 가면의 주인공 역할을 한다. 가짜 가면 대역은 주인공의 가짜 가면을 쓰고 가짜 가면이 기록한 말을 진짜 대사처럼 읽

는다. 그리고 진짜 가면 대역은 주인공의 진짜 가면을 쓰고 진짜 가면이 기록한 말을 진짜 대사처럼 읽는다. 이때, 한 문장씩 번갈아 가며 주고받는다. 주인공은 지켜본다.

- 2단계: 가짜 가면 대역과 진짜 가면 대역은 용지에 기록된 말을 되도록 보지 않고 제스처와 함께 즉흥대사를 주고받는다. 지켜보던 가면의 주인공은 진짜 가면 대역을 내보내고 진짜 가면을 쓴 상태에서 진짜 하고 싶었던 말을 가짜 가면 대역에게 즉흥으로 한다. 진짜 가면 대역은 지켜본다.
- 3단계: 가면의 주인공은 대역 없이 2개의 가면을 번갈아 쓰면서 하고 싶은 말을 제스처와 함께 즉흥으로 하고, 대역들은 지켜본다.

④ 진정한 움직임

- 모두 가면을 벗어던진다. 1단계 대역들은 주인공이 원하는 진짜 말을 몸동작으로 표현하다가 춤을 춘다. 2단계 주인공은 앉아서 바라본다. 3단계 주인공은 일어서서 따라한다. 4단계 주인공은 하고 싶은 진짜 말을 춤동작으로 표현한다. 5단계 대역들이 주인공의 춤동작을 따라하다가 함께 춤을 춘다. 모든 움직임을 마친 후, 대역들은 주인공을 위해 마음의 선물을 준다.

⑤ 가면 축제

- 그룹원 각자 진짜 가면을 쓰고 자유롭게 춤추면서 다니다가 자신과 느낌이 통하는 그룹원을 만나면 가면을 벗어 던지고 함께 춤을 춘다. 그룹원 전체가 가면을 벗게 되면 한 명씩 원 가운데 주인공으로 세우고 나머지는 생일 축하 음악에 맞추어서 축하해 준다. 현재의 느낌을 그림으로 표현한다.

3) 마무리

① 소감 나누기

- "가짜 가면과 진짜 가면 중 더 편안한 것은? 진짜 가면이 내는 소리는 무엇이었나? 일상에서 진짜 가면이 내는 소리를 내어 본 적이 있는가? 그때는 언제였나? 진짜 가면의 소리를 내 보았을 때 느낌은? 힘들었던 순간은? 지금 현재의 느낌은?" 등 치료사의 질문을 토대로 그림을 보여 주면서 소감을 나눈다.

② 마무리 인사

- 내가 가장 하고 싶었던 말 중 가장 좋았던 말을 한 문장으로 소개한 후 따라 하면서 마무리 인사를 한다.

6 유의점 및 치료사 역할

- 진짜 얼굴과 가짜 얼굴, 진짜 소리와 가짜 소리 간 불일치의 간극이 커질수록 마음 건강을 위협한다. 존재로서 원하는 것과 역할로서 해야 하는 것의 차이이기도 하다. 이 차이를 감추기 위해 가면을 쓴다. 오랜 기간 가면 속에 숨은 채 살아가다 보면 가면이 곧 나라고 생각하면서 존재와 역할 간 균형이 깨진다. 남의 소리만 듣는다거나. 자기 주장을 전혀 못 하거나, 다른 사람 소리가 자기 소리라고 생각하거나, 내가 무엇을 원하는지 모르는 등의 특성을 나타낸다. 건강한 자아가 역할을 떠받치고 있어야 역할도 건강하게 감당한다. 가면과 나를 구분해서 진짜 내고 싶은 소리를 찾아내고 그 소리를 들을 수 있어야 한다. 남이 가르쳐 주는 움직임이 아닌, 나만의 진정한 움직임을 해내는 과정은 존재의 힘을 키운다. 몸은 그 누구의 것도 아닌, 온전히 자신의 것이기 때문이다. 가면 속에 억눌린 자기 소리를 들으면서 자기개념이 형성된다.
- 워밍업에서 얼굴 근육 이완 움직임은 타인의 시선을 의식하지 않고 자유롭게 표현하도록 하기 위해 눈을 감거나 조명을 끈 상태에서 진행한다.
- 몰입에 방해되지 않도록 가면을 착용했을 때 불편한 부분은 없는지 사전에 꼼꼼히 점검한 후 구입해야 한다.
- 치료사는 그룹원들이 가면을 만들 때 좋다, 나쁘다, 잘 만들었다, 못 만들었다 등으로 평가하지 말아야 한다. 중요한 것은 '자신의 내면을 얼마나 잘 표현하느냐'다.
- 주제에서 두 개의 가면을 실제로 벗고 쓰고 하면서 진행할 수도 있지만, 인식 수준이 높은 그룹의 경우, 흐름이 깨지지 않도록 상상의 가면으로 해도 된다. 가면을 쓰는 순간, 편안함 때문에 진짜 소리 내기가 훨씬 수월해진다. 그러나 마지막 변화 단계에서는 반드시 가면을 벗은 상태에서 자기 소리를 찾아가도록 한다.
- 목소리 내는 것을 어려워하는 그룹원을 감안하여 프로그램을 구성하였다. 생략하지 말고 모든 단계를 반드시 진행하도록 한다.
- 자신만의 움직임이 춤으로 발전될 수 있도록 치료사는 다양한 종류의 춤 음악을 준비해 두어야 한다.

SOMATIC
PSYCHOTHERAPY
TECHNIQUES AND
APPLICATIONS

제13장
에너지 발산과 정서적 안정화

사람은 에너지 저장고다. 특히 아이들은 더 그렇다. 온몸이 에너지로 넘쳐난다. 한시도 가만히 있지 않는다. 이리저리 뛰어다닌다. 온종일 놀아도 지치지 않는다. 에너지는 특성상 사용하고 나면 사라진다. 건강한 방식으로 에너지가 빠져나가면 정서적으로 안정된다. 그러나 사용되지 않으면 축적되고 짜증, 신경질, 분노, 불안 등 부정적 정서를 유발하는 원재료가 된다. 특히 공부에 대한 집중을 방해하기도 한다. 소화가 다 되지도 않았는데 음식을 집어 넣으려니 소화불량에 걸리는 것과 마찬가지다. 비워야 채워진다.

온종일 컴퓨터 게임이나 스마트폰에 빠져 있는 아이들의 몸을 관찰해 보라. 몸은 미동도 하지 않은 채 엄지손가락 하나만 움직인다. 숨도 제대로 쉬지 않는다. 얕고 딱딱하며 흐르지 않는 억제된 호흡이다. 살아 있지만 죽은 몸 같다. 가장 건강한 방식으로 에너지를 사용하는 것은 자연 속에서 온몸으로 뛰어놀 때다. 이때, 에너지 소비량은 급증한다. 성인도 마찬가지다. 코로나19로 집콕족이 늘어나면서 가정폭력이 증가한 것이 그 증거다. 최대한 몸의 표현력을 높이는 것은 마음 건강의 첩경이다.

신체 움직임(Body Action)과 이미지 상상(Imagery), 즉흥 움직임(Improvision)을 주된 기법으로 한다. 신체 움직임을 통한 근육 활동은 억압된 에너지를 밖으로 분출한다. 이때 사용되는 에너지양에 따라 정서적 이완이 수반된다. 상상은 움직임을 창조하는 힘이다. 동물, 식물, 사물, 사람 등의 특징을 상상하면서 이미지가 만들어지면 움직임이 어색한 사람도 이미지에 따라 저절로 움직일 수 있다. 즉흥은 타인에 의해 만들어진 움직임을 따라하는 것이 아니라, 자신 속에서 저절로 발현되는 움직임을 말한다. 상상과 즉흥 움직임이 결합되면 자유롭고 창조적인 나만의 움직임이 생성된다.

1.
몸으로 떠나는 상상 여행

1 영역: 정서

2 주제: 에너지 발산 및 정서적 안정화

3 목표

① 신체의 자유로운 표현력을 높인다.

② 다양한 신체 움직임을 통해 에너지를 발산한다.

③ 축적된 에너지의 발산을 통해 부정적 스트레스를 해소한다.

④ 긍정적 감정을 통한 정서적 안정감을 경험한다.

⑤ 감정 전환 능력을 함양한다.

4 준비물: 색테이프, 테마방 명패, A3 용지(개인당 1장), 그림 도구

5 방법

1) 워밍업

① 신체 이완

- 각자 양반다리를 하고 편한 자세로 앉는다. 양 손바닥을 비벼서 열을 낸 다음, 머리, 이마, 눈, 뺨, 입, 얼굴 전체, 앞뒤 목덜미, 어깨, 팔꿈치, 갈비뼈, 윗배, 아랫배, 골반, 엉덩이, 허벅지, 무릎, 발 순서로 마사지를 한다. 같은 방식으로 밑에서 위로 쓰다듬는다.

② 흔들기를 통한 움직임 활성화

- 차례대로 흔들기: 2인 1조가 되어 흔드는 사람과 흔들리는 사람을 정한다. 흔드는 사람은 편한 자세로 흔들리는 사람의 뒤에 앉아서 머리, 오른쪽 어깨, 왼쪽 어깨, 양쪽 어깨, 오른 팔, 왼팔, 양팔, 몸통 전체 순으로 흔든 후, 역할을 바꾼다. 소중한 물건을 다루듯 '기분 나쁘지 않게, 다치지 않게, 재미있게' 흔들어 준다. 흔드는 부위에 따라 흔드는 사람은 흔들리는 사람의 뒤, 옆, 앞 등 앉는 위치를 조정한다.
- 마음대로 흔들기: 흔드는 사람은 파트너의 어디를 흔들면 몸 전체가 잘 흔들리는지 관찰한 다음, 마음대로 흔들어 준다. 이때, 파트너의 몸 전체가 점점 많이 흔들리도록, 점점 작게 흔들리도록, 손가락 하나만 닿아도 흔들리도록 차츰 자극을 줄여 나간다.
- 저절로 흔들리기: 흔들리는 사람은 자신의 몸 전체를 스스로 흔든다. 파트너는 흔들리는 사람을 잘 지켜보다가 흔들리지 않는 부분이 있으면 손가락으로 살짝 건드려서 그 부분이 더 많이 흔들리도록 도와준다.

③ 신체 안정화

- 저절로 흔들리는 몸을 계속 흔들다가 몸이 완전히 이완되면 자연스럽게 쓰러진다. 파트너는 쓰러질 때 다치지 않도록 도와준 후, 역할을 바꾼다. 각자 쓰러진 상태에서 호흡하며 편안하게 쉰다.

2) 주제

① 워킹과 조깅을 통한 신체 움직임 확장

- 나 홀로 산책: 천천히 일어난 후, 각자 산책을 떠난다. 뭐가 있는지 둘러보면서 공간을 걷는다.
- 나 홀로 조깅: 걸음의 속도가 점점 빨라지다가 뛴다. 치료사는 빨리, 더 빨리, 가장 빨리, 뛰기 순으로 안내한다. 뛸 때는 어깨, 팔, 손목, 손, 엉덩이, 몸 전체 순으로 몸의 부위를 함께 흔들면서 뛴다. 다른 사람을 따라가지 말고 자신만의 길을 만들어서 뛴다.
- 다 함께 조깅: 다른 그룹원들을 보면서 조깅한다. 치료사는 눈 마주치기, 눈 인사, 눈 마주치면 방향 바꾸기, 점점 더 빨리 바꾸기, 사람들 사이를 뚫고 지나가기 순으로 안내한다.
- 이미지 조깅: 치료사의 이미지 지시어에 따라 조깅한다. 예를 들면, 빙판길, 뜨거운 모래 위, 진흙 속, 달, 나무덤불 속, 폭풍 속, 복잡한 도로, 가파른 언덕 등이다.

② 몸으로 상상 여행 떠나기

- 단체 여행: 여행할 테마방에 대한 치료사의 안내를 따라 그룹원 전체가 단체로 이동하면서, 다음의 주제에 따라 자유롭게 신체를 표현한다. "테마방에 맞게 잘 놀고, 가이드 말을 잘 듣고, 혼자가 아니라 단체로 몰려 다니라"는 세 가지 지시어를 준다.

	바람의 방	아주 강한 돌풍이 분다.
	비누풍선 방	비눗방울을 터트린다.
	벌레의 방	벌레를 털어낸다.
테마방	사춘기 방	사춘기처럼 반항한다.
	로봇 방	로봇처럼 기계적으로 움직인다.
	나비의 방	나비처럼 움직인다.
	숲 속	원하는 것을 한다.

- 짝꿍 여행: 같이 여행하고 싶은 파트너를 선택해서 함께 테마방을 방문해서 논다. 이때, 모든 테마방을 다 갈 필요 없이 가고 싶은 곳만 가도 되고, 여러 방을 옮겨 다녀도 된다.
- 나 홀로 여행: 나 홀로 어느 방을 가고 싶은지 선택해서 집중적으로 머물면서 충분히 움직임을 한다.

③ 상상 춤 축제

- 나 홀로 여행에서 같은 방에 모인 그룹원들끼리 방의 특징적인 움직임에 리듬을 넣어서 다양한 움직임 실험을 하다가 춤으로 발전시킨다.
- 치료사가 지명하는 방은 공연자가 되어 춤을 추고, 나머지 방은 춤을 멈추고 관람객이 되어서 구경한다. 나비, 벌레+사춘기, 바람+나비+비눗방울…… 전체 순으로 부른다. 공연이 끝나면 그룹원 각자 자기 방을 벗어나서 자유롭게 이동하면서 춤을 춘다. 이때, 파트너를 자유롭게 선택할 수 있다.
- 지금 현재 가장 마음에 드는 방을 선택해서 숨을 쉬며 머문다. 떠오르는 느낌을 마음의 도화지에 이미지로 그린다.

3) 마무리

① 소감 나누기

- "제일 편안했던 방은? 제일 재미있었던 방은? 제일 부담스러웠던 방은? 제일 하기 싫었던

방은? 선택한 방에서 움직임을 했을 때 느낌은? 그룹원들과 함께했을 때는 어떠했나? 나 홀로는 어떠했나? 몸과 마음의 느낌은?" 등 치료사의 질문을 토대로 마음의 도화지에 그린 이미지를 전체 그룹원과 나눈다.

② 마무리 인사

• 마음의 도화지에 그린 이미지를 움직임으로 표현하면서 마무리 인사를 한다.

6 유의점 및 치료사 역할

• 세션 진행 중에 움직임이 끊이지 않도록 미리 테마 방을 색테이프로 만들어 둔다.
• 테마방 명패는 밟고 다녀도 찢어지지 않도록 코팅을 해서 테이프로 붙여 둔다. 멀리서도 글씨를 알아볼 수 있도록 또렷해야 하며, 명패 크기는 A4 사이즈를 기준으로 한다.
• 흔들기나 쓰다듬기 워밍업 시 체중, 신장, 성별 등을 고려해서 파트너를 정하도록 한다.
• 테마 방의 종류와 움직임 특성은 책에서 제시된 외에도 나이, 몸 상태, 성별 등을 고려해서 대상자에게 맞도록 다양하게 구성한다.
• 각 테마방의 구체적인 움직임 특징을 잘 설명한다.
• 테마방에서 움직임을 하다 보면 과거의 기억과 정서가 올라올 수 있다. 사춘기 때 부모와 갈등했던 기억, 시어머니에 의해 조종당했던 기억, 벌레를 만났을 때의 기억 등이다. 이때, 치료사는 라포 형성의 정도, 그룹원의 성숙도에 따라 공감자의 역할을 할 수도 있다.
• 테마방 움직임에서 가장 중요한 것은 음악이다. 각 움직임에 적합한 리듬, 세기, 흐름, 박자 등을 고려해서 음악을 선정한다. 음악 앞에는 반드시 방 이름을 기록해 두어서 음악을 찾느라 흐름이 깨지지 않도록 유의해야 한다.

2.
고스트 버스터

1 영역: 정서

2 주제: 신체 에너지 활성화

3 목표

① 신체 부위를 활성화한다.

② 신체의 표현력을 강화한다.

③ 자유로운 신체 움직임 경험을 통해 에너지를 발산한다.

④ 몸의 자유로운 움직임을 통한 심리적 해방감을 경험한다.

⑤ 정서적 안정감을 체험한다.

4 준비물: 음악

5 방법

1) 워밍업

① 신체 이완

- 바닥에 누워서 다양한 방향으로 기지개를 켠다.
- 소리와 함께 기지개를 켠다.

② 이미지를 통한 신체 활성화

- 발끝에 붓이 달려 있고 공간 전체는 도화지라고 상상한다.
- 좋아하는 색깔의 물감을 붓에 묻혀서 바닥, 천장, 오른쪽 왼쪽, 공간 전체 순으로 색칠을 한다. 이때, 발끝의 붓을 무릎과 골반까지 연결하여 움직인다.
- 머리, 어깨, 손, 팔꿈치, 허리, 엉덩이, 무릎, 온몸 전체까지 신체 부위를 확장하면서 같은 방식으로 색칠을 한다.

③ 공간 이동을 통한 움직임 확장

- 다른 사람의 공간으로 계속 이동하면서 다양한 신체 부위와 다양한 방향을 활용해서 색칠한다.
- 마음에 드는 공간에 누워서 호흡과 함께 천천히 발, 발목, 무릎, 골반까지 원을 그리면서 움직인다.

2) 주제

① 2인 고스트 & 버스터

- 2인 1조가 되어 고스트와 버스터 역할을 정한다. 고스트는 도망가고, 버스터는 고스트를 추격해서 잡는다. 잡힌 고스트는 탈출을 시도하다가 성공하면 버스터가 되고, 실패한 고스트는 그대로 고스트가 되어 앞에서와 같은 방식을 되풀이한다.

② 3인 고스트 & 버스터

- 3인 1조가 되어 고스트 한 명, 버스터 두 명의 역할을 정한다. 고스트 한 명은 도망가고, 버스터 두 명은 손을 잡고 고스트를 잡으러 가서 잡으면 덫에 가둔다. 이때, 덫을 만드는 방식은 그룹원들의 창의성에 맡긴다. 고스트는 탈출을 시도하다가 성공하면 버스터 중 한 명과 손잡고 버스터가 되고, 선택되지 않은 나머지 한 명은 고스트가 된다. 탈출에 실패한 고스트는 그대로 고스트로 남는다.

③ 5인 고스트 & 버스터

- 5인 1조가 되어 고스트 두 명, 버스터 세 명의 역할을 정한다. 고스트 두 명은 도망가고, 버스터 세 명은 손을 잡고 소리를 지르며 잡으러 간다. 세 명의 버스터는 두 명의 고스트를 잡아서 덫에 가둔다. 고스트들은 탈출을 시도하다가 탈출에 성공한 두 명의 고스트는 버

스터 중 한 명과 손잡아서 세 명의 버스터가 되고, 선택되지 않은 나머지 두 명은 고스트가
된다. 탈출에 실패한 고스트들은 그대로 고스트가 되어 같은 방식으로 한다.

④ 화해의 춤축제
- 고스트와 버스터는 화해의 춤을 춘다. 버스터들은 댄스메이커가 되어 고스트들이 최고의
  댄서가 되도록 해야 한다. 1단계 고스트 움직임 관찰, 2단계 움직이지 않는 부위 포착, 3단
  계 움직임 주문을 거친다. 예를 들어, '어깨를 들썩이세요. 허리를 흔드세요. 팔을 벌리세
  요. 발을 움직이세요.' 등과 같다. 준비가 된 고스트들은 춤공연을 펼치고 버스터들은 관객
  이 되어 둘러선다. 고스트와 버스트 모두 하나가 되어 화해의 춤 축제를 벌인다.

⑤ 정서적 안정화
- 자리에 누워서 눈을 감고 음악에 맞추어 호흡을 한다. 현재의 느낌을 색깔이나 이미지로
  떠올려서 그린 다음, 느낌 단어들을 기록한다.

3) 마무리

① 소감 나누기
- 그룹원들은 한 명씩 돌아가며 그린 그림과 느낌 단어를 소개한다.

② 마무리 인사
- 한 명씩 주인공이 되어 이미지나 단어를 소개하면 그룹원들이 소개된 이미지나 단어를 동
  작으로 만들어서 선물한 후, 각자 선물 받은 동작으로 마무리 인사를 한다.

6 유의점 및 치료사 역할

- 뛰기는 짧은 시간 안에 에너지 사용을 극대화할 수 있는 놀이적 움직임이다. 단, 대상자나
  연령에 따라 체력 부족 현상이 보이면 단계를 축소해서 진행해야 한다.
- 주제에서 뛰는 움직임이 많기 때문에 워밍업에서 발과 다리 근육에 집중해서 최대한 신체
  부위를 골고루 이완시킨다. 워밍업 시간을 충분히 제공해야 한다.
- 마룻바닥의 경우, 미끄러져서 다치지 않도록 양말을 벗게 한다.
- 고스트를 잡거나 탈출 과정에서 분위기가 과열되어 다칠 수도 있다. 치료사는 관찰하고
  있다가 과열 증상이 보이면 먼저 "스톱"을 외쳐서 흥분을 가라앉힌 다음 다시 하도록 팀별

개입을 한다.

- 그룹원의 숫자가 적을 경우, 그룹 인원수와 구성을 적절하게 조정한다. 단, 고스트보다 버스터의 숫자가 더 많아야 덫에 가둘 수 있다.
- 정서적 안정화 단계의 음악은 현악기보다 깊은 울림이 있는 명상 음악이 적절하다.

3.
룩셈부르크

■ **영역:** 신체 및 정서

■ **주제:** 신체 움직임 활성화

■ **목표**

① 몸의 긴장도를 완화한다.

② 창조적이고 자발적인 움직임 표현을 증대한다.

③ 에너지 교류와 에너지 발산을 경험한다.

④ 감정 정화를 경험한다.

⑤ 긍정적 정서를 증대한다.

■ **준비물:** 크라잉넛의 〈룩셈부르크〉 음악, 타올

■ **방법**

1) 워밍업

① 소매틱 스트레칭

- 발: 누운 상태에서 발가락 전체를 오므리기, 개구리처럼 발가락 전체를 쫙 펴기, 발가락 사이사이를 벌리기, 발가락끼리 만나기. 발가락만 움직이기
- 발목: 발목 플렉스(flex)와 포인트(point), 오른쪽과 왼쪽으로 돌리기

- 허벅지: 양 무릎 세워서 왼발은 바닥에 쭉 펴고 오른쪽 무릎 밑에 양손 깍지를 낀 손을 넣어서 잡아당긴 후 반대로 하기
- 골반: 골반을 이용해서 세운 양 무릎을 오른쪽, 왼쪽 바닥으로 기울이기, 오른쪽, 왼쪽 다리 들어서 골반과 함께 다리도 회전
- 골반 로테이션을 이용해서 태아 자세로 옆으로 눕기
- 나선형으로 일어나 앉기와 서기

② 릴리즈

- 편안하게 서서 눈 감은 상태에서 발뒤꿈치를 들었다 내렸다 하며 온몸이 흔들리도록 한다.
- 체중을 오른쪽/왼쪽/앞/뒤로 실어서 흔든다.
- 눈을 뜬 상태에서 체중을 실어서 앞으로 걷고, 뒤로 걷고, 오른쪽 옆으로 걷고, 왼쪽 옆으로 걷는다.

③ 워킹을 활용한 움직임 확장

- 4개의 걸음을 활용해서 공간을 이동하며 걷다가 치료사의 다양한 속도, 방향, 공간, 신체 부위 지시어에 따라 움직임을 확장한다. 마음에 드는 공간에 멈추어 서서 눈을 감은 후 호흡을 한다.

2) 주제

① 몸으로 떠나는 상상 여행

- 그룹원들에게 상상 여행에 대한 안내를 한 후, 가고 싶은 여행지를 물어본다. 치료사가 이륙 안내를 하면 그룹원들 전체는 둥글게 손을 잡고 서서 다음 가사와 동작에 맞추어서 음악과 함께 움직임을 한다.

룩셈부르크	박자에 맞추어 한쪽 발을 구르며 안으로 들어간다.
아르헨티나	박자에 맞추어 한쪽 발을 구르며 뒤로 물러난다.
나머지 가사	원 안으로 들어와 양팔을 벌리고 비행기처럼 날아다닌다.

② 움직임 변형

- 움직임을 다음과 같이 다양하게 변형해서 동일한 방식으로 진행한다.

룩셈부르크 아르헨티나	양발을 번갈아 가며 구르며, 토끼처럼 양발로 깡충깡충 뛰면서, 발이 미끄러지듯이, 손으로 박수를 치며, 손바닥으로 무릎을 치며 등.
나머지 가사	둘, 셋, 넷씩 손잡고 자유롭게 비행, 하이파이브하면서 뛰어다니기, 환호하면서 뛰기, 과장해서 소리 지르기. 어깨 부딪히기, 손잡고 뛰기, 구르기, 악수하며 흔들기, 양손 잡고 돌기 등 .

- 변형 움직임 중 가장 재미있었던 것 다섯 가지를 선택한 다음, '1, 2, 3, 4, 5' 순서대로 번호를 붙인다. 치료사가 번호 부르기, 그룹원 중 하나가 번호 부르기 순으로 움직임을 하다가 각자가 정한 순서를 따라 공간을 이동하면서 움직인다,

③ 안무 및 공연

- 5인 1조 그룹을 구성해서 각자 정한 움직임 순서를 따라 리듬을 넣어서 움직임을 하다가 그룹원들끼리 상호작용하면서 리듬 움직임을 변형한다.
- 변형된 리듬 움직임을 토대로 작품을 구성하고 작품 이름을 정한 다음, 조별로 발표한다. 각 조가 발표할 때 나머지 그룹원들은 관람객이 되어 관찰한 다음 소감을 말한다.

④ 즉흥 춤 페스티벌

- 발표가 다 끝나면 〈룩셈부르크〉 음악에 맞추어 그룹원 전체가 원을 없애고 서로 섞이면서 각 조의 움직임을 한다. 이때, 그룹원들은 다른 조의 움직임을 따라하기도 하고 변형하기도 하면서 움직임을 확장한다.
- 각자 선택한 여행지에서 자신의 움직임으로 춤을 춘다.

⑤ 정서적 안정화

- 비행기가 착륙하는 이미지를 떠올리며 도착한 여행지에서 지금 내 몸이 필요로 하는 것을 해 준다. 쉬면서 떠오르는 이미지를 머릿속으로 그려 본다.

3) 마무리

① 소감 나누기

- 쉬면서 떠올랐던 이미지를 A4 용지에 그린 다음, 그룹원들에게 소감과 함께 소개한다.

② 마무리 인사

- 이미지를 움직임으로 만들어서 마무리 인사를 한다.

6 유의점 및 치료사 역할

- 워밍업에서 소매틱 스트레칭은 몸에 최대한 무리가 가지 않도록 신체의 해부학적 구조를 따라 세분화시켜서 단계마다 진행하는 기법이다. 전문가와 일반인의 몸은 확연히 다름을 늘 염두에 두어야 한다. 특히 치료사 자신의 몸이 유연하다면 종종 이 부분을 놓치기 쉽다. 유연성의 향상이 목표가 아니라 주제에 사용하기 위해 몸을 준비시키는 과정이 목표임을 유념해야 해야 한다.

- 〈룩셈부르크〉 음악을 사전에 준비하여 반복해서 틀어 준다. 이때, 움직임을 용이하게 하기 위해 음량이 다소 커야 한다.

- 발구르기는 에너지 발산에 매우 효과적인 움직임이다. 여기에 소리가 결합되면 사춘기 청소년의 특징적 움직임 효과가 나타나 부정적 에너지뿐만 아니라 내면의 정서도 정화된다.

- 움직임 변형은 연령이나 성별 등 그룹 특성에 따라 다양하게 제시할 수 있다.

- 주제 ④의 즉흥 춤 페스티벌에서 자기 춤을 추기 위해서는 단계를 거쳐야 한다. 막연하게 춤을 추라고 하면 출 수가 없다. 다른 그룹 움직임 모방, 자기 움직임과의 통합, 자기 움직임 표현으로 발전되면서 움직임 범위를 확장해 가다 보면 자기 움직임의 한계를 벗어난다. 자연스럽고 표현력이 풍부한 즉흥 춤을 출 수 있다. 〈룩셈부르크〉 음악 이외에 그룹원의 움직임 특성에 맞는 다양한 음악을 제공해야 한다.

4.
감정놀이

1 영역: 정서

2 주제: 억압된 에너지 발산 및 감정 표현

3 목표

① 신체 인식력을 높인다.

② 신체 부위별 움직임을 확장한다.

③ 억압된 에너지를 발산한다.

④ 신체 표현력을 증진한다.

⑤ 무게가 실린 움직임을 통해 감정 발산을 경험한다.

4 준비물: 뽁뽁이, 색점토, 색테이프, 비닐 깔개

5 방법

1) 워밍업

① 발감각 깨우기

- 치료사의 지시에 따라 오른쪽, 왼쪽, 양쪽 발 순으로 가지고 논다. 예를 들면, 발의 안쪽과 바깥쪽, 발뒤꿈치, 발 앞, 발 한가운데 등이다.
- 치료사의 '쓰다듬기, 누르기, 늘이기' 지시에 따라 오른쪽, 왼쪽, 양쪽 발, 각자 원하는 방식

순으로 가지고 논다.

② 발가락 감각 깨우기

- 오른쪽, 왼쪽, 양쪽 발가락을 어떻게 가지고 놀 수 있을지 그룹원들에게 질문해서 다양한 아이디어를 수집한다.
- 수집된 아이디어를 토대로 그룹원 각자 오른쪽, 왼쪽, 양쪽 발가락 순으로 다양한 방식으로 가지고 논다.

③ 리듬 춤 생성

- 자리에 일어나서 발의 다양한 부분을 바닥과 접촉하면서 발과 바닥이 닿는 접촉면을 넓혀 간다.
- 파트너를 바꾸어 가며 발의 다양한 부분을 접촉하다가 리듬을 만들면서 논다. 발에서 시작된 리듬이 몸 전체로 확장되어 춤이 되도록 자유롭게 움직인다.
- 둘, 넷, 여섯 등 인원수를 확장해 가면서 발과 발이 만나다가 무릎, 허리, 엉덩이, 등, 어깨, 팔꿈치, 손 순서로 만나는 부위를 확장해 간다.

④ 신체 이완

- 2인 1조가 되어 역할 A와 B를 정한다. A는 바닥에 눕고 B는 A의 발가락을 살짝 잡아서 몸 전체가 흔들릴 수 있도록 한 후 역할을 바꾼다. 호흡과 함께 쉰다.

2) 주제

① 소도구 준비 및 탐색

- 뽁뽁이를 약간의 간격을 두고 바닥 전체에 깐 다음, 각자 색테이프로 선을 그어서 자기 방을 정한다. 각자 자기 방에서 자유롭게 논다.

② 공간 이동을 통한 움직임 확장

- 각자 뽁뽁이 위에서 "자리를 바꾸세요."라는 치료사의 지시에 따라 자리를 바꾼다.
- '한 발 걷기, 기어가기, 구르기' 등 치료사의 다양한 움직임 지시에 따라 자리를 바꾸다가 각자 원하는 방식에 따라 자유롭게 자리를 바꾼다.

③ 신체 부위 변화를 통한 움직임 확장

- 그룹원은 자기 자리에서 치료사 지시에 따라 해당 신체 부위로 뽁뽁이를 터트린다. 치료사는 발, 무릎, 엉덩이, 손, 팔꿈치, 어깨, 등, 온몸 순으로 지시한다.
- '자리 바꾸세요+발'이라고 치료사가 지시하면 그룹원은 다른 그룹원의 자리로 가서 발로 뽁뽁이를 터트린다. 발 외에 손, 무릎, 엉덩이, 머리, 어깨, 등을 지시한다.

④ 공간 확장을 통한 리듬 활성화

- 각자의 방을 벗어나서 전체 뽁뽁이 위를 이동하면서 터트리다가, 1단계, 리듬에 맞추어서, 2단계, 다른 신체 부위도 결합해서, 3단계, 춤추면서 순으로 터트린다.
- 다른 파트너와 만나서 함께 춤추면서 터트린다. 이때, 치료사는 "옆으로 나란히 서서, 마주보고 손잡고 서서, 뒤에서 어깨에 손 올리고 서서" 순으로 대형을 지시한다.
- 다른 그룹원들과 계속 연결해서 하나의 원을 만든 다음, 다 함께 춤추면서 터트린다.

⑤ 신체 안정화

- 자리에 누워 뽁뽁이 위를 뒹굴면서 뽁뽁이를 터트릴 때 느낌을 이미지로 떠올려 본다. 이미지를 색 점토로 표현한 후 제목을 붙인 다음, 제목의 이유를 생각해 본다.

3) 마무리

① 소감 나누기

- 점토로 만든 이미지를 전시한 후, 돌아가며 제목과 제목의 이유와 느낀 점을 발표한다.

② 마무리 인사

- 그룹원들이 점토의 주인공을 찾아내서 세운 후 둥글게 서서 이미지를 동작으로 만들어서 선물한다.

6 유의점 및 치료사 역할

- 뽁뽁이는 누구든 터트리고 싶어 하는 재미있는 소도구다. 연령에 상관없이 사용할 수 있는데, 성인의 경우 마지막 리듬춤 생성 시 춤의 제한이 없도록 뽁뽁이를 없애서 공간을 확장한다.
- 뽁뽁이는 그룹원의 숫자에 따라 공간 전체에 다양한 모양으로 만들어서 깐다. 공간이 너

무 좁을 경우, 전체에 깔아서 색테이프로 구획을 나눈다.

• 주제에서 발의 움직임을 많이 사용하기 때문에 워밍업에서 충분히 발의 감각을 깨워 주어
  야 한다.

• 뽁뽁이를 발로 터트리다 보면 직선에 무게가 실린 움직임을 하게 된다. 부드럽게 연결되
  기보다 끊어지면서 강한 비트가 있는 음악이 움직임을 도와준다.

SOMATIC
PSYCHOTHERAPY
TECHNIQUES AND
APPLICATIONS

제**14**장
창의상상력

   창조의 시대가 왔다. 창의융합형 인재 양성은 교육부의 2015년 개정 교육과정에서 추구하는 교육의 방향성이다. 인공지능(AI)이 인간의 지적 활동을 대신하게 될 4차 산업혁명 시대에 새롭게 요구되는 인재상이다. 기계 대 인간의 세상에서 인간만의 고유한 역량은 무엇인가에 대한 해답이기도 하다.

   상상력과 창의성은 동전의 양면처럼 함께 간다. 상상력 없이 창의성은 발현되지 않는다. 창의성 없이 상상력은 실현되지 않는다. 상상력은 어떤 것을 마음속에 그리는 능력이다. 창의성은 새로운 방법으로 생각하고 독특한 방법으로 문제를 해결할 수 있는 능력이다. 창의성은 유창성, 융통성, 독창성, 정교성을 포함한다. 이는 각각 가능한 한 많은 아이디어를 산출하는 능력, 기존의 고정된 틀을 깨고 다양한 새로운 아이디어를 산출하는 능력, 자신만의 독특한 아이디어를 산출하는 능력, 처음 제안된 아이디어를 다듬어서 더 발전시켜가는 능력을 말한다.

   몸은 창의성 발현의 장소다. 창의성은 정체성과 밀접한 관련이 있다. 다른 사람과 다른 나만의 고유성이 분명할 때 독창성은 가장 잘 드러난다. 개인만이 가진 고유한 성질의 근원이 몸이다. 몸의 움직임은 자발성과 창조성과 주도성을 이미 내포한다. 창의상상력의 기반이 되는 감각 인식, 자기 표현, 미적 감수성, 놀이적 재미, 이완된 신체, 자유로운 표현, 사고의 유연성, 공감, 생생한 에너지 등이 길러지면 잠자는 상상력은 저절로 깨어난다. 여기서는 즉흥(Improvision), 이미지 상상(Imagery), 신체 움직임(Body Action), Laban의 에포트(Effort)가 주된 기법으로 활용된다.

1.
내 인생의 레드카펫

1 영역: 인지

2 주제: 유창성 개발

3 목표

① 개인의 고유성을 확립한다.

② 창조적 상상력을 기른다.

③ 아이디어를 언어적으로 표현할 수 있다.

④ 능동적이고 적극적 사고를 함양한다.

⑤ 생각의 틀이 확장됨으로 유창성을 개발한다.

4 준비물: 색테이프, 가위, 1칸 라벨지, 그림 도구

5 방법

1) 워밍업

① 연결 스트레칭

- 둘씩 파트너가 되어 역할 A와 B를 정한다. A와 B는 앉아서 마주 보고 손을 잡고 자유롭게 스트레칭한 후, 역할을 바꾼다. 이때 치료사는 오른손, 왼손, 양손 순으로 차례대로 지시어를 준다.

- A는 뿌리 깊은 나무가 되어서 앉고, B는 A의 손을 나뭇가지라고 상상하면서 잡은 다음, 공간 높낮이와 방향을 천천히 바꾸면서 스트레칭시킨다. 손을 잡는 방식은 B가 자유롭게 선택한다. 관절이 꺾이거나 다치지 않도록 소중히 다룬다.

② 공간 이동
- 자리에 일어서서 B는 A의 손을 잡고 공간 높낮이와 방향을 천천히 바꾸면서 움직임을 이끌어 준다. A는 움직이는 나무가 되어 B의 이끌림을 따라간다. 손을 잡는 방식은 B가 자유롭게 선택한다.

③ 리듬 춤
- B는 바람이 되어 A에게 다양한 바람을 불어넣고, A는 바람에 따라 자유롭게 춤추는 나무가 된다.
- 각자 자리에 누워서 바람에 뒹구는 나무가 되어 이리저리 뒹굴다가 편한 장소에서 머물러 쉰다.

2) 주제

① 소도구 제작
- 그룹원들 각자 바닥에 색테이프로 원하는 길을 하나씩 만든다. 그룹원들은 만들어진 길을 보면서 돌아다니다가 완전히 새로운 모양의 길을 추가한다.
- 둘씩 파트너가 되어 다니면서 길 모양을 보고 연상되는 이미지로 길 이름을 만든 다음, 라벨지에 써서 붙인다.

② 길 따라 걷기
- 자신의 길, 치료사가 부르는 길, 그룹원들이 부르는 길, 세 가지 이상 다양한 길 걷기 순으로 각자 걷는다.

③ 동물 움직임 걷기
- 동물처럼 걷기 아이디어를 충분히 수집한 다음, 치료사가 부르는 '길+동물' 이름, 그룹원들이 부르는 '길+동물' 이름순으로 각자 걷는다.
- 둘씩 파트너가 되어 역할 A와 B를 정한다. 첫째, A가 '길+동물' 이름을 부르면 B는 지시대로 걸은 후 역할을 바꾼다. 둘째, A와 B는 상호작용하면서 '길+동물' 이름을 자유롭게 선택

해서 걷다가 다른 길로 합류하기도 하고, 또 다른 길을 선택하기도 한다.

④ 춤추며 걷기
- 치료사의 '춤추는 동물 이름' 지시에 따라 A와 B는 음악과 함께 자유롭게 춤추며 걷다가 파트너를 계속 바꾼다.
- 가위바위보를 해서 지는 커플이 뒤에 계속 붙는다. 그러다가 그룹 전체가 일렬종대로 하나가 되면 맨 앞의 리더가 원하는 길을 선택해서 춤추며 걸어가고 그룹원들은 따라간다. 누구든 리더가 되고 싶은 사람이 맨 앞으로 나와서 리더가 되어 원하는 길을 선택해서 춤추며 걸어가면 그룹원들은 따라간다.
- 자신이 리더가 되어 길을 벗어나 자유롭게 춤추며 돌아다닌다.

⑤ 신체 안정화
- 그룹원 전체는 손을 잡은 상태에서 그대로 자리에 눕는다. 호흡과 함께 지금의 느낌을 떠올려 본 다음, 각자의 길 테이프를 떼서 하나의 색테이프가 될 때까지 둘씩, 넷씩…… 그룹원 전체 순으로 뭉친다.

3) 마무리

① 소감 나누기
- 색테이프 뭉치에 자신의 기분을 담아서 느낌 단어와 함께 옆 사람에게 전달한다.

② 마무리 인사
- 각자의 느낌 단어를 크게 외치면서 인사한다.

6 유의점 및 치료사 역할

- 워밍업에서 손연결 스트레칭 시에는 키가 비슷한 사람끼리 파트너가 되도록 한다.
- 스트레칭 시, 호흡과 함께하도록 안내한다. 이때, 팔을 구부리지 말고 쭉 펴서 자신의 몸도 함께 스트레칭되도록 한다.
- 그룹원 숫자가 적으면 한 사람이 하나의 길이 아닌 한 사람이 여러 개의 길을 만들도록 한다.
- 주제 ③의 동물 움직임 걷기에서 그룹원들을 통해 먼저 아이디어를 최대한 수집해서 개인의 제한된 생각을 확장한 다음, 움직임으로 넘어간다.

- 아이디어를 수집할 때는 '또 다른 생각은 없을까?'라는 질문을 던져서 새로운 아이디어가 나오면 충분히 격려하면서 확산적 사고를 이어 가도록 한다.
- 어떤 아이디어도 평가하면 안 된다. 엉뚱한 말조차 "남이 안 하는 생각을 하는구나, 굿!"이라는 시각으로 격려한다. 틀릴까 긴장하면 창의성은 발현되지 않는다. 부정적인 상황조차 긍정적으로 바꿀 수 있는 치료사의 피드백에 달려 있다.
- 주제 ④의 춤추며 걷기에서 전체 일렬종대 움직임을 할 때 어깨에 손을 올려서 연결해도 되고, 손을 올리지 않고 자유롭게 춤추며 걸어도 된다. 그룹원들의 역동을 보면서 결정한다.

2.
숲속 상상 춤

1 영역: 인지

2 주제: 자발성과 주도성 확립

3 목표

① 신체의 주체적 표현을 증진한다.

② 자발성과 주도성을 향상한다.

③ 신체 반응의 민감성을 개발한다.

④ 잠재된 예술적 표현력을 발견한다.

⑤ 자유로운 사고의 확장을 경험한다.

⑥ 예술적 감수성을 증진한다.

4 준비물: 파스텔 등의 그림 도구, A3 용지(개인당 1장)

5 방법

1) 워밍업

① 이미지 연상을 통한 라포 형성

- 상상의 숲을 천천히 걸어 다니다가 숲에 있는 것들 중 하나를 선택해서 별칭을 짓는다. 별칭을 하나의 움직임으로 만들어서 그룹원들끼리 소개한다.

② 연결 움직임

- 걸으면서 그룹원들과 눈을 마주치며 악수하다가 두세 명 이상 가능한 한 많은 손을 만날 수 있도록 움직임을 이어 간다. 이때, 손의 연결이 끊어지지 않도록 한다. 마지막에 만난 파트너와 마음에 드는 숲속 공간을 찾아간다.

③ 신체 이완 및 안정화

- 역할 A와 B를 정한다. A는 바닥에 눕고 B는 A의 등을 누르기, 찌르기, 쓸기 순으로 자극을 주고, A는 B의 손 자극에 민감하게 반응하면서 움직인다. 치료사가 "체인지"라고 지시하면 역할을 바꾸고 자극과 반응의 속도를 점점 더 빨리한다.
- 파트너에 의한 몸 자극을 기억하면서 파트너 없는 상상 몸 자극을 스스로에게 하다가 몸 전체로 느리게 확장한다.

2) 주제

① 움직임 탐색

- 숲에서 각자의 별칭 움직임을 하면서 걷다가 마음에 드는 다른 그룹원들의 별칭 움직임을 따라 한다.
- 마음에 드는 다른 그룹원들의 별칭 움직임을 자신의 별칭에 계속적으로 추가, 확장, 변형 하다가 최종적으로 하나의 별칭 움직임을 정해서 반복한다.

② 이미지 연상 움직임

- 숲속의 밤을 상상하면서 잠잘 공간을 정해서 눕는다. 절반은 바닥에 누워서 자고, 절반은 잠자는 그룹원을 뛰어넘어 다닌다. 속도의 변화를 준 후. 역할을 바꾼다.
- 절반은 나무가 되고, 절반은 벌목꾼이 된다. 나무는 포즈를 잡은 채 최대한 뽑히지 않으려 애쓰고, 벌목꾼은 나무를 뽑아서 다른 나무와 연결해서 세운다. 벌목꾼은 바깥으로 나와서 바라보고, 나무들도 포즈를 취한 자신들의 모습을 바라본다.

③ 이미지 연상에 의한 움직임 확장

- 벌목꾼은 나무를 옮겨 주면서 포즈를 계속 바꾸어 준다. 생각없이 아무렇게나 배치하지 말고 다른 나무들의 배치를 보면서 조화롭게 위치와 포즈를 바꾼다.
- 벌목꾼은 바깥으로 나와서 바라보다가 누군가 "무브"를 외치면, 나무들 스스로 천천히 걸

어서 위치와 포즈를 바꾼다. 벌목꾼은 "무브"를 외치는 간격을 짧게 해서 나무들의 움직임
이 빨라지도록 한 후 역할을 바꾼다.

④ 즉흥 춤
- 나무들은 각자가 원하는 타임에 '무브'를 외치면서 위치와 포즈를 스스로 바꾸고 벌목꾼은
  구경한다. 나무들의 즉흥 춤에 벌목꾼도 합류하여 그룹원 전체가 각자 원하는 타임에 '무
  브'를 외치면서 위치와 포즈를 계속 바꾼다.
- 포즈에 원하는 리듬을 넣어서 그룹 춤을 추다가 마음에 드는 숲 공간으로 가서 각자 나 홀
  로 춤을 이어 간다.

⑤ 호흡을 통한 안정화
- 별칭 움직임으로 마무리한 다음, 바닥에 누워서 숲호흡을 한다. 지금의 느낌을 색깔과 선
  으로 표현한다.

3) 마무리

① 소감 나누기
- 한 명씩 돌아가면서 색깔과 선 그림을 보여 주고 소감을 말한다.

② 마무리 인사
- 색깔과 선을 동작으로 표현하면서 인사한다.

6 유의점 및 치료사 역할

- 주제 ②의 이미지 연상 움직임 진행 시, 벌목꾼들이 나무를 뛰어넘을 때는 그룹원의 연령
  에 따라 뛰어넘기 대신 주위를 돌아가거나 속도를 천천히 조절해야 한다.
- 주제 ②의 이미지 연상 움직임 진행 시, 벌목꾼들이 나무를 뽑을 때 넘어져서 다치지 않도
  록 주의 깊게 관찰해야 한다.
- 즉흥 춤을 출 때 음악은 매우 중요하다. 무드, 리듬, 속도, 세기 등 움직임의 질과 관련해서
  움직임을 방해하지 않고 움직임 표현을 도와주어야 한다.
- 나 홀로 즉흥 춤을 추는 시간은 그룹 특성에 따라 조명을 낮추어 주거나 시간을 짧게 하는
  등 유연하게 조정한다.

3.
악기 춤

1 영역: 인지

2 주제: 창의적 사고 증진

3 목표

① 유연한 사고를 할 수 있다.

② 자신만의 창의적 표현을 통해 개인의 고유성을 정립한다.

③ 음악과 움직임의 통합을 통해 융합력을 기른다.

④ 사고의 즐거움을 통해 행복감을 증진한다.

⑤ 예술적 감수성을 함양한다.

4 준비물: 악기(우드블럭, 소고, 탬버린, 에그쉐이크 등 손에 들고 움직일 수 있는 악기들)

5 방법

1) 워밍업

① 움직임을 이용한 신체 이완

• 그룹원 중 누구든지 신체 부위 중 하나의 이름을 부르고 그 부위를 집중적으로 움직이면 나머지 그룹원들은 그 움직임을 따라 한다. 이때, 누구든지 그 부위에 대한 다른 움직임 아이디어가 있으면 추가한다.

② 신체 감각 깨우기

- 손으로 자신의 신체를 부위별로 두드리다가 둘씩 파트너가 되어 골고루 두드린다. 전체 원으로 연결된 상태에서 옆 사람의 신체를 부위별로 두드린다.

2) 주제

① 소도구 탐색

- 각기 다양한 종류의 악기를 전시한다. 그룹원들은 각자 원하는 악기를 선택한 다음, 가지고 놀면서 소리, 특징, 연주법 등 다양한 실험을 해 본다.
- 순서대로 돌아가면서 자신의 악기를 연주하면, 1단계, 그룹원들은 따라 하기, 2단계, 악기 연주만 계속 이어 가면서 소리에 소리를 더해서 합주하기, 3단계, 한 명이 자신의 악기를 연주하면 그룹원 중 누구든지 이 연주에 어울리는 자신의 악기를 더해서 합주하기 순으로 진행한다.

② 공간 이동을 통한 움직임 확장

- 그룹원들은 공간을 걸어 다니면서 자신의 악기에 강약과 빠르기, 강약과 빠르기에 더해 자유로운 자신만의 리듬 넣기. 마음에 드는 악기를 만나면 교환 연주하기 순으로 진행한다.

③ 몸 악기 연주

- 4인 1조로 그룹을 형성한 후, 번호를 매긴다. 1번이 자신의 리듬으로 악기를 연주하면 그룹원들은 악기 없이 발, 무릎, 허리, 등. 어깨, 팔, 머리, 온몸 등 원하는 신체 부위로 리듬을 따라한다. 나머지 2번, 3번, 4번도 순서를 따라 같은 방식으로 진행한다.
- 1번은 공간을 이동하면서 자신의 악기에 자신만의 리듬을 넣어서 연주한다. 나머지 그룹원들은 몸으로 리듬을 연주하면서 따라간다. 2번, 3번, 4번도 순서를 따라 같은 방식으로 진행한다.

④ 즉흥 춤 공연

- 한가운데 무대를 만든다. 4인 1조 그룹별로 무대 안에 들어와서 한 명은 악기 연주자, 세 명은 몸 연주자가 되어 공연을 한다.
- 그룹별 공연이 끝나면 무대에 모든 악기를 전시한다. 그룹원들은 악기 연주자, 댄서, 관객 역할을 자유롭게 선택한다. 악기 연주자는 무대 안에 전시된 악기를 자유롭게 연주하고,

댄서는 연주에 맞추어서 춤을 추고, 관객은 호응한다. 치료사가 신호를 보내면 전체 그룹원이 무대 안으로 들어와서 댄서가 되기도 하고 연주자가 되기도 하면서 함께 춤추고 연주한다.

⑤ 상상 춤 추기
- 그룹원은 각자 원하는 공간에 서서 악기 없이 악기 소리의 리듬과 특징을 상상하며 자유롭게 몸을 움직인다. 각자 자리에 앉거나 누워서 숨을 쉬면서 현재의 느낌을 떠올려 본다.

3) 마무리

① 소감 나누기
- 악기를 연주하면서, 악기 연주를 몸으로 하면서, 악기를 그룹으로 연주하면서, 악기 없이 춤추면서 등 각 단계마다 지각하게 된 내용, 느낌, 생각 등을 글로 써서 나눈다.

② 마무리 인사
- 한 명씩 현재의 느낌을 악기 연주로 표현하면서 마무리 인사를 한다.

6 유의점 및 치료사 역할

- 악기에서 시작한 자유로운 창의적 움직임이 리듬성으로 발전해서 즉흥 춤이 되기까지 물 흐르듯 매끄럽게 진행되도록 한다. 각 단계를 거치면서 조금씩 발현되기 시작한 몸의 창의성이 터져 나오는 지점에서 자연스러운 나만의 즉흥 춤이 탄생된다. 악기에 따라 움직임이 달라지기 때문에 최대한 다양한 종류의 악기를 준비한다.
- 악기가 없을 경우, 주변에서 흔히 구할 수 있는 도구들을 활용한다. 예를 들면, 깡통, 냄비, 솥뚜껑, 비닐팩 등 소리 나는 도구 하나씩 가져오라고 미리 과제를 줄 수도 있다.
- 전체 연결 신체 감각 깨우기에서 오른쪽이나 왼쪽으로 몸을 돌린 다음, 한쪽 다리를 원 안으로 쭉 펴도록 하면 두드리기 좋은 자세가 된다.
- 그룹원들이 원하는 악기를 서로 가지려 할 경우가 있다. 악기 교환 시간이 있으니 그때 원하는 악기로 교환하면 된다는 안내를 통해 마음이 상하지 않도록 한다.

4.
몸으로 쓰는 시

1 영역: 인지

2 주제: 예술적 감수성의 함양

3 목표

① 자신만의 독특한 움직임을 만들어 내면서 독창성을 함양한다.

② 움직임의 확산을 통해 정교성을 기른다.

③ 체화된 시적 상상력을 통해 예술적 감각을 기른다.

④ 각자 속에 잠재된 창의성을 발견한다.

⑤ 창작의 즐거움을 경험한다.

4 준비물: 그룹원 수에 따라 시가 적힌 용지, A3 용지(개인당 2장), 그림 도구

5 방법

1) 워밍업

① 이완 움직임

- 각자 바닥에 누워 하품하면서 온몸을 길게 늘이다가 치료사의 지시를 따라 신체 부위별로 길게 늘인다. 충분히 이완되었으면 몸 전체를 자유롭게 움직인다.
- 왼 손바닥, 머리, 양쪽 어깨, 팔, 등, 배와 허리, 골반, 다리, 발 순으로 바닥에 신체 한 부분

을 붙이고 나머지를 자유롭게 움직이다가 어느 정도 익숙해지면 모든 부분을 자유롭게 놓아주면서 음악과 함께 움직인다.

② 움직임 확장 및 안정화

- 누운 상태에서 머리, 양쪽 어깨, 팔, 손, 등, 배와 허리, 골반, 다리, 발 순으로 신체를 이용하여 바닥에 그림을 그린다.
- 각자 눕거나 앉거나 일어서서 신체의 다양한 부위로 그림을 그리다가 둘씩 만나서 상호작용하면서 파트너와 다른 신체 부위로 그림을 그린다.
- 파트너와 상호작용하면서 눕거나 앉거나 일어서서 같은 신체 부위로 그림을 그리다가 각자 가장 마음에 드는 신체 부위 하나를 정해서 집중적으로 그림을 그린 다음, 자리에 누워서 호흡을 한다.

2) 주제

① 소도구 제작

- 그룹원 수대로 준비된 짧은 시를 그룹원들이 선택하게 한 다음, 자신의 서체로 적어서 색깔, 무늬, 선 등으로 어울리는 장식을 한다.

② 시 낭송 움직임 안무

- 각자 자신의 시를 낭송하면서 1차 움직임을 만들어 본 다음, 3인 1조가 되어 역할 A, B, C를 정한다. B는 A의 시를 낭독하고, C는 안무가가 되어 A를 관찰하면서 움직임 아이디어를 제공하고, A는 C의 움직임 아이디어를 통합해서 자신의 시 낭송 움직임을 한다.

③ 시 낭송 움직임 공연

- 제공된 움직임 아이디어를 토대로 각자 자신의 시를 낭송하면서 2차로 움직임을 만들어 본 다음, 3인 1조 그룹공연을 한다. 번호순으로 시 낭송 없이 움직임을 연속적으로 추가한다. 예를 들면 1번은 자신의 움직임을 계속 반복하고, 여기에 2번이 자신의 움직임을 추가해서 계속 반복하는 식으로 3번까지 진행한다. 이때 각 공연자들은 원할 경우, 2차로 구성된 움직임을 변형할 수 있다. 다른 그룹은 공연을 감상한다.

④ 움직임 해체와 재구성

- 3인 1조 그룹공연이 끝나자마자 그룹원 각자는 눈을 감고 2차로 구성된 시 낭송 움직임 변

형을 계속 이어 가면서 자신 속에서 나오는 움직임을 따라간다. 치료사의 파트너 찾기 지시에 따라 눈을 뜨고 다른 그룹원들의 움직임을 보면서 자신의 움직임과 느낌이 통하는 파트너를 찾는다. 순서 없이 두 사람만의 상호작용을 통한 움직임 변형을 계속 이어 가서 춤으로 발전시킨다.

⑤ 움직임 정서 표현하기
- 파트너끼리 손을 잡고 자리에 누워서 호흡을 하면서 몸을 안정화시킨다. 지금의 느낌을 A3 용지 하나에 하나의 시로 완성하여 하나의 서체로 기록한 다음, 색깔, 무늬, 선 등으로 어울리는 장식을 한다.

3) 마무리

① 소감나누기
- 처음 선정한 시와 마지막으로 완성한 시 그림을 보여 주면서 무엇이 어떻게 바뀌었는지 느낌과 소감을 나눈다.

② 마무리인사
- 그림에서 핵심적인 하나의 동작을 만들어서 인사하면 다 같이 따라한다.

6 유의점 및 치료사 역할

- 시는 짧으면서도 울림이 있는 내용으로 선택하는데, 『바쇼 하이쿠 선집』(松尾芭蕉, 2015)을 참조하길 권한다. 10편 정도를 소개하면 다음과 같다.

> - 너무 울어 텅 비어 버렸는가 매미 허물은
> - 이 가을 저녁 인간으로 태어난 것이 결코 가볍지 않다
> - 비가 온다…… 비가 온다…… 지친다…… 쳐진다…… 일어나야지…… 해야 할 건 해야 하는 데…… 귀찮다
> - 거미줄에 나비가 죽은 채로 걸려 있다 슬픈 풍경
> - 한낮의 정적 매미의 소리가 바위를 뚫는다
> - 이 달팽이 뿔 하나는 길고, 뿔 하나는 짧고, 무슨 생각을 하는 걸까?
> - 나팔꽃이여 너마저 나의 벗이 될 수 없구나

> • 강물에 떠내려가는 나뭇가지 위에서 아직도 벌레가 노래를 하네
>
> • 추워서 잠도 오지 않는다. 잠들지 않으면 더욱 춥다
>
> • 나비 한 마리 돌 위에 앉아 졸고 있다 어쩌면 나의 슬픈 인생을 꿈꾸고 있는 건지도 몰라

• 그룹원의 연령이 어릴 경우, 움직임 표현이 좀 더 쉬운 동시를 사용하도록 한다. 아동들이 직접 지은 시를 활용해도 좋다.

• 치료사는 모든 사람이 춤꾼임을 믿어야 한다. 기교이나 기술에 갇히지 않은 일반인들은 누구보다 뛰어난 춤꾼이다. 몸 속에 자신만의 움직임이 숨어 있다. 치료사는 살짝 건드리기만 하면 된다. 서서히 발현되기 시작하면 내가 춤을 추는 것이 아니라, 춤이 나를 이끌고 간다. 몸에서 피어나는 창조적 움직임은 뇌의 창조성을 꽃피운다.

• 주제 ④와 ⑤로 이어지는 진행에서 끊어짐 없이 물 흐르듯 연결되는 치료사의 집중된 에너지가 매우 중요하다. ④에서 시작된 움직임의 단서가 흐트러지지 않고 발전되어야 하기 때문이다.

• 타인을 의식하지 않으면서 좀 더 자유로운 움직임 표현을 돕기 위해 주제 ⑤ 진행에서 조명을 꺼 주거나 음악을 틀어 준다.

5.
그림 춤

1 영역: 인지

2 주제: 창의상상력 증진

3 목표

① 상상력을 키운다.

② 생각의 힘을 기른다.

③ 새롭게 보는 시각을 기른다.

④ 독창적인 표현의 즐거움을 안다.

⑤ 예술적 창의성을 함양한다.

4 준비물: 미술 작품(그룹원 수만큼), A3 용지(개인당 3장), 그림 도구

5 방법

1) 워밍업

① 무게감을 이용한 신체 이완

- 둘씩 파트너가 되어 역할 A와 B를 정한다. A는 정면을 향해 눕고, B는 A의 배 위에 등이 닿도록 가로로 누워서 십자가 형태를 만든다. A가 몸을 옆으로 계속 굴려서 B를 바닥에 내려 준다.

② 손 접촉을 활용한 신체 감각 깨우기

- 그룹원들에게 질문을 던져서 손과 등의 다양한 접촉 방식에 대한 아이디어를 수집한다. 예를 들면, 문지르기, 누르기, 두드리기, 체중 실어서 누르기 등이다. A는 바닥에 엎드려서 눕고, B는 수집된 아이디어를 활용하여 손의 섬세한 부위로 A의 등을 만져 준다. 등 이외의 다른 신체 부위로 확장해서 손과의 다양한 접촉을 한다.

③ 발 접촉을 활용한 신체 감각 깨우기

- 그룹원들에게 질문을 던져서 발과 등의 다양한 접촉 방식에 대한 아이디어를 수집한다. 예를 들면, 문지르기, 누르기, 체중 실어서 누르기, 꼼지락거리기 등이다. A는 바닥에 엎드려서 눕고, B는 수집된 아이디어를 활용하여 발과 등을 접촉한다. 등 이외의 다른 신체 부위로 확장해서 발과의 다양한 접촉을 한다.

④ 신체 감각 확장을 통한 움직임 활성화

- 각자 자리에 누워서 손발의 접촉이 깨워 놓은 신체 감각을 마음의 눈으로 바라보면서 바닥에 접촉하는 신체 부위를 계속 바꾸어 가며 움직인다. 바닥과 만나는 접촉 부위가 바뀔 때 팔다리를 연결해서 움직이다가 자연스럽게 춤을 춘다. 눈을 감고 호흡하면서 깨어난 몸의 감각을 마음의 눈으로 바라본다.

2) 주제

① 소도구 탐색

- 각자 돌아다니면서 바닥에 전시되어 있는 미술 작품들을 감상하다가 가장 마음에 와닿는 그림 하나를 선택한다. 둘씩 파트너가 되어 그림 선정 이유를 설명한다. 선정한 그림을 '깊이 보는 눈'으로 천천히 감상하면서 생각나는 단어나 이미지, 느낌, 스토리 등을 도화지에 표현한다.

② 그림 움직임 구성

- 그림 안의 다양한 움직임 요소를 뽑아서 자신만이 알아볼 수 있는 움직임 기호를 만들고 순서대로 그린 다음, 움직임으로 표현하고 발표하면 그룹원들은 따라 한다.

③ 그림 움직임 안무 및 공연

- 4인 1조가 되어 그룹원 각자의 그림 움직임을 활용해서 5~10분짜리 작품을 안무한 후, 작

품명과 작품명의 의미를 정한다. 각 그룹은 돌아가며 작품명과 작품명의 의미를 소개한 다음, 공연을 한다. 나머지 그룹원들은 관객이 되어 작품을 감상한다.

④ 그룹 즉흥 공연

- 마지막 그룹의 발표가 마무리될 때 즈음, 치료사는 그룹 중 하나의 작품명을 부른다. 호명 된 그룹은 마지막 발표 그룹 속으로 들어가서 합동 공연을 펼친다. 나머지 그룹들도 같은 방식으로 진행하여 그룹원 전체가 합쳐지도록 한다. 전체가 합쳐지면, 각자 자기 작품의 안무가가 되어 다른 그룹원들과 상호작용하면서 자유롭게 움직임을 한다.

⑤ 솔로 즉흥 춤

- 각자 마음에 드는 공간에서 자신이 선정한 그림을 바닥에 놓고, 그림의 이미지를 따라서 춤을 춘다. 이때, 공간을 이동하거나, 그룹원들끼리 서로의 춤을 이끌거나 따라가면서 춤 을 확장한다. 그룹원 전체가 하나의 움직임으로 통일되면 반복하다가 바닥에 누워서 호흡 하며 휴식을 취한다. 현재의 느낌을 그림으로 표현한 다음, 원래의 그림과 비교해 본다.

3) 마무리

① 소감 나누기

- 두 개의 그림을 그룹원들에게 보여 주면서 현재의 느낌이나 생각을 말한다.

② 마무리 인사

- 그림의 특징적인 움직임 중 하나를 선정해서 마무리 인사를 한다.

6 유의점 및 치료사 역할

- 아이디어 수집 시, 치료사는 "어떤 방식이 있을까요?" "또 다른 아이디어는 없나요?" 등의 개방형 질문을 던져서 확산적 사고를 돕는다. 침묵하더라도 재촉하지 말고 조용히 기다리 거나 힌트를 주거나 아이디어 하나를 예시로 드는 등의 가벼운 개입을 한다.
- 워밍업 ③번의 발로 누르는 접촉 시, 체중이나 키가 비슷한 사람끼리 파트너를 한다. 너무 세게 누르거나 함부로 다루거나 반동을 주지 않도록 주의를 준다.
- 워밍업 ④번에서 '마음의 눈'이란 실제의 눈은 감고 있지만 볼 수 있는 '제3의 눈'을 말한다. 이는 이마와 이마 사이에 존재하는데, 해부학적 개념이 아닌 인지적 개념에 가깝다. 독자

들도 지금 실험해 볼 수 있다. 눈을 감고 '무릎'을 말해 보라. 무릎이 보인다. '머리'를 말해 보라. 머리가 보인다. 눈을 감고 빗소리를 들으면서 풍경이 눈에 보이듯 그려지고, 바람소리를 들으면 흩날리는 나뭇가지가 그려진다. 잠자고 있는 상상의 뇌가 깨어난다.

- 주제 ①번에서 '깊이 보는 눈'은 대충 훑어보는 눈이 아니라, 천천히 들여다보는 눈이다. 화가의 기교를 넘어선 정신세계, 감정, 전달하고 싶어 하는 메시지, 말하려는 생각, 집념, 열정 등과 같이 실제의 눈이 볼 수 없는 이면의 세상을 볼 수 있는 눈이다.

- 주제 ④번에서 그룹 즉흥 공연 진행 시, 그룹 간 시차가 너무 길거나 짧지 않도록 한다. 자연스러운 흐름이 이어지도록 그룹역동을 잘 살려 낸다.

- 1단계, 움직임 기호 만들기, 2단계, 4인 1조 안무와 공연, 3단계, 그룹 전체 안무와 공연을 거치면서 다른 그룹원의 움직임을 보거나 따라하거나 안무하는 과정을 통해 개인의 제한된 움직임은 끊임없이 확장·발전된다. Laban의 움직임 기호를 도입해도 되지만, 지금처럼 자신만의 움직임 기호를 창안해도 좋다. 스스로 창안해 낸 움직임 기호는 움직임을 창안하는 도구가 된다. 춤의 문외한이라 할지라도 주제 ⑤번의 솔로 즉흥 춤이 가능한 이유이다.

6.
춤추는 음계

1 영역: 인지

2 주제: 발산적 사고의 확장

3 목표

① 신체 이완을 통해 사고의 유연성을 기른다.

② 새로운 시각으로 바라보는 능력을 개발한다.

③ 사고를 확장한다.

④ 기존의 경험을 새로운 형태로 재구성한다.

⑤ 새롭게 창조된 것을 발전시켜가는 정교성을 기른다.

4 준비물: 전체 악보를 그릴 만한 크기의 전지(3장), 의자(그룹원 수만큼), 그림 도구, 테이프, 가위, 의자

5 방법

1) 워밍업

① 호흡을 통한 신체 이완

- 각자 편하게 누워서 눈을 감고 숨을 쉰다. 배꼽 아래 3센티 부위에 꽃이 있어서 숨을 들이 마시면 꽃이 피고, 숨을 내쉬면 꽃이 지는 상상을 한다.

② 호흡 움직임 확장

- 내 몸이 꽃이라 상상하면서 숨을 들이마시면 꽃잎이 벌어지듯 몸 전체가 확장되고, 숨을 내쉬면 꽃잎이 오므라들 듯 몸 전체가 수축한다.
- 몸 전체에 호흡의 길을 만들어서 다양한 방향으로 들숨과 날숨을 보내면서 수축 이완 움직임을 연속적으로 한다. 공간 레벨을 바꾸고 2인 1조, 3인 1조 등 그룹원 수를 늘리면서 여러 꽃이 모여서 수축 확장 움직임을 한다.

③ 수축 확장 움직임

- 소그룹별로 그룹원들끼리 신체 한 부위를 연결한 상태에서 들숨에서 얼굴, 손, 팔, 가슴, 몸통 전체를 확장하고 날숨에서 수축한다.
- 각자 편안한 공간에 누워서 다양한 신체를 활용하여 들숨날숨에 맞추어서 수축 확장 움직임을 한다.
- 움직임 없이 꽃 이미지를 상상하면서 호흡을 하다가 긴장이 느껴지는 신체 부위에 집중적으로 호흡을 보낸다. 몸 전체로 호흡이 흐를 때까지 한다.

2) 주제

① 소도구 제작

- 각자 의자에 둥글게 앉는다. 3개의 그룹으로 나눈 다음, 그룹별로 동요를 최대한 많이 수집한다. 그룹끼리 돌아가며 동요를 부른다. 소재가 떨어진 그룹은 탈락하며 마지막 한 팀이 남을 때까지 한다.

② 동작 그룹 구성 및 표현

- 각 그룹은 가장 마음에 드는 동요 하나를 선택한 다음, 악보를 그려서 전체 그룹원이 볼 수 있도록 벽에 붙인다. 이때, 2마디마다 색깔을 다르게 한다.
- 각 그룹은 전체 주제를 정한 다음, 2마디마다 주제에 맞추어서 움직임을 구성한다. 주제는 그룹원들에게 질문을 던져서 최대한 많은 창의적 아이디어를 수집한 후, 그룹의 특성에 맞게 선정한다. 예를 들면, 운전, 운동, 청소, 시험, 우주탐험, 데이트, 수영, 축구, 김치 담그기, 빨래하기 등이다.
- 각 그룹은 구성한 움직임을 넣어서 반복적으로 3번 발표하는데, 첫 번째는 원래대로, 두 번째는 느리게, 세 번째는 빠르게 한다. 나머지는 관객이 되어 동요를 불러 주면서 동작을

따라 한다.

- 발표 그룹은 관객들을 색깔별로 배정한 다음, 색깔을 부르면 해당되는 색깔의 관객들은 의자에서 일어나 색깔별 구성 동작을 하고 신속하게 자리에 앉는다. 원래대로, 느리게, 빠르게 세 번하고 나머지 두 그룹도 같은 방식으로 진행한다.

③ 동작 개별 구성 및 표현

- 그룹원은 각자 가장 마음에 와닿는 동요 중 하나를 선정한 다음, 그룹원 각자 안무가가 되어 자신이 선정한 동요의 동작을 마음에 와닿는 주제에 맞추어 구성한다.
- 치료사는 원래대로, 크게, 작게, 천천히, 느리게, 크고 느리게, 작고 빠르게, 강하게, 부드럽게 등 움직임의 질을 다양하게 변형하도록 지시하고, 그룹원들은 각자 자신이 선정한 동요를 부르면서 구성한 동작을 지시에 따라 한다.

④ 동작 해체를 통한 즉흥 춤

- 그룹원 각자 동요 부르기 없이 동작만으로 움직임의 질을 스스로 선택하고 변형하거나 다른 그룹원과 상호작용하면서 자유롭게 해체하고 재구성, 확장하다가 춤으로 연결한다. 치료사는 동요가 아닌, 보다 다양한 종류의 음악을 제공해서 즉흥 춤을 돕는다.

⑤ 신체 안정화

- 눈을 감고 자리에 누워서 많이 사용했던 신체 부위를 부드럽게 쓰다듬은 다음, 지금의 느낌을 소리로 표현한다.

3) 마무리

① 소감 나누기

- 한 명씩 돌아가며 소리를 소개하면서 현재의 감각, 감정, 생각 등을 나눈다.

② 마무리 인사

- 그룹원 한 명이 자신의 소리를 계속 내면, 그 다음 그룹원이 자신의 소리를 덧붙이는 방식으로 마지막까지 진행한다. 같은 소리가 나오면 소리에 어울리는 움직임과 함께 마무리 인사를 한다.

6 유의점 및 치료사 역할

- 대상에 따라 동요 대신 건전한 아이돌 음악이나 가요 등을 선정할 수도 있다. 이때, 발라드나 가사가 너무 복잡하거나 긴 음악은 제외한다. 동작 구성이 어려워질 수 있기 때문이다.
- 주제를 제공하면 동작 구성이 훨씬 더 용이하고 구체적이며 다양해진다. 주제 ②번 진행 시 치료사는 주제 아이디어 몇 개를 예시로 먼저 보여 준다. 대상자나 그룹 특성에 맞는 주제를 잘 선정하도록 돕는다.
- 반드시 의자에 앉아서 진행한다. 주제 ③번의 색깔별 움직임에서 신속하게 일어났다 앉았다 해야 하기 때문이다. 속도가 빨라지면서 재미가 배가 된다.
- 주제 ④번의 동작 해체를 통한 즉흥 춤 진행에서 갑자기 동요가 사라지면 당황할 수도 있기 때문에 어떤 움직임에도 어울리는 배경 음악을 넣어 주어야 한다.
- 마무리 진행 시, 소리를 계속 쌓아가다 보면 소리의 어우러짐이 새로운 소리를 창조해 낸다. 내 소리를 내고, 다른 사람의 소리를 듣고, 마음에 드는 소리를 따라하면서 하나의 소리를 찾아가라고 안내한다.

7.
사계절 상상나라

1 영역: 인지

2 주제: 독창성 증진

3 목표

① 독창적 사고를 할 수 있다.

② 뇌의 상상이 몸을 통해 실체화된다.

③ 뇌의 창조성이 몸을 통해 학습된다.

④ 막연한 추상적 개념의 창조성이 아니라, 구체화된 실체적 개념의 창조성을 학습한다.

4 준비물: 전지(4장), 그림 도구, 색테이프, 가위

5 방법

1) 워밍업

① 양극 움직임을 통한 신체 이완

- 치료사가 그룹원 전체를 향해 "얼음" 하면 숨을 들이마신 후 숨을 멈춘 채 온몸을 차례로 긴장시킨다. "땡" 하면 내 몸에 봄이 찾아와서 얼음이 녹는 모습을 상상하면서 숨을 내쉬면서 온몸을 차례로 이완시킨다.
- 둘씩 파트너가 되어 역할 A와 B를 정한다. A는 "얼음" "땡"을 불러 주고 B는 이와 같은 방

식으로 긴장과 이완을 한다. 이때, A는 B의 몸을 잘 관찰하면서 얼음이 녹지 않아 긴장하고 있는 부분에 손을 대 주고, B는 A의 손이 닿아 있는 부분에 숨을 불어넣으면서 이완을 한다.

② 상상 이완 움직임

- 각자의 몸이 해풍에 의해 움직이는 바닷속 해초라고 상상한다. A는 B의 몸을 잘 관찰하면서 가벼운 바람, 부드러운 바람, 센 바람, 회오리바람. 태풍, 토네이도 등 바람의 이미지를 다양하게 제공한다. 이때, A는 B의 신체 부위 중 긴장해서 잘 움직이지 않는 부분을 손으로 살짝 터치하고, B는 A의 손이 닿으면 해초처럼 움직인다.

③ 공간 이동을 통한 상상 이완 움직임

- 각자 뿌리 채 뽑혀서 물살에 휩쓸려 다니는 해초처럼 몸을 움직이면서 공간을 자유롭게 이동하다가 마음에 드는 바닷속 공간을 찾아 머문다. 눈을 감고 공간 레벨을 바꾸면서 자유로운 해초가 되어 움직이다가 호흡과 함께 휴식을 취한다.

2) 주제

① 소도구 제작

- 4계절 이름이 적힌 4개의 전지를 바닥에 배치한다. 그룹원들은 돌아다니면서 계절마다 떠오르는 특징들을 이미지로 그려 넣은 다음, 각자 마음에 드는 계절을 선택한다.

② 움직임 탐색

- 선택한 계절의 특징적인 움직임들을 하면서 다니다가 다른 그룹원과 만나서 각자의 계절 움직임을 하면서 논다. 계절과 그룹원들을 계속 바꾸어 가면서 움직임을 충분히 탐색한 다음, 가장 좋아하는 계절 움직임을 선택한다.

③ 움직임 확장

- 같은 계절 움직임을 선택한 사람끼리 계절 용지로 모여서 선택한 이유나 추억을 소개한 다음, 색테이프로 계절 방을 만든다.
- 그룹원들은 가장 재미있었던 계절 움직임 하나를 선택한 다음, 불가능이 없는 상상나라에서 재미있게 놀 수 있는 아이디어를 최대한 수집한다. 눈싸움을 예로 들면 눈 만들기, 눈 던지기, 눈 피하기, 눈을 옷 속에 넣기 등 기본 움직임을 확산할 수도 있고, 날아다니며 눈

싸움하기, 물속에서 눈싸움하기, 눈뭉치가 자동적으로 발사되는 로봇, 달나라에서 눈싸움하기, 땅에서 솟아오르는 눈송이, 사람이 눈뭉치 되기 등 전혀 새로운 발상으로 기존 생각의 틀을 깰 수도 있다. 그룹끼리 상상나라 여행을 떠나 수집된 아이디어를 토대로 다양한 움직임을 하며 논다.

• 각 그룹별로 돌아가면서 계절 움직임 놀이를 공연하고 나머지 그룹원들은 관객이 되어 구경한다.

④ 그룹 리듬 움직임 생성

• 치료사의 "계절이 바뀌었어요."라는 지시에 따라 그룹끼리 다른 계절 방을 계속 순회하면서 각 계절 방의 특징적인 움직임을 한다. 새로운 아이디어를 추가하다가 움직임에 리듬을 넣어서 반복적으로 움직인다. 반복 리듬을 자유롭게 변형하다가 춤을 춘다.

⑤ 개인 즉흥 춤

• 각자 현재 가장 마음에 드는 계절 방 하나를 선택한다. 경험했던 계절의 특징적인 움직임들을 단서로 해서 리듬을 넣다가 좀 더 자유롭게 변형해서 춤을 춘다.

• 공간을 무대, 대기실, 객석으로 나눈 다음, 각자의 선택에 의해 언제라도 무대에 등장해서 무용수처럼 춤을 추기도 하고, 대기실에서 기다리기도 하고, 무대에서 퇴장해 관객이 되기도 한다. 무대에서 춤추는 무용수는 다른 그룹원들과 상호작용하거나 혼자 춤을 출 수도 있다.

⑤ 신체 안정화

• 각자 현재 가장 마음에 드는 계절 방에 들어가 눈을 감고 몸 감각을 인식하면서 휴식을 취한다. 머물고 있는 방의 이미지 위에 현재의 느낌을 색깔, 선, 단어, 이미지, 무늬 등으로 덧붙여서 표현한다.

3) 마무리

① 소감 나누기

• 같은 방에 있는 그룹원들끼리 색깔 용지에 표현되어 있는 것들을 언어적으로 나눈 후, 한 단어와 동작으로 정리한다.

② 마무리 인사

- 그룹끼리 정리된 단어와 동작을 소개하면서 마무리 인사를 한다.

6 유의점 및 치료사 역할

- 시작 전에 색테이프로 구획이 정리된 4개의 방을 미리 준비해 두어서 흐름이 깨지지 않도록 한다.
- 성인 한 명이 바닥에 누웠을 때의 크기가 전지라면, 색깔 용지는 그 절반 정도의 크기로 준비한다.
- 워밍업 ① 진행 시, 숨을 멈추고 서서히 얼어붙는 몸 감각을 정확히 인식할 수 있도록 지시어를 준다. 이때, 그룹원들이 보다 정확히 인식할 수 있도록 숨을 참을 수 있는 한계까지 참는다.
- 상상 이미지는 움직임을 만들어 내는 탁월한 도구다. 머릿속 상상 이미지가 몸으로 실체화될 때 몸의 창조성은 극대화된다. 단, 연령이 너무 어리거나 인지 기능이 약한 특수장애 아동의 경우, 해초가 해풍에 의해 흔들리는 모습을 영상으로 보여 주어서 구체적으로 상상할 수 있도록 도와주어야 한다.
- 주제 ④, ⑤의 즉흥 춤 진행 시, 음악은 매우 중요하다. 치료사가 제멋대로 음악을 처음부터 제공하는 것이 아니라, 그룹원 전체를 잘 관찰하고 있다가 각자 자신만의 움직임이 나오기 시작하면 특징적인 움직임의 질(속도, 세기, 타임, 무게, 공간 등)에 어울리는 음악을 공급해야 한다. 음악이 압도적이어서 움직임을 방해하는 바람에 자신만의 움직임을 놓치지 않도록 주의한다.

8.
5 Move

1 영역: 인지

2 주제: 창조적 사고 기르기

3 목표

　① 몸의 주체적 표현을 통해 자기주도성을 개발한다.

　② 타인과의 움직임을 통해 개인의 고정된 틀을 변형 · 통합 · 확장한다.

　③ 예술적 표현을 통해 상상력을 기른다.

　④ 창작의 즐거움을 경험한다.

　⑤ 이미지가 몸으로 형상화되면서 체화된 창의성을 기른다.

4 준비물: '앉기, 서기, 걷기, 뛰기, 넘어지면서 눕기'가 각기 기록된 용지(5개), A3 용지, 그림 도구

5 방법

1) 워밍업

① 이미지 호흡

　• 각자 편안한 공간에 누워서 눈을 감은 다음, 온도, 불빛, 소리, 바닥과의 접촉 부위의 감촉, 냄새 등을 느껴 본다. 가장 좋아하는 향기가 공간에 가득 차 있다고 상상한 다음, 향을 들

이마시고 내쉬면서 호흡한다.

② 상상을 통한 신체 이완

- 쌍둥이처럼 똑같은 가상의 나를 만들어서 옆에 눕힌다. 실제의 나는 마음의 눈으로 가상의 나를 머리끝부터 발끝까지 엑스레이로 투시하듯 천천히 훑어 내리면서 바라본다. 이때 호흡, 자세, 긴장과 경직, 통증, 표정, 에너지 등을 관찰한다.
- 관찰한 몸에게 무엇을 해 주고 싶은지 상상으로 해 준다. 예를 들면, 호흡을 제대로 못하고 있으면 숨을 쉬도록 해 주거나, 어깨가 긴장되어 있으면 어깨를 내려 주거나, 턱이 올라가 있으면 턱을 떨어뜨리는 등이다.

③ 접촉을 통한 신체 이완

- 눈을 뜨고 실제의 몸을 엑스레이로 투시하듯 천천히 바라본 다음, 실제의 몸에게 해 주고 싶은 것을 해 준다. 예를 들면, 뭉친 어깨를 손으로 풀어 주거나, 아픈 허리를 쓰다듬어 주거나, 답답한 가슴에 숨을 불어넣어 주는 등 현재 몸의 느낌이 어떤지 알아차리면서 가장 좋았던 접촉 하나를 선택한다.

④ 미러링을 통한 신체 이완

- 각자 현재의 느낌을 간직한 채 자리에 일어나 앉은 다음, 선택한 접촉 방식 하나를 돌아가면서 전체에게 보여 준다. 그룹원들은 따라 하다가 둘씩 파트너가 되어 서로의 몸을 관찰하면서 파트너의 몸이 필요로 하는 접촉을 해 준다.

2) 주제

① 움직임 탐색

- 치료사는 전체 그룹을 5개로 나눈 다음, 5무브 용지(앉기, 서기, 걷기, 뛰기, 넘어지면서 눕기) 중 하나를 선택하도록 한다. 각 그룹은 브레인스토밍을 통해 선택한 무브에 해당하는 움직임을 최대한 다양하게 할 수 있는 아이디어를 수집한다. 수집한 움직임 아이디어를 몸으로 연습한 후, 그룹별로 발표한다. 발표가 끝나면 각자 공간을 다니면서 자신만의 5무브를 한다.

② 즉흥 움직임 확장

- 공간과 관계 맺기: 세 그룹으로 나누어 첫 번째 그룹은 공연자로 무대에 남겨 두고, 나머지

는 관객이 되어 무대 바깥에 선다. 공연자들은 공간과 관계 맺으면서 5무브 중 하나를 선택하고 바꾸기를 반복하면서 움직임을 한다. 무대 바깥에 서 있는 관객들은 공연을 감상하다가 원하면 언제라도 공연자가 되어 무대에 들어가 공연을 한다. 단, 무대가 텅 비지 않도록 미리 안내한다.

• 사람과 관계 맺기: 공연자들은 다른 공연자의 5무브를 따라 하는데, 이때 5무브의 종류, 따라하는 사람, 관객과 공연자 역할을 계속 바꾼다. 얼굴과 얼굴, 시선과 시선을 정면에서 마주하는 페이싱(facing)을 추가한 후, 치료사는 시범을 보여 준다. 공연자 중 한 명을 세운 다음, 공연자를 중심으로 거리의 변화를 주거나, 앞뒤좌우 등 다양한 방향을 사용하면서 두 종류의 페이싱인 부정적인 페이싱과 긍정적인 페이싱을 보여 준다. 빠르게, 느리게, 더 느리게 등 속도의 변화를 추가한다.

③ 그룹 및 개인 즉흥 공연

• 그룹을 절반으로 나누어 공연자와 관객 역할을 정한다. 공연자는 무대에서 자유롭게 공연을 한다. 이때, 치료사는 앞의 모든 움직임을 활용하여 5무브 종류나 순서, 공간 어디를 사용할 것인지, 누구를 따라갈 것인지. 어떤 종류의 페이싱을 사용할 것인가. 페이싱을 어떻게 할 것인지, 얼마나 빠르게 할 것인지, 언제 공연자가 될 것인지 등 선택의 폭을 확장시켜 준다. 그룹원 전체가 공연자가 될 때까지 진행한 다음, 각자 앞의 즉흥 움직임 요소를 모두 활용하여 자신만의 자유로운 움직임을 한다.

④ 신체 안정화

• 자리에 누워서 눈을 감고 호흡을 하면서 현재 상태의 머리, 마음, 몸을 엑스레이로 투시하듯 천천히 보면서 현재의 느낌을 이미지로 그린다.

3) 마무리

① 소감 나누기

• 앞에서 그린 이미지를 그룹원들과 나눈다.

② 마무리 인사

• 그룹원들은 돌아가며 주인공을 정한 다음, 각 주인공을 위해 이미지에 어울리는 즉흥 공연을 해 준다.

6 유의점 및 치료사 역할

- 워밍업에서 눈을 감거나 눈을 뜨는 시점은 매우 중요하다. 시각이 차단되면 시각 외의 몸 감각에 대한 집중력이 고조되어 몸 감각이 깨어나고 이는 다시 몸에 대한 인식력을 높여 준다. 창의성의 토대는 개인의 주체성이다. 몸 감각이 깨어나야 몸 주체성이 인식되고, 몸 주체성이 인식되어야 자기 주체성이 확고해진다.

- 워밍업에서 눈을 감고 작업할 때 잠을 자는 그룹원이 있을 수도 있다. 치료사가 자신을 부정적으로 탓하거나 잠자는 그룹원에 대한 부정적 감정이 생기지 않도록 유의한다. 실제로 피곤한 상태일 수도 있는데 자는 것도 이완의 과정이기 때문이다.

- 워밍업 ③에서의 접촉은 손이나 발 등 신체 간의 직접적인 만남에 한정하지 않는다. 상상의 몸, 호흡, 시선, 에너지 등이 연결되는 모두를 접촉이라 한다.

- 긴장된 몸에서는 창의성이 발현될 수 없다. 몸의 이완은 뇌의 이완이다. 주제로 들어가기 전에 워밍업에서 몸이 충분히 이완되도록 한다.

- 주제 ①에서 움직임 탐색 시, 그룹원 수에 따라 5무브 인원수 배치가 달라진다.

- 주제 ②의 페이싱에는 두 종류가 있다. 첫째, 부정적인 페이싱(Negative Facing)은 불편하면서도 위협적인 페이싱을 말하고, 둘째, 긍정적인 페이싱(Positive Facing)은 편안하면서도 따뜻한 페이싱을 말한다. 특히 시선과 함께하는 페이싱은 많은 심리적 의미를 담고 있지만, 이 프로그램에서는 심리 작업보다는 창의성과 관련해서 자기 내면의 힘을 좀 더 탐색하는 데 초점을 두도록 한다.

- 성별, 나이, 움직임 경험 유무 등 그룹의 특성에 따라 즉흥 움직임 요소 중 5무브의 종류나 순서, 공간, 관계, 페이싱, 속도 중 몇 개를 생략할 수도 있고 두세 개의 요소에만 집중할 수도 있다.

9.
인생의 허들 경기

1 영역: 인지

2 주제: 창의적 문제해결적 사고

3 목표

① 문제해결력을 기른다.

② 적극적이고 자발적 사고능력을 향상한다.

③ 추상적 사고의 제한을 확장한다.

④ 통합적 사고를 할 수 있다.

⑤ 창작의 즐거움을 경험한다.

4 준비물: 긴 색깔끈(너무 얇거나 짧지 않도록), 2칸 라벨지(개인당 1장), 그림 도구, A3 용지(개인당 1장), 레이저총(개인당 1자루)

5 방법

1) 워밍업

① 이미지 연상 움직임

- 모두 둥글게 앉는다. 치료사는 청소할 때 하는 움직임의 종류에 대해 질문하고 그룹원들에게서 최대한 많은 아이디어를 수집한다. 수집된 아이디어 중에서 자신이 가장 많이 하

는 움직임 하나를 선택한 다음, 오른쪽으로 돌아가면서 한 명씩 차례대로 자신의 청소 움직임을 보여 준다. 왼쪽으로 돌아갈 때는 좀 더 빠른 속도로 보여 주는데, 이때 릴레이식으로 움직임 연결이 끊어지지 않도록 한다.

② 공간 이동을 통한 움직임 확장

- 그룹원 각자 공간을 이동하면서 자신의 청소 움직임을 하다가 그룹원들과 상호작용하면서 다른 그룹원들의 청소 움직임을 가져와서 자신의 움직임과 연결하거나 변형·확장한다.

③ 이미지 연상을 통한 이완 움직임

- 청소를 마치고 쉬는 방식에 대해 질문하여 최대한 많은 아이디어를 수집한다. 공간을 이동하면서 청소와 청소 후 쉬는 움직임을 번갈아 가며 한 다음, 편안한 공간을 찾아가서 쉬는 움직임만 집중적으로 한다. 눈을 감고 호흡과 함께 천천히 쉬는 움직임을 즐긴다.

2) 주제

① 소도구 탐색

- 2인 1조 파트너가 된다. 다른 파트너와 색깔이 겹치지 않도록 2칸 라벨지에 파트너끼리 같은 색깔을 칠한 다음 몸에 붙인다. 파트너와 함께 색깔 끈의 양끝을 잡고 다양한 방식으로 실험하며 논다. 아이디어가 없으면 다른 파트너들의 색깔끈 놀이를 커닝한다.

② 공간 이동을 통한 움직임 확장

- 파트너끼리 색깔 끈을 잡은 채 공간을 계속 이동하면서 움직이다가 치료사가 "주세요."라고 말하면 잡고 있는 색깔 끈을 파트너가 아닌 다른 그룹원에게 넘겨 주고, "뺏어요"라고 말하면 파트너가 아닌 다른 그룹원들의 끈을 빼앗아 오고, "가세요"라고 말하면 한번 이동할 때마다 끈을 한 번씩 바꾸면서 원래의 파트너를 찾아간다. 이때, 끈을 놓치거나 끊어지면 연결될 때까지 모든 그룹원은 스톱하고 기다린다.

③ 이미지 연상 움직임

- 치료사가 몸에 붙어 있는 색깔을 부르면 해당되는 2인 1조는 모험가가 되고, 나머지 파트너들은 걸림돌이 된다.
- 고정 장애물: 걸림돌은 잡고 있는 끈으로 방향이나 높낮이, 위치 등을 바꾸어 가며 고정 장애물을 만든 다음 멈추고, 모험가는 모든 장애물을 다 넘는다.

- 움직이는 장애물: 걸림돌들은 잡고 있는 끈으로 방향이나 높낮이, 위치 등을 계속 바꾸어 가며 움직이는 장애물을 만들고, 모험가는 모든 장애물을 다 넘는다. 움직임을 마친 모험 가들이 다른 색깔의 파트너를 호명하면 동일한 방식으로 진행한다.

④ 이미지 상상 움직임
- 각 2인 1조는 끈 대신, 끈 이미지로 연결한 상태에서 공간을 계속 이동하면서 움직인다. 치 료사가 색깔을 부르면 해당되는 2인 1조는 모험가가 되고, 나머지는 걸림돌이 된다.
- 조명을 끈 상태에서 걸림돌은 각자 레이저 총을 발사한 상태에서 멈춘다. 이때, 걸림돌은 협력하여 적절한 난이도로 높낮이, 위치, 거리 등을 다양하게 조절한다. 모험가는 모든 레 이저를 건드리지 않고 끝까지 넘고, 걸림돌은 소리와 움직임으로 마음껏 축하해 준다. 이 때, 걸리면 성공할 때까지 다시 하는데 걸림돌은 레이저를 변형시키면서 도와준다.

⑤ 이미지 연상을 활용한 즉흥 춤
- 2인 1조로 만나서 모험가와 걸림돌 역할을 정한다. 걸림돌은 검지손가락 끝으로 직선의 레이저와 곡선의 레이저를 연속적으로 발사하고, 모험가는 자신의 몸이 걸림돌의 레이저 와 연결되어 있는 것처럼 상상하면서 직선과 곡선으로 춤추며 움직인다.

⑥ 신체 안정화
- 각자 눈을 감고 직선과 곡선의 춤을 천천히 추다가 자리에 누워서 호흡과 함께 마무리한 다. A3 용지에 현재의 느낌을 색깔과 선으로 표현한 후 머릿속에 떠오르는 생각들을 짧은 단어로 기록한다.

3) 마무리

① 소감 나누기
- 자신의 파트너와 완성된 그림을 나눈 후, 두 사람이 하나의 단어와 동작을 만들어서 발표 한다.

② 마무리 인사
- 두 사람의 단어와 동작으로 그룹원들과 마무리 인사를 한다.

6 유의점 및 치료사 역할

- 워밍업에서의 청소 동작은 일반인들에게 매우 편안한 움직임이다. 그럼에도 불구하고 돌아가며 한 명씩 시키는 움직임 발표는 여전히 부담스럽다. 불편함과 부담스러움은 라포 형성을 방해한다. 이 사실을 놓치지 않도록 유의한다. 특히 창의상상력 개발을 주제로 하는 프로그램에서 생각의 이완은 매우 중요하다. 친밀하고 편안하고 따뜻한 분위기는 생각의 이완을 촉진시키고 자연스러운 자기 표현을 극대화시킨다. 때문에 먼저 그룹원들을 통해 충분히 아이디어를 공급해서 개인의 발표 역량을 확장시켜 놓은 후 발표를 시켜야 한다.
- 워밍업에서 청소 대신 그룹의 특성에 따라 운전, 여행, 직장, 학교, 시장, 퇴근 후 등 다양한 상황을 제공할 수도 있다.
- 주제 ①에서 키가 비슷한 사람끼리 파트너가 되도록 한다.
- 주제 ①에서 색깔끈을 오래 들고 있어야 하기 때문에 팔이 아플 수 있다. 어깨에 힘을 빼고 팔꿈치를 약간 구부려서 편안하게 잡도록 안내를 한다. 높낮이를 조정할 때는 팔로 할 수도 있고 몸통 자체를 사용할 수도 있음을 알려 준다.
- 주제 ②에서 "뺏어요"와 "가져오세요"라는 두 종류의 언어적 지시에 따라 그룹의 역동은 매우 달라진다. 재미와 적극성을 강조하기 위해서는 "뺏어요"가 적당하고, 그룹 에너지가 너무 높고 산만한 경우 자칫 과열될 수 있으므로 "가져오세요"라는 지시어를 사용한다.
- 주제에서 사용할 레이저총은 저렴한 가격의 것을 구입하고 눈에 쏘지 않도록 주의를 준다.
- 주제 ③에서 움직이는 장애물 진행 시, 속도를 빨리하거나, 길이를 줄이거나, 높낮이를 변형하는 등 그룹 특성에 맞게 난이도를 조정할 수 있다. 난이도에 따라 몸을 많이 낮추거나 기어서 지나가는 등의 움직임 확장이 가능하다.
- 주제 ④는 매우 흥미로운 움직임이다. 이기고 지는 경쟁이 되지 않도록 유의해야 한다. 레이저를 건드렸더라도 그룹원들의 도움을 받아 성공 경험으로 마무리되도록 진행한다.

10.
미지의 몸

1 영역: 인지

2 주제: 고착화된 패턴의 재구조화

3 목표

① 고정적인 사고방식의 틀을 깨는 즐거움을 경험한다.

② 다양한 범주의 아이디어를 산출할 수 있는 능력을 기른다.

③ 새로움에 대한 탐구심을 증진한다.

④ 습관적 패턴의 재창조를 경험한다.

4 준비물: 그림 도구, A3 용지

5 방법

1) 워밍업

① 신체 이완을 통한 안정화

- 각자 편안한 공간에서 눈을 감고 들숨과 날숨을 하면서 치료사의 지시에 따라 지금 현재 신체의 각 부분을 바라본다. 치료사는 머리부터 차례대로 내려가면서 신체 부위를 부른다.
- 2인 1조씩 파트너가 되어 역할 A와 B를 정한 다음, A는 바닥에 엎드리고 B는 7개의 경추, 12개의 척추, 5개의 요추 라인을 따라 내려가면서 손으로 누른 후 역할을 바꾼다. 이때, 딱

딱하거나 뭉쳐진 부위는 좀 더 다양한 방식으로 이완시켜 준 후 역할을 바꾼다.

② 근육 터치를 통한 몸 감각 깨우기

- A는 엎드린 상태에 있고, B는 손가락, 손바닥, 주먹, 주먹 쥔 상태에서의 손등 뼈, 손이 아닌 다른 신체 부위를 활용해서 경추, 척추, 요추 뼈 주위의 근육들을 다양한 방식으로 활성화시킨다.

③ 호흡을 통한 움직임 활성화

- 각자 자신의 공간에서 눈 감고 누워서 손길이 지나간 자리에 숨결을 불어넣으면서 상상 움직임을 한 다음, 바닥 공간과 만나는 몸의 부위를 계속 바꾸면서 실제로 움직임을 한다. 마음에 드는 공간에 누워서 호흡과 함께 휴식을 취하면서 생소한 느낌, 익숙한 느낌, 편안한 느낌, 불편한 느낌이 드는 신체 부위를 자각한다.

2) 주제

① 신체 부위 활성화

- 글씨체의 종류에 대해 최대한 많은 아이디어를 수집한다.
- 여러 글씨체를 용지 1에는 오른손만 이용해서 쓰기, 용지 2에는 왼손만 사용해서 쓰기, 용지 3에는 오른손과 왼손을 동시에 사용하기 순으로 6자 이상의 단어나 문장을 기록한다. 매번 느낌이 어떤지 한 단어로 기록한 다음, 3개의 용지를 나란히 놓고 느낌 단어들을 연결해서 그룹원들에게 소개한다.

② 신체 부위 움직임 통합

- 3인 1조가 하나의 그룹이 되어 A, B, C 역할을 정한다. A는 자리에 일어나서 자신을 둘러싼 공간 전체가 도화지라고 상상하면서 오른손과 왼손을 동시에 사용해서 연속적으로 이어지는 글자를 쓴다. 치료사는 다양한 글씨체를 활용하도록 안내한다. B는 A의 움직임을 도와주는 도우미다. A의 움직임을 관찰하면서 어색하거나 잘 움직여지지 않거나 사용되지 않는 부분을 말로 코칭한다. A는 B의 언어적 코칭을 따라 움직임을 확장한다. C는 B의 역할을 보완해 주는 도우미다. B가 A의 움직임 코칭에서 놓치고 있는 부분을 말로 보충해 준다. B는 C의 언어적 코칭을 따라 A의 움직임 코칭을 발전시킨다.

③ 이미지 상상을 통한 움직임 확장

- 3인 1조의 역할을 바꾼다. A는 움직이는 도화지와 꽃을 상상하면서 그림을 그린다. 이때 손에서 시작된 그림 그리기가 연속적으로 피어나는 꽃잎처럼 팔꿈치, 어깨, 등, 골반 등 다른 신체 부위로 이어진다. 치료사는 다양한 글씨체를 활용하도록 안내한다. B는 A의 움직임을 도와주는 도우미다. A의 움직임을 관찰하면서 어색하거나 잘 움직여지지 않거나 사용되지 않는 부분을 언어 대신, 자신의 몸을 사용해서 보여 주면서 코칭한다. A는 B의 신체적 코칭을 따라 움직임을 확장한다. C는 B의 역할을 보완해 주는 도우미다. B가 A의 움직임 코칭에서 놓치고 있는 부분을 언어 대신, 자신의 몸을 사용해서 보여 주면서 보충한다. B는 C의 신체적 코칭을 따라 A의 움직임 코칭을 발전시킨다.

④ 즉흥 춤의 창조

- A는 신체의 모든 부분을 골고루 다 사용해서 글씨와 그림을 그리다가 리듬을 넣어서 한 송이 꽃이 되어 춤을 춘다. B와 C는 A의 춤을 보면서 사용하지 않는 공간, 신체 부위, 방향, 흐름 등을 보완하는 춤을 추다가 서로 상호작용하면서 함께 피어나는 춤으로 발전시킨다.

⑤ 공연

- 각 3인 1조는 돌아가면서 즉흥 공연을 펼친다. 이때, 각 조에서 세 명의 역할 교대가 최대한 끊임없이 자연스럽게 이어져서 그 자체가 공연의 일부가 되도록 한다. 나머지 그룹원들은 관객이 되어 관람하면서 제목을 붙여 준다. 각 그룹의 공연이 끝날 때마다 소감과 제목을 나누어 준다.
- 그룹원 전체가 공연자가 되어 ④의 A, B, C 역할 중 마음에 드는 역할을 자연스럽게 바꾸어 가며 공연을 펼치다가 각자 마음에 드는 공간에서 한 번도 해 보지 않은 움직임으로 즉흥 춤을 춘다.

⑥ 신체 안정화 및 내면 인식

- 편안한 자리에 누워서 눈을 감고 머릿속으로 상상 춤을 춘다. 춤추는 자신의 모습을 A3용지에 그린 후, 떠오르는 느낌 단어나 생각 단어들을 기록한다. 단어들이 어떻게 바뀌었는지, 어떤 공통점이 있는지를 생각한다.

3) 마무리

① 소감 나누기

- 그룹원들과 A3 용지에 그려진 그림과 단어들, 변화나 공통점을 나눈다.

② 마무리 인사

- 그림 속에 표현된 춤추는 나를 조각해 보이면서 마무리 인사를 한다.

6 유의점 및 치료사 역할

- 워밍업에서 타인의 민감한 신체 부위는 터치하지 않도록 주의를 주거나, 터치받기 싫은 부위는 미리 요청하도록 안내를 한다.
- 주제 ①에서 추사체 등 글씨체 이름을 말하면 알아듣기가 어렵기 때문에 치료사의 상상력을 발휘해서 휘날리는, 각이 있는, 삐뚤삐뚤한 등의 형용사로 지시어를 주어야 한다.
- 주제 ②에서 사용하지 않은 신체 부위나 움직임을 최대한 탐색하도록 충분한 시간을 준다. 몸의 감각이 깨어날수록 몸의 주체적 표현력이 향상되어 창의적 움직임의 발현도 확장된다.
- 주제 ③에서 B는 A, C는 B의 움직임 보완을 자신의 몸을 사용해서 하다 보면 자연스럽게 서로 간에 상호작용이 일어나게 된다. 낯설고 다소 복잡할 수 있는 움직임에 적응하다 보면 개인의 고착화된 패턴에 변화가 생겨난다.

SOMATIC
PSYCHOTHERAPY
TECHNIQUES AND
APPLICATIONS

제15장

감정 인식

　감정은 지혜롭게 처리되어야 한다. 그렇지 않으면 감정에 의해 휘둘리는 노예의 삶을 살게 된다. 감정에는 부정적인 감정과 긍정적인 감정 두 종류가 있다. 주로 문제를 일으키는 것은 부정적인 감정으로, 마음을 파괴하는 치명적 독(毒)이다. 제때 처리하지 않으면 차곡차곡 쌓이다가 몸과 마음에 병을 일으킨다. 마음의 건강은 부정적인 감정이 처리되어야 회복될 수 있다. 그 첫 단계는 감정 인식이다. 감정 인식은 감정에 대한 알아차림이다. 어떤 종류의 독인지 알아야 몸을 해독(害毒)할 수 있듯이, 어떤 종류의 감정인지 알아야 마음을 해독할 수 있다. 감정 인식은 어두움으로 뒤덮인 마음 구석구석에 서치라이트를 비추는 일이다. 뒤죽박죽 뒤엉켜 덩어리진 감정에 명확한 이름을 짓는 일이다. 무의식을 의식화하는 일이다. 알아차리면 내가 감정을 마음대로 할 수 있지만, 알아차리지 못하면 감정이 나를 마음대로 한다.

　그러나 마음속에 들어 있어서 눈에 보이지 않는 감정을 알아차리기란 쉽지 않다. 신체심리치료는 감정을 교육하는 탁월한 접근이다. 마음속에 감추어진 감정은 몸을 통해 드러나기 때문이다. 몸을 통해 마음속에 들어 있는 감정을 바깥으로 끄집어내어 눈으로 보게 하면, 아무리 감정 인식 불능자라 하더라도 감정 인식이 가능하다. 눈에 보이니 인식은 저절로 된다. 인식된 감정은 표현할 수 있고, 표현된 감정을 처리할 수 있다. 이는 필자가 2010년에 개발해서 2023년 현재 120차까지 진행해 온 '이모션 코칭(Emotion Coaching)'의 핵심 개념이다. 여기서 주된 기법은 자세(Posture)다. 몸 전체를 움직이거나 형태를 바꾸면 전체적인 분위기(Mood)가 변한다. 마음속에 들어 있어 보이지 않는 감정을 몸으로 조각해서 보여 주면 누구나 감정을 읽고 이름을 붙일 수 있다.

1.
감정 조각

1 영역: 정서

2 주제: 감정 인식 및 표현

3 목표

① 자유로운 신체 표현력을 확장한다.

② 감정을 명명할 수 있다.

③ 부정적 감정단어의 종류를 학습한다.

④ 부정적 감정을 명확히 인식한다.

⑤ 자신의 감정을 인식하고 언어로 표현한다.

4 준비물: 1칸 라벨지, 볼펜

5 방법

1) 워밍업

① 무브 & 스톱을 통한 신체 표현 증진

- 2인 1조가 되어 역할 A와 B를 정한다. A는 검지손가락으로 자유롭게 위치를 정해 정지하고, B는 멈춰 있는 A의 손가락에 자신의 검지손가락을 댄다.

② 방향 전환을 통한 신체 표현 변형

- A는 앞뒤좌우 360도의 모든 공간을 활용해서 검지손가락의 위치를 변형한 후 정지하고, B 는 몸 전체를 이동하면서 A의 손가락에 자신의 손가락을 댄다.

③ 방향과 속도, 공간 이동을 통한 신체 표현 확장

- A는 방향과 속도의 변화에다 공간 전체를 이동하면서 손바닥을 정지시키고, B는 A의 손바 닥에 자신의 손바닥을 댄다.

④ 호흡을 통한 신체 이완

- 편안하게 앉아서 눈을 감고 서로의 손바닥을 대고 호흡을 한다.

2) 주제

① 자세 변형

- 2인 1조가 되어 조각가와 조각품 역할을 정한다. 조각가는 조각품의 몸을 손가락과 손바 닥을 사용해서 변형하고, 조각품은 조각가가 조각해 주는 대로 몸을 맡겨서 정지한다.

② 자세 변형을 통한 감정 인식

- 조각가는 손가락과 손바닥을 사용해서 감정이 드러나도록 몸의 모양을 변형하여 조각해 서 멈추고, 조각품은 조각가가 조각해 주는 대로 몸을 맡긴 후 정지한다.
- 조각가는 완성된 자기 조각품들을 보면서 감정이 드러나는 제목을 정해서 조각품의 몸에 붙인다. 조각가들은 돌아다니면서 전시된 조각품을 감상한 후, 느껴지는 감정 단어들을 스티커에 써서 조각품에 붙인다.

③ 감정 조각을 통한 감정 인식

- 조각가는 자기 조각품에게로 돌아와서 조각품에 붙어 있는 제목과 스티커를 뗀 다음, 가 지런히 정리한다. 조각가와 조각품은 서로의 감정 스티커들을 하나하나 소리 내어 읽어 준다.
- 감정 디자이너라고 상상하면서 전지에 두 사람의 감정 스티커를 배열한 후 어울리는 장식 을 한 다음, 마음에 드는 공간에 전시한다. 그룹원들은 돌아다니면서 감정 단어들을 감상 한 후, 각자 마음에 드는 감정 단어 하나를 선택한다.

④ 감정 연기를 통한 감정 체험
  - 5인 1조로 그룹을 형성한 다음, 그룹원 중 한 명은 촬영감독, 나머지는 감정을 연기하는 배우의 역할을 맡는다. 치료사는 3분짜리 비디오를 촬영할 것이라고 안내한다.
  - 배우들은 서로 연결된 상태에서 각자의 감정 단어를 스스로 조각한 다음, 포즈를 취한다. 감독이 큐 사인을 주면 살아 있는 조각상이 되어 감정 조각을 계속 변형시키면서 천천히 움직인다.
  - 한 그룹씩 돌아가며 공연을 하고, 그룹원들은 관객이 되어 감상한 후 제목을 붙여서 공연 그룹에게 선물한다.

⑤ 합동 즉흥 춤 공연
  - 각 그룹끼리 선물 받은 제목에 따라 떠오르는 이미지대로 춤을 추다가 전체 그룹이 합류해서 합동 공연을 펼친다. 서서, 앉아서, 누워서 순으로 숨을 쉬면서 현재의 느낌을 정리한다.

3) 마무리

① 소감 나누기
  - "감정 단어 인식에 일어난 변화는? 나의 감정 단어는? 나의 감정 단어를 만난 느낌은? 타인의 감정 조각을 바라본 느낌은? 공연한 느낌은 어땠는지?" 등 치료사의 질문을 토대로 소감을 나눈다.

② 마무리 인사
  - 그룹원 각자 소감을 한 단어로 바꾸어서 손동작만으로 표현하면 그룹원들이 따라 하면서 마무리 인사를 한다.

6 유의점 및 치료사 역할

- 그룹원 간 친밀감이 형성되었을 때 정서를 다룰 수 있다. 첫 회기부터 다루지 않도록 유의한다.
- 연령이 어릴 경우, 감정 단어 자체보다는 감정을 표현할 수 있는 구체적인 상황이나 동물 이미지를 활용한다.

- 워밍업에서의 움직임은 주제로 진입하기 위한 준비 단계다. 자유로운 몸의 표현이 일어나야 주제에서의 감정 조각이 가능하다. 때문에 적절한 지시어를 통해 단계마다 섬세하게 몸으로 다양한 형태를 만들어 보도록 한다.
- 워밍업과 주제에서 손을 사용한 신체 접촉이 있다. 존중하면서 천천히 부드럽고 섬세하게 움직이도록 안내한다.
- 감정을 인식하고 표현하는 정도까지만 진행한다. 혹시 정서적인 작업이 일어날 경우, 진행자는 공감을 통해 따스하게 마무리한다. 감정을 깊숙이 파고들지 않도록 한다.

2.
감정카드 놀이

① 영역: 정서

② 주제: 감정 인식

③ 목표

① 자유로운 신체 표현력을 높인다.

② 감정단어표현의 다양성을 넓힌다.

③ 감정을 머리뿐만 아니라 몸으로 명확히 이해한다.

④ 타인의 감정을 몸으로 경험하며 공감의 토대를 형성한다.

④ 준비물: 그림 도구, 전지(각 조당 1장), A4 용지(개인당 5장)

⑤ 방법

1) 워밍업

① 슬로우 워킹을 통한 신체 이완

- 각자 산책하듯 천천히 걸으면서 몸 풀기, 서로의 사이를 천천히 걷기, 천천히 걸으면서 자신에게 "스톱" 하면 멈추고 "고(Go)" 하면 걷기, 천천히 걸으면서 그룹원 중 누군가가 손으로 "스톱" 사인을 주면 멈추고 "고" 사인을 주면 걷기 순으로 진행한다.

② 퀵 워킹을 통한 신체 활성화

- 빠른 속도로 걷다가 파트너를 만나 둘 중 누군가가 손으로 "스톱" 사인을 주면 멈추고 "고" 사인을 주면 걷기, 좀 더 빠른 속도로 걷다가 파트너를 계속 바꾸면서 누군가가 손으로 "스톱" 사인을 주면 멈추고 "고" 사인을 주면 걷기, 가장 빠른 속도로 걷다가 파트너를 계속 바꾸면서 파트너와 상호작용하기, 각자 몸 전체를 사용하여 춤추듯 걷기 순으로 진행한다.

② 신체 안정화

- 마지막 만난 파트너와 서 있는 상태와 앉은 상태에서 손으로 연결하여 들숨과 날숨에서 길게 스트레칭한다. 파트너와 분리하여 각자 누운 상태에서 눈을 감고 들숨과 날숨에서 몸 전체가 길게 늘어나는 모습을 상상한다.

2) 주제

① 감정 카드 제작과 감정 단어 인식

- 5인 1조 한 그룹을 구성한 다음, 그룹별로 A3 용지에 최대한 많은 부정적 감정 단어를 수집한다. 이때, 행동 단어나 중복 단어는 없앤다. 그룹별로 수집한 감정 단어로 감정 카드를 만든다. A4 용지 한 장에 감정 단어를 하나씩 기록한 후, 그 감정을 상징하는 글씨체, 색, 무늬, 마크 등을 활용해서 장식한다.

② 감정 카드 게임

- 두 팀으로 나누어 한 팀은 퀴즈를 내는 판정단, 다른 팀은 퀴즈를 맞추는 감정 달인 역할을 한다.
- 판정단은 회의를 통해 치료사, 채점자, 타이머 역할을 정한다. 치료사는 양팀이 제작한 감정 카드를 섞은 다음 감정 카드에 적혀 있는 감정 이름을 카드순으로 부르고, 채점자는 3분 안에 감정 단어를 몇 개 맞혔는지 헤아리고, 타이머는 3분의 시간을 잰다.
- 감정 달인팀은 조각가와 감정 캐처 역할을 줄을 선 순서대로 번갈아 가며 한다. 조각가는 자신의 감정을 조각하고, 감정 캐처는 감정 단어를 알아맞힌다. 감정을 많이 맞히는 팀이 승리한다.

③ 그룹 즉흥 춤

- 감정 카드 전체를 바닥에 흩어 놓으면, 그룹원들은 감정 카드를 구경하다가 자신에게 가

장 끌리는 감정 카드 하나를 고른다.
- 5인 1조로 그룹을 만든 다음, 주인공 한 명을 정한다. 주인공은 원 가운데 서서 자신이 선택한 감정 카드를 보여 주고, 나머지 네 명의 그룹원은 자연스럽게 서서 주인공의 감정 카드를 춤으로 표현한다. 주인공은 그룹원들 사이를 지나다니면서 마음에 와닿는 그룹원의 춤을 따라 하고, 그룹원들이 주인공의 춤을 따라 하기도 하면서 어울림의 춤을 춘다.

④ 안정화
- 현재의 느낌을 5인 1조 집단화로 그린다. 순서를 정해서 1번이 그린 후, 2번이 이어서 그리는 식으로 5번까지 진행한다. 해당 순서의 그룹원이 그림을 그릴 때 나머지는 그림의 변형과 발전을 조용히 바라본다. 완성된 그림의 느낌을 손의 터치로 표현한다.

3) 마무리

① 소감 나누기
- "알게 된 감정 단어는 무엇인가? 감정 카드 게임에서 감정을 표현할 때의 느낌은? 타인의 감정 카드로 춤출 때 느낌은? 감정 기억이 떠오를 때는? 그리고 집단화를 보면서 드는 느낌은?" 등 치료사의 질문을 토대로 소감을 나눈다.

② 마무리 인사
- 5인 1조에서 전체가 둥글게 모여 앉으며 서로의 몸을 부드럽게 빗자루로 쓸듯 쓸어내리고, 쓸어 올리면서 마무리 인사를 한다.

6 유의점 및 치료사 역할

- 아동을 포함해서 몸을 자유롭게 움직여 본 경험이 거의 없는 일반인을 주제까지 진입시키기 위해서는 워밍업 단계에서의 준비 과정이 매우 중요하다. 천천히 혼자, 고정 파트너, 파트너를 바꾸며, 점점 빨리, 가장 빨리 등 점진적으로 섬세하게 제시된 지시어를 따라가다 보면 어느새 자유롭게 몸을 움직일 수 있다. 치료사는 각 단계의 지시어가 어떻게 바뀌고 있는지 숙지하고 생략하지 않도록 유의해야 한다.
- 연령이 낮은 집단의 경우, 걸음의 속도를 '거북이처럼, 치타처럼' 등 동물 이미지를 활용해서 표현하게 할 수 있다. 그러나 성인 집단의 경우, 동물 이미지는 오히려 수준에 맞지 않

다 여겨서 움직임을 방해할 수 있음에 유의해야 한다.

- 주제 진행 시 전체 인원수에 따라 그룹 수를 나누되, 각 그룹당 5명 이하가 되지 않도록 한다.

- 주제 ②에서 감정 카드 게임 진행 시, 팀 안에서 여러 방식의 진행 형태가 나온다. 치료사는 개입을 최소로 하면서 각 그룹이 선택한 방식을 존중하도록 한다.

- 주제 ②에서 감정 카드 게임 진행 시, 감정 단어를 잘 맞히지 못하면 잠시 작전 타임을 줄 수도 있다. 이때, 무엇을 필요한지 의논하면서 감정 단어들을 몸으로 익히도록 한다.

- 주제에서 치료사는 경쟁을 유발하지 않도록 유의한다. "누가 얼마나 많이 맞혔냐"는 결과보다는 "감정 단어를 얼마나 알고 있었는지, 표현할 때는 어땠는지, 감정 단어를 맞힐 때 어려움은 없었는지, 춤출 때 느낌은" 등과 같이 과정에 초점을 맞추어 질문해야 한다.

3.
퀴즈 & 퀴즈

1 영역: 정서

2 주제: 감정 인식

3 목표

① 관찰력을 향상한다.

② 몸의 변화를 포착하는 섬세한 능력을 개발한다.

③ 알아차림 감각을 활성화한다.

④ 표현력을 증진한다.

⑤ 감정 인식력을 기른다.

4 준비물: 볼펜, A4 용지

5 방법

1) 워밍업

① 신체 이완 움직임

- 각자 눈을 감고 제자리에 서서 발뒤꿈치를 바닥에서 들었다 내렸다를 반복한다. 처음에는 작게 시작했다가 점차 크게 들었다 내렸다 한다.

- 발뒤꿈치에서 시작된 흔들림이 무릎, 허리, 등, 목, 어깨, 팔꿈치, 손목, 손, 몸 전체 순으로 자연스럽게 확장되도록 한다. 몸이 충분히 유연해졌으면 두 사람씩 마주 보고 몸 전체를 흔든다. 이때, 파트너의 몸을 유심히 관찰하면서 흔들리지 않는 부위가 있으면 과장해서 흔들어 주고, 과장된 흔들림을 따라 한다.

② 리듬 변형을 통한 즉흥 춤

- 지금의 파트너와 상호작용하면서 흔들리는 리듬을 자유롭게 변형하다가 자유롭게 이동한다. 2명, 4명, 6명 등 전체가 하나의 원이 될 때까지 그룹원의 숫자를 늘려 가면서 리듬을 변형하며 춤춘다. 전체 원이 완성되면 주인공 한 명을 원 가운데에 초대한다. 주인공은 자신만의 리듬으로 춤추고 나머지는 따라하는데 적당한 시점에서 주인공이 또 다른 주인공을 초대한 후, 초대된 그룹원의 자리에 선다. 모든 그룹원이 주인공이 될 때까지 반복한다.

③ 보디스캔을 통한 알아차리기

- 각자 바닥에 누워서 눈을 감고 호흡을 하면서 마음의 눈으로 자기 몸을 바라본다. 그룹원들은 돌아가며 "심장이 펄떡거립니다" "얼굴에 열이 납니다" "발바닥이 화끈거립니다" "숨이 찹니다" 등 몸과 마음의 변화를 인식하면서 자신만 들을 수 있는 작은 목소리로 자신에게 생중계한 다음, 편안하게 쉰다.

2) 주제

① 과장된 움직임 알아차리기

- 3인 1조 파트너가 되어 무버(Mover), 아나운서, 관찰자 역할을 정한 후 각자 다음의 역할을 한다.

무버	제자리에서 움직이고 싶을 때 아나운서가 생중계를 잘할 수 있도록 몸을 과장되게 움직이고 멈추기를 반복한다.
아나운서	생중계하듯 무버의 변화된 움직임을 포착해서 "고개를 갸웃했습니다" "오른쪽 눈을 찡긋했습니다" 등의 말로 정확하게 표현한다.
관찰자	무버의 변화된 움직임에 대한 아나운서의 생중계가 정확한지, 빠뜨리거나 잘못된 표현은 없는지 관찰한다.

② 불명확한 움직임 알아차리기

무버	제자리에서 움직이고 싶을 때 아나운서가 생중계를 잘할 수 없도록 작고 미세하게 몸을 움직이고 멈추기를 반복한다.
아나운서	생중계하듯 무버의 변화된 움직임을 포착해서 "고개를 갸웃했습니다" "오른쪽 눈을 찡긋했습니다" 등의 말로 정확하게 표현한다.
관찰자	무버의 변화된 움직임에 대한 아나운서의 생중계가 정확한지, 빠뜨리거나 잘못된 표현은 없는지 관찰한다.

• 역할이 끝난 후 소감을 나눈다.

③ Before & After 움직임 알아차리기

무버	무버는 아나운서에게 포즈를 취해서 보여 준 후 아나운서가 뒤돌아볼 때 작고 미세하게 움직인 후 멈춘다.
아나운서	아나운서는 무버의 몸을 잘 관찰한 후 뒤돌아서 있다가 관찰자가 "오케이" 사인을 주면, 무버의 몸 중에서 변화한 부분을 찾아서 말로 정확하게 표현한다.
관찰자	아나운서를 도와주면서 동시에 무버의 움직임과 아나운서의 생중계가 정확한지, 빠뜨리거나 잘못된 표현은 없는지 관찰한다.

• 역할이 끝난 후 소감을 나눈다.

④ 집단 움직임 알아차리기

• 4인 1조씩 한 그룹이 되어 두 팀을 만든 후, 무버팀과 아나운서팀을 정한다. 나머지 그룹원들은 관찰자가 된다.

무버	무버팀은 4명의 그룹원 누구든지 한 명씩 번갈아 가며 과장된 움직임과 미세한 움직임 둘 다를 사용해서 움직인 후 멈추기를 반복한다.
아나운서	아나운서팀은 무버팀의 움직임 변화가 관찰되는 대로 그룹원 전체가 똑같이 따라 하면서 몸으로 생중계한다.

⑤ 연속 동작으로 즉흥 춤추기

• 그룹원 각자 무버가 되어 움직임을 하기도 하고, 아나운서가 되어 무버의 움직임을 따라 하기도 하다가 각자 마음이 이끄는 대로 무버와 아나운서의 역할을 바꾸면서 춤을 추기도 하고 춤을 따라 하기도 한다. 최종적으로 한 사람을 고정 파트너로 정해서 춤을 추기도 하고 춤을 따라 하기도 한다. 손을 들었다 내렸다 하면서 천천히 서로의 호흡을 가라앉혀 준다.

3) 마무리

① 소감 나누기

- "잘 관찰될 때와 그렇지 않을 때는 언제였는지? 그 이유는 무엇인지? 움직임 알아차리는 것이 어렵지 않았는지? 움직임을 잘 알아차리기 위해 필요한 것은 무엇이었는지? 나의 알아차림 감각은?" 등 치료사의 질문을 토대로 각자 소감글을 작성한 다음 나눈다.

② 마무리 인사

- 그룹 안에서 가장 많이 나온 한 단어를 찾아낸 후 동작으로 만들어 마무리 인사를 한다.

⑥ 유의점 및 치료사 역할

- 눈에 보이지 않는 감정을 인식하기는 어렵다. 그러나 눈에 보이는 몸을 인식할 수 있으면 감정 인식은 훨씬 쉬워진다. 난도를 높여 가며 몸을 바라보고, 관찰하며, 표현하기를 반복한다. 이를 통해 결국 알아차림의 힘을 기른다.
- 워밍업에서 신체 이완 움직임의 경우, 몸의 연계성을 고려하여 시작 리듬이 온몸으로 자연스럽게 확장되도록 몸의 구조를 따라 차례대로 안내한다. 예를 들어 머리, 발, 손목 순은 어색하고 불편하다. 연못에 던진 돌멩이 하나가 연속적으로 일으키는 파장을 떠올리며 진행한다. 이때, 흔들리는 리듬에 어울리는 음악을 제공해야 한다.
- 워밍업에서 리듬 변형을 통해 즉흥 춤으로 이어지기까지 집단의 재미와 자발성과 창조성이 방해받지 않도록 음악이나 진행이 끊어지지 않도록 유의해야 한다.
- 주제에서 알아차림의 각 단계는 점차 난도가 높아지도록 구성되어 있다. 치료사는 각 단계의 차이를 명확히 이해하고 진행한다. 그룹의 특성에 따라 몇 단계는 생략하거나 특정 단계에 집중할 수도 있다.
- 주제 마무리 시점에서의 즉흥 춤은 주제를 온몸으로 즐길 수 있도록 한다. 치료사는 최소한의 개입을 통해 그룹의 역동을 극대화시킨다.
- 소감 나누기는 각자 알아서 느낀 점을 나누기도 하지만, 치료사가 주제와 관련된 구체적인 질문을 제공함으로 몸의 경험을 명료화시키기도 한다. 그룹의 특성에 맞게 선택해야 한다.

4.
마음 기상예보

1 영역: 정서

2 주제: 감정 인식 및 표현

3 목표

① 긍정 감정과 부정 감정을 분류할 수 있다.

② 자기 감정에 대한 인식력을 증진한다.

③ 감정 수위를 몸으로 경험하면서 감정 인식을 구체화한다.

④ 감정에 대한 몸 감각을 기른다.

⑤ 감정 처리 능력을 높인다.

4 준비물: A4 용지 크기의 두터운 흰색 마분지(개인당 10장), 색사인펜, 색테이프, 그림 도구, A3 용지(개인당 1장), 시폰으로 된 색깔천(개인당 1개)

5 방법

1) 워밍업

① 색깔천을 이용한 신체 이완

- 색깔천을 가지고 자유롭게 논다. 2인 1조로 색깔천을 사용하여 스트레칭을 한다. 양손에 색깔천을 하나씩 들어서 한 가운데를 두 번 꼰 다음, 팽팽한 상태를 유지할 정도로 잡아당

거서 몸통의 모양을 변형하고 멈추기를 반복한다. 4인 1조, 6인 1조, 전체 순으로 그룹을 확장해 가면서 같은 방식으로 스트레칭한다.

② 색깔천 움직임 탐색

- 그룹 전체가 색깔천으로 연결된 상태에서 한 명씩 순서대로 돌아가며 "오른손 들어, 왼손 내려" "오른쪽으로 돌아" "소리 질러" "제자리에서 돌아"와 같은 단순한 움직임을 하나씩 지시한다. 나머지 그룹원들은 지시대로 움직인다. 6인 1조, 4인 1조, 2인 1조 순으로 그룹원의 수를 점차 줄이면서 같은 방식으로 움직인다.

③ 색깔천을 이용한 즉흥 춤

- 2인 1조가 되어 관객과 공연자 역할을 정한다. 공연자는 색깔천을 들고 관객 주위를 돌아 다니면서 단 한 명의 관객을 위한 춤을 추고, 관객은 공연자를 바라보며 감상한다. 역할을 바꾼 다음, 공연자와 관객은 색깔천 속으로 함께 들어가 누워서 현재 기분이 어떤지를 나눈다.

2) 주제

① 소도구 제작 및 탐색

- 그룹원 각자 총 10개의 기분 날씨 카드를 만드는데, 5개는 기분 좋음을 나타내는 맑음 카드, 5개는 기분 안 좋음을 나타내는 흐림 카드로 준비한다.
- 맑음 카드에는 최근 몇 주간 기분이 좋았던 사건들을 떠올리면서 얼굴 표정을 그린다. 흐림 카드에는 최근 몇 주간 기분이 좋지 않았던 사건들을 떠올리며 얼굴 표정을 그린다. 이때, 카드 한 장에 한 가지 표정만 그린다. 각각의 얼굴 표정이 나타내는 감정에 어울리도록 선, 색, 디자인 등으로 장식한다.
- 완성된 카드를 보면서 맑음 카드에 약간 맑은에서 가장 맑은 순서로 1부터 5까지 번호를 기록하고, 흐림 카드에 약간 흐린에서 가장 흐린 순서로 1부터 5까지 번호를 기록한다.

② 감정 분류 몸 놀이

- 색테이프로 공간 한 가운데 선을 그은 다음, 두 개의 방을 만든다. 전체를 2팀으로 나누어 각 팀별로 들어간다. 치료사는 기분 날씨 카드를 전부 모아서 무작위로 섞은 다음, 양쪽 방에 흩어 놓는다.

- 치료사가 "맑음"이라고 말하면 치료사가 "스톱"이라고 할 때까지 양 팀은 재빨리 맑음 카드를 최대한 많이 모아서 자기 방에 가지런히 정리한다. 이때, 상대 팀 방에 들어가서 가져오는 것은 되지만, 이미 가진 것을 빼앗으면 안 된다.
- 그룹원 전체가 함께 '맑음' 개수를 헤아려 어느 팀이 이겼는지 판정한다. 이긴 팀은 자기 방에서 기분 날씨 카드를 전부 모아서 섞어서 흩어 놓은 다음, '흐림'이나 '맑음' 중 원하는 카드를 부르고 양 팀은 이와 같은 방식으로 4~5차례 반복한다. 채점자는 점수를 매긴다.

③ 감정 조각 움직임을 통한 감정 수위 인식

- 두 개의 방 중 맑음방과 흐림방을 정한 후, 각 방에 해당되는 기분 날씨 카드를 놓아 둔다. 이긴 팀이 먼저 원하는 방에 들어간다.
- 맑음방 팀은 맑음 카드에 기록된 감정 수위와 얼굴 표정을 보면서 유추한 감정 단어를 말한다. 감정 수위는 처음에는 순서대로, 나중에는 순서 없이 말한다. 흐림방 팀은 서로 가까이 모인 상태에서 맑은방 팀이 부르는 대로 몸으로 표현한다.
- 치료사가 "역할 체인지"라고 말하면 흐림방 팀은 흐림 카드에 기록된 감정 수위와 얼굴 표정을 보면서 유추한 감정 단어를 말한다. 감정 수위는 처음에는 순서대로, 나중에는 순서 없이 말한다. 맑음방 팀은 서로 가까이 모인 상태에서 흐림방 팀이 부르는 대로 몸으로 표현한다.

④ 감정 표현 즉흥 춤

- 치료사가 "방 체인지"라고 말하면 방을 바꾸어서 몸으로 감정을 표현한 다음. 각자 원하는 대로 맑은방과 흐림방을 왔다 갔다 하면서 감정 표현의 핵심적인 움직임에 리듬을 넣어서 춤을 춘다. 다른 그룹원의 감정 춤을 보면서 따라 하기도 하고 함께 추기도 한 다음, 각자 마음에 드는 방에 머물면서 감정 춤을 이어 간다.

⑤ 안정화 및 정리

- 바닥에 누워서 눈을 감고 호흡하면서 천천히 감정 춤을 이어 가다가 마무리한다. 현재의 감정을 A3 용지에 단어와 색깔로 표현한 다음, 색깔천을 덮고 누워서 쉰다.

3) 마무리

① 소감 나누기

- A3 용지에 표현된 단어와 색깔을 나눈다. 이때, 감정 수위를 표현하고 경험하고 바라볼 때 어떠했는지, 감정 단어를 만났을 때, 감정 춤을 추었을 때 등 치료사의 질문을 토대로 소감을 나눈다.

② 마무리 인사

- 색깔천에 현재의 느낌을 담아 춤추거나 흔들면서 마무리 인사를 한다.

6 유의점 및 치료사 역할

- 시폰 천으로 만들어진 색깔천을 준비한다. 시폰 천은 가볍고, 부드럽고, 색감이 좋아 남녀노소가 누구나 좋아하는 소도구다. 손에 쥐는 순간 놀고 싶은 강력한 욕구가 올라온다. 천을 흔들며 춤추고 싶어지기도 한다. 이 자연스러운 충동이 소도구가 활용되는 궁극적인 이유다. 단, 밟으면 미끄러져 다칠 수 있기 때문에 바닥에 두지 않도록 유의해야 한다.
- 워밍업 단계에서 색깔천을 활용한 즉흥 춤은 긍정적 정서를 다감각적으로 경험하게 한다. 인상 깊은 긍정 정서의 경험은 부정 정서와 구별되어 정서 인식력을 높인다.
- 시판하는 감정 카드와 직접 제작한 감정 카드는 완전히 다르다. 감정 카드를 제작하는 과정 자체가 시각, 인지, 몸 감각이 총동원되어 감정을 인식하게 되는 과정이다. 특히 몸 전체가 아닌, 표정을 그려 넣으면서 감정 인식이 보다 명료하고 섬세해진다. 누가 더 잘 그리는가를 보는 그림 경연대회가 아니므로, 그림의 완성도보다 그림 속 표정에 담긴 기분이 잘 드러나면 됨을 강조한다.
- 주제 ②의 감정 분류 몸 놀이에서 긍정 부정을 분류하기 위해 감정 단어를 여러 번 읽어야 하고, 분류하기 위해 생각해야 하며, 가져오기 위해 몸을 움직여야 한다. 게임처럼 몰입해서 놀다보면 몸으로 체화된 학습의 결과가 교육 현장에서 즉시 나타난다. 이때, 치료사는 언제나 게임을 위한 게임이 아닌, 인식의 과정을 위한 게임임을 기억해야 한다. 교육자의 생각이 세션 전체에 흐르고, 이는 대상자의 생각을 결정지을 정도로 중요하기 때문이다.
- 치료사는 리듬성이 좋은 음악을 미리 준비해야 한다. 주제 ③의 감정 표현 움직임에 리듬을 넣어 춤이 탄생하는 과정은 언제나 경이롭다. 이는 마치 값싼 재료로 금을 만드는 연금술과 같다. 일반인들은 춤을 추지 못할 것이라는 편견과 오해가 여지없이 깨지는 순간이

다. 춤을 추는 순간, 우리는 모두 춤꾼이 된다. 자유로운 자신만의 춤을 출 때는 농축되어 온 주제의 깨달음이 온몸으로 퍼지며 흡수되는 순간이다. 즐거움과 재미와 희열이 찾아온다. 배움의 즐거움에 의해 몸의 기억력은 최고로 발현된다. 춤은 이 모두를 가능하게 하는 촉매제다.

⑥ 아동에게 적용할 경우, 주제 ③의 감정 수위 표현은 다소 힘들 수 있다. 수치를 1~3까지로 줄이거나, 치료사가 모델링해 주거나, 영상을 보여 주거나, 동물 이미지를 활용할 수도 있다.

제16장

감정 표현

감정 표현은 자신이 느끼는 감정이나 기분을 적절한 상황에서 적절한 방법으로 표현하는 능력을 말한다. 감정을 느끼는 것과 표현하는 것은 구분해야 한다. 예를 들어, 화가 났을 때 화가 났음을 전달하는 것, 그리고 화를 내는 것은 다르다. 감정 표현은, 첫째, 긍정적이든 부정적이든 감정을 느끼거나 표현하는 것이 나쁜 일이 아님을 인식하고 수용하고, 둘째, 감정을 언어나 몸을 통해 적절한 방식으로 표출하고 전달하는 내용을 포함하고 있다. 이때, 적절한 방식이란 표현 방법이 자신의 감정과 기분을 정확히 담아내고 있는지, 표현 정도가 적절한지, 표현 기술이 세련되었는지, 표현 대상이 정확한지, 표현을 상대방이 무리 없이 받아들이는지를 말한다.

부정적 감정은 적절한 표현을 통해 제때 처리되지 않으면, 마음 안에 축적되어서 무의식에 저장된다. 일단 감정이 억압되어 무의식화하면 성격이나 인격을 왜곡시킬 뿐만 아니라, 감정이 통제 불능 상태가 되어 관계에 많은 문제를 불러일으킨다. 어른처럼 방어기제가 작동하지 않는 아동은 순식간에 마음의 병으로 발전한다.

신체 표현은 정서 표현이다. 감정이 저장된 몸은 감정 표현의 가장 효과적인 수단이다. 특히 한시도 가만있지 못하는 아동은 온몸이 에너지 덩어리다. 움직임을 통해 사용된 에너지는 사라지고 없지만, 움직임이 없어 사용되지 못한 에너지는 쌓이다 부정적 정서로 전환된다. 움직임을 통해 운동 에너지를 사용하는 것만으로도 부정적 감정은 표현되어 처리된다. 이 장에서는 Laban의 에포트(Effort)와 이미지(Image), 리듬(Rhythm)을 기반으로 움직임의 질적 변화를 다양하게 시도한다. 오랫동안 억압된 감정이 담겨 패턴화된 몸의 움직임이 자유로워질수록 감정 표현도 풍부하고 자연스러워진다.

1.
감정 디톡스

1 영역: 정서

2 주제: 감정 표현

3 목표

① 신체 인식을 통해 감정 인식력을 증진한다.

② 자유로운 신체 표현을 통해 에너지를 발산한다.

③ 움직임의 질적 변화를 통해 다양한 정서를 경험한다.

④ 효과적인 감정 표현력을 증진한다.

⑤ 몸을 통한 자연스러운 감정 표현의 긍정적 효과를 경험한다.

4 준비물: 공간 크기 대비 그룹원 한 명이 자유롭게 움직일 정도의 크기로 자른 뽁뽁이(개인 당 1개), 다양한 색깔의 색테이프, 2칸짜리 라벨지 명찰, 넓은 공간

5 방법

1) 워밍업

① 접촉을 통한 몸 감각 깨우기

- 치료사는 그룹원 전체에게 미용실 놀이에 대한 안내를 한 후, 미용실에서 무엇을 하는지 질문을 하여 최대한 많은 아이디어를 수집한다. 2인 1조가 되어 마음에 드는 공간을 정해

서 미용실을 차리고 미용실 이름과 미용사와 손님 역할을 정한다

- 미용사는 그룹원들이 낸 아이디어 중에서 마음에 드는 한 가지를 골라서 단계를 최대한 많이 세분화해서 손님에게 실행한다. 머리 감기기를 예로 들면 손에 샴푸 묻히기, 머리에 구석구석 샴푸 바르기, 문질러서 거품 내기, 머리 밑 시원하게 긁기, 수건으로 머리 닦기, 손가락으로 머리 다듬기 등이다. 손님은 몸으로 좋다는 반응을 한다.

② 접촉을 통한 부위별 리듬 활성화

- 치료사가 신체 부위를 지정하면, 1단계는 각자 제자리에서 자기 신체 부위를 터치하고 터치되는 부위는 살아서 꿈틀거린다. 2단계는 파트너끼리 만나서 A가 B의 신체 부위를 부르면서 손으로 터치하면 B는 터치되는 부위를 꿈틀거리면서 움직인다. 3단계는 A가 B의 신체 부위를 부르면 B는 도망가고, A는 도망가는 B의 신체 부위를 손으로 터치한다. 4단계는 A가 B의 신체 부위를 부르면 B는 춤추며 도망가고, A는 도망가는 B의 신체 부위를 손으로 터치한다.

③ 신체 이완 및 안정화

- 4인 1조가 되어 눈을 감은 채 서로의 등에 기대어 앉는다. 등을 통해 전달되는 호흡 움직임을 인식하면서 같은 속도, 같은 리듬으로 숨을 쉰다. 치료사의 "무너져 내리세요" 지시에 따라 기댄 몸이 스스르 무너지면서 서로의 신체 중 한 군데에 체중을 실어서 휴식을 취한다.

2) 주제

① 소도구 탐색

- 그룹원 각자 뽁뾱이를 한 개씩 가져와서 좋아하는 색테이프로 고정시킨 다음, 다른 방과 뽁뾱이가 겹쳐지지 않도록 색테이프로 길을 만든다. 이때, 방과 방 사이를 걸어다닐 수 있을 정도의 간격을 둔다.
- 1단계, 발의 촉감을 이용해서 자기 방을 뽁뾱이가 터지지 않도록 가볍게 걷는다. 2단계, 발뒤꿈치, 앞꿈치, 한가운데, 바깥쪽, 안쪽, 발바닥 전체 등 발의 다양한 부위로 뽁뾱이가 터지지 않도록 자기방을 가볍게 걷는다. 3단계, 뽁뾱이를 밟지 않고 색테이프 길을 따라 걷는다. 이때, 다른 그룹원과 같은 길에서 만나면 가위바위보를 해서 이긴 사람이 길을 양보한다.

② 공간 이동을 통한 움직임 탐색

- 자기 방이 아닌 다른 방을 자유롭게 걸으며 이동한다. 이동 방식은, 1단계, 다른 방을 '뒹굴기, 기어가기, 슬라이딩, 점핑, 호핑 등 치료사의 다양한 지시에 따라 이동한다. 2단계, 치료사의 지시 없이 다른 방을 자신이 원하는 다양한 방식으로 이동한다. 3단계, 둘 혹은 셋씩 만나서 같은 방식으로 방을 이동한다. 4단계, 그룹원 중 누군가가 이동 방식을 지시하면 전체는 지정된 방식으로 방을 이동한다. 5단계, 치료사의 지시에 따라 발로 뽁뽁이를 터트리며 방을 이동한다.

③ 리듬과 소리를 이용한 즉흥 춤

- 1단계, 각자 자기 방에 와서 발로 자유롭게 뽁뽁이를 터트린다. 2단계, 뽁뽁이가 터질 때 나는 소리에 자신의 소리를 넣어서 빠른 속도로 터트리다가 리듬에 맞추어 소리와 함께 뽁뽁이를 터트린다. 3단계, 아직 터지지 않은 뽁뽁이를 소리와 함께 발 구르기로 춤추면서 모두 터트린다. 4단계, 뽁뽁이 없이 공간을 이동하면서 자유롭게 춤춘다. 이때, 치료사는 구름, 나비, 깃털, 민들레 홀씨처럼 가볍게 떠오르면서 자유롭게 날아다니는 느낌의 이미지를 제공한다. 마지막으로 3명, 4명, 5명⋯⋯ 전체 순으로 치료사가 그룹원의 숫자를 확장 지시하면 함께 평화의 춤을 춘다.

④ 신체 안정화 및 느낌 정리

- 자기 방에 누워 천천히 뒹굴면서 마지막 남은 뽁뽁이를 터트리다가 호흡하면서 천천히 움직임을 마무리한다. 현재 떠오르는 이미지가 무엇인지 머릿속으로 떠올려 본 다음, 자기 방 뽁뽁이와 색테이프를 활용해서 떠오르는 이미지를 표현해 본다.

3) 마무리

① 소감 나누기

- 각자 만든 뽁뽁이를 보여 주면서 "떠오른 이미지는 무엇이었나? 지금 현재 느낌은? 시원한 느낌이 드는 순간은? 소리를 들을 때 느낌은? 춤출 때의 느낌은?" 등과 같이 치료사의 질문을 토대로 소감을 나눈다.

② 마무리 인사

- 그룹원들을 한 명씩 만나 자신의 뽁뽁이로 하고 싶은 것을 하면서 마무리 인사를 한다.

6 유의점 및 치료사 역할

- 몸은 감정이 살고 있는 집이다. 몸의 움직임은 축적된 에너지의 방출이며, 억압된 정서의 배출이다. 움직임의 질적 변화는 내면의 정서 처리와 밀접한 관련이 있다. 뽁뽁이가 터지지 않도록 가볍게 걷는 움직임과 뽁뽁이가 터지도록 무게감을 실어서 발로 누르는 움직임이 정서 처리에 미치는 결과는 서로 다르다. 청소년들은 화가 나면 발에 무게를 실어서 쿵쿵거리며 걷는다. 이는 화를 표현하는 움직임이다. 세션 안에서 치료사의 진행하에 건강하고 안전하며 재미있게 억압된 정서를 표현하면 일상에서 감정 표현이 적절해진다.

- 워밍업 ②에서 터치할 때 같은 성끼리 파트너를 짓도록 한다. 시작하기 전에 싫은 접촉 부위가 있는지 물어보고 사전에 양해를 구하고 나서 활동에 들어간다. 워밍업 ③에서 소리는 정서 처리와 밀접한 관련이 있다. 건강한 아이들은 재미있게 놀 때 소리를 지른다. 마음껏 소리 지를 수 있도록 안내하여 에너지를 발산하도록 한다.

- 주제 ①에서 뽁뽁이의 크기는 매우 중요하다. 너무 작으면 탐색할 공간이 줄어들고, 너무 크면 탐색하기에 벅찰 수 있다. 공간 크기와 인원수, 연령을 고려해서 크기를 정하고 사전 리허설을 해 본다.

- 치료사는 이 움직임을 왜 하는지에 대한 정확한 학문적 지식을 가지고 있어야 한다. 주제 ③에서 움직임의 질 변형에 따라 감정 표현의 질도 달라진다. Laban의 동작 분석에 의하면, 발의 체중이 실리는 뽁뽁이 춤은 여덟 가지 기본 에포트 움직임(BEA) 중 누르기(Press)에 해당된다. '강한(Strong), 직접적인(Direct), 느려지는(Sustained)'이라는 특징을 가지고 있다. 이 세션에서는 빨라지는(Quick)도 추가로 사용되었다. 뜨기(Float)는 이와 대조적인 움직임이다. '가벼운(Light), 간접적인(Indirect), 느려지는(Sustained)'을 특징으로 한다. 구름, 나비, 깃털, 민들레 홀씨처럼 가볍게 떠오르면서 자유롭게 날아다니는 이미지다. 머릿속에서 그려진 상상 이미지는 뇌의 정보 전달 과정을 거쳐서 몸이 실행에 옮기고, 이때 움직임의 주체는 누르기와는 또 다른 감정을 경험한다. 평화의 춤은 주제 움직임을 통합하는 마무리 움직임이다. 호흡과 함께하는 부드럽고 느린 곡선의 움직임을 특징으로 한다. 오늘 했던 움직임 중 가장 인상 깊었던 서너 가지를 뽑아서 평화의 춤으로 변형, 반복하라는 지시어를 제공한다.

- 코로나19의 장기화로 인해 몸의 감옥에 갇혀 살면서 작은 움직임에도 쉽게 지치게 되었다. 세심한 관찰을 통해 연령, 성별, 체력 등 그룹의 특성에 따라 지쳐서 더 이상 움직일 수 없는 한계점을 파악해서 유연하게 조정해야 한다.

2.
동물 마음

1 영역: 정서

2 주제: 감정 표현

3 목표

① 자신의 감정을 언어로 명료화할 수 있다.

② 이미지에 투사된 감정 인식을 통해 무의식적 감정을 의식화할 수 있다.

③ 감정 변화를 알아차리는 민감성을 개발한다.

④ 감정 표현력을 향상한다.

4 준비물: 폼롤러, 전체 그룹원이 들어가서 누울 만한 크기의 전지(1장), A2 용지(개인당 1장), 풀

5 방법

1) 워밍업

① 소도구를 이용한 신체 이완

• 각자 폼롤러를 가지고 충분히 논 다음. 치료사의 지시에 따라 발목, 종아리, 무릎 아래, 허벅지, 엉덩이 아래, 엉덩이, 허리, 견갑골 아래, 목 순으로 폼롤러 위에 올려놓아 무게를 싣는다. 치료사 지시 없이 각자 원하는 신체 부위를 폼롤러 위에 올려놓고 다양한 자극을 준

후, 돌아가며 한 명씩 폼롤러 움직임을 소개하면 따라 한다.

② 공간 접촉을 통한 신체 이완

- 2인 1조 파트너가 되어 폼롤러와 무버 역할을 정한다. 폼롤러는 바닥에 엎드리고, 무버는 폼롤러 위에 자신의 몸을 다양한 방식으로 올려놓으면서 체중을 싣는다. 이후 폼롤러 없이 각자 바닥과 만나는 신체 부위를 바꾸어 가면서 다양한 방식으로 접촉을 이어 간다.

③ 상상 이미지를 통한 신체 표현 확장

- 1단계 '구르는 돌, 바람에 흩날리는 낙엽, 기어 다니는 애벌레' 등의 낮은 높이(Low Level) 움직임 이미지, 2단계 '바람에 흔들리는 꽃, 미끄러운 바위' 등의 중간 높이(Middle Level) 움직임 이미지, 3단계 '가벼운 깃털, 떠다니는 구름, 날아다니는 새' 등의 높은 높이(High Level) 움직임 이미지를 제공함으로 신체 표현을 확장한다.
- 마음에 드는 이미지를 자유롭게 선택해서 세 가지 레벨을 바꾸어 가며 움직이다가 호흡과 함께 낮은 높이(Low level) 이미지 움직임으로 천천히 마무리한다.

2) 주제

① 상상으로 움직이기

- 모두가 둥글게 서서 한 명씩 돌아가면서 동물 이름을 말한 다음, 각자 마음에 드는 동물 하나를 정해서 가장 특징적인 움직임 하나를 보여 주면 그룹원 전체가 따라 한다.
- 그룹원 전체는 일렬종대로 걸으면서 제일 앞의 리더가 보여 주는 동물의 특징적인 움직임을 따라 한다. 리더가 되고 싶은 사람은 누구든지 손들고 큰 소리로 동물 이름을 외치면 모든 그룹원은 그를 맨 앞에 리더로 세우고 일렬종대로 줄을 서서 움직임을 따라 한다.
- 그룹원 전체는 공간을 자유로운 대형으로 다니면서 그룹원 중 누군가가 부르는 동물의 특징적인 움직임을 따라 하면서 리더를 계속 바꾼다.

② 상상 이미지 그리기

- 큰 전지에 그룹원들 전체가 함께 상상 동물원을 그린다. 동물원 이름을 정해서 명패를 그려 넣고, 동물은 제외하고 동물원에 있었으면 하는 것을 그려 넣는다.
- 그룹원 각자 마음에 와닿는 동물을 선택한 다음, A2 용지에 '형용사+동물'로 제목을 붙인다. '힘들어하는' 의미의 형용사를 붙이라고 말한다. 예를 들면, '잠 못드는 침팬지' '우는 코

끼리' '배고픈 강아지' '화가 난 독수리' '외로운 사자' '엄마 잃은 고양이' '집 나간 토끼' '다리 다친 얼룩말' 등이다. A2 용지에 제목처럼 그린 그림을 오린 후, 상상 동물원에 배치한 후 고정한다.

③ 상상 움직임

- 그룹원들을 두 팀으로 나누어서 주인공과 세상에서 가장 따스한 친구 역할을 정한다.
- 주인공들은 상상 동물원에 배치되어 있는 동물들을 보면서 마음에 와닿는 동물 하나를 선택한 다음, 그곳에 가서 눈을 감고 제목과 같은 포즈를 취한 채 정지해 있는다. 친구들은 특별히 마음이 끌리는 한 명을 찾아가서 바라본다.
- 주인공들은 눈을 감고 포즈를 취하고 있으면서 느껴지는 감정의 이끌림을 따라 움직임을 하고, 친구들은 자기가 선택한 주인공의 움직임을 깊이 보는 눈으로 바라본다.
- 주인공의 움직임이 마무리되면 친구들은 주인공의 동물 그림에 추가하고 싶은 단어, 문장, 이미지, 색감, 도형, 마크 등을 그려 넣는다. 주인공들은 친구가 자신의 동물 그림에 하는 활동을 바라본다. 추가 활동이 마무리되면, 친구들은 자신의 주인공에게 동물원 그림에 추가해 놓은 것들을 언어나 몸짓으로 표현해 준다.

④ 공연 및 즉흥 춤

- 각자 파트너와 작업하면서 '포즈를 취하고 있을 때' '포즈를 움직임으로 할 때' '파트너가 자신을 위해 언어나 몸짓을 표현해 주었을 때' 세 단계를 '형용사+본인 이름'으로 구성된 3개의 문장으로 완성해서 기록한다.
- 각자 3개의 문장을 3개의 움직임으로 만든 다음, 3인 1조 그룹을 구성해서 각자 만든 3개의 움직임을 소재로 안무를 해서 공연을 한다. 나머지 그룹원들은 관객이 되어 몸으로 표현되는 감정의 파노라마를 가슴으로 느끼면서 어울리는 작품명을 지어 준다.
- 3인 1조 소그룹은 서로 상호작용하면서 자신 혹은 타인의 감정 파노라마를 즉흥 춤으로 표현한다.

⑤ 신체 안정화

- 3인 1조 소그룹원들끼리 바닥에 누워서 신체의 한 부위를 연결한 상태에서 호흡한다. 지금 현재 떠오르는 느낌 단어들을 자신에게 작은 소리로 들려주며 토닥이다가 양 옆사람에게 작은 소리로 들려주며 토닥인다.

3) 마무리

① 소감 나누기

- 전체가 둥글게 앉아서 오늘 만난 자신의 감정 단어와 감정을 만난 소감을 나눈다.

② 마무리 인사

- 오늘 만난 내 감정 중 가장 마음에 와닿는 감정을 '형용사+자기 이름'으로 동작과 함께 소개하면서 마무리 인사를 한다.

6 유의점 및 치료사 역할

- 동물 이미지를 통한 감정 투사는 자신도 모르는 감정을 자연스럽게 인식하여 표현하도록 하는 데 매우 효과적 기법이다. 단, 성인들의 경우 동물 움직임 자체가 다소 어색할 수 있기 때문에 동물 대신 자신의 이름을 넣어서 진행하면 된다. 이때, 상상 동물원 대신, 가장 많은 감정적 경험을 하는 공간을 설정한다. 예를 들면, 상상 학교, 상상 일터, 상상 가족 등이다.
- 워밍업 ①에서 폼롤러 사용 시, 신체 긴장이 심할 경우 통증을 느낄 수 있다. 이때는 억지로 하지 말고 건너뛸 수 있도록 전체 지시어와 함께 개인의 몸 상태에 따른 개별적 개입을 동시에 해야 한다.
- 워밍업 ③에서 주제 접근의 용이함을 위해 단순히 이미지가 아닌, 형용사+이미지를 제시한다. 3개의 공간 레벨에 적절한 예시를 잘 준비해야 한다.
- 주제 ③에서 다음 활동을 위해 주인공이 그림 위가 아닌, 그림 주위에 앉도록 강조한다. 진행과 진행 사이의 부정확한 연결 멘트와 같은 사소한 것으로 집단역동을 깨트릴 수 있음을 늘 유의해야 한다.

3.
In & Out

1 영역: 정서

2 주제: 감정 표현

3 목표

① 감정 표현 대상을 명료화한다.

② 긍정과 부정 감정을 정확하게 구분할 수 있다.

③ 자신의 감정을 객관화시킴으로 표현력을 기른다.

④ 감정 연기를 통해 감정 표현에 대해 구체적으로 안다.

⑤ 몸을 통한 감정 표현의 긍정성을 경험한다.

⑥ 집단원들의 긍정적 지지를 통해 감정 수용도를 극대화한다.

4 준비물: A4 용지(개인당 3개), 개인 휴대전화, 그림 도구

5 방법

1) 워밍업

① 점진적 움직임 확장

- 전체 그룹원은 둥글게 선다. 그룹원 중 한 명이 작은 움직임을 시작하면 오른쪽으로 돌아가면서 한 명씩 점진적으로 움직임을 추가해서 확장한다. 이때, 갑작스러운 큰 변화의 움

직임이 아니라, 씨앗처럼 주어진 작은 움직임을 조금씩 변형해 간다.
- 4인 1조, 2인 1조 순으로 그룹핑 해서 각 그룹 내에서 앞에서와 같은 방식으로 움직임을 추가한다. 마무리는 각자 자신의 움직임을 스스로 추가, 확장, 변형해서 춤으로 연결한다.

② 신체 안정화
- 각자 마음에 드는 공간에 누워서 천천히 춤을 마무리한 다음, 눈을 감고 호흡하면서 휴식한다.

2) 주제

① 감정 시나리오 작성하기
- 그룹원 각자는 긍정과 부정 상관없이 최근에 다양한 감정을 경험한 날을 떠올리며 최소 10개 이상의 감정 단어가 들어가는 감정 시나리오를 작성한다. 이때, '졸고 있다' 등 감정이 잘 드러나지 않는 상황은 피하며 무대, 등장인물을 구체적으로 설정한다.
- 3인 1조 그룹을 구성한다. 각자 돌아가며 한 명씩 주연 배우가 되어 자신의 감정 시나리오를 낭독하고, 나머지 두 명은 시나리오에 나오는 부정적 감정을 A4 용지에 모두 기록한 후 주연 배우에게 넘겨준다.
- 3인조 그룹원들은 함께 아이디어를 모아 기록된 부정적 감정이 보다 드라마틱하게 표현되도록 각색해서 각자의 시나리오를 재구성한다.

② 감정을 몸으로 연기하기
- 3인 1조씩 두 그룹을 구성해서 A그룹과 B그룹을 정한다. A그룹은 연기를 하고 B그룹은 관객이 된다. A그룹의 구성원은 각각 감독, 작가, 주연 배우 역할을 선정한 후, 다음에 기록된 각자의 역할을 돌아가며 수행한다.

작가	새로 각색한 주연 배우의 감정 시나리오를 낭독한다.
주연 배우	자신의 감정 시나리오에 맞게 연기를 한다. 이때, 엑스트라가 필요하면 관객 중에서 뽑는다.
감독	큐 사인과 함께 영화가 잘 완성될 수 있도록 주연 배우의 감정 연기 지도를 위시해 총 감독을 한다.
관객	영화를 감상한 후 영화 제목을 정해 주연 배우에게 선물로 준다.

③ 감정 연기의 즉흥 춤 전환
- 3인 1조씩 두 그룹을 합쳐서 6인 1조가 된다.
- 그룹원 중 한 명은 주인공, 다른 한 명은 카메라맨, 나머지 네 명은 춤꾼이 된다. 주인공은 각색한 자신의 시나리오 중 부정적 감정을 살려서 낭독하고, 나머지 네 명은 주인공의 감정 시나리오에 맞추어 주인공을 위한 춤을 추고, 카메라맨은 주인공의 휴대전화로 촬영을 한다.
- 주인공은 자신의 감정 춤을 바라보다가 원하는 타이밍에 네 명의 춤꾼의 춤사위 속으로 들어가서 파트너를 바꾸어 가며 함께 춤을 춘다. 주인공은 춤꾼들 중 한 명을 선택해서 감정 대상자라 생각하고 춤을 통해 집중적으로 자신의 감정을 표현한다. 나머지는 주인공과 같은 마음이 되어 주인공을 지지하는 춤을 춘다.

④ 영화 상영 및 느낌 정리
- 6인 1조는 함께 모여 각자 자신의 휴대전화로 촬영된 영상을 돌아가며 감상한다. 감상 후, 오늘 세션 중 가장 마음에 남아 있는 감정 단어나 혹은 현재 남아 있는 핵심적인 감정 단어 하나를 뽑아서 이미지로 그린다. 이때, 각자 동시에 그리지 말고 한 명씩 그리는 장면을 지켜보고 있다가 누구든지 이어서 그리는 방식으로 집단화를 완성한다. 그룹별로 완성된 그림을 벽에 전시한 후 작품을 설명한다.

3) 마무리

① 소감 나누기
- 집단화를 보면서 함께 작업한 6인 1조 그룹끼리 소감을 나눈다.

② 마무리 인사
- 그룹별로 전시된 작품 앞으로 가서 그림의 전체적인 느낌을 동작 하나로 만들어서 마무리 인사를 한다.

6 유의점 및 치료사 역할
- 워밍업에서 전체 인원수에 따라 점차 줄여 가는 숫자가 달라진다.
- 주제 ①에서 반드시 하루로 정할 필요는 없다. 며칠간의 감정을 시나리오로 작성할 수도

있다. 시나리오를 작성하는 과정에서 자신의 감정을 명확하게 인식하여 표현하게 된다.

- 주제 ②에서 자신의 감정을 몸으로 연기하다 보면 실제로 감정을 만날 수도 있다. 치료사는 언어적인 질문으로 감정을 더 깊이 끄집어내려 하지 말고, 같이 작업하고 있는 그룹원들을 참여시켜서 공감을 보여 주도록 안내해야 한다.

- 주제 ②에서는 감독의 역할이 매우 중요하다. 감독은 모든 것이 가능하다. 단, 대상자에게 상처를 주지 않도록 부정적 언어보다 긍정적 언어를 사용하도록 사전에 안내해야 한다.

- 주제 ③의 감정 연기를 감정 춤으로 전환시키는 과정에서 음악은 중요한 기능을 담당한다. 그룹원들의 움직임을 잘 보고 있다가 분위기, 리듬, 빠르기 등에 맞는 음악을 제공하여 움직임 표현이 용이하도록 도와준다.

- 주제 ③에서의 감정 대상자란 부정적 감정을 유발시킨 사람을 말한다. 감정 대상자가 명확하지 않으면 엉뚱한 사람에게 감정을 표출하여 관계 갈등의 원인이 된다. 직면은 매우 중요하지만, 직면하는 것 자체를 힘들어하는 그룹원이 있을 수도 있다. 감정 대상자에 대한 공포, 두려움, 무서움 등의 감정을 가지고 있는 경우다. 이 같은 대상에게는 무리하게 진행하지 말고 감정을 따스하게 수용해 주어야 한다.

- 즉흥 춤의 경우 춤을 잘 추는 것이 기준이 되지 않도록 치료사는 "잘 추네요. 멋집니다." 등의 평가를 하지 않도록 유의해야 한다.

- 주제 ④에서의 영화 감상은 전체 그룹원 수가 많지 않으면 노트북이나 빔프로젝트를 활용하여 보다 큰 화면으로 보면 효과적이다.

4.
네 개의 공간

1 영역: 정서

2 주제: 감정 표현

3 목표

① 몸의 감각이 깨어남으로 감정 인식력을 증진한다.

② 감정 표현 어휘력을 확장한다.

③ 양극 움직임을 통해 다양한 감정을 표현한다.

④ 움직임의 질적 변화와 감정 변화 간 관련성을 이해한다.

⑤ 자신의 감정 표현 방식에 대한 인식력을 높인다.

⑥ 몸의 경험으로 건강한 감정 표현법을 학습한다.

4 준비물: 색테이프, 작고 둥근 모양의 스티커(개인당 30장), 음악

5 방법

1) 워밍업

① 〈머리 어깨 무릎 발〉 신체 인식

- 전체가 둥글게 앉아서 〈머리 어깨 무릎 발〉 노래에 맞추어 신체 부위를 손으로 터치한다.
- 2인 1조 파트너가 되어 A와 B를 정한다. A는 자신의 목소리로 노래를 부르는데, 마지막 한

소절 직전에 잠시 멈췄다가 "귀, 코, 눈" "눈, 발, 손" 등 여러 신체 부위를 다양하게 부른다. B는 노래 소리에 맞추어 신체 부위를 터치한다. 그리고 나서 역할을 바꾼다.

- A는 점점 빨리 노래를 부르고, B는 노래 소리에 맞추어 신체 부위를 터치한다. A는 "얼굴 머리 어깨 발" 등으로 가사를 자유롭게 변형해서 노래를 느리게 부르고, B는 노래에 맞추어 신체 부위를 터치한다.

② 부위별 접촉 움직임

- A와 B는 서로의 신체 부위에 스티커를 최대한 많이 붙여 준다. A는 B의 몸에 붙어 있는 스티커를 손가락으로 버튼처럼 여기저기 누르면 B는 자동인형처럼 움직인다. 그리고 나서 역할을 바꾼다.
- A와 B는 서로의 몸에 붙어 있는 스티커를 동시에 누르면 동시에 자동인형처럼 움직이다가 상상 손가락이 스티커를 누른다고 상상하면서 스스로 움직인다. 자유로운 즉흥 춤을 춘다.

③ 이완 명상

- 바닥에 누워 이완 음악에 맞추어 호흡한다.

2) 주제

① 공간 제작

- 색테이프로 4개의 공간을 만든 다음, 각각 '터미네이터, 비눗방울, 격투기, 꽃잎' 방 명패를 붙인다. 치료사는 다음의 표를 보면서 움직임의 특징을 설명한다.

터미네이터	Press	밀기, 누르기	느려지면서 강한 움직임
비눗방울	Dab	살짝 두드리기	빨라지면서 가벼운 움직임
격투기	Punch	때리기	빨라지면서 강한 움직임
꽃잎	Float	뜨기	느려지면서 가벼운 움직임

② 움직임 탐색

- 4인 1조 그룹이 되어 다음 세 가지 지시어를 따라 그룹별로 4개의 단어를 자유롭게 조합하여 움직임과 함께 발표한다.

지시어	예시	나머지 그룹 역할
감정 관련 형용사	Press – Dab – Punch – Float 힘든 – 귀여운 – 화난 – 설레는	
의성어나 의태어	Float – Punch – Dab – Press 룰루랄라 – 미치고 팔짝 – 톡톡 – 꽁꽁	따라한다
일상 스토리	친구가 현관문을 발로 찼다(Punch). 아무리 밀어도 문이 안 열린다(Press). 번호 키를 눌러도 안 된다(Dab). 애꿎은 쓰레기통을 걷어찼더니 먼지만 하늘로 날린다(Float).	음향효과를 낸다

③ 가이드와 함께하는 공간 탐험

- 치료사는 전체 그룹원을 데리고 각 방을 체험시킨다. 이때, 다음과 같이 다양한 움직임 지시를 한다.

터미네이터	공간을 손으로 밀기, 옆 사람과 손으로 밀기, 옆 사람과 여러 신체 부위(팔꿈치, 팔뚝, 어깨, 등, 엉덩이, 머리 등)로 밀기 등
비눗방울	비눗방울 손가락으로 잡기, 빠른 속도로 잡기, 잡아서 터트리기, 빠른 속도로 터트리기, 옆 사람 몸에 닿기 전에 빨리 터트리기, 공간을 이동하면서 터트리기 등
격투기	대결할 대상을 만나서 손, 어깨, 발로 펀치, 2인 1조 다양한 신체 부위로 펀치를 주고받기, 펀치 배틀, 움직임에 어울리는 소리와 함께 펀치 배틀 등
꽃잎	느린 바람 타고 천천히 날아다니기, 더 높이 날아다니기, 2인 1조 신체 부위를 서로 붙인 채 날아다니기, 손잡고 날아다니기 등

④ 공간 자유 탐험

- 1단계, 각자 자유롭게 공간을 돌아다닌다. 2단계, 함께 탐험하고 싶은 그룹원끼리 공간을 돌아다닌다. 3단계 각자 마음에 드는 하나의 공간을 선택해서 움직인다. 4단계 같은 공간을 선택한 그룹원들과 함께 상호작용하면서 움직인다. 5단계 공간의 움직임을 확장·변형하여 자유로운 즉흥 춤을 춘다. 6단계 자리에 앉아서 호흡과 함께 서로의 등을 천천히 쓰다듬어 준다.

⑤ 자기 탐색

- 같은 공간을 선택한 그룹원들끼리 선택 이유와 특히 싫은 공간에 대해 소개한다. 공간에서 내고 싶은 자신의 진짜 소리를 각자 단어로 만든 다음, 뜻이 통하도록 모두 연결해서 하나의 문장으로 완성한다. 예를 들어, 격투기 공간이라면 "저리가! 싫어! 왜? 몰라"로 문장

을 만들 수 있을 것이다. 그룹별로 돌아가며 완성된 문장을 동작과 함께 발표한다.

3) 마무리

① 소감 나누기

- "오늘 내가 만난 나의 감정은? 오늘 경험한 감정을 일상생활에서 느껴 본 적은? 세션 전의 감정과 세션 후의 감정 중 달라진 것은? 가장 표현하기 힘들었던 공간 움직임은? 감정을 언어로 표현했을 때의 느낌은? 나의 감정 표현 방식에 대해 발견한 점은? 지금 현재 느낌은?" 등 치료사의 질문을 토대로 소감을 작성한 다음 그룹원과 나눈다.

② 마무리 인사

- 각자 돌아다니면서 주제 ⑤의 그룹별로 완성된 동작 중 하나로 마무리 인사를 한다.

6 유의점 및 치료사 역할

- 신체심리치료는 몸의 움직임이 교육/치료의 핵심적 도구이기 때문에 일반인에게는 부담스러울 수도 있음을 늘 기억해야 한다. 그룹원들을 잘 관찰하고 있다가 힘들다는 소리가 나오지 않도록 완급 조절을 한다. 가장 효과적인 방식은 스톱해서 숨을 쉬게 하는 것이다. 혹은 구성된 내용 중 목표 달성에 문제가 없는 부분은 빼거나 줄을 수도 있다.
- 이 세션은 Laban의 동작 분석을 기초 이론으로 한다. 8개의 동작 충동(Active Drive) 중 양극적인 요소를 가진 움직임 4개를 통해 다양한 감정을 만나고 표현하는 것이 목적이다. Laban의 이론을 공부하기 위함이 아니므로 다음의 각 움직임이 지닌 질적 요소를 대상자들에게 설명할 필요는 없다. 그러나 치료사는 이러한 이론을 명확히 이해해야 그룹원들에게 정확한 설명이 가능하다.

누르기(Press)	직접적인(Direct) – 강한(Strong) – 느려지는(Sustained)
살짝 두드리기(Dab)	직접적인(Direct) – 가벼운(Light) – 빨리지는(Quick)
때리기(Punch)	직접적인(Direct) – 강한(Strong) – 빨리지는(Quick)
뜨기(Float)	간접적인(Indirect) – 가벼운(Light) – 느려지는(Sustained)

- 주제 ②의 움직임 탐색에서 각 동작 충동마다 다양한 진행 아이디어를 공급하고 있다. 다소 어려울 수 있는 개념이 일상과 연결되면 보다 쉽고 명확해지기 때문이다. 치료사는 제

시된 지시어 이외에 그룹 특성에 맞는 새로운 지시어를 추가하도록 한다.

- 주제 ③의 가이드와 함께하는 공간탐험은 동작 충동을 몸으로 충분히 경험하기 위함이다. 몸의 감각적 경험은 마음의 감정적 경험을 깨우기 때문이다. 시간에 쫓기지 않도록 충분한 시간을 제공한다.

- 주제 ⑤의 자기 탐색은 동작 충동을 통해 경험한 다양한 감정을 일상 속 자기 감정과 연결 짓는 과정이다. 몸으로 경험한 감정이 언어로 명확하게 표현되면서 감정 표현력이 저절로 길러진다. 혹시 소리 내기나 언어화 과정을 힘들어하는 그룹원이 있다면 개별보다는 그룹별로 여러 개의 문장을 완성해도 좋다는 대안을 제시한다.

- 소감 나누기에서 치료사의 질문은 매우 중요하다. 몸으로 경험한 다양한 감정의 의미, 가치판단, 태도, 감정 처리 방식, 일상과의 연계성 등을 인식하는 과정이기 때문이다. 제시된 질문 이외의 다양한 질문을 추가하도록 한다.

제17장

감정 정화

감정 정화(Catharsis)란 마음속에 억압된 부정적 감정의 응어리가 건강한 방식으로 외부에 표출되어 처리되는 과정을 말한다. 마음을 깨끗이 씻는 것을 의미한다. 부정적 감정이 제때 처리되지 못하고 오랜 시간 마음속에 쌓이면 썩어서 독소를 내뿜는다. 맑고 깨끗해야 할 마음이 오염된 것이다. 마음병과 정신병의 원인이다. 건강하게 배출할 출구를 찾지 못하면 분노로 변해 파괴적 에너지를 폭발하게 된다. 이 에너지가 일상에서 사람을 향해 폭탄처럼 터지면 폭력이 되는데, 안에서 터지면 자살이고, 바깥으로 터지면 살인이다.

감정은 두 가지 방식으로 처리할 수 있다. 흙탕물로 가득 찬 유리병을 상상해 보라. 유리병 안의 물을 맑게 하려면 우선 흙탕물을 쏟아부은 다음 맑은 물로 채우거나, 맑은 물을 계속 부어서 흙탕물이 넘쳐나와 말갛게 되도록 한다. 마음의 해독 과정도 마찬가지다. 치료사가 있는 안전한 공간 안에서 몸의 움직임을 통해 긍정 감정을 계속 붓기도 하고, 부정 감정을 직접 흘려 보내기도 한다. 신체 움직임은 의식적이든 무의식적이든 개인의 심리 상태를 반영하고 표현한다. 세포 조직, 근육 그리고 관절에 묻어 있는 무의식적인 감정이 의식의 영역으로 표면화된다. 제아무리 몸의 갑옷으로 중무장한 상태에서 감정을 억압해 왔더라도 무의식이 순식간에 의식화된다. 몸이 풀리면 마음의 빗장도 풀린다. 의식화된 감정은 처리할 수 있다.

Laban의 에포트 중 강한(Strong) 직접적인(Direct) 빨라지는(Quick)이나, 기본 에포트 움직임(Basic Effort Action: BEA) 중 누르기(Push), 때리기(Punch), 베기(Slash) 등의 동작 반복은 분노나 적대감 등의 억압된 부정적 감정을 자연스럽게 발산시킨다. 표현적인 움직임 외에도 얼굴 표정, 자세, 호흡, 소리(성대의 움직임)를 활용해 억압된 원초적인 정서를 표출시킨다.

1.
액션 & 리액션

1 영역: 정서

2 주제: 감정 정화

3 목표

① 무의식에 저장되었던 부정적 감정을 의식화한다.

② 억압된 부정적 감정을 인식한다.

③ 부정적 감정을 자연스럽게 표출한다.

④ 부정적 감정을 처리할 내면의 힘을 형성한다.

⑤ 긍정적 감정이 확산되어 마음의 건강성을 회복한다.

4 준비물: A3 용지, 전지, 그림 도구

5 방법

1) 워밍업

① 연속 동작을 통한 신체 이완

- 그룹원 각자 치료사의 "여덟 박자 카운트에 맞추어서 걷기, 머리부터 아래로 천천히 숙여서 무릎을 구부리고 앉기, 옆으로 무너지듯 쓰러져서 쭉 펴면서 스트레칭, 누워서 최대한 수축, 몸을 옆으로 돌려서 다시 머리 숙여서 상체를 일으킴, 최대한 몸 전체를 확장하면서

일어서기" 순으로 지시에 따라 움직이다가 치료사 지시 없이 순서를 연속적으로 반복하면서 신체를 이완한다.

② 5무브를 통한 신체 활성화

• 각자 치료사의 10박자를 셈에 따라 5무브인 '걷기, 발구르기, 뛰기, 점프, 회전' 움직임을 한다. 충분히 연습이 되었으면 치료사의 "빠르게, 느리게, 가장 빠르게, 가장 느리게" 등 속도 변화와 "부드럽게, 강하게, 딱딱하게, 넓게, 좁게" 등 움직임의 질 변형 지시에 따라 5무브를 한다.

③ 5무빙 댄스를 통한 리듬 생성

• 5인 1조로 총 5개의 그룹을 형성하여 그룹별로 5무브 움직임 중 한 개씩을 선택한다. 치료사가 "점프" "회전" 등 움직임을 지시하면 해당되는 그룹은 지시하는 움직임을 하고 나머지 그룹은 정지한다. "걷기와 회전" "점프와 걷기와 발 구르기" 등 2개부터 5개까지 늘려가다가 치료사 지시 없이 그룹원 각자 5무빙을 변형하여 자유롭게 춤추듯이 움직이다가 정지한다. 움직임과 정지를 반복한다.

④ 신체 안정화

• 5무빙 댄스의 속도를 천천히 늦추면서 원하는 움직임에서 멈춘 다음, 그 상태에서 충분히 호흡한다.

2) 주제

① 폭력 움직임의 수동적 대처 1

• 그룹원 전체는 2인 1조 파트너가 되어 마주보고 선다. A와 B를 정한 다음, 액션 배우가 되어 동작 연기를 한다. A는 '베기(Slash), 때리기(Punch), 차기(Kick)'를 사용해서 다양한 신체 부위로 과장된 공격을 하고. B는 A의 액션에 따라 과장된 리액션을 한다. 이때, 몸에 손을 대면 안 된다.

② 폭력 움직임의 수동적 대처 2

• A는 '베기, 때리기, 차기'를 사용해서 소리와 함께 다양한 신체 부위로 과장된 공격을 하고, B는 소리와 함께 제자리에서 피한다. 이때, 몸에 손을 대면 안 된다.

③ 폭력 움직임의 능동적 대처

• A와 B는 피하지 않고 정면 대결을 펼친다. '베기, 때리기, 차기'를 사용해서 둘이 한 번씩 번갈아 가며 다양한 신체 부위로 공격한다. 이때, 동작에 어울리는 과장된 소리와 지금 현재 자신이 하고 싶은 말을 넣어서 연기한다.

④ 비폭력 움직임 변형

• A는 B 주위를 돌면서 '베기, 때리기, 차기' 움직임을 연속적으로 다양하게 하고, B는 A와 부드럽게 시선을 마주치면서 A의 '베기, 때리기, 차기' 움직임에 '느린(Slow), 자유로운 (Free), 간접적인(Indirect), 부드러운(Gentle), 곡선(Curve), 정지(Stop), 호흡(Breath)' 요소를 넣어서 비폭력 움직임으로 조금씩 변형한다. A와 B는 상호작용을 통해 모방, 반영, 변형 과정을 거치면서 완전히 비폭력 움직임이 되도록 한다.

⑤ 평화의 춤과 호흡

• 2인 1조 한 그룹씩 동작이 변형되는 과정을 공연으로 보여 주고, 나머지 그룹원들은 관객이 되어 반대 움직임인 비폭력의 핵심 요소를 찾아본다.

• A와 B는 상호작용하면서 비폭력 움직임으로 춤을 춘다. 2인, 4인, 6인, 전체 순으로 확장하면서 함께 춤을 추다가 각자 자신만의 공간에서 느린 움직임으로 평화의 춤을 춘다. 그룹원 전체는 둥근 원을 만들어서 비폭력 움직임 중 대여섯 가지 동작을 뽑아내서 순서를 정해 반복적으로 춤을 춘다.

• 오른쪽으로 돌아서서 앞사람을 머리부터 발끝까지 부드럽게 터치하고 왼쪽도 같은 방식으로 터치한 다음, 자리에 누워서 눈을 감고 들숨에서 "자기 이름", 날숨에서 "평화"를 마음속으로 되뇌면서 호흡을 한다. 전지를 절반으로 나누어서 폭력과 비폭력 움직임의 느낌을 그림으로 표현한다.

3) 마무리

① 소감 나누기

• "표현하기 힘들었던 움직임은 무엇이었는지? 하기 싫은 움직임을 하고 났을 때의 느낌은? 움직임에 자신의 언어와 소리를 실었을 때 느낌은? 어떤 움직임이 가장 좋았는지? 떠오르는 기억은? 평화의 춤을 추었을 때 느낌은? 평화의 호흡을 할 때 느낌은?" 등 치료사의 질문을 토대로 소감을 나눈다.

② 마무리 인사

- 전체 그룹원끼리 파트너를 바꾸어 가면서 평화의 춤으로 마무리 인사를 한다.

6 유의점 및 치료사 역할

- 그룹의 특성에 따라 5무브 움직임의 구성을 달리한다. 연령대가 높은 경우, 점프나 회전 등의 움직임은 어려울 수 있다. 유아·아동의 경우, 구르기, 뛰어오르기, 뒤틀기 등 발달움 직임을 활용할 수도 있다.
- 주제에서 폭력 움직임이 너무 진지해지지 않도록 유의해야 한다. 재미있는 놀이처럼 장난 스럽게 진행되도록 한다.
- 학교폭력 등과 관련된 개인적인 기억이 있다면 부정적 감정이 올라올 수도 있다. 준비되 지 않은 채 갑작스럽게 만나는 감정을 직면하기란 쉽지 않다. 내면의 힘이 있어야 한다. 대 상자 특성에 따라 부정적 감정을 직면해서 표현하게 할 수도 있지만, 그것을 원하지 않고 준비되어 있지 않았다면 따스하게 덮어 주는 것도 훌륭한 개입이다. 그룹원들을 활용해서 신체적 공감을 표현할 수 있도록 한다. 치료사는 무조건 끄집어내서 표현하게 하는 것만 이 답은 아님을 늘 기억해야 한다.
- 소리(Voice)는 감정 정화의 매우 중요한 기법이다. 소리를 내는 것과 소리를 삼키는 것은 감정이 억압되느냐 혹은 감정이 처리되느냐의 기준이다. 오랜 시간 소리를 삼켜서 감정이 심각하게 억압되어 있다면 소리를 낼 수 없다. 자신이 하고 싶은 말이 무엇인지도 모를 수 있다. 치료사가 개입해서 억지로 소리를 내게 하기보다 충실히 놀이처럼 진행하다 보면 어느 순간 소리를 내게 된다. 이 순간을 포착해서 작은 소리를 큰 소리로, 남의 말을 자기 말처럼 흉내 내면서 확장해 가도록 안내해야 한다.
- 동작이 변형되면 감정도 함께 변형된다. 움직임 변형이 순식간에 일어나면 감정이 변하는 과정을 알아차릴 수 없게 된다. 천천히 조금씩 변형하도록 강조한다.

2.
보이스 코칭

1 영역: 정서

2 주제: 감정 정화

3 목표

① 호흡을 통해 소리를 인식한다.

② 소리 내는 법을 몸으로 학습한다.

③ 감정 수위에 따른 소리의 다양성을 경험한다.

④ 다양한 감정 소리 표현을 통해 감정 정화를 경험한다.

⑤ 감정을 전환한다.

4 준비물: 색깔 습자지(개인당 3장), 풀, A3 용지(개인당 1장), 그림 도구

5 방법

1) 워밍업

① 소도구를 활용한 호흡

- 각자 습자지 끝을 양손 혹은 한 손으로 잡아서 얼굴에 대고 다양하게 실험하면서 분다. 충분히 연습이 된 다음, 얼굴을 보고 싶은 사람의 이름을 그룹원들이 부르면 이름을 불린 당사자가 습자지를 불어서 얼굴을 보여 준다. 이때 "좀 더 오래 보고 싶어요." 등을 요청할 수

있다.

- 각자 자신의 신체 부위에 습자지를 다양하게 붙인 후, 불어서 날린다. 3인 1조 파트너가 되어 역할 A, B, C를 정한다. A는 B의 몸을 눕히거나 앉히거나 세워서 신체 부위를 바꾸어 가며 습자지를 붙이고, C는 B의 몸에 붙어 있는 습자지를 입으로 분다.

② 호흡 움직임 확장

- A는 자신의 습자지를 B와 C를 향해 불어서 날리고, B와 C 둘 중 누구든지 잡아서 나머지 둘을 향해 불어서 날린다. 잡은 사람이 습자지를 들고 춤을 주면 나머지 둘은 함께 따라한 다음 불어서 날린다.

③ 소리 반영

- 3인 1조는 1, 2, 3 번호를 정한 다음, 1번이 옹아리하듯 알아들을 수 없는 소리와 몸짓으로 대화를 시작하면 2번, 3번이 이어 가다가 "확성기"라는 지시가 나왔을 때 과장된 소리와 몸짓으로 대화를 이어 간다. "같은 번호와 초대형 확성기"라는 지시가 나오면 같은 번호끼리 만나서 정해진 순서 없이 누구든지 가장 과장된 소리와 몸짓으로 대화를 이어 간다.
- 마지막 만난 파트너와 자리에 누워서 가장 마음에 와닿았던 소리 하나씩 번갈아 내면 서로 메아리가 되어 반영해 준다.

2) 주제

① 몸 소리와 목소리

- 몸 소리: 그룹원 전체는 둥글게 앉아서 한 명씩 돌아가며 몸으로 낼 수 있는 소리를 내고 나머지는 따라 하다가 이 중에서 한 가지를 지정해서 다양한 소리를 내도록 한다.
- 목소리: '기침 소리, 웃음소리, 환호성, 감탄사, 하품 소리' 등 목으로 낼 수 있는 다양한 소리의 종류를 수집한 다음, 치료사 지시에 따라 한 명씩 돌아가며 다양한 소리를 내면 그룹원들은 따라 한다. 이 중에서 한 가지를 정해서 다양한 소리를 내도록 한다.

② 감정 소리

- 전체를 5개의 그룹으로 나눈 다음, 각 그룹은 5개의 감정 단어인 '놀람, 슬픔, 두려움, 짜증, 분노' 중에서 하나의 감정을 선택한다. 감정에 어울리는 의성어나 의태어를 사용하여 '으악조, 투덜조, 훌쩍조' 등 그룹 이름을 붙인 후 소개한다.

- 각 그룹끼리 둥글게 앉아서 한 명씩 돌아가며 1단계 그룹 감정에 어울리는 소리 내기, 2단계 감정에 어울리는 소리와 동작하기 순으로 하면 모두 따라 한다. 탐색이 충분히 끝나면 각 그룹에 가장 어울리는 소리와 동작 하나를 최종적으로 선택한 다음, 치료사가 1(가장 약하게), 2(보통으로), 3(가장 강하게)까지 번호를 부르면 감정 수위에 따라 소리와 동작을 한다.

③ 감정 소리 확장

- 치료사가 "그룹명 + 1~3까지 감정 수위"를 부르면 호명된 그룹원들은 감정 수위에 따라 소리와 동작을 한다. 예를 들면, '으악1' '불뚝3' '훌쩍2' 등이다. 호명되지 않은 나머지 그룹은 그 모습을 바라본다.
- 치료사가 '훌쩍불뚝3' '으악불뚝1' 등 '2개의 그룹과 감정 수위'를 부른다. 호명된 그룹원들은 감정 수위에 따라 소리와 동작을 하다가 다른 그룹을 호명하면 멈추고 바라본다. 치료사는 이와 같은 방식으로 '훌쩍불뚝으악3' '훌쩍불뚝으악에이씨2' 등을 3개, 4개…… 전체 그룹 순으로 확장해 간다.

④ 감정 소리 공연

- 그룹별로 감정 소리와 감정 동작을 수위, 강약, 속도, 세기에 따라 다양하게 리듬을 넣어 변화시키면서 감정 실험을 한다. 수위는 '1~3'까지, 강약은 '강하게 약하게', 속도는 '빠르게 느리게', 세기는 '딱딱하게 부드럽게' 기준에 따라 진행자는 다양하게 지시한다. 실험을 거친 그룹별 감정 소리와 감정 동작을 3분 혹은 5분 작품으로 구성하여 공연을 하고, 나머지는 관객이 되어 바라본다.

⑤ 즉흥 감정 춤

- 마지막 그룹의 공연이 끝나면 그룹원 전체는 합류하여 각자 공간을 자유롭게 걸어 다니면서 가장 마음에 와닿는 자신의 감정 소리와 동작을 수위, 강약, 속도, 세기에 따라 반복한다. 충분한 개인 작업 후, 그룹원들과 상호작용을 한다. 이때, 누군가의 감정 소리와 움직임을 따라 하기도 하고, 다양한 방식으로 변형하기도 하고, 따라 하는 사람을 바꾸기도 한다.
- 공간 한 가운데가 무대가 되어서 'Move & Stop'을 활용한 즉흥 공연을 펼친다. 누구든지 무대에 들어오고 싶으면 언제라도 들어오고, 나가고 싶을 때는 언제라도 나간다. 무대 밖으로 퇴장해서 관객이 되었을 때는 공연을 지켜보며 따라 하다가 마음에 이끌리는 누군가에게 다가가서 춤, 터치, 눈 맞춤, 손잡기, 허그 등 치유적인 몸의 표현을 통해 마음을 전한다. 모두 둥글게 서서 진행자의 움직임 인도로 마무리한다.

3) 마무리

① 소감 나누기

- A3 용지에 습자지와 다양한 그림 도구를 활용해서 지금 현재의 느낌을 표현한 다음, 그룹 원들과 함께 나눈다.

② 마무리 인사

- 습자지를 어떻게 하면 좋을지 물어본 다음, 그룹원들이 낸 아이디어를 실행에 옮긴다. 자 신의 감정 소리와 감정 동작으로 마무리 인사를 한다.

6 유의점 및 치료사 역할

- 호흡과 소리와 감정 처리는 밀접한 관련이 있다. 호흡이 안 되면, 소리가 안 나오고, 소리 가 안 나오면 감정 처리가 안 된다. 소도구를 활용한 호흡에서부터 시작해서 자기 호흡, 일 상 소리, 의미 없는 소리, 감정 소리 수위로 점차 발전해 가고 있다. 치료사는 각 단계의 의 미를 잘 이해하고 진행한다. 그룹 특성에 따라 난이도를 조정해야 한다.
- 습자지에 침이 묻으면 무거워져서 날지 않기 때문에, 치료사는 침이 묻지 않도록 미리 주 의를 주고 침이 묻었다면 새로운 습자지로 교체해 준다.
- 습자지를 계속 불면 어지러울 수도 있다. 앉아서 하거나 쉬었다 하도록 안내하는 등 주의 깊게 관찰하면서 개별 개입을 해야 한다. 그룹의 특성에 따라 습자지 대신 풍선을 활용할 수도 있다.
- 주제 ① 진행 시 치료사는 소리에 대한 많은 아이디어를 가지고 있으면서 그룹원들의 제한 된 생각을 확장시켜 준다. 손뼉, 방귀, 코푸는 소리, 헛기침, 하품, 혀로 내는 소리, 이빨 소 리, 휘파람 등이 있다.
- 감정 소리를 어떻게 내는가는 개인 심리 상태의 척도다. 아예 소리를 내지 못하거나, 목에 서만 소리가 나거나, 입안에서 웅얼거리는 소리만 나거나, 기어들어 가듯 소리가 나는 등 개인차도 크다. 추후 세션 구성을 위해 면밀한 개별 관찰을 통한 신체 심리 상태의 파악이 필요하다.
- 감정 수위는 그룹 특성에 따라 1~5까지 더 세분화할 수도 있다. 그룹원들의 이해를 돕기 위해 치료사가 감정 수위를 시연해 보여야 한다.
- 마무리에서 종종 치료사가 움직임을 시연해야 할 때가 있다. 주의 깊은 관찰과 기억을 통

해 그룹원 한 명 한 명 움직임의 핵심적인 특징을 보여 주면 그룹원들은 따라 하는 형태다. 자기 움직임에 몰입해 있을 때는 불분명하던 것이 리더를 통하면 객관화되어 심리적 의미가 명료해진다. 이는 관심의 표현이며 격려의 전달이기도 하다.

3.
소리 여행

1 영역: 정서

2 주제: 감정 정화

3 목표

① 억압된 부정적 감정을 자연스럽게 인식한다.

② 소리 내는 법을 학습한다.

③ 진짜 소리를 낼 수 있다.

④ 부정적 감정의 전환을 경험함으로 감정의 주체성을 회복한다.

⑤ 부정적 감정이 표출됨으로 건강한 마음을 회복한다.

4 준비물: A3용지(개인당 2장), 그림 도구

5 방법

1) 워밍업

① 호흡 리듬

- 1단계, 눈을 감고 호흡하면서 공간을 자유롭게 걷기, 2단계, 들숨과 날숨 리듬에 맞추어서 공간을 자유롭게 걷기, 3단계, 들숨과 날숨의 리듬을 변형하면서 공간을 자유롭게 뛰어다니기, 4단계, 어린아이가 되어 공간을 자유롭게 뛰어다니기 순으로 움직임을 발전시킨다.

② 손 놀이 발 놀이

- 어린 시절 재미있게 놀았던 놀이를 떠올려 본 다음, 어떤 놀이가 있는지 최대한 아이디어를 모은다. 두 명, 네 명, 여섯 명, …… 전체 순으로 확장하면서 해 보고 싶은 놀이를 실험하며 논다. 최종적으로 그룹원 전체가 하나의 놀이로 통일한 다음, 놀이에서 가장 많이 사용했던 움직임에 리듬을 넣어서 춤을 춘다.

③ 호흡을 통한 안정화

- 눈을 감고 숨을 쉬면서 현재의 몸 감각을 인식한다. 인식되는 부위를 따라 손을 올려놓은 다음, 가장 머물고 싶은 신체 부위에 손을 올리고 쉰다.

2) 주제

① 에너지 방출

- 2인 1조 파트너가 되어 A와 B를 정한다. A와 B는 등을 대고 기댄 상태에서 서로 힘주어 치대서 한 쪽이 넘어지도록 한다.

② 동작과 소리를 통한 부정적 정서 표현

- A는 엄마, B는 아기 역할을 정한다. 아기는 끝까지 떼를 쓰고, 엄마는 안 된다고 끝까지 버틴다.

③ 역할 연기를 통한 부정적 감정 표현

- 떼쓰면서 가장 떠오르는 한 사람 얼굴을 A3 용지에 그린 다음, 하고 싶은 말을 낙서하듯 빠른 속도로 기록한다.
- 3인 1조 그룹을 구성해서 주인공 한 명, 분노유발자 한 명, 관찰자 한 명을 정한다. 주인공은 그룹원들 중에서 자신이 그린 얼굴과 가장 닮은 한 명을 선정한 다음, 다가가서 하고 싶은 말을 표현한다. 분노유발자는 주인공의 말을 듣는다. 관찰자는 어떠한 개입도 하지 말고 객관적인 입장이 되어 지켜본다.
- 역할이 끝난 후, 그룹원들은 주인공에게 다가가서 해 주고 싶은 말이나 동작을 한다.

④ 양극 움직임을 통한 감정 전환

- 역할을 마친 세 명은 등을 대고 기댄 상태에서 치료사의 "복구! 사랑스럽게" "복구! 재미있게" "복구! 웃기게" 등 긍정 감정 형용사 지시어에 따라 치대면서 넘어졌다 일어나기를 반

복하다가 마지막 지시어에 따라 바닥으로 완전히 무너진다.

⑤ 평화의 소리

- 세 명은 각자 하나의 신체 부위를 그룹원의 몸 위에 올려놓은 상태에서 호흡하면서 소리를 내고 그룹원 전체는 소리를 반영한다. A3 용지에 지금의 느낌을 이미지로 표현한다.

3) 마무리

① 소감 나누기

- "자신에 대해 새롭게 인식한 부분은? 부정적 감정에 대해 발견한 자신의 패턴은? 오늘의 움직임을 하면서 깨달은 점은? 긍정 감정 형용사 움직임을 하면서 느낀 점은? 현재 일상과의 관련성은? 새롭게 얻은 통찰은?" 등 치료사의 질문을 토대로 이미지 그림을 보여 주면서 소감을 말한다.

② 마무리 인사

- 이미지 그림을 움직임으로 만든다. 누군가에게 다가가 움직임을 선물로 준 후 그 자리에 서고, 선물 받은 사람은 또 다른 그룹원에게 다가가 선물을 주고 그 자리에 선다. 각자 선물 받은 움직임으로 마무리 인사를 한다.

6 유의점 및 치료사 역할

- 오랜 기간 억압된 부정적 감정을 표출하기란 쉽지 않다. 짧은 한 시간의 진행을 통해 이 모든 감정을 다룰 수는 없다. 치료사는 설정된 목표 달성 수준을 잘 숙지하도록 한다.
- 치유서라기보다 교육서에 가까운 이 책의 특성상 주제 ③은 대상자 특성과 치료사 역량에 따라 건너뛸 수도 있다. 치대기와 떼쓰기는 어린아이로 돌아가 억압된 부정적 감정을 자연스럽게 표현하게 하는 탁월한 기법이다. 원초적 움직임과 소리로서 날 것 그대로의 진짜 자기 소리이기 때문이다. 머리의 방어기제가 방해하기 위해 작동할 틈이 없다. 진짜 분노유발자가 아니라 하더라도 이 소리를 직면하여 직접 언어로 전달하면 기억에 묻혀 있던 과거의 부정적 감정이 부정적 에너지 자체로 봇물 터지듯 방출될 수 있다. 감정 치유는 과거의 아픈 기억을 현재로 가져와 안전한 공간 안에서 흘려보낸 후, 다시 치료사와 함께 과거를 재세팅해서 현재를 새로운 시각으로 바라보게 하는 과정으로 그런 의미에서 반드시

거쳐야 하는 과정이다. 그러나 직면을 '부작용 없이, 안전하게, 덜 아프게, 따스하게, 대상자 상태에 맞게' 하지 않으면 대부분 피하거나 도망가거나 치료사를 공격하거나 증상을 악화시킬 수 있다. 다음 몇 가지에 해당되면 주제 ④로 넘어간다. 첫째, 대상자가 공황장애나 분노조절장애, 우울증 등 이미 깊은 마음의 병을 가지고 있을 경우에는 근육 뒤틀림이나 날숨 정지 등의 증상이 나타날 가능성이 있는데, 이는 상처받은 감정을 직면하지 않으려는 개인 선택의 결과다. 떼쓰기와 같은 몸의 움직임은 억압된 감정을 저절로 드러나게 한다. 이때, 내면을 직면하지 않고 회피하려는 자동 방어 시스템이 작동해 증상이 발현된다. 마음 치료는 최대한 증상이 나오지 않는 안전한 상태에서 진행되어야 한다. 둘째, 대상자가 직면할 준비가 되지 않아 방어기제를 사용하면서 회피하려 하는 경우다. 억지로 무리하게 진행하지 말고 관찰자 역할만 하게 할 수도 있다. 셋째, 치료사가 전체를 감당할 수 있는 에너지가 약하거나, 자신의 억압된 부정적 감정이 치료되지 않은 경우다. 넷째, 1~2회기로 끝나는 단기 세션에는 사용할 수 없고, 10회기 이상의 장기 세션에서 중후반에 배치한다. 그룹원의 현재 상태에 대한 정확한 진단과 그룹원의 현재 상태를 있는 그대로 수용하는 마음과 치료사의 따스한 치유 에너지, 그리고 그룹 전체를 감당할 수 있는 경험과 역량이 절대적으로 필요하다.

- 주제 ③을 건너뛰었을 경우, 분노 대상자에 대해 직면하지 않아도 되기 때문에 어느 연령이든 진행이 가능하다. 치대기와 떼쓰기와는 정반대의 움직임을 연령, 성별 등 그룹원 특성에 따라 풍부하게 제공해야 한다.

4.
감정 난화(亂畵)

1 영역: 정서

2 주제: 감정 정화

3 목표

① 억압된 감정으로 인해 긴장된 근육을 이완한다.

② 몸 감각과 마음 감각을 활성화한다.

③ 억압된 부정적 감정 에너지를 건강한 방식으로 표출한다.

④ 부정적 감정의 변형과 통합을 생성한다.

⑤ 마음을 정화한다.

⑥ 긍정적 감정이 확장됨으로 마음의 건강성을 회복한다.

4 준비물: A3 용지(개인당 1장), 그림 도구, 전지, 스티커

5 방법

1) 워밍업

① 신체 이완

- 의자에 앉아서 운전사가 되어 상상의 핸들을 잡는다. 두 손으로 핸들 잡고 팔을 쭉 펴면서 등 뒤로 동그랗게 말기, 팔 구부리면서 가슴 앞으로 밀기, 양손으로 핸들을 잡고 천천히 오

른쪽/왼쪽으로 돌리기, 오른손으로 핸들을 잡고 왼손은 의자 뒤를 잡으면서 상체를 왼쪽으로 비틀기, 반대로 하기, 핸들을 천천히 오른쪽으로 돌리면서 상체가 정면으로 돌아오기, 반대로 하기 순으로 진행한다.

② 움직임 확장

- 자리에 일어나서 2인 1조씩 파트너가 되어 차종을 정해서 소개한 다음, 역할 A와 B를 정한다. A는 교통경찰이 되어서 B에게 출발, 기어 넣기, 와이퍼 작동, 브레이크 밟기, 세차, 주유 등 운전 관련 지시사항을 전달하고, B는 운전사가 되어 A가 안내하는 대로 움직인다. 출발하기 전에 그룹원들의 다양한 운전 관련 아이디어를 취합한다.

③ 이미지와 상상 움직임

- 치료사가 교통경찰이 되어 전체 그룹에게 차종+운전 상황을 전달하면 해당되는 차종은 안내받은 대로 그룹원 사이를 돌아다니며 움직이고, 나머지는 정지한 상태에서 지켜본다. 출발하기 전에 그룹원들의 다양한 운전 상황 아이디어를 취합한다. 바람을 맞부딪치며 걷기, 폭풍 속을 지나기, 언덕을 걸어 오르고 다시 내려오기, 안개 속을 헤치기, 진흙 속을 걷기, 좁은 통나무 다리 위를 지나가기, 나무 덤불 속을 지나가기, 고속도로를 달리기, 빙판길을 달리기 등이다. 이때, 차종을 1개, 2개, 3개…… 등 다양하게 부른다.
- 파트너끼리 안전한 공간에 앉아서 '쓱쓱 싹싹 쓱싹'으로 파트너의 등을 천천히 쓰다듬는다.

2) 주제

① 선으로 표현하는 감정

- A3 용지에 각자 최근에 자신을 힘들게 하는 감정을 곡선 혹은 직선을 사용해서 낙서하듯 표현한 후, 바닥에 전시한다. 그룹원들은 바닥에 놓인 감정 낙서를 보면서 마음에 와닿는 낙서 옆에 자신의 낙서 그림을 배치한 다음, 만나서 그림을 소개하고 느낌을 말한다.

② 감정 낙서 집단화

- 5인 1조 그룹을 구성하여 그룹 당 큰 전지 1장씩을 벽에 붙인 다음, 방금 A3 용지에 그린 감정낙서를 최대한 확장해서 표현한다. 완성된 집단 감정 낙서화를 보면서 각자 떠오르는 단어나 글들을 최대한 빠른 속도로 기록한다.

③ 감정 즉흥 춤

- 그룹별로 주인공 한 명을 정한 다음, 자신의 낙서 그림과 단어를 소개한다. 그룹원들은 주인공의 낙서 그림을 보면서 느껴지는 대로 즉흥 춤을 추고, 주인공은 관객이 되어 자신을 위한 즉흥 춤을 바라보다가 원하는 시점에 그룹원들과 함께 춤을 춘다. 즉흥 춤이 끝나면 그룹원들은 주인공을 위해 해 주고 싶은 것을 몸으로 표현한다.

④ 공연

- 그룹별로 돌아다니면서 다른 그룹의 낙서 그림에 글, 선, 색 등을 덧붙인다. 각자의 그룹으로 돌아와 추가된 낙서를 천천히 읽어 본 다음, 공통의 특징적인 움직임이나 느낌을 뽑아서 안무를 한다. 그룹별로 돌아가며 안무를 발표한 다음, 안무한 움직임에 리듬을 넣어 춤으로 발전시킨다. 공간을 이동하면서 파트너를 계속 바꾸어 가며 춤을 춘다.

⑤ 신체 안정화

- 마지막 파트너와 손잡고 팔을 올릴 때 들숨, 팔을 내릴 때 날숨으로 호흡을 가라앉힌다. 각자 마음에 드는 공간에 앉아서 지금 현재 떠오르는 긍정 느낌을 찾아본다. 호흡과 함께 양 손으로 자신의 가슴을 토닥이면서 '자신의 이름+긍정 느낌'을 반복적으로 속삭인다.

3) 마무리

① 소감 나누기

- '자신의 이름+긍정 느낌'을 소개하고. 이어서 자신의 부정적 감정을 그림과 춤, 단어, 글 등으로 표현한 후 소감을 나눈다,

② 마무리 인사

- 각자 '자신의 이름+긍정 느낌'을 움직임으로 돌아가면서 표현하고, 그룹원들은 따라하면서 마무리 인사를 한다. 치료사는 그림을 어떻게 하고 싶은지 그룹원들에게 물어보고, 그룹원들이 원하는 대로 한다.

6 유의점 및 치료사 역할

- 워밍업 시 대부분의 그룹원은 제한된 움직임만 하고 있기 때문에, 치료사가 다양한 탐색을 할 수 있도록 안내해야 한다. 한 번도 가보지 않은 미지의 길이 열려서 움직임이 달라지면

죽었던 부위의 몸 감각도 살아난다. 몸 감각이 살아나면 마음 감각도 열리고, 마음 감각이 살아나면 감정도 살아난다. 고착화된 감정 패턴이 아닌 다양한 종류의 감정이 열린다.

- 주제 ①에서 자연스럽게 감정별로 그룹핑이 되지만, 만약 혼자라면 다른 그룹과 합쳐서 최소 3명 이상은 되도록 한다.
- 주제 ①, ②에서 생각을 너무 오래하면 이성이 감정을 평가하거나 해석하거나 합리화하기 때문에 감정을 만나기가 어려워진다. 말 그대로 '낙서'가 되도록 마음 가는 대로 표현하라고 강조한다.
- 주제 ②에서 집단화를 그릴 때 도화지 사용과 그림이 겹칠 수도 있다. 허락을 받아 서로 조율하도록 안내한 후, 나머지는 그룹원들 간 상호작용이 일어나는 대로 맡긴다.
- 사고의 확장은 곧 움직임의 확장이다. "지금 느낌은 어때?" "뭘 하고 싶지?" "어떻게 하면 좋을까?" "또 다른 아이디어는?" 등 진행 내내 개방형 질문을 많이 활용해야 한다.
- 신체심리치료사는 움직임 설계사다. 처음 시작할 때 직선적인 날것 그대로의 거친 감정 표현이 움직임의 질이 바뀌면서 부드러운 긍정적 감정으로 변화한다. 몸의 움직임을 통한 감정의 연금술이다. 치료사는 왜 이 시점에서 이 움직임이 설계되었는지를 알고 진행해야 한다.

5.
아프리카 춤

1 영역: 정서

2 주제: 감정 정화

3 목표

① 발의 움직임을 통해 중심의 힘을 강화한다.

② 소리와 감정 표현 간 연관성을 이해한다.

③ 각자의 부정적 감정을 인식한다.

④ 억압된 부정적 정서를 표출한다.

⑤ 집단 소리의 치유적 힘을 경험한다.

4 준비물: 아프리카 음악, A3 용지(개인당 1장)

5 방법

1) 워밍업

① 바닥 그라운딩

- 각자 바닥에 닿는 발의 느낌에 집중해서 '진흙 길, 지진이 난 길, 빙판길, 아스팔트, 자갈길' 등 치료사의 다양한 이미지 지시에 따라 걷는다. 마지막은 늪지대 이미지를 제공하여 무게감 있는 걸음을 연습한다. 이때, 스스로 빠져나오기도 하고, 빠진 사람을 건져 주기도 하

면서 그룹원끼리 상호작용한다.

② 즉흥 춤
- 늪에서 빠져나와 살아난 느낌을 발에 실어서 걷다가 그룹원들과 상호작용하면서 발에 리듬을 넣어 춤을 추며 걷는다.

③ 걷기 명상
- 춤추는 발을 계속 바꾸어 가며 만나다가 여러 개의 발이 함께 걷는 느낌에 집중하면서 천천히 걷는다. 각자 자신만의 호흡 리듬에 맞추어서 걸은 후, 제자리에 멈추어 서서 호흡을 이어 간다.

2) 주제

① 발 움직임 탐색
- 각자 8박자 리듬의 발 움직임 하나를 만든 다음, 돌아가면서 보여 주고 대상자들이 따라 하도록 한다. 그룹원들이 보여 준 8박자 발 움직임을 활용하여 각자 자신의 공간에서 음악에 맞추어서 다양한 발 움직임을 한다.

② 손발 통합 움직임
- 둘씩 만나 A와 B를 정한 다음, A가 8박자 발 움직임에 어울리는 손 움직임을 추가해서 보여 주면, B는 A의 손발 움직임을 따라한 후 역할을 바꾼다. 공간을 자유롭게 돌아다니면서 파트너를 계속 바꾼다.

③ 손발, 소리 움직임 배틀
- 마지막 만난 파트너와 손발 움직임에 어울리는 소리를 넣은 다음, 공간을 자유롭게 돌아다니면서 파트너를 계속 바꾼다. 이때는 소리 대신 어울리는 단어를 넣어 반복한다. 예를 들어 "나가, 나가, 나가" "꺼져, 꺼져, 꺼져, 꺼져" "왜, 왜, 왜, 왜, 왜, 왜" 등.
- 팀 배틀: 두 팀으로 나누어서 가운데 선 하나를 사이에 두고 일렬횡대로 마주보고 선 다음, A팀와 B팀을 정한다. 〈우리 집에 왜 왔니〉처럼 A팀은 발, 손, 단어 통합 움직임으로 B팀을 공격하면서 끝까지 밀고 간다. B팀은 밀려 갔다가 같은 방식으로 A팀을 공격한다. 발, 손, 단어가 통합되지 않거나 같은 단어가 나오는 팀이 진다.
- 소집단 배틀: 치료사가 둘, 셋, 넷 등 숫자에 맞추어 양팀 선수들의 이름을 호명하면, 앞에

서와 같은 방식으로 배틀을 한다. 예를 들어, "A팀 김○○과 양○○, B팀 길○○과 소○○" 와 같다. 나머지 그룹원들은 관객이 되어 선수들의 핵심 움직임과 소리를 메아리처럼 따라하면서 응원한다.

- 일대일 배틀: 배틀할 상대를 각자 정한다. 가운데 선은 없애고 둘씩 마주보고 서서 자유롭게 밀고 밀리면서 같은 방식으로 일대일 배틀을 한다,

④ 합동 공연

- 전체 그룹원이 둥글게 선 다음, 그룹원 중 누구든지 리더가 되어 지금까지 경험했던 움직임 중 하나를 반복해서 보여 주면, 그룹원 전체는 충분히 반복했다 싶을 때 즈음, 또 다른 그룹원이 리더가 되어 끊어짐 없이 자연스럽게 이어 간다.
- 전체 그룹을 절반으로 나누어 A, B로 정한다. 서로 마주본 상태에서 A그룹은 공격 움직임, B그룹은 평화 움직임을 소리와 함께 반복한다. 그러다 자유롭게 흩어져 돌아다니면서 공격과 평화 움직임을 자유롭게 선택해서 소리와 함께 한다.

⑤ 평화의 소리

- 전체가 손을 잡고 누워서 눈을 감은 채 천천히 숨을 들이마시고 내쉬면서 그룹원 중 누군가가 평화의 소리를 내면 그룹원 전체는 동시에 같은 소리를 낸다. 각자 양손을 가슴에 올린 채 눈을 감고 치료사의 마무리 안내가 나올 때까지 개인적으로 평화의 소리를 낸다. A3 용지에 현재의 느낌을 선과 색깔로 표현한다.

3) 마무리

① 소감 나누기

- "발을 구를 때의 느낌은? 소리를 낼 때의 느낌은? 소리를 낸 후의 느낌은? 배틀을 했을 때는? 소리 내기 힘들었던 순간은? 소리가 단어로 바뀌었을 때는? 감정이나 기억이 떠오르는 순간은? 지금 현재의 느낌은?" 등 치료사의 질문과 그림을 토대로 소감을 나눈다.

② 마무리 인사

- 각자 돌아가면서 오늘 만난 감정 단어 하나를 발/손/단어로 소개한다. 그룹원들은 주인공을 바라보면서 충분히 반복해 주며 마무리 인사를 한다.

6 유의점 및 치료사 역할

- Laban의 에포트 중 무게가 실리는 발의 움직임은 억압된 부정적 정서의 소리 표출을 용이하게 한다. 다양한 발 움직임 끝에 경험하게 되는 수렁에 빠진 발 이미지는 자연스럽게 무게가 실리도록 돕는다.

- 재미는 신체심리치료의 핵심이다. 춤을 추면 재미있다. 재미있으면 몸과 마음이 저절로 열린다. 열린 틈 사이로 부정적 감정들이 춤을 추며 나온다. 치료사는 춤을 통한 재미의 요소를 극대화시키도록 한다.

- 소리의 질이 바뀌면 감정의 질도 바뀐다. 주제 ⑤의 평화의 소리는 부정적 감정을 긍정적 감정으로 변화시키는 연금술이다.

- 부정적 감정은 직접적으로 표현하여 처리할 수도 있지만, 간접적으로 표현하여 처리할 수도 있다. 주제 ⑤의 평화의 소리는 후자의 기능을 한다. 동시에 몸을 통해 다소 거칠게 빠져나간 부정적 에너지를 다독여서 균형을 맞추어 준다.

- 이 세션에서 음악은 매우 중요한 기능을 한다. 훌라 춤의 리듬과 아프리카 춤의 리듬은 정반대다. 훌라 춤의 리듬은 느리고 부드러운 곡선이 연속적으로 이어지면서 허리 움직임이 주를 이룬다. 아프리카 춤의 리듬은 역동적이고 직선적이며 정확하게 떨어지는 박자로 이루어져 있고 빠르다. 음악을 고를 때는 직접 음악에 맞추어 움직이면서 리듬을 온몸으로 느껴본다. 다만, 샤머니즘적인 요소가 들어간 음악은 가능한 배제해야 한다.

6.
번호판 밟기

1 영역: 정서

2 주제: 감정 정화

3 목표

① 호흡을 통해 신체 감각 인식력을 증대한다.

② 신체 통합 움직임을 통해 내면의 부정적 에너지를 효율적으로 발산한다.

③ 억압된 내면의 소리를 인식한다.

④ 감정에 직면하는 내면의 힘을 기른다.

⑤ 부정적 정서를 언어로 표현한다.

4 준비물: 색테이프, 1칸 라벨지(개인당 20장), 그림 도구

5 방법

1) 워밍업

① 호흡 발성

- 각자 앉아서 호흡을 하다가 날숨에서 소리를 낸다.

- 3인 1조가 되어 한 명은 지휘자, 두 명은 합창단원이 된다. 합창단원은 마주보고 앉아서 서로 번갈아 가면서 '도레미파솔라시도' 음에 맞추어서 '아' 소리를 낸다. 지휘자는 두 사람의

호흡과 소리를 잘 관찰하면서 지휘를 한다. 더 이상 올라가지 않을 때까지 한 키씩 계속 올린다.

- 지휘자는 관찰을 토대로 소리가 잘 나올 수 있도록 '몸의 어디가 긴장되어 있는지, 숨을 어떻게 쉬고 있는지, 소리가 어디서 막혔는지' 등 보이스 컨설팅을 해 준다. 합창단원들은 컨설팅 받은 내용을 토대로 한 번 더 '도레미파솔라시도' 음에 맞추어서 소리를 낸다. 이때 '아, 에, 이, 오, 우' 중 원하는 소리를 선택하도록 한다.

② 확장 이완 움직임

- 1단계는 각자 누워서 '도레미파솔라시도'에 맞추어 숨을 천천히 들이마시면서 몸 전체를 서서히 확장하고, '도시라솔파미레도'에 맞추어 숨을 천천히 내쉬면서 몸 전체를 서서히 이완한다. 2단계는 '아, 에, 이, 오, 우' 중에서 본인이 원하는 소리에 맞추어서, 3단계는 소리 없이 확장 이완 움직임만 하는 순으로 반복하다가 호흡만으로 마무리한다.

2) 주제

① 소도구 준비

- 상상력을 총동원해서 바닥에 색 테이프와 라벨지로 세상에 단 하나밖에 없는 자신만의 휴대전화 번호판을 만든다. 칸과 칸 사이는 건너뛸 정도의 간격을 두고 스티커를 활용해 0~9까지 번호판에 번호를 붙인 다음, 장식해서 마음에 드는 공간에 전시한다. 각자 돌아다니면서 휴대전화를 구경하기도 하고, 자기 휴대전화를 자랑하기도 한다.

② 무게(Weight)를 활용한 발의 움직임 탐색

- 1단계는 각자 발로 전화번호를 누른다. 2단계는 치료사의 "오른발, 왼발, 양발, 양발 번갈아 가며" 등 다양한 지시에 따라 번호를 누르고, 3단계는 손이 발의 움직임을 도와주면서 번호를 누른다. 4단계는 '고장난 휴대전화, 응급구조 상황 발생, 고약한 직장상사, 사랑하는 사람' 등 치료사의 상황 지시에 따라 번호를 누른다.

③ 공간 이동

- 치료사가 "이동"이라고 지시하면 각자 다른 번호판을 찾아가서 누른다. 치료사가 "둘씩 손잡고 이동, 셋씩 팔짱 끼고 이동, 넷씩 허리 손 두르고 이동, 둘씩 어깨동무 이동" 등 다양한 이동 지시를 하면 그룹원들은 이동 지시에 따라 움직인다. 치료사가 "누르세요!"라고

말하면 아무 번호판 속으로 들어가서 함께 발로 누르는 움직임을 한다.

④ 상상 춤
- 둘씩 파트너가 되어 자유롭게 선택한 번호판 속으로 들어간다. 오른손, 왼손, 양손 순으로 번갈아 가며 잡은 상태에서 발로 리듬을 타면서 번호판을 누르다가 잡은 손을 놓고 다른 번호판으로 이동하면서 자유롭게 춤을 춘다.

⑤ 상상 소리 공연
- 각자 휴대전화 번호 대신 말하고 싶은 세 가지 의미 없는 문장을 구성한다. 예를 들어, "김 ○○, 너 이리와! 빨리 안 와?" 등 무엇이든 상관없다. 의미 없는 세 가지 짧은 문장을 가족에게 진짜 말하고 싶은 문장으로 바꾼다. "아버지, 잔소리 좀 그만해요. 미치겠어." 등이다.
- 3인 1조 그룹을 구성 한다. 각자의 세 가지 문장에 소리와 움직임을 넣은 다음 그룹원들에게 소개한 후, 함께 안무를 한다. 각 그룹은 공연을 하고 나머지는 관객이 되어 함께 느껴본다. 공연이 끝난 그룹은 그 자리에 멈추어 서 있고, 관객 중 누구든지 나와서 말, 몸짓, 글, 춤 등으로 전달하고 싶은 마음을 표현한다.

3) 마무리

① 소감 나누기
- 각자 소감을 글로 표현한 다음, 함께 공연한 세 명끼리 돌아가며 소감 글을 자신의 목소리로 읽는다. 글을 읽은 주인공을 위해 그룹원들은 말없이 허그한다.

② 마무리 인사
- 들었던 말, 몸짓, 글 중에서 가장 마음에 와닿았던 것 하나를 동작으로 소개하며 마무리 인사를 한다.

6 유의점 및 치료사 역할

- 워밍업 ①에서 전문적인 컨설팅을 할 필요는 없다. 중요한 것은 누군가를 객관화시켜서 관찰해 보는 경험 자체다. 집중해서 바라보면 관찰자나 관찰 대상 모두 호흡, 소리, 몸 상태의 변화와 연관성을 알게 된다. 이 체험적 깨달음은 곧 자기 성찰과 목소리의 변화로 이

어진다.

- 주제 ②에서 상황에 따라 발의 움직임에 질적인 변화가 생겨나고 이는 부정적 감정의 다양한 표출로 이어진다. 청소년, 유아, 중년 여성, 노년 등 그룹의 특성에 따라 보다 다양한 상황 지시를 한다.
- 주제 ②에서 번호판 밟기는 라반의 에포트 중 무게가 실리는 움직임이다. 발바닥 전체가 바닥에 닿는 느낌을 강조하면서 무겁게 밑으로 누르도록 한다. 이 움직임은 내면의 힘을 길러 주어 소리 내기를 용이하게 한다. 구태여 전화번호를 기억해 내려 하지 말고, 즉석에서 전화번호를 만들어서 밟는다.
- 주제 ⑤에서 가족과 관련해서 하고 싶은 말을 표현할 때, 그룹 친밀도나 치료사의 에너지에 따라 억압된 욕구가 표출되거나, 그러지 못할 수도 있다. 치료사는 어떤 경우든 평가나 판단 없이 따뜻한 에너지로 품어 주어야 한다.
- 허그나 허리에 손 두르기 등의 접촉은 남녀구성에 따라 생략하거나 어깨에 손 올리기 등으로 대체할 수 있다.

7.
난타 공연

1 영역: 정서

2 주제: 감정 정화

3 목표

① 위축되었던 몸이 자유로움과 해방감을 경험한다.

② 에너지와 활력을 생성한다.

③ 내면의 억압된 부정적 감정을 표출한다.

④ 부정적 감정의 수위를 낮춘다.

⑤ 다양한 긍정적 감정을 회복한다.

4 준비물: 큰 북(2개), 마라카스, 패들드럼, 작은 북, 에그쉐이크, 소고 등 다양한 타악기(개인당 1개), 메모지(개인당 1장), 8칸 라벨지(개인당 1장), A3 용지(개인당 1장), 그림 도구, 바구니

5 방법

1) 워밍업

① 구조화된 스트레칭

• 손가락: 손가락 사이 벌리고 모으기, 손가락 두세 개씩 벌리고 모으기, 손가락 전체 오므렸

다 펴기, 손가락 하나하나 접었다 펴기
- 손목: 손목을 위아래로 꺾기, 손목 위아래로 털기, 손목 안팎으로 돌리기, 손바닥을 바닥에 대고 손끝이 몸 쪽을 향한 상태에서 누르기, 손등을 바닥에 대고 손끝이 몸 쪽을 향한 상태에서 누르기
- 어깨: 어깨 들었다 내리기, 어깨 앞뒤로 돌리기, 어깨와 팔꿈치 앞뒤로 같이 돌리기, 어깨와 팔꿈치와 손목까지 앞뒤로 같이 돌리기, 머리 뒤에서 손목 잡고 당기기, 머리 뒤에서 손목 잡고 팔꿈치 당기기, 머리 뒤에서 손목 잡고 팔꿈치 당기면서 옆구리 늘이기
- 팔과 옆구리: 깍지 끼고 양팔 뻗어서 앞뒤로 늘이기, 깍지 끼고 위로 양팔 뻗어 귀 뒤로 넘겨서 늘이기, 깍지 끼고 위로 양팔 뻗어 귀 뒤로 넘겨서 꿈틀거리면서 늘이다 '하나, 둘, 셋' 만에 깍지 풀기

② 리듬성 생성
- 둘씩 등을 대고 앉는다. 양손을 잡고 팔을 머리 위로 쭉 뻗은 다음, 오른쪽 왼쪽으로 한 번씩 기울였다가 손잡은 상태에서 같은 방향으로 한 바퀴를 돌아서 마주본다.
- 등을 대고 서서 양손을 잡고 머리 위로 쭉 뻗은 다음 오른쪽 왼쪽으로 한 번씩 기울였다가 손잡은 상태에서 같은 방향으로 한 바퀴 돌아서 마주본다. 왈츠 움직임 사이사이에 턴 움직임을 넣어서 파트너를 바꾸어 가며 춤을 춘다.

③ 신체 안정화
- 마지막 파트너와 함께 등을 대고 앉아서 A는 B의 손목을 잡고 가슴을 천천히 숙이고, B는 A의 등에 힘을 빼고 붙은 채 천천히 내려간다. 역할을 바꾼 다음, 다리를 쭉 뻗고 호흡하며 쉰다.

2) 주제

① 악기 인사 및 자기 소개
- 1단계는 각자 마음에 드는 악기를 선택한 후 가지고 논다. 2단계는 순서대로 돌아가며 자기 이름을 자신만의 리듬으로 두드리며 소개한다. 3단계는 그룹원 중 한 명인 A가 악기를 연주하면서 B에게로 다가가 자리를 바꾸면, B는 악기를 연주하면서 또 다른 그룹원과 자리를 바꾼다. 그룹원들의 자리 이동이 끝날 때까지 계속한다. 4단계는 자리 이동의 속도를 점점 빨리하면서 2명, 5명, 전체까지 숫자를 늘린다.

② 악기 연주

- 각자 좋아하는 동요에 맞추어서 악기를 연주하면서 공간을 자유롭게 이동한다. 치료사는 '마라카스 1번, 큰 북 2번' 등 악기에 번호를 매긴다. 지휘자가 손가락으로 번호를 지시하면 해당 번호가 그룹원들 사이를 지나다니면서 연주하고 나머지는 멈추어서 관람한다. 치료사가 '1, 3번, 4, 1, 5번 …… 전체'와 같이 숫자를 늘리면 해당 번호는 모두 그룹원 사이를 지나다니면서 연주하고, 나머지는 연주자들을 보면서 몸으로 함께 리듬을 탄다.

③ 몸 연주

- 합동 연주: 두 팀으로 나누어서 A팀은 악기 연주자가 되어 각각 흩어져 서서 자신의 악기로 자유롭게 연주하고, B팀은 각자 원하는 연주자 주위로 다니면서 악기 연주에 맞추어서 악기 없이 몸으로 움직임을 한다.
- 북 연주: 다른 악기들은 모두 없애고, 큰 북 2개만 배치를 한 다음 원하는 사람은 연주자가 되고 나머지 그룹원들은 연주에 맞추어서 몸을 움직인다. 이때, 치료사가 '체인지'라고 말하면 누구든지 연주자가 된다. 치료사는 속도, 세기, 속도+세기 순으로 다양한 주문을 하여 움직임을 확산시킨다.

④ 감정 연주

- 각자 메모지에 최근에 경험한 가장 기분 나쁜 감정과 상황 한 가지씩을 작성한 다음, 바구니에 넣는다.
- 2개의 북을 연주할 2명의 악기 연주자와 2명의 감정 연주자를 선정하여 공간 한가운데에 북과 연주자를 배치한다. 2명의 악기 연주자는 바구니에 든 쪽지를 하나씩 선택한 다음 적혀 있는 감정에 어울리는 연주를 하고, 감정 연주자들은 연주에 맞추어서 움직인다. 나머지 관중들은 바깥에 큰 원을 만들어서 둘러싼 채 바라본다. 연주가 끝나면 감정 연주자의 움직임에 제목을 정해서 라벨지에 써서 몸에 붙여 준다. 연주를 마친 연주자들은 다른 그룹원을 지목한다.

⑤ 감정 즉흥 춤의 변형과 통합

- 둘씩 파트너가 되어 몸에 붙은 스티커를 정리한 후, 서로의 것을 읽는다. 역할 A와 B를 정한 다음, A는 눈을 감고 B를 위한 즉흥 움직임을 하고 B는 벽에 앉아서 자신만을 위한 공연을 감상한다. 이때, 치료사는 '느리고, 부드럽고, 곡선적인' 움직임 요소를 안내하여 '무겁고, 강하고, 직선적인 움직임'이 변형되도록 한다. A의 공연이 마무리될 즈음, B가 들어

와서 공연을 이어서 한다. A는 자리에 앉아서 감상하다가 적당한 시점에 둘이 동시에 공연을 한다. 파트너끼리 바닥에 누워서 오늘 받은 선물이 무엇인지를 떠올리며 그림을 그린다.

3) 마무리

① 소감 나누기

- "내 몸에 대해 발견한 것은? 가장 마음에 들었던 악기 연주는? 북 연주에 맞추어 춤추었을 때의 느낌은? 오늘 가장 좋았던 순간은? 파트너가 나를 위해 춤을 추었을 때 느낌은? 내가 파트너를 위해 춤을 추었을 때의 느낌은? 나에 대해 새롭게 알게 된 것은? 떠오르는 기억은?" 등 치료사의 질문을 토대로 선물 그림을 소개하면서 소감을 나눈다.

② 마무리 인사

- 각자 자신의 악기를 들고 가장 큰 원을 만들어서 둥글게 선다. 눈을 마주친 사람끼리 원 한가운데서 만나 악기를 바꾼 후 굿바이 커플 연주를 한 다음, 상대방의 자리에 가서 선다. 그룹원 전체가 악기를 바꿀 때까지 반복하다가 현재 들고 있는 악기를 동시에 연주하면서 마무리 인사를 한다.

6 유의점 및 치료사 역할

- 워밍업 ①, ②에서 전문 무용수가 아닌 일반인들은 유연성이 떨어지기 때문에 다리를 쭉 뻗으면 척추가 구부러져서 오히려 몸의 긴장을 유발할 수 있다. 각자 몸의 구조에 맞도록 요가 자세를 취하거나 다리를 펴더라도 척추가 구부러지지 않도록 안내해야 한다. 파트너와 양손을 잡은 채 한 바퀴를 도는 움직임은 매우 재미있고 역동적이지만, 동시에 연령이 높거나 어깨나 허리가 아플 경우 다칠 위험이 있으므로 주의해서 진행한다.
- 타악기의 두드림 움직임은 억압된 부정적 감정을 자연스럽게 발산시킨다. 만약 악기가 없다면 집에 있는 집에 있는 그릇, 냄비 등 두드릴 수 있는 재료는 뭐든 가능하다.
- 주제 ②에서 동요 대신 연령에 맞는 대중적인 음악을 사용할 수도 있다. 점차 리듬성이 좋은 다양한 음악으로 움직임을 발전시켜 나간다.
- 주제 ⑤에서 움직임을 변형할 때 치료사의 개입은 매우 중요하다. '빠르고 강하고 직선적인 움직임'이 '느리고 부드럽고 곡선적' 양극 움직임을 만나면 통합이 이루어진다. 양극

단은 날카로움과 분열과 대립이지만, 양극단이 만나서 뒤섞이다 보면 균형과 조화가 생성된다. 여기서 음악이 결정적인 역할을 한다. 그룹원의 움직임을 관찰하면서 움직임을 도와주는 음악을 공급할 수도 있고, 동일한 움직임의 질이 계속 이어지고 있으면 음악의 변형을 통해 움직임의 질을 변형할 수도 있다. 움직임의 질이 바뀌면 감정도 바뀐다. 치료사는 부정적 감정의 배출뿐만 아니라 다양한 긍정적 감정을 경험하도록 안내해야 한다.

SOMATIC
PSYCHOTHERAPY
TECHNIQUES AND
APPLICATIONS

제18장
공감 연습

공감(Empathy)은 부정적 정서가 마음에 쌓여서 병이 되지 않도록 흘러 보내는 유일한 통로다. 부정적 감정으로 가득 찬 마음을 치유하는 탁월한 해독제다. 죽고 싶을 정도로 힘들 때 내 마음을 알아주는 사람이 단 한 명도 없다면 삶을 포기하고 싶어 진다. 하지만 그 한 사람을 찾는다면 다시 살고 싶은 기분이 든다. 이것이 공감의 힘이다. 공감(共感)은 "감정을 공유하는 것, 즉 함께 느끼는 것"이다. 공감에는 모두 세 단계가 있다. 첫째는 인지적 공감(Cognitive Empathy), 둘째는 정서적 공감(Emotional Empathy), 셋째는 신체적 공감(Kinesthetic Empathy)이다. 인지적 공감은 머리로 배워서 말로만 하는 공감이다. 가슴으로 느껴지지 않으니 몸의 언어가 수반되지 못한다. 말의 내용과 몸의 언어가 각기 다르기 때문에 공감 받는 느낌이 상대방에게 전달되지 않는다. 가짜 공감처럼 느껴진다. 정서적 공감은 상대방의 정서가 가슴으로 느껴져서 나오는 언어다. 신체적 공감은 상대방의 정서를 몸이 경험하여 나오는 한마디이자 진짜 공감이며 강력한 치유의 언어다.

대한민국은 공감 부재 국가다. 학교폭력, 성폭력, 가정폭력, 데이트 폭력이 끊이지 않는 이유가 여기에 있다. 피해자의 아픔을 가슴으로 느끼거나 몸으로 경험한다면, 애초부터 폭력은 있을 수 없다. 폭력 예방을 위해 공감 교육이 우선이어야 한다. 최고 레벨인 몸의 공감을 연습한다. 여기에서는 미러링(Mirrioring)이 주요 기법으로 활용된다. 상대방의 움직임에서 경험했던 것을 자신의 근육 활동을 통해 거울처럼 반영하는 것이다. 인간의 뇌 속에는 이미 상대의 감정을 함께 느끼고 따라 하게 하는 거울 뉴런(Mirror Neuron)이 내장되어 있다. 미러링을 통한 깊이 바라보는 눈과 근감각적 움직임 경험은 작동을 멈춘 거울 뉴런을 다시 작동하게 한다. 이를 통해 타인의 감정을 자신의 감정으로 공유할 수 있다.

1.
감정 꽃이 피었습니다

1 **영역:** 정서

2 **주제:** 공감

3 **목표**

① 부정적 감정의 종류를 인식한다.

② 타인의 부정적 감정을 알아차린다.

③ 타인의 부정적 감정을 몸으로 느낀다.

④ 타인의 부정적 감정을 명확한 공감 언어로 표현할 수 있다.

⑤ 상호 감정적 교류를 경험한다.

4 **준비물:** 풍선(3개), 4칸 라벨지(개인당 1장), 볼펜, 전지, 그림 도구, 단어 카드

5 **방법**

1) 워밍업

① 풍선을 이용한 몸 조각

- 각 그룹을 10명 내외로 구성한 다음, 손을 잡고 둥글게 선다. 치료사는 풍선 1개를 원 안에 넣고, 그룹원들은 잡은 손을 놓지 않은 상태에서 발을 사용해서 풍선이 바닥에 떨어지지 않도록 한다. 이때, 풍선은 미리 불어 둔다.

- 치료사는 풍선 2개를 원 안으로 넣고, 그룹원들은 잡은 손을 놓지 않은 상태에서 온몸(머리, 어깨, 배, 허리, 무릎 등)을 사용해서 풍선이 바닥에 떨어지지 않도록 한다. 이때, 발을 고정시키지 말고 풍선의 동선을 따라 온몸이 함께 이동한다. 풍선 3개를 넣어서 같은 방식으로 진행한다.

② 상상 풍선을 이용한 몸 조각

- 풍선을 없앤 다음, 머릿속으로 풍선을 상상한다. 치료사의 '하나, 둘, 셋' 박자에 온몸을 사용해서 상상 풍선이 바닥에 떨어지지 않도록 움직이고 멈추기를 여러 번 반복한다. 이때, 공간 높낮이, 방향, 사용하는 신체 부위가 다양하게 바뀔 수 있도록 안내한다.
- 한 그룹은 관객들의 "하나, 둘, 셋, 스톱"에 '맞추어서 공연하고, 나머지 그룹은 관객이 되어서 "하나, 둘, 셋"을 외쳐 준다. 스톱을 없애고 각자 자신의 '하나, 둘, 셋' 박자로 움직임을 연속적으로 이어 가다가 리듬을 넣어 춤으로 발전한다.

③ 상상 호흡

- 자신의 몸이 풍선이라 상상하면서 호흡하며 쉰다.

2) 주제

① 무궁화꽃이 피었습니다

- 가위바위보로 술래를 정한 후, 1단계 '무궁화꽃이 피었습니다' 놀이, 2단계 '동물꽃이 피었습니다' 놀이, 3단계 '형용사+동물꽃(화가 난 킹콩, 땅 파는 두더지 무궁화꽃이 피었습니다 등)' 놀이, 4단계 '형용사+사람 꽃(일주일 굶은 사람, 버스 놓친 사람이 피었습니다 등)' 놀이를 한다. 2단계부터는 제대로 표현하지 못하거나 움직였을 경우에 술래가 된다.

② 감정 인터뷰

- 2인 1조 파트너가 되어 A와 B를 정한다. A는 최근에 가장 힘들 때가 언제였는지 속마음을 말하고, 인터뷰어는 부정적인 감정 단어를 하나 찾을 때까지 질문을 던지면서 인터뷰를 한다. 그리고 서로 역할을 바꾼다.

③ 감정 조각과 공감 언어

- 조각가와 조각품 역할을 정한다. 조각가는 감정 인터뷰를 통해 찾아낸 하나의 감정을 조각품의 몸을 사용해서 조각한다. 이때, 조각가는 부드럽게, 천천히, 섬세하게 감정이 겉으

로 명확히 드러나도록 조각을 하고 조각품은 조각가가 마음껏 조각하도록 자신의 몸을 내 맡긴다.
- 조각가들은 조각품을 가장 마음에 드는 공간에 배치한 다음, 돌아다니면서 다른 조각품을 여러 방향에서 감상한다. 마음이 움직일 때 공감의 말을 적어서 조각품의 몸에 붙여 준다. 조각가는 자기 조각품에게로 와서 역할을 바꾼다.

④ 몸으로 공감 단어 표현하기
- 파트너끼리 서로의 공감 스티커를 떼서 보기 좋게 정리한 다음, 단어들을 하나씩 읽어 본다. 역할 A와 B를 정한 다음, A는 B의 스티커에 기록된 공감 단어 하나하나를 살아 있는 말로 읽어 준 후, 역할을 바꾼다. 각자 가장 마음에 드는 공감 단어 하나를 선택해서 가슴에 붙인다.
- A는 B가 선택한 공감 단어를 반복적으로 말해 준다. 이때, 몸도 함께 사용한다.

⑤ 공감 춤 추기
- 자신의 공감 단어를 동작으로 만든다. 역할 A와 B를 정한 다음 A가 자신의 동작을 보여 주면 B는 따라 하고, B가 자신의 동작을 보여 주면 A도 따라 한다.
- 파트너를 바꾸면서 치료사의 움직임 변형 지시에 따라 움직임을 계속 변형하다가 음악에 맞추어 리듬을 넣어서 춤을 춘다.
- 바닥에 눕거나 앉아서 호흡과 함께 현재 느낌이 무엇인지 정리한다. 그룹원들 전체가 하나의 전지에 각자의 공감 단어들을 기록한 다음, 공감 받았을 때의 느낌을 색깔과 선으로 표현한다. 각자 걸어 다니면서 공감 집단화를 관람하면서 덧붙이고 싶은 표현을 한다.

3) 마무리

① 소감 나누기
- "감정을 조각할 때 힘들었던 점은? 감정을 조각할 때 떠오르는 기억이나 느낌은? 다른 사람의 감정 조각을 만났을 때 느낌은? 가장 마음에 들었던 공감 단어는? 공감 받았을 때의 느낌은? 일상에서 떠오르는 사람은?" 등 치료사의 질문과 공감 집단화에 그려져 있는 자신의 공감 단어와 공감 그림을 설명하면서 소감을 나눈다.

② 마무리 인사
- 각자 돌아가면서 자신의 공감 단어와 움직임으로 인사한 다음, 공감 단어는 생략하고 공감 움직임으로 마무리 인사를 한다.

6 유의점 및 치료사 역할

- 눈에 보이지 않는 추상적인 감정을 조각하기 전에 눈에 보이는 몸 자체를 먼저 조각한다. 몸의 자세가 다양하게 바뀔수록 표현되는 감정도 다양해진다. 마치 종이를 최대한 구기듯 몸을 최대한 다양하게 변형하도록 안내한다.
- 워밍업에서 풍선을 미리 불어 놓아서 흐름이 끊어지지 않도록 하며, 너무 크게 불어서 터지지 않도록 유의한다.
- 워밍업에서 하나, 둘, 셋을 천천히 불러서 몸의 자세 변화를 명확히 인식한다. 이때, 바닥에 발이 고정되지 않도록 풍선이 움직이는 동선에 따라 몸 전체를 이동하면서 움직이도록 안내한다.
- 주제 ①에서 즉석에서 단계별로 해당되는 단어 찾기가 어려울 수 있다. 치료사는 단계별 움직임이 가능한 단어 카드를 색깔별로 준비해서 찾는 데 시간이 걸리지 않도록 한다.
- 주제 ③에서 잔잔한 배경 음악과 함께 일절 말을 하지 않도록 주의를 주어야 한다. 말은 머리의 기능을 강화해서 가슴의 언어가 움직이지 못하도록 방해한다.
- 주제 ③에서 충고, 명령, 해결책 제시 등을 하지 않도록 사전에 주의를 주어야 한다.
- 아동이나 남성은 공감 능력이 부족할 것이라는 편견이 없도록 유의한다. 아이들은 탁월한 공감자들이며, 남성도 마찬가지다. 단지 배울 기회가 없었기 때문이다.
- 가족 간 진행 시 따뜻한 정서적 터치가 일어나 울음이 터질 수도 있다. 부모들은 창피해하거나 죄책감을 느낄 수 있다. 치료사는 눈물은 마음의 상처를 치유하는 약이니 마음껏 흘리도록 도우라는 예방적 멘트를 해 주도록 한다.

2.
장애인 공감수업

1 영역: 정서

2 주제: 공감

3 목표

① 역지사지(易地思之)의 마음을 기른다.

② 공감 감각을 개발한다.

③ 공감 표현 방법을 구체적으로 학습한다.

④ 사회적 약자에 대한 배려심을 함양한다.

⑤ 장애인에 대한 인식을 개선한다.

4 준비물: A2 용지, A3 용지, 안대, 목발, 휠체어, 4칸 라벨지, 그림 도구

5 방법

1) 워밍업

① 보디스캔

- 각자 편안한 공간에 누워서 들숨날숨을 이어 가다가 치료사의 부위별 지시어에 따라 마음
  의 눈으로 정수리, 양 미간 사이, 쇄골 한가운데 옴폭 파인 곳, 가슴 한가운데 옴폭 파인 곳,
  배꼽, 단전, 엉덩이와 회음부 사이 순서로 바라본다.

② 몸 깨우기

- 훑어 내리기: 손바닥을 비벼서 왼쪽 심장, 오른쪽 가슴. 양쪽 가슴 순으로 놓은 다음, 목덜미 뒤를 양손으로 감싸면서 앞으로 훑어 내린다.
- 쓰다듬기: 머리, 얼굴, 목덜미, 어깨, 갈비뼈, 윗배, 아랫배, 골반, 허벅지, 무릎 순으로 위에서 밑으로, 밑에서 위로 쓰다듬는다.
- 두드리기: 양손 깍지 끼고, 주먹에 공기를 넣어서, 주먹을 펴서 손바닥 순으로 쇄골 한가운데부터 아래로 툭툭 치면서 내려간다.

③ 커플 공간 레벨 이완

- 2인 1조 파트너가 되어 A와 B를 정한 다음, 자리에서 일어난다. A가 B의 머리부터 천천히 아래로 내려가면서 쓸어내리면 B는 A의 터치 속도와 공간 높이에 맞추어서 내려가다가 완전히 바닥에 눕는다. B가 바닥에 완전히 누우면 A도 같이 누워 있다가 B가 준비가 되어 일어나면 A도 함께 서서히 일어나서 두 번 더 되풀이한 다음, 역할을 바꾼다.
- 제자리에서 서서 A는 B의 머리부터 쓸어내리면서 공간 아래로 내려가다가 갑자기 아래로 툭 떨어진다거나, 갑자기 바닥에 눕는 등의 예기치 않은 행동을 한다. 이때, B도 갑작스런 행동을 같이 하면서 같은 공간 레벨로 내려간다.
- A와 B는 공간 전체를 걸어 다니면서 둘 중 누구든지 자신의 방식대로 공간 아래로 내려가면서 갑작스런 행동을 하면 파트너는 함께 맞추어 간다.
- A는 B의 오른쪽, 왼쪽, 가운데 양옆, 위아래 척추 중심 순으로 훑어 내리고 훑어 올리면서 좋은 기운을 북돋운다.

2) 주제

① 소도구 제작

- 시각장애, 청각장애, 언어장애, 지체장애, 뇌병변장애 등 외부 신체적 장애의 종류를 A2 용지에 하나씩 기록한 다음, 각각을 바닥에 배치한다.
- 전체 그룹원은 각자 돌아다니면서 마음에 와닿는 장애의 종류를 선택해서 그룹핑을 한다. 선택한 이유와 알거나 본 적이 있었던 경험을 그룹원끼리 나눈 다음, 신체적 증상과 증상이 정서/사회/가족에게 미치는 영향을 최대한 많이 정리하여 그룹별로 발표한다. 발표를 들으면서 추가하고 싶은 내용은 그룹원들이 보완해 준다.

② 고정된 조각상의 몸 감각적 공감

- 장애 그룹끼리 절반씩 조각가와 조각품 역할을 맡는다. 조각가는 장애 증상에 맞추어서 장애인을 조각해서 공간에 배치하고, 조각품은 장애인이 되어서 편안하게 조각가의 손에 몸을 맡긴다.
- 그룹원 전체는 각자 돌아다니면서 배치된 조각품을 깊이 보는 눈으로 천천히 관찰하면서 힘들어 보이는 점이 가슴으로 느껴지면 라벨지에 공감 단어를 작성해서 붙인다.
- 각자의 장애 그룹으로 돌아와서 조각품에 붙어 있는 라벨지를 바닥에 정리한 다음, 주인공 한 명을 정해서 그룹원들이 돌아가며 공감 단어를 들려준다. 주인공은 가장 마음에 와 닿는 공감 단어 1개를 선택해서 가슴에 붙인다.
- 역할을 바꾼다.

③ 움직이는 조각상의 몸 감각 체험

- 1차: 각자의 장애 그룹에서 장애인 한 명, 돌보미 두 명, 방관자 두 명으로 역할을 정해서 다음의 역할을 수행한다. 치료사는 장애물이 있는 공간을 걸어서 목표 지점에 도달하라는 과제를 준다. 소감을 나눈 후, 1차 전략을 수립하여 발표한다.

장애인	장애물을 끝까지 통과하여 목표 지점에 도달한다.
돌보미	장애 증상에 가장 적합한 방식으로 도움을 준다.
방관자	개입 없이 지켜만 보면서 충분히 느낀다.

- 2차: 각자의 장애 그룹에서 장애인 한명, 돌보미 두 명, 방해꾼 한 명, 방관자 한 명으로 역할을 정해서 다음의 역할을 수행한다. 치료사는 장애물이 있는 공간을 걸어서 목표 지점에 도달하라는 과제를 준다. 소감을 나눈 후, 2차 전략을 수립하여 발표한다.

장애인	방해에도 불구하고 장애물을 통과하여 목표 지점에 도달한다.
돌보미	장애 증상에 가장 적합한 방식으로 도움을 준다.
방해꾼	장애 증상에 가장 효율적인 방식으로 목표에 도달하지 못하도록 훼방을 놓는다.
방관자	개입 없이 지켜만 보면서 충분히 느낀다.

④ 춤추는 조각상의 공감 움직임

- 각자의 장애 그룹에서 장애인 한 명, 춤 돌보미 두 명, 공감천사 두 명 역할을 정한다. 장애 인은 가운데, 돌보미는 마주보고, 공감천사는 뒤에 선다. 장애인 한 명은 주인공이 되어서 장애 증상을 가진 몸으로 변신한다. 춤 돌보미들은 장애인의 신체 부위 중 움직일 수 있는

부위를 찾아서 손으로 터치한 다음, 장애인의 특성에 맞게 양손으로 잡아서 천천히 움직여 준다. 공감천사들은 장애인의 마음으로 장애인의 움직임을 따라 한다. 충분히 경험했으면 고정된 역할에서 벗어나서 그룹원들끼리 상호작용하면서 자유롭게 춤을 춘다,

⑤ 공감의 춤

- 커플 공감 춤: 전체 그룹을 절반으로 나누어서 A와 B를 정한다. A그룹은 장애인이 되어 마음에 드는 공간에 가서 고정된 조각상 포즈를 취한다. B그룹은 춤추는 천사가 되어서 조각상 사이를 지나다니면서 춤을 추다가 가장 마음에 와닿는 조각상 앞에 멈추어 서서 한 사람만을 위한 공감 춤을 춘다. 치료사의 "Move" 지시어가 주어지면 A 그룹의 조각상들도 살아나서 함께 상호작용하면서 커플 공감 춤을 춘다.
- 가족 커뮤니티 공감 춤: 치료사의 "Two Circle" 지시어에 따라 A그룹은 장애인이 되어 원 안에, B그룹은 가족이 되어 원 바깥에 서서 원 안의 장애인을 위해 허그, 터치, 컨택 등 몸을 사용해서 공감을 표현한다.
- 자리에 누워서 호흡하면서 지금 현재의 느낌을 이미지로 표현한다. 이때, ②에서 작성했던 공감 단어를 바꿀 수 있다.

3) 마무리

① 소감 나누기

- "어떤 역할이 가장 인상 깊었나? 가장 좋았던 순간은? 힘들었던 역할은? 춤추면서 느낀 점은? 가장 감동적이었던 순간은? 장애인에 대한 나의 시각은 어떻게 바뀌었나? 가족의 역할을 할 때는? 가장 마음에 드는 공감 표현은?" 등 치료사의 질문을 토대로 이미지 그림을 보여 주면서 소감을 나눈다.

② 마무리 인사

- 그룹원들끼리 오늘 가장 마음에 드는 공감표현 한 가지를 소개하면서 마무리 인사를 한다.

6 유의점 및 치료사 역할

- 장난스럽게 진행되지 않도록 주의한다. 그렇다고 지나치게 진지하거나 심각할 필요는 없지만 혹시 장난스러운 분위기가 나오면 중단한 다음, 다시 시작한다.

- 장애의 종류에 따라 체험을 위한 소도구들이 필요하다. 안대나 목발, 휠체어 등을 준비한다.
- 주제 ③에서 공간의 장애물을 다양하게 구성한다. 장애물을 하나도 놓치지 않고 지나가는 것, 난이도를 적절하게 구성하는 것이 중요하기 때문에 의자나 책상 등 크기가 큰 것 외에도 휴지, 연필, 스티커 등 작은 크기도 적절하게 섞어서 배치한다.
- 장애인은 춤출 수 없을까? 이 질문 자체가 비장애인의 편견이다. 살아 있는 한 춤출 수 있다. 춤의 욕구는 장애 여부와 무관하다. 기능하지 않는 신체 부위를 제외한 나머지는 기능한다. 장애에 눌려서 장애가 없는 신체 부위까지 장애가 있는 신체 부위처럼 인식되어 움직임이 제한될 수 있다. 움직임의 발현이 리듬을 타면서 춤이 되고, 춤추고 있는 자신을 발견하게 되면 새로운 가능성이 열린다. 이것이 춤의 치유성이다.
- 주제 ⑤에서 치료사의 지시어 시점은 매우 중요하다. 커플이 몰입해서 충분히 경험한 다음에 한다.

3.
몸의 공감

1 영역: 정서

2 주제: 공감 연습

3 목표

① 공감과 비공감을 명확하게 구분한다.

② 타인의 감정을 몸의 경험으로 알아차린다.

③ 감정레벨의 차이를 구체적으로 인식한다.

④ 몸과 언어를 통한 공감 표현력을 향상한다.

⑤ 공감받았을 때의 긍정적 느낌을 통해 공감의 소중함을 안다.

4 준비물: 색테이프, 가위, 감정 목록표(개인당 1장), 볼펜(개인당 1개)

5 방법

1) 워밍업

① 몸 감각 깨우기

- 색테이프로 각자의 공간을 만든 후, 원하는 공간에 2인 1조로 앉는다. 부슬부슬, 보슬보슬, 후두둑, 쏴아 등 빗방울이 떨어지는 다양한 소리를 수집한 다음, 소리에 맞추어서 서로의 신체 부위를 양손으로 두드린다. 이때, 몸이 닿는 부위는 움직임으로 반응한다.

- 다양한 바람 소리를 수집한 다음, 파트너의 몸을 양손으로 훑어 내리다가 양손으로 장풍을 날려서 파트너의 몸을 원 바깥으로 내보내면서 최대한 변형되도록 한다.
- 공간을 이동하면서 두드림과 훑어 내림과 장풍을 모두 활용해서 서로의 몸이 최대한 자유롭게 움직이도록 한다. 그리고 나서 파트너를 바꾼다.

② 움직임 확장
- 전체 두 그룹으로 나누어서 그룹 A는 관찰자, 그룹 B는 무버가 된다. 무버(Mover)는 바닥에 누워서, 앉아서, 서서 순으로 치료사의 하나, 둘, 셋 카운트에 따라 몸을 다양하게 움직여서 포즈를 취하고, 관찰자는 이를 바라본다. 그리고 나서 역할을 바꾼다.
- 음악에 맞추어서 워킹을 하다가 치료사의 하나, 둘, 셋 카운트가 나오면 마음에 드는 공간에서 포즈를 취한 후, 치료사의 "워킹" 지시에 따라 공간 바깥으로 나와서 워킹으로 즉흥 움직임을 한다.

③ 신체 안정화
- 호흡과 함께 자기 공간 안에 누워서 천천히 다양한 포즈를 취하면서 움직이다가 마무리한다.

2) 주제

① 비공감 스토리 구성
- 세 명씩 한 그룹을 구성한다. 각자 일상생활 속에서 내 마음을 알아주지 못해 슬펐던 비공감 스토리를 육하원칙, "누가, 언제, 어디에서, 무엇을, 어떻게, 왜"에 따라 기록한다.
- 주인공 한 명, 무버 한 명, 관객 한 명의 역할을 정한다. 주인공은 자신의 스토리를 소리 내어 읽고, 무버는 주인공의 스토리를 들으면서 과장된 몸짓으로 표현하고, 관객은 두 사람의 작업을 지켜 보면서 주인공의 감정을 느껴 본다. 주인공이 느꼈을 감정 단어를 최대한 수집해서 감정 목록표에 기록한 다음, 주인공에게 건네준다.

② 감정 조각 만들기
- 각자 자신의 감정 목록표를 보면서 가장 마음에 와 닿는 감정 하나를 선택한 다음, 조각가 한 명, 조각품 한 명, 관객 한 명의 역할을 정한다. 조각가는 조각품의 감정을 몸으로 1차 조각한다.

- 2차 조각: 조각가와 관객은 처음 조각한 몸을 관찰하면서 어디를 어떻게 바꾸거나 추가하면 감정이 좀 더 커질까에 대한 의견을 주고받아 취합한 다음, 2차로 조각한다. 시간(Time, 느려지게, 빨라지게), 무게(Weight, 가볍게, 강하게), 흐름(Free, 자유로운, 통제되는), 공간(Space, 간접적인, 직접적인)의 변화를 활용할 수 있다.
- 3차 조각: 2차로 조각한 감정 조각을 보면서 조각가와 관객은 한 번 더 어디를 어떻게 바꾸거나 추가하면 감정이 좀 더 커질까에 대한 의견을 주고받아 취합한다. 조각가는 취합된 의견을 참조하여 3차 조각을 완성한다.

③ 근감각적 공감 체험

- 두 팀으로 나눈 다음, A팀은 원 바깥에, B팀은 주인공이 되어 원 안에 들어온다.
- B팀은 눈을 감고 각자 자신의 감정 조각을 살아 있는 조각으로 만들어서 움직임을 반복한다. 이때, 오리지널, 2차, 3차 중 마음에 드는 한 가지를 반복해도 되고 혹은 여러 개를 번갈아 해도 된다.
- A팀은 B팀의 감정 움직임을 관찰하다가 마음에 와 닿는 움직임 하나를 선택한 다음 주인공 가까이 가서 움직임을 똑같이 따라 한다. 움직임을 따라하면서 주인공의 감정이 충분히 느껴지면 주인공이 필요로 하는 공감을 1차는 몸으로, 2차는 생각나는 한 단어나 한 문장으로 반복 표현한다.

④ 감정 전환

- 방금 함께 작업한 파트너끼리 오늘 경험한 공감 단어 중 가장 마음에 와 닿는 단어 하나를 선택해서 움직임으로 만든다. A가 움직임으로 보여 주면 B는 따라하고, B가 움직임을 보여 주면 A가 따라 하기를 반복한다.
- 치료사는 움직임의 질을 다양하게 지시하고, 그룹원들은 지시에 따라 움직임을 변형한다. 충분히 변형되었으면 치료사의 지시 없이 파트너와 즉흥적으로 움직임을 변형하다가 리듬을 타면서 춤을 춘다. 치료사의 마무리 지시에 따라 천천히 춤을 추다가 스톱한다.

⑤ 신체 안정화

- 파트너와 함께 바닥에 누워서 신체 중 한 부위를 서로의 몸에 올려놓은 상태에서 현재의 상태를 충분히 느낀다.
- 커다란 전지 하나에 그룹원 각자 가장 좋았던 공감 단어 하나를 기록한 후, 공감받았을 때의 느낌을 공감 단어 주위에 색, 선, 도형, 무늬 등으로 표현한다. 그룹원들은 천천히 돌아

다니며 공감 집단화를 구경한다.

3) 마무리

① 소감 나누기

- "감정을 조각하면서 드는 생각은? 감정 조각을 바라볼 때와 따라할 때 느낌의 차이는? 오늘 발견한 나의 감정은? 타인의 감정이 느껴졌을 때는 언제였나? 가장 마음에 와 닿았던 공감 단어는? 공감받았을 때의 느낌은? 공감 집단화를 본 느낌은?" 등 치료사의 질문을 토대로 자신의 공감 그림을 소개하면서 소감을 나눈다.

② 마무리 인사

- 공감 단어와 움직임으로 마무리 인사를 한다.

6 유의점 및 치료사 역할

- 색테이프 공간은 미리 만들어 두기보다 그룹원들이 직접 만들도록 한다. 공간의 모양을 다양하게 만들되, 크기는 양팔을 벌리고 누웠을 때 몸이 들어갈 정도로 한다.
- 워밍업에서 신체 접촉이 들어갈 때 혹시 닿으면 싫은 부분은 없는지 물어보도록 안내한다.
- 워밍업에서 두드림 움직임을 할 때 아프지 않도록 손목에 힘을 빼도록 지시한다.
- 주제 ②의 감정 조각 만들기에서 Laban의 에포트 요소 설명에 너무 많은 시간을 사용하지 않도록 한다. 움직임의 질 변형을 통해 감정 표현이 용이하도록 돕기 위함이다.
- 주제 ④에서 움직임의 질이 바뀌면 감정도 바뀐다. 치료사는 앞의 에포트 요소를 토대로 하거나 다양한 이미지를 활용해서 지시하도록 한다.
- 성인 여성을 대상으로 진행할 경우, 감정의 외현화가 이루어질 수 있다. 우는 경우에는 당황하지 말고 공감 주제에 맞게 그룹원들로 하여금 공감 표현의 기회로 활용하도록 유도한다.

4.
눈빛 미러링

1 영역: 정서

2 주제: 공감

3 목표

① 공감에 있어서 시선의 중요성을 안다.

② 시선 움직임을 통해 알아차림 감각을 섬세하게 개발한다.

③ 시선 속에 담긴 감정의 의미를 안다.

④ 눈 맞춤과 눈 회피에 담겨 있는 감정의 차이를 몸으로 이해한다.

⑤ 공감을 경험함으로써 공감력을 기른다.

4 준비물: A3 용지, 그림 도구

5 방법

1) 워밍업

① 알아차림 감각 깨우기

- 그룹원 전체는 원 가운데로 발을 모으고 둥글게 누운 상태에서 양손을 잡고 동시에 일어나고 동시에 눕는다.

- 일어나 앉아서 잡은 손으로 신호를 보낸다. 오른손을 꽉 잡으면 오른쪽으로, 왼손을 꽉 잡

으면 왼쪽으로, 양손을 잡으면 양쪽으로 간다. 숫자가 많으면 신호를 보내는 사람을 여러 명으로 한다.

- 앉은 상태에서 박수로 신호를 보낸다. 오른쪽으로 얼굴과 시선을 향하면서 박수를 치면 오른쪽으로, 왼쪽으로 얼굴과 시선을 향하면서 박수를 치면 왼쪽으로 간다.

② 움직임 확장 춤

- 제자리 원: 전체 둥글게 서서 제자리에서 박수 없이 얼굴과 시선만으로 오른쪽, 왼쪽 방향을 바꾸다가 몸통 움직임을 추가하여 오른쪽, 왼쪽으로 자유롭게 방향을 바꾼다. 이때, 몸통의 방향을 확실하게 한다. 오른쪽이면 몸을 오른쪽으로 완전히 돌고, 왼쪽이면 몸 전체를 왼쪽으로 확실하게 돈다.
- 움직이는 원: 전체 둥글게 서서 움직인다. 그룹원 중 한 명이 오른쪽을 향하면 그룹원 전체는 오른쪽으로 계속 가고, 왼쪽을 향하면 그룹원 전체는 왼쪽으로 가다가 누군가 정면을 향해서 멈추면 그룹원 전체는 함께 멈춘다. 오른쪽, 왼쪽, 정면, 멈춤을 정해진 순서 없이 자연스럽게 계속 이어 간다.
- 움직이는 소그룹 원: 치료사가 '소그룹 숫자'를 계속 바꾸어 부르고, 만난 소그룹은 원으로 둘러서서 같은 방식의 오른쪽, 왼쪽, 정면, 멈춤에 움직임을 추가한다. 빠르기를 추가하면 보다 역동적으로 진행할 수 있다.
- 소그룹 춤: 치료사가 '소그룹 숫자'와 '자유대형'을 지시하면, 만난 소그룹끼리 공간을 자유롭게 이동하면서 같은 방식으로 움직임을 하다가 진행자가 '소그룹 숫자'와 '춤'을 지시하면, 만난 소그룹끼리 자유롭게 춤을 춘다.

③ 신체 안정화

- 그룹원 전체는 원 가운데로 발을 모으고 둥글게 누운 상태에서 호흡을 하며 쉰다.

2) 주제

① 눈빛 미러링

- 2인 1조가 되어 A와 B를 정한다. A는 빛이 되어 눈으로 움직이고, B는 그림자가 되어 A와 눈을 마주친 상태에서 움직임을 따라간다.
- A는 눈빛 이동의 방향, 거리, 속도를 바꾸고, B는 A와 눈을 마주친 상태에서 움직임을 따라간다.

② 비공감 눈빛 미러링

- 공간을 천천히 걸어 다니면서 A는 B와 시선을 마주치려 하고, B는 고개를 돌리거나 다른 곳을 보거나 못 본 척 하는 등 시선을 회피한다. 시선을 회피하는 속도를 좀 더 빨리하고 강도를 좀 더 세게 한다.
- 공간을 천천히 걸어 다니면서 A는 B와 시선을 마주치려 하고, B는 누군가의 뒤로 숨으면서 시선을 회피한다. 눈빛 이동의 방향, 거리, 속도에 변화를 준다.
- A와 B는 움직임을 천천히 멈춘 후, 자리에 앉아 눈을 마주친 상태에서 세상에서 가장 따스한 시선으로 바라본다. 치료사는 느리고 조용한 음악과 충분한 시간을 제공한다.

③ 공감 눈빛 춤

- 눈빛의 방향, 거리, 속도의 변화에 공간 레벨, 손짓, 몸짓의 변화를 차례대로 추가해서 A는 어떤 상황에서도 B와 시선을 마주치려 하고, B는 A와 따스하게 시선을 마주친 상태에서 누군가의 뒤로 숨거나 나오기를 반복하면서 움직임을 이어 간다.
- A와 B는 시선을 마주친 상태에서 지금까지의 움직임을 총동원하여 정해진 순서 없이 자유롭게 움직이다가 리듬을 춤으로 발전시키며, 계속 파트너를 바꾼다.

④ 신체 안정화 및 인지화

- 마지막 만난 파트너와 세상에서 가장 따스한 시선으로 서로의 눈을 바라본 다음, 눈의 느낌을 이미지로 그린다. 그림을 보면서 이미지에 어울리는 공감 단어들을 생각날 때까지 기록한 후, 가장 마음에 와닿는 공감 단어 하나를 선택해서 움직임을 만들어서 파트너에게 전달한다.

3) 마무리

① 소감 나누기

- "시선 접촉이 불편했던 순간은? 상대방이 나의 시선을 회피하거나 내가 시선을 회피했을 때의 느낌은? 공감받는다고 느꼈던 순간은? 시선을 마주친 상태에서 움직임을 이어갈 때의 느낌은? 오늘 알게 된 공감 단어는?" 등 치료사의 질문과 눈 이미지 그림을 토대로 소감을 나눈다.

② 마무리 인사

- 파트너와 손잡고 다니면서 다른 파트너들에게 오늘 선물 받은 공감 단어 움직임 하나씩을 눈 맞춤과 함께 선물한다. 전체가 손을 잡고 세상에서 가장 따스한 눈빛을 교환하면서 마무리 인사를 한다.

6 유의점 및 치료사 역할

- 시선은 매우 강력한 감정 표현 수단이다. 눈은 다양한 감정을 담고 있는 곳으로서 관계 내에서 가장 먼저 접촉되는 부위다. 눈의 움직임을 알아차려서 반응하다 보면 알아차림 감각이 섬세하게 개발되어, 천천히 깊게 바라보는 것만으로도 감정의 교류가 일어난다. 공감의 언어는 배우는 것이 아니라 상대방의 감정이 느껴지면 저절로 나오는 것이다.
- 워밍업에서 원의 간격이 너무 좁으면 부딪히거나 다칠 수 있으므로 그룹원들의 체형에 따라 서로 부딪히지 않을 정도로 원의 크기를 정한다.
- 주제에서 가능한 한 언어를 사용하지 않도록 유의해야 한다. 공감은 감정을 먼저 읽을 수 있어야 가능한데, 언어를 사용하면 머리가 작동해서 감정을 읽는 몸 감각이 둔해진다.
- 주제 ④에서 속도를 천천히 하는 것은 매우 중요하다. 급하면 알아차릴 수 없지만 느리면 알아차릴 수 있다. 피하는 눈빛과 만나는 눈빛의 상반된 감정이 무엇인지 알아차리는 자기 탐색의 순간이기 때문이다. 시간을 충분히 제공해야 한다. 만약 기억과 함께 감정이 올라오면 감정의 원인을 알아내기 위한 질문보다 그룹원들의 따스한 공감을 선물하도록 한다.
- 주제 ④에서 눈 맞춤이 어색하거나 부끄러운 참가자가 있을 수 있다. 이 경우 정면이 아닌 옆이나 사선, 뒤 혹은 좀 더 멀리서 바라보게 할 수도 있다. 눈을 감는 참가자가 있을 경우, 구태여 눈을 떠서 바라보라고 강요하기보다 마음의 눈으로 바라보라고 전체 앞에서 익명의 상태를 유지한 채 안내한다.
- 마무리 소감 나누기에서 공감 단어가 여러 개가 나올 수도 있다. 치료사가 일방적으로 정하거나 자르지 말고 이 중에서 몇 가지를 그룹원들이 선택하도록 한 후, 나온 단어를 연결해서 인사한다.

5.
아바타 공감 춤

1 **영역:** 정서

2 **주제:** 공감

3 **목표**

① 부정적 정서를 자연스럽게 표현할 수 있다.

② 다양한 공감 단어를 안다.

③ 타인의 공감 움직임을 따라하면서 공감을 몸으로 체득한다.

④ 신체적 공감이 주는 긍정적 정서의 치유성을 경험한다.

4 **준비물:** A3와 A4 용지(개인당 1장씩), 그림 도구, 가면(개인당 1개)

5 **방법**

1) 워밍업

① 신체 움직임 활성화

- 2인 1조 파트너가 되어 등을 대고 앉는다. 역할 A와 B를 정한 다음, A는 딱딱한 고목나무가 되어 흔들리지 않도록 버티고, B는 딱딱한 고목나무에 다양한 방식으로 부딪쳐서 고목나무가 흔들리도록 한다. 그리고 나서 역할을 바꾼다.
- A와 B는 둘 다 흔들리는 나무가 되어 서로의 등을 다양한 방식으로 만나게 하고, 등끼리

부딪힐 때마다 흔들리며 반응한다.

② 신체 움직임 확장

- A와 B의 등에서 시작된 흔들리는 움직임을 다른 신체 부위로 점차 확장해 간다. 치료사는 "어깨, 팔꿈치, 손목, 팔 전체, 몸통 전체" 순으로 등에서 가장 가까운 부위부터 차례대로 부른다.
- "위, 아래, 앞, 뒤, 오른쪽, 왼쪽, 사선" 등 공간 레벨과 방향을 다양하게 사용하도록 안내하다가 음악을 제공하여 리듬이 춤으로 확장되도록 한다.

③ 신체 이완

- A와 B는 서로의 꼬리뼈, 등, 어깨뼈, 어깨, 머리 순으로 천천히 붙이면서 숨을 쉰다.
- 둘 다 힘을 뺀 상태에서 들이마시고 내쉬는 숨에서 A의 등은 내려갈 수 있는 데까지 천천히 내려가서 잠시 멈추었다가 꼬리뼈, 등, 어깨뼈, 어깨, 머리 순으로 올라간다. B는 A의 등에 하나의 몸처럼 붙어서 따라간다. 역할을 바꾸어서 몇 번 반복한다.
- A와 B는 꼬리뼈, 등, 어깨뼈, 어깨, 머리 순으로 뼈 마디마디가 하나하나 떨어지는 느낌으로 서서히 떨어진다. 각자의 공간을 만든 다음, 이완된 느낌을 다른 신체 부위로 확장시키면서 눈을 감고 이완 움직임을 한다.

2) 주제

① 공감 단어 카드 제작

- 슬픔, 분노, 두려움, 우울의 네 가지 감정 단어를 정한다. 4개의 그룹을 만든 다음, 각 그룹은 중복되지 않도록 네 가지 감정 중 한 가지를 선택해서 그룹원 각자가 해당 감정을 드러내는 가면을 만든다.
- 각자 선택한 감정을 잘 드러내는 움직임 요소를 3개씩 찾아서 소개하면 그룹원의 움직임 요소를 연결하여 3분 이내의 작품을 구성한다. 한 그룹씩 가면을 쓰고 작품을 발표한다. 나머지 그룹원들은 발표를 보면서 세상에서 가장 따스한 공감 단어 1개를 찾아 각자 1장의 단어 카드를 만든 다음, 선, 색, 도형, 이미지 등으로 장식한다.

② 공감 춤

- 각자 제작한 공감 카드를 벽이나 바닥에 전시한다. 같은 단어가 있어도 표현은 다르기 때

문에 없애지 말고 모두 전시한다. 그룹원들은 돌아다니면서 공감 카드에 그려진 선, 색, 도형, 이미지를 몸으로 표현해 보면서 가장 마음에 끌리는 공감 카드 한 장을 찾는다. 하나의 공감 카드에 한 명 혹은 여러 명이 선택해서 모일 수 있다.

- 공감 카드 그룹은 가면을 벗은 채 눈을 감고 혹은 눈을 뜬 채 공감 카드에 그려진 움직임 단서를 따라 각자 자유롭게 즉흥적으로 공감 춤을 춘다.

③ 공감 집단 춤

- 앞의 공감 카드 그룹 중 한 그룹이 공감 춤을 발표한다. 나머지 그룹원들은 발표를 바라보다가 마음이 이끌리는 대로 들어가서 발표자들의 아바타가 되어 똑같이 따라 하면서 함께 춤을 춘다. 치료사의 마무리 사인에 따라 정지 포즈로 마무리한다. 이때 언제, 어느 때, 누구라도 들어갔다 나왔다 하면서 춤을 출 수 있다.
- 마지막 그룹의 발표가 마무리될 즈음에는 그룹원들 전체가 들어와 아바타가 되어 발표자들의 춤을 따라 하기도 하고, 춤을 언제라도 변형할 수 있다.

④ 공감 춤 선물

- 그룹원들 각자 공간을 이동하면서 파트너를 바꾸어 가며 만난다. 이때, 공감 춤에서의 핵심 움직임 하나를 뽑아내어 그 움직임을 반복하면서 어울리는 공감 단어와 함께 선물로 전달한다.
- 각자 처음에 만든 자신의 감정 가면을 가지고 같은 그룹끼리 만난다. 치료사가 슬픔, 분노, 두려움, 우울의 네 가지 감정 중 하나를 부르면 해당되는 그룹은 감정 주인공이 되어 가면을 쓰고 흩어진다. 나머지 그룹원은 돌아다니며 감정 주인공을 위한 공감 춤을 춘다.
- 모두 둥글게 모여서 각자 오늘 선물받은, 가장 마음에 와 닿는 공감 단어 하나를 동작과 함께 소개하면 다 함께 따라 한다. 이때, 치료사는 움직임의 질을 계속 바꾸어 준다.

3) 마무리

① 소감 나누기

- "공감 단어를 제작할 때는? 가면을 쓸 때와 벗을 때의 차이는? 자신의 공감 즉흥 춤을 추면서 드는 느낌은? 다른 그룹원들의 공감 즉흥 춤을 따라할 때의 느낌은? 나의 공감 능력은? 일상생활에서 떠오르는 장면은? 공감을 받으면서 드는 느낌과 생각은?" 등 치료사의 질문을 토대로 글을 작성한 다음, 공감 그룹 내에서 읽는다.

② 마무리 인사

- 돌아가며 한 명씩 주인공이 되어 원 한가운데 서거나 앉고, 그룹원들은 주인공을 위해 세상에서 가장 따스한 공감을 언어와 몸짓으로 표현한다. 마지막 한 명의 주인공을 위한 공감 언어와 몸짓으로 마무리 인사를 한다.

6 유의점 및 치료사 역할

- 치료사는 참가자들이 부정적 감정 표현을 얼마나 힘들어하는지 언제나 기억해야 한다. 가면을 중간 매체로 사용한 이유다. 얼굴 표정을 감추는 것만으로도 감정 표현이 훨씬 편안해진다. 이 프로그램의 주제인 공감으로 진입하기 위한 중간 과정이다. 치료사는 부정적 감정 표현에 너무 많은 시간을 사용하지 않도록 한다.
- 가면을 고를 때는 직접 써 보고 코나 눈 부위에 압박이 있거나 통증이 있는지 확인한다.
- 일반인들에게 무작정 즉흥 춤을 추라고 요구하면 움직이긴 하겠지만 목표에 정확하고 깊이 있게 도달하기는 어렵다. 춤이 가진 치유성을 최대한 활용하려면 구조와 단계에 맞는 움직임 단서가 있어야 한다. 단서에서 촉발된 작은 움직임 하나는 도미노 현상처럼 몸의 다른 부위로 확장된다. 주제의 '개인에서 집단으로, 집단에서 다시 개인으로' 공감 춤을 모방, 확장·변형시키는 과정을 통해 대상자들은 공감의 치유성을 몸으로 직접 경험한다. 치료사는 프로그램 구성 단계의 의미를 알고 진행하도록 한다.
- 주제 ③의 공감 집단 춤에서 즉흥 움직임을 변형하라고 지시하는 시점은 그룹원들이 발표자의 춤을 충분히 따라한 이후다. 타인의 움직임을 따라하는 과정 자체가 나의 움직임을 확장하는 과정이며 나의 정서와 연결되는 지점이다. 충분히 확장되면 변형하고자 하는 자발적 욕구가 자연스럽게 올라온다.
- 이 세션에서는 춤이 주요 기법으로 많이 사용되고 있다. 그러나 춤 자체를 지나치게 거부하는 그룹원이 있다면 보조치료사를 배정해서 도움을 주도록 한다. 이때, 보조치료사는 그룹원의 에너지 레벨, 움직임의 질, 공간 사용의 크기, 주로 사용하는 동작 등 그룹원에게 맞추어서 작은 움직임부터 시작해서 점차 확장해 간다. 어떤 경우에도 자신의 스타일에 그룹원을 맞추면 안 된다.

6.
비폭력 공감

1 영역: 정서

2 주제: 공감

3 목표

① 직접 체험을 통해 타인의 입장을 안다.

② 폭력성의 반대인 비폭력의 평화로운 느낌을 몸으로 경험한다.

③ 피해자에 대한 공감력을 기른다.

④ 폭력을 예방한다.

4 준비물: 에어펀치백(4~5명당 1개씩), 모자와 보자기(개인당 각 1개)

5 방법

1) 워밍업

① 머리 이완 움직임

- 둘씩 파트너가 되어 역할 A와 B를 정한 다음, 자리에 눕는다. A는 B의 머리를 양손으로 받친 채 무게를 느낀 상태에서 다양한 방향으로 천천히 움직이고, B는 힘을 빼고 자신의 머리를 완전히 맡긴다.
- 일어나 앉은 상태에서 B는 A를 의식하면서 자신의 머리를 주도적으로 자유롭게 움직인

다. A는 B의 움직임에 민감하게 반응하면서 머리를 받쳐 주거나 손을 들어 주는 등 적극적으로 도움을 주어서 사용하지 않는 신체 부위, 움직임, 공간 등이 사용될 수 있도록 한다.

② 신체 움직임 활성화
- B는 공간을 걸어 다니면서 A를 의식하지 않은 채 자신의 머리를 주도적으로 자유롭게 움직인다. A는 양팔을 벌린 채 B를 보호하면서 B의 움직임을 앞뒤, 양옆에서 바라본다.
- B는 마음에 드는 공간에서 머리를 시작점으로 다른 신체 부위도 같이 움직이고, A는 B의 움직임을 따라한다.

③ 신체 부위별 이완 움직임
- 그룹원 전체는 자유롭게 걸으면서 누구든지 한 명씩 신체 부위별로 몸 푸는 움직임을 하고 나머지 그룹원들은 따라 한다.
- 각자 다른 그룹원의 움직임을 참조하여 본인이 필요한 대로 몸을 풀다가 공간 레벨을 바꾸어 가며 자신만의 이완 움직임을 한다.

2) 주제

① 소도구 춤 놀이
- 4인 1조로 그룹을 구성한다. 각자 에어펀치백을 가지고 자유롭게 놀다가 한 명씩 돌아가며 손, 팔꿈치, 어깨, 허리, 엉덩이, 무릎, 머리 등 치료사의 지시에 따라 다양한 신체 부위로 에어펀치백을 때린다.
- 치료사의 지시에 따라 에어펀치백과 사람 수를 바꾸어 가며 리듬에 맞추어 춤추듯이 여러 방향에서 때린다. 에어펀치백을 쓰다듬으면서 호흡을 가라앉힌다.

② 소도구 공감 연습
- 4인 1조 소그룹끼리 다시 모여서 각각 악당, 피해자(에어펀치백에 모자를 씌움), 슈퍼맨(어깨에 보자기를 두름), 구경꾼 역할을 정한다.
- 다음처럼 단계별로 역할을 바꾸어서 실행한 후 느낀 점을 나눈다.

	악당은 피해자가 충분히 경험할 수 있을 때까지 에어펀치백을 때린다.
1단계	피해자는 에어펀치백을 뒤에서 붙들어 준다.
	슈퍼맨과 구경꾼은 구경한다.

2단계	슈퍼맨이 등장해서 악당이 에어펀치백을 때리지 못하도록 막는다.
	악당은 슈퍼맨을 피하면서 신체 부위를 총동원해서 점점 더 세게 에어펀치백을 때린다.
	피해자는 에어펀치백을 뒤에서 붙들어 주면서 하고 싶은 말을 하고 구경꾼은 피해자의 말을 메아리처럼 반복해 주면서 피해자의 편이 되어 준다.

③ 상상 속 공감

- 에어펀치백을 없애고 다음처럼 단계별로 역할을 수행하면서 피해자의 입장에서 특히 마음이 아팠던 순간은 언제였으며, 그때의 느낌은 무엇이었는지 소감을 나눈다.

1단계	악당은 피해자가 충분히 경험할 수 있을 때까지 피해자를 향해 폭력 움직임(때리기, 베기, 밀기, 차기)을 한다. 단, 신체 접촉은 하지 않는다.
	피해자는 넘어지고 뒹구는 등 몸으로 반응한다.
	슈퍼맨과 구경꾼은 구경한다.
2단계	슈퍼맨이 등장해서 악당이 피해자를 향해 폭력 움직임을 하지 못하도록 막는다.
	악당은 슈퍼맨을 피해 가면서 폭력 움직임을 조금 더 과장해서 계속한다. 단, 신체 접촉은 하지 않는다.
	피해자는 도망가면서 몸으로 과장되게 반응하면서 "하지 마, 그만해" 등 하고 싶은 말을 한다.
	구경꾼은 피해자의 편이 되어서 피해자의 말을 메아리처럼 반복하면서 피해자를 보호한다.

④ 비폭력 움직임 춤 공연

- 그룹별로 폭력 움직임인 '때리기, 베기, 밀기, 차기'를 정반대 움직임의 질로 변형한 다음, 리듬을 넣어서 춤으로 만들어 안무를 한다. 그룹별로 돌아가며 공연을 하고, 나머지는 관객이 되어 작품명을 붙여 준다.
- 공연이 끝난 후 그룹 전체는 둥글게 선다. 공연에서 인상적인 움직임 5~6개를 선택하여 연결해서 공감의 춤을 만든다. 평화롭고 고요한 음악과 함께 공감의 춤을 반복한다.

3) 마무리

① 소감 나누기

- 각자 소감을 글로 작성한 다음, 둘씩 파트너가 되어 소감의 글을 돌아가며 읽는다. 전체 앞에서 파트너의 소감 글을 소개한다.

② 마무리 인사

- 한 명씩 주인공이 되어 원 가운데 서면 나머지 그룹원들이 주인공을 위한 공감 춤을 추는 것으로 마무리 인사를 한다.

6 유의점 및 치료사 역할

- 폭력과 비폭력의 양극 움직임을 직접 경험하면서 피해자를 향한 공감의 마음이 자연스럽게 올라온다. 치료사는 양극 움직임 진행 시에 각각을 확실하게 경험할 수 있도록 안내해야 한다.
- 감수성이 예민하거나 연령이 너무 어리면 에어펀치를 활용한 2단계까지만 놀이처럼 진행해도 좋다. 이 경우 주제 ④로 곧장 넘어가서 이후 동일하게 진행한다. 성인 집단의 경우에는 그룹의 특성에 따라 주제 ②를 생략하고 주제 ④로 곧장 진입할 수도 있다.
- 폭력 움직임을 하다 보면 폭력 경험이 떠오를 수 있다. 만약 부정적 정서가 올라오는 경우, 보조치료사의 공감적 개입을 통해 공간을 분리해서 개별적으로 감정을 다루어 주거나, 잠시 진행을 멈추고 그룹원들로 하여금 공감자의 역할을 하게 한다. 치료사는 언제나 주제와 세션을 별개로 생각하지 말고 세션에서 생긴 일을 주제로 연결시키려 노력한다.
- 주제에서 폭력 움직임 진행 시 다치지 않도록 유의한다. 아동의 경우, 힘 조절이 되지 않기 때문에 치료사가 지켜보면서 만약의 상황을 사전에 예방해야 한다.
- 주제의 각 단계는 강력한 경험일 수 있으므로 중간중간에 피드백을 나누면서 인지화 작업을 동시에 진행한다.

제19장

충동성 및 감정조절

충동성이란 생각 없이, 결과를 고려하지 않고 내적 충동에 의해 갑작스럽게 행동하려는 성향을 말한다. 자신이 하고 싶은 대로 하려 하며, 기다리지 못하고, 원하는 것이 이루어지지 않으면 참지 못한다. 규칙이나 법규를 지키지 못하며, 유혹에 저항하는 힘이 약하다. 한마디로 마음의 브레이크 장치가 고장 난 상태다. 욕망 앞에 자신을 제어할 수 있는 자기 조절력이 떨어지면 왕따, 부적응, 자기애적 인격 장애, 폭력, 스마트폰이나 알코올 중독 등의 원인이 된다. 충동성 조절은 감정조절과도 밀접한 관련이 있다. 감정이 이끄는 대로 따라가는 것이 분노조절장애다. 분노는 마음의 현상이지만 분노를 폭발하는 것은 몸이다. 마음과 몸은 긴밀하게 영향을 주고받기 때문이다. 몸으로 폭발하는 분노는 몸으로 조절할 수 있다. 이와 마찬가지로 충동성을 실행에 옮기는 근육을 조절하면 마음도 조절된다. 사회적 관계에서 상황에 따라 행동, 욕망, 감정을 조절하여야 한다.

주요 기법은 호흡, 중심(Center)의 힘, Laban의 에포트 요소 중 '시간(Time)'과 '무게(Weight)'가 사용된다. 호흡은 몸의 긴장 이완과 직결된다. 긴장된 몸은 컨트롤이 어렵지만 유연한 몸은 컨트롤이 쉽다. 외부의 힘에 의해 휩쓸리지 않고 중심을 지키도록 중심의 힘을 강화시킨다. '시간(Time)'은 마음의 결정과 관련되는 움직임으로 점점 빠르게(Quick)와 점점 느리게(Sustained)가 있다. '무게(Weight)'는 단순히 무겁다는 의미가 아니라 의지를 가지고 적극적인 움직임을 한 경우 보이는 무게감을 말하며 강한(Strong)과 가벼운(Light)이 있다. 이를 활용한 다양한 움직임 경험은 개인의 결정력과 의지력을 향상시킴으로 조절력을 길러 준다.

1.
머릿속 농구게임

1 영역: 정서

2 주제: 충동성 조절

3 목표

① 긴장된 근육의 이완을 통해 마음을 이완한다.

② 상황에 맞게 규칙을 지키는 법을 학습한다.

③ 조절에 필요한 요소들을 정확한 단어로 구체화한다.

④ 신체 근육을 자신의 의지대로 조절한다.

⑤ 상황에 휘둘리지 않으면서 상황을 조절하는 법을 학습한다.

4 준비물: 공, A3 용지, 색연필, 크레파스, 색테이프, 1칸 라벨지

5 방법

1) 워밍업

① 공간 스트레칭

- 색테이프로 나만의 공간을 마련한 다음, 각자의 공간에서 오늘 가장 많이 사용한 신체 부위를 집중적으로 푼다.
- 그룹원 중 한 사람을 지정하면 스트레칭 부위와 방법을 설명하고 전체 그룹원은 따라한

다. 치료사는 바닥, 앉아서, 서서 순으로 안내하면서 공간 레벨의 변화를 준다.
- 앞의 스트레칭 방식 중 마음에 드는 세 가지를 골라 연결한 다음, 음악과 함께 반복하면서 스트레칭한다.

② 자기 공간 활성화
- 나의 공간: 상상의 물감을 발에 묻혀서 한 발 뛰기, 양발 뛰기, 문지르기, 찍기 등 치료사의 지시에 따라 자기 공간을 다양한 방향으로 색칠하다가 음악과 함께 움직임을 한다.

③ 타인 공간 확장
- 치료사가 "GO"라고 지시하면 타인의 공간으로 계속 이동해서 발로 공간을 색칠한다. 이 때, 바로 옆 공간이 아닌 멀리 있는 공간, 전체 공간 순으로 이동한다.
- 치료사가 "GO+신체 부위" "GO+숫자" 순으로 다양하게 지시하면 타인의 공간으로 계속 이동하면서 지정된 부위와 인원수대로 만나 원하는 신체 부위로 자유롭게 움직인다. 마지막 숫자는 농구게임 인원수인 "GO×5"로 한다.

2) 주제

① 소도구 준비
- 5인 1조 농구팀을 구성한 다음, 구호, 팀명, 선수 번호, 주장을 정해서 팀 명과 선수 번호가 적힌 라벨지를 등에 붙인다. 골대는 팀별로 그려서 양쪽 벽에 붙인다.
- 팀 명과 구호를 주장이 소개하고, 치료사는 게임 규칙 세 가지, "심판 판정에 승복하기, 반칙하지 말기, 다치게 하지 말기"를 소개한다.

② 리얼 농구
- 가위바위보로 순서를 정해 실제 공으로 실제 농구 시합을 한다. 5분 내에 상대 팀의 골대에 공이 더 많이 닿는 팀이 이긴다.

③ 이미지 농구
- 빠른 농구: 공 이미지만 가지고 빠른 속도로 농구 시합을 한다. 5분 내에 상대 팀의 골대에 공이 더 빨리, 더 많이 닿는 팀이 이긴다.
- 느린 농구: 이미지만 가지고 느린 속도로 농구 시합을 한다. 속도가 빨라지면 공이 상대 팀에게 넘어가며 10분 내에 상대 팀의 골대에 공이 더 많이 닿는 팀이 이긴다.

- 작전 타임을 한다. 속도가 빨라지는 이유, 느린 속도를 유지하기 위해 필요한 것 등 이기기 위한 조절 전략과 전술을 짠다.

④ 방해전략 농구

- 양 팀의 역할을 공격 팀과 방해 팀으로 나눈다. 공격 팀은 느린 속도를 끝까지 유지하면서 상대 골대에 공을 넣어야 하는데, 속도가 빨라지면 공을 빼앗겨서 방해 팀으로 전환한다. 방해 팀은 신체 터치, 속도. 소리, 말 등 수단과 방법을 가리지 않고 공격 팀의 속도가 빨라지거나 골인을 못하도록 방해한다. 공을 빼앗았으면 공격 팀으로 전환한다.
- 작전 타임을 한다. 팀별로 방해 전략에 영향 받지 않으면서 느린 속도를 유지하기 위해 무엇이 필요한지 등 조절 전략 용어들을 찾아서 나눈 다음, 팀별로 단어들을 모아서 주장이 발표한다.
- 작전 타임의 전략과 전술을 충분히 활용해서 '방해 전략 농구'를 같은 방식으로 진행한다.

⑤ 조절 움직임 공연

- 팀별로 팀원들의 조절 단어를 취합해서 움직임으로 만든 다음, 3분 작품으로 만들어 공연한다. 나머지는 관객이 되어 작품의 제목을 붙여 준다.

3) 마무리

① 소감 나누기

- "방해 전략의 영향을 받았을 때는 언제였는가? 그때의 느낌은 어떠했나? 그때 나는 무엇을 했는가? 내 속도를 잘 유지할 수 있었던 순간은? 그 이유는? 반복 경험을 하면서 조절 능력이 어떻게 향상되었는가? 공연할 때의 느낌은?" 등 치료사의 질문을 토대로 소감을 나눈다.

② 마무리 인사

- 각자의 조절 단어와 움직임으로 마무리 인사를 한다.

⑥ 유의점 및 치료사 역할

- 농구팀 인원을 5명으로 제한하지 말고 두 팀으로 나눌 수만 있으면 인원이 많고 적용에 관계없이 얼마든지 가능하다.
- 과열 경쟁이 일어나지 않도록 이기고 지는 경쟁보다 몸의 근육을 자신의 의지대로 조절하

는 움직임에 초점을 맞추도록 한다.

- 심판의 판단을 존중하도록 사전에 오리엔테이션한다.
- 이미지 연상이 어려운 자폐아나 지적 장애 아동들의 경우, 이미지 대신 직접적인 매체를 사용한다. 대상자의 수준에 따라 느린 움직임을 유도할 수 있는 소도구, 예를 들면 손에 습자지를 올려놓고 걷기, 물컵 들고 걷기, 머리에 손수건 올려놓고 걷기 등을 사용할 수 있다.
- 피구, 배구, 축구 등 다른 종목을 활용해도 좋다.

2.
위성과 행성

1 영역: 정서

2 주제: 조절력 향상

3 목표

① 중심의 힘을 기른다.

② 호흡의 중요성을 인식한다.

③ 선택의 힘을 강화한다.

④ 조절력을 향상한다.

⑤ 외부 상황을 조절하는 법을 학습한다.

4 준비물: 음악

5 방법

1) 워밍업

① 신체 부위별 이완

- 전체가 둥글게 선다. 그룹원 중 한 명이 신체 부위의 이름을 부르면 나머지는 그 부위를 천천히 움직인다. 다음 사람은 앞사람이 부르지 않은 신체 부위의 이름을 부른다.
- 그룹원 중 한 명이 신체 부위 이완 움직임에 '크기, 속도, 빠르기, 방향' 등 움직임의 질에

변화를 주면서 생중계한다. 나머지는 생중계에 따라 움직인다.

② 리듬 움직임의 명료화

- 그룹원 중 한 명이 "팔을 흔들며, 발을 구르며. 어깨를 들썩이며. 머리를 끄덕이며, 허리를 좌우로 흔들며" 등 다양한 신체 부위에 움직임을 넣어서 지시를 하면, 나머지는 지시에 따라 움직이면서 리듬을 탄다.

③ 움직임 실험

- 그룹원 각자 모든 신체 부위 움직임을 활용해서 자유롭게 리듬을 타면서 15초 안에 가장 많은 공간을 이동한다. 이때, 어떤 움직임도 반복하지 않는다. 가장 느린 리듬으로 호흡과 함께 천천히 마무리한다.

2) 주제

① 중심

- 그룹원 중 한 명이 '행성'으로 지정되고 나머지는 위성이 되어 각자 행성과의 거리를 정해서 선다. 행성은 자신이 우주의 중심이라 상상하면서 제자리에서 원형으로 움직인다. 나머지도 원형으로 움직이는데, 이때 중심과의 거리, 도는 방향을 자유자재로 선택한다. 서로 충돌하면 방향을 반대로 바꾼다. 행성은 언제라도 다른 그룹원 중 한 명을 행성의 자리에 초대한다.

② 중심 움직임

- 행성이 제자리에서 하나의 움직임을 하면서 회전하면, 나머지는 위성이 되어 행성의 움직임을 따라하면서 원형으로 움직인다. 이때, 충돌하지 않도록 행성과의 거리, 도는 방향을 자유롭게 선택한다. 누구든지 행성이 되어서 움직임을 한다.

③ 커플 중심 & 센터 움직임

- 2인 1조씩 짝이 되어 행성과 위성을 정해서 흩어져 선다. 위성은 행성과 거리와 도는 방향을 자유롭게 선택하여 자기 행성 주위를, 1단계 회전하고, 2단계 춤추고, 3단계 춤추도록 유혹하고, 4단계 춤추면서 손을 잡는 등 가벼운 접촉을 사용하여 적극적으로 끌어들인다. 행성은 끝까지 제자리를 유지한 채 위성과 눈 맞춤하며 회전한다.

④ 전체 중심 & 센터 움직임
- 전체 그룹원 중 절반씩 행성과 위성이 되어 흩어져 선다. 위성들은 행성들 사이를 돌아다니면서 춤을 춘다. 이때, 행성들이 자신의 움직임을 따라하거나 따라올 수 있도록 특정 행성을 바꾸어 가며 최대한 어필한다. 행성들은 위성들의 춤을 따라할 수도 있고, 거절할 수도 있고, 오히려 위성들이 자신의 춤을 따라오게 할 수도 있다.

⑤ 춤 축제
- 전체 그룹원은 위성과 행성을 각자 선택한다. 멈추고 움직이고, 따라 하고 따라가고, 거절하고 거절당하면서 자신만의 진정한 춤을 춘다. 한 명씩 중심에 세워서 행성이 되고, 나머지 전체는 위성이 되어 회전하면서 소리와 함께 행성을 위한 춤을 춘다. 춤이 끝나면 다가와서 우주의 호흡을 불어넣어서 축복의 소리를 해 준다.

3) 마무리

① 소감 나누기
- "끌려가고 싶었을 때는 언제였나? 중심이 되었을 때의 느낌은? 끌려가지 않게 한 내면의 힘은 무엇이었나? 위성들의 움직임이 신경 쓰였을 때는? 춤출 때의 느낌은? 가장 좋았던 순간은? 호흡과 소리는 어떠했나? 일상생활과 관련해서 떠올랐던 것은?" 등 치료사의 질문을 토대로 소감을 나눈다.

② 마무리 인사
- 각자 동시에 선물 받은 축복의 소리를 낸다. 서로의 소리를 들으면서 하나의 소리로 통일해 가다가 하나의 소리에 어울리는 움직임으로 마무리 인사를 한다.

6 유의점 및 치료사 역할

- 워밍업에서 연령에 따라 회전 움직임이 어지럼증을 불러올 수도 있다. 이럴 경우, 천천히 하거나 쉬어 가며 하거나 심할 경우에는 중단하도록 사전에 안내해야 한다.
- 생중계라는 말은 현재 하고 있는 움직임을 상세하고 생생하게 묘사하는 것을 의미한다. 예를 들면, "오른쪽 어깨를 천천히 위로 올리면서 귀와의 간격을 좁히세요." "뒤쪽 날개뼈를 아래로 내리면서 어깨를 내리고 목을 길게 빼세요." 등이다.

- 주제 ④에서 행성이 위성을 적극적으로 끌어들일 때 갑작스럽게 팔을 끌거나 잡아당기다가 다칠 수도 있으므로 유의해야 한다.
- 주제 ⑤의 '진정한 자신만의 움직임'은 타인에 의해 이끌려 가지 않고 자신이 주체가 되어 저절로 움직임이 발현되어 추는 춤이다. 그룹의 특성에 따라 충분한 시간을 제공하여 춤을 통한 자기 탐색이 이어지도록 한다.
- 개인의 소리가 집단의 소리와 합해지면 공명이 증폭된다. 공명은 치유성이 있어서 개인을 지지하는 집단의 심리적 자원이 된다. 치료사는 하나의 소리로 통일될 때까지 개입하지 말고 기다려 준다. 치료사의 조급한 개입이 그룹원들의 자발성과 창조성을 방해할 수 있음에 유의해야 한다.

3.
조절과 비조절

1 영역: 정서

2 주제: 감정 조절

3 목표

① 분노의 수위를 인식한다.

② 감정 조절의 요소들을 구체적으로 학습한다.

③ 몸의 주체성과 선택력을 함양한다.

④ 감정 조절력을 기른다.

4 준비물: 영상 촬영 도구

5 방법

1) 워밍업

① 셀프 터치를 통한 신체 이완

- 왼쪽 가슴에 오른손을 올려놓고 심장 박동을 느끼며 호흡한다.
- 오른쪽 가슴에 왼손을 올려놓고 심장 박동을 느끼며 호흡의 리듬을 느낀다.
- 양손으로 어깨를 감싸 안고 자기 이름을 불러 준다.
- 양 손가락으로 쇄골을 따라가며 누른다.

- 양손으로 목덜미를 위에서 아래로 쓰다듬는다.
- 양손으로 뺨을 어루만지다가 손바닥으로 눈을 가린다.

② 악수 실험
- 각자 공간을 천천히 이동하면서 걷다가 누군가와 눈이 마주치면 다가가서 악수를 한다. 치료사는 시선(눈높이 정도), 각도(손의 각도), 세기(얼마나 세게 잡을 건지), 거리(얼마만큼의 거리에서 잡을 건지), 타임(언제부터 잡을 건지)의 기준을 제시해 주고 그룹원들은 기준에 따라 다양한 실험을 한다.

③ 악수 리듬과 무브
- 1단계 빠른 속도로 파트너를 바꾸어 가면서 악수하기, 2단계 파트너와 악수한 손을 잡고 리듬 타기, 3단계 3명, 5명 등 그룹원 숫자를 늘리면서 악수한 손잡고 움직이기, 4단계 하나의 손을 만나 조금 더 머무르기, 5단계 서로의 어깨에 기댄 채 천천히 호흡하기 순으로 진행한다.

2) 주제

① Push & Pull 조절 움직임
- 당기고 미는 다양한 방식에 대한 아이디어를 수집한다.
- 2인 1조씩 A 인형 조종사, B 인형 역할을 정한다. A는 B와 힘 조절을 하면서 1단계 밀기(Push), 2단계 당기기(Pull), 3단계 밀고 당기기(Push & Pull) 순으로 움직임을 하고. B는 A에 의해 조종당하는 꼭두각시 인형이 되어 움직인다. 치료사는 방향, 높이, 속도. 세기, 신체 부위의 변화를 지시한다.

② Push & Pull 비조절 움직임
- A는 B와 힘 조절이 되지 않는 상태에서 이와 같은 방식과 단계를 거치면서 움직임을 하고, B는 A에 의해 조종당하는 꼭두각시 인형이 되어 움직임을 한다. 치료사는 방향, 높이, 속도. 세기, 신체 부위의 변화를 지시한다.

③ Push & Pull 비조절 저항
- 1단계는 소극적 저항하기 단계로, A는 'Push & Pull' 비조절 움직임을 하고 B는 도망가거나 피한다. 2단계는 적극적 저항하기 단계로, A는 'Push & Pull' 비조절 움직임을 하고 B도

조절되지 않은 언어와 동작으로 싫다는 감정을 폭발한다. 느낌을 나눈 후, 어떻게 분노를 조절하면서 효과적으로 대응할지에 대해 전략 회의를 한다.

④ Push & Pull 조절 저항
- 5인 1조가 되어 한 명은 주인공으로 진짜 자신, 두 명은 수호천사, 두 명은 조종사가 된다. 조종사는 주인공에게 'Push & Pull' 비조절 움직임을 하고, 주인공은 조절된 언어와 동작으로 싫다는 감정을 표현한다. 수호천사는 조절된 언어와 동작 아이디어를 제공하면서 주인공을 돕는다. 각 그룹의 활동을 촬영하여 영상에 담는다.

⑤ Push & Pull 통합 춤
- 5인 1조 그룹이 되어 'Push & Pull' 움직임에 조절과 비조절 움직임을 섞어서 안무를 한 다음 발표한다.
- 무대와 대기선, 관객선을 만든다. 그룹원 중 누구든지 무용수가 되어 무대에 올라가 경험했던 'Push & Pull' 움직임을 총동원하여 즉흥 춤을 춘다. 이때, 퇴장은 반드시 대기선을 이용한다. 관객들은 즉흥 춤을 관람하다가 언제라도 무대에 들어와서 'Push & Pull' 움직임을 활용하여 즉흥 춤을 출 수 있다.
- 그룹원 각자 눈을 감고 조절된 'Push & Pull' 움직임으로 평화의 춤을 춘다.

3) 마무리

① 소감 나누기
- "힘들었던 움직임은? 분노가 가라앉았던 순간은 언제였나? 이유는 무엇인가? 가장 힘들었던 순간은? 떠올랐던 기억은? 일상 관계에서 발견한 자기 인식은? 나의 감정 표현 패턴에 대해 발견한 점은? 감정 조절에 필요한 단어는?" 등 치료사의 질문을 토대로 영상을 보면서 소감을 나눈다.

② 마무리 인사
- 각자 돌아가면서 한 명씩 조절 움직임을 하고, 나머지 그룹원들은 따라 하면서 마무리 인사를 한다.

6 유의점 및 치료사 역할

- 다양한 방식의 악수를 충분히 활용한다.
- 'Push & Pull' 비조절 움직임은 서서 하면 다칠 수도 있다. 대상자 연령에 따라 눕거나 앉아서 한다. 어깨나 허리에 질병이 없는지 점검하고 문제가 있으면 참관자 역할을 하도록 한다.
- 몸으로 충분히 경험하는 만큼 자기 인식 수준이 깊어진다. 비조절 움직임을 제대로 할 수 있도록 안내한다. 비조절이란 곧 힘 조절이 안 됨을 의미하며, 이는 곧 감정 비조절로 연결된다. 관계 내에서는 함부로, 배려 없이, 제멋대로의 행동으로 나타나기도 한다.
- 주제의 'Push & Pull' 조절 저항 움직임의 경우, 수호천사의 역할이 매우 중요하다. 단순히 아이디어 제공 차원을 넘어서서 주인공과 같은 마음으로 말과 동작을 해 준다.
- 조절과 비조절을 넘나들면서 경험한 'Push & Pull' 움직임이 통합의 과정을 거치면서 한편의 작품으로 탄생된다. 이것은 그룹의 역동성이 자연스럽게 이끌고 가서 만들어진 것으로 치료사의 작품이 아니다. 치료사가 믿고 기다리는 태도에 따라 그룹원들의 자발성과 창조성이 발현될 수 있다.

4.
Move & Stop

1 영역: 정서

2 주제: 신체 조절

3 목표

① 근육 조절력을 기른다.

② 충동성을 조절한다.

③ 양극 움직임을 통해 중심의 힘을 강화한다.

④ 조절력을 향상한다.

4 준비물: 색테이프나 천을 이용한 런웨이, A3 용지

5 방법

1) 워밍업

① 신체 부위별 이완

- 그룹원 각자는 눕거나 앉거나 서서 어깨, 팔꿈치, 손, 손가락, 척추, 골반, 다리, 발 순으로
비틀기(Twist)와 늘이기(Stretch)의 양극 움직임을 번갈아 가며 한다.

② 움직임 활성화

- 그룹원 전체는 손잡고 앞으로 천천히 들어왔다가 천천히 제자리 오기, 천천히 들어갔다가 멈추기, 빨리 들어갔다가 멈추기, 조금 더 빨리 들어갔다 제자리 오기, 더 빨리 들어갔다 제자리 오기, 손놓고 더 천천히 들어가면서 뚫고 지나가서 내 짝을 만나기 순으로 진행한다.

③ 커플 이완

- 만난 짝과 가위바위보를 해서 이긴 사람이 진 사람을 쓸어내리기, 넘어지고 일으키기, 흔들기를 활용해서 진 사람의 몸을 이완시킨다.

2) 주제

① 무브(Move) & 스톱(Stop)

- 전체 그룹원들은 치료사의 다섯 가지 경로인 '곡선 이동, 직선 이동, 나선형 이동, 대각선 이동, 공간 한쪽 끝에서 다른 쪽 끝까지 진폭이 점점 줄어드는 사인 곡선' 지시에 따라 걷는다.
- 2인 1조가 되어 트레이너와 무버 역할을 정한다. 트레이너는 5경로 중 하나를 번갈아 가며 지시하다가 "스톱" 사인을 준 후 천천히 20번을 헤아린다. 무버는 트레이너의 지시에 따라 움직이다가 "스톱" 사인에 따라 20번을 헤아릴 때까지 멈추어 서 있는다. 이때, 무버는 절대 움직이면 안 된다.

② 무브 & 스톱 그리고 포즈(Pose)

- 3인 1조가 그룹이 되어 트레이너, 무버, 방해자 역할을 정한다. 1단계는 트레이너가 5경로 중 하나를 번갈아 가며 지시하고 무버는 지시에 따라 움직인다. 2단계는 트레이너의 '장소 +포즈' 지시에 따라 무버는 모델이 되어 포즈를 취한 채 멈추어 서 있는다. 20번을 헤아리거나 노래를 부른다. 트레이너는 해변가, 빌딩 속, 숲속, 들판, 계단 위, 바위 위, 진흙 속, 달 표면 등 상상력을 동원하여 다양한 상황을 제공한다. 3단계는 방해자가 돌발 상황을 제공한다. 소리, 입김, 표정, 가볍게 스치는 손짓 순으로 무버를 자극해서 정지된 포즈가 무너지도록 하고 무버는 최대한 포즈를 유지하려 한다.

③ 프리(Free) & 바운드(Bound) 양극 움직임

- 3인 1조 그룹에서 방해자의 돌발 상황으로 무버는 정지된 포즈가 완전히 무너져 내리면서

사랑스러운 좀비로 변한다. 트레이너와 방해자는 무버에게 소리와 함께 장풍을 날리고, 무버는 장풍에 따라 휩쓸리면서 움직인다.

- 트레이너와 방해자는 구경꾼이 되어 무버를 관찰하고, 무버는 좀비가 되어 5경로를 따라 공간을 흐느적거리며 걸어 다닌다.
- 트레이너와 방해자는 무브 & 스톱 그리고 포즈를 활용해서 연속적으로 움직이고, 좀비가 된 무버는 포즈들을 구경하다가 마음에 드는 작품 앞에 서서 똑같은 포즈를 취하면서 무버가 20을 셈에 따라 아주 천천히 모델로 변신한다. 급한 좀비는 모델이 될 수 없음을 사전에 오리엔테이션한다.

④ 양극 움직임 통합

- 그룹원 전체가 모델이 되어서 1단계는 무브 & 스톱 그리고 포즈를 활용해서 런웨이를 걷는다. 2단계는 무브 & 스톱, 3단계는 무브 순으로 진행하다가 춤으로 발전시킨다.
- 그룹원 각자 멈춰서 포즈를 취했던 몸의 느낌을 바닥 공간으로 가져와서 호흡과 함께 무브 & 스톱 움직임을 천천히 연속적으로 이어가다가 포즈의 순간을 좀 더 길게 유지한다.
- A3 용지를 절반으로 나누어서 모델과 좀비의 양극 움직임을 점, 선, 색을 활용해서 표현한다.

3) 마무리

① 소감 나누기

- 양극 움직임의 느낌에 대한 그림을 보여 주면서 소감을 나눈다.

② 마무리 인사

- 자신이 가장 멋지다고 생각되는 포즈를 취한 후 멈추면 나머지 그룹원들이 장풍을 불어서 나뭇잎처럼 날려 주는 것으로 마무리 인사를 한다.

6 유의점 및 치료사 역할

- 워밍업에서 눕거나 앉거나 서는 공간 레벨 선택은 움직임의 질을 가장 잘 표현하는 것과 관련이 있다.
- 좀비의 움직임과 모델의 움직임은 질적으로 분명히 다르다. 좀비는 간접적이고(Indirect),

자유로우면서(Free), 가벼운(Light) 움직임이라면 모델의 움직임 중, 특히 포즈는 직접적이고(Direct), 통제적이며(Bound), 강하다(Strong). 좀비의 움직임을 경험하다 보면 포즈의 움직임이 명확해지고 이는 근육 조절력 강화로 이어진다.

- 좀비의 부정적 이미지가 강조되지 않도록 유의해야 한다. 그룹원들에게 질문을 던져서 창의적인 아이디를 수집한다. 귀여운 좀비, 사랑스러운 좀비, 천사 같은 좀비 등 얼마든지 이미지를 변신시킬 수 있다.
- 20번을 세는 것이 따분하게 길게 느껴지면 노래 부르기로 대체하고, 노래 부르기가 어색하면 다시 숫자 헤아리기로 대체한다. 각자의 선택임을 강조한다.

5.
슬로 모션

1 영역: 정서

2 주제: 충동성 조절

3 목표

   ① 근육 조절력을 기른다.

   ② 충동성을 조절한다.

   ③ 돌발 상황에 대처 능력을 강화한다.

   ④ 감정적 대응이 아닌, 합리적 대응법을 터득한다.

4 준비물: 낙하산, 축구공, 풍선

5 방법

1) 워밍업

① 근육 조율

- 그룹원 전체는 낙하산을 잡고 호흡을 같이 하면서 자유롭게 움직인다.
- 낙하산이 자동차라고 상상하면서 천천히 움직인다. 치료사가 지시, 그룹원이 지시, 지시 없이 누군가 움직이면 다 함께 따라 하기 순으로 진행한다. 이때, 그룹원들에게서 최대한 아이디어를 수집한다.

② 낙하산을 통한 움직임 확장

- 낙하산 위에 축구공을 올린 상태에서 그룹원 전체가 낙하산 운전하기를 한다. 이때, 바닥에 떨어지지 않도록 한다. 낙하산, 풍선 1개, 풍선 2개 순으로 가장 무거운 것부터 가벼운 것으로 바꾸어서 진행한다.

③ 근육 이완

- 낙하산 아래에 들어가 누워서 쉰다.

2) 주제

① 놀이 움직임

- 몸으로 하는 놀이의 종류와 각 놀이의 핵심적인 움직임 아이디어를 최대한 많이 수집한 다음, 치료사의 주문에 따라 핵심적인 움직임을 활용해서 놀이를 한다.
- 각자 마음에 드는 놀이를 하나 선택해서 핵심적인 움직임을 반복하면서 공간을 다니다가 비슷한 움직임을 하고 있는 그룹원끼리 만나서 함께 놀이를 하며 논다.
- 치료사가 놀이 그룹을 하나씩 차례대로 지정한다. 지정된 놀이 그룹은 원 가운데 들어와서 놀고, 나머지는 원 바깥에 앉아서 놀이를 구경하다가 함께 놀고 싶으면 합류한다. 실컷 놀고 난 다음, 원하면 소속된 놀이 그룹을 바꾸어도 된다.

② 놀이 방해 움직임

- 최종적으로 구성된 놀이 그룹원끼리 모여서 어떻게 하면 가장 재미있게 놀 수 있을지 아이디어를 모으는 작전 회의를 한다.
- 한 그룹씩 돌아가며 원 안으로 들어와서 자기 그룹의 놀이를 하면, 나머지는 훼방꾼이 되어 놀이를 최대한 방해한다. 이때, 놀이 그룹의 짜증, 분노, 신경질 등을 최고 수준으로 유발할 때까지 한다. 놀이 그룹은 훼방꾼들을 제지하기 위해 말과 몸을 사용해서 분노를 폭발하며 끝까지 맞서고, 훼방꾼들은 그럴수록 말과 몸을 사용해서 더 심하게 방해해서 끝까지 놀이를 못하게 한다.

③ 조절 움직임

- 각 놀이 그룹들끼리 모여서 훼방꾼들을 물리칠 합리적인 방법에 대한 전략 회의를 한다.
- 한 그룹씩 돌아가며 원 안으로 들어와서 자기 그룹의 놀이를 하면, 나머지는 훼방꾼이 되

어 놀이를 최대한 방해한다. 이때, 훼방꾼은 놀이 그룹의 짜증, 분노, 신경질 등을 최고 수
준으로 유발할 때까지 방해한다. 놀이 그룹은 전략들을 활용해서 분노를 폭발하지 않고
훼방꾼들이 스스로 물러나도록 한다.

④ 춤 놀이 축제
• 훼방꾼을 물리친 기쁨으로 승리의 춤 놀이 축제를 벌인다. 놀이 그룹끼리 핵심 놀이 움직
임에 리듬을 넣어서 춤으로 발전시킨다.
• 원 가운데를 무대로 세팅한다. 한 그룹씩 차례대로 돌아가며 무대로 올라와 춤 놀이 축제
를 벌이고 퇴장하면 다른 그룹이 무대 위로 올라온다. 언제라도 그룹별로 등장과 퇴장을
할 수 있다.
• 각 놀이 그룹의 축제가 끝나면 핵심적인 움직임 1개씩을 소개한다. 치료사의 리드에 따라
1개씩의 움직임을 연속적으로 반복한다.
• 훼방꾼들을 물리친 핵심 전략이 무엇이었는지 놀이 그룹끼리 단어들을 정리한다. 각 그룹
별로 발표해서 전체 그룹의 핵심 전략을 명확한 단어로 정리한다.

3) 마무리

① 소감 나누기
• 나에게 가장 마음에 와닿는 전략 단어 소개와 함께 소감을 나눈다.

② 마무리 인사
• 각자 선택한 전략 단어를 움직임으로 바꾸어서 소개하면서 인사를 한다

⑥ 유의점 및 치료사 역할

• 누구나 쉽게 자신이 즐기고 있는 상황이 방해받으면 밀치거나, 소리치거나, 나쁜 말을 하
는 등 충동적인 행동을 한다. 워밍업에서는 낙하산이라는 소도구를 활용해서 근육 조절
움직임을 하고 있다. 좀 더 섬세하게 훈련하고 싶으면 풍선보다 더 작고 가벼워서 떨어지
기 쉬운 소도구를 준비한다.
• 낙하산은 놀이 교육 용품을 취급하는 인터넷 매장에서 구매할 수 있다. 사이즈는 소형, 중
형, 대형으로 나뉘어 있으므로 대상자에 맞추어 준비하도록 한다.

- 놀이의 종류를 찾을 때 스마트폰이나 게임 등 몸 전체의 움직임이 아닌 놀이는 제외한다.
- 움직임에서 리듬이 들어가 춤으로 연결하는 과정에서 가장 중요한 것은 음악이다. 치료사는 최대한 다양한 종류의 음악을 준비해 둔다. 놀이 리듬이라는 단서에서 춤으로 발전하기 때문에 그룹 특성에 맞는 음악이 제공되면 춤이 저절로 나온다. 춤의 치유적 기능이 발휘되는 순간이다.
- 몸으로 직접 체험해서 건져 올린 충동성 조절 전략 단어들은 일상에서의 적용을 용이하게 한다.

참고문헌

나경아(2011a). 무용교육. 보고사.

나경아(2011b). 무용심리학. 보고사.

나경아(2016). 무용과 건강. 보고사.

류분순(2000). 무용ㆍ동작치료학. 학지사.

신상미, 김재리(2010). 몸과 움직임 읽기: 라반 움직임 분석의 이론과 실제. 이화여자대학교출판부.

松尾芭蕉(2015). 바쇼 하이쿠 선집. (류시화 역). 열림원.

Barlow, W. (1990). *The Alexander Technique. Healing Arts Press Rochester.* Vermont.

Barratt, B. B. (2010). *The emergence of somatic psychology and bodymind therapy.* Palgrave macmillan.

Ben-Shahar, A. R. (2014). *Touching the relational edge: Body Psychotherapy.* Karnac.

Caldwell, C. (1997). *Getting in touch: The guide to new body-centered therapies.* Quest Books.

Corsini, R. (2001). *Handbook of innovative therapy.* John Wiley & Sons.

Dann, J. (2022). *Somatic Therapy for Healing Trauma: Effective Tools to Strengthen the Mind-Body Connection.* Rockridge Press.

Frank, R. (2001). *Body of Awareness.* Gestalt Press.

Giustini, J. (2023). *Mind Body Therapy and Your Health, Happiness and Succecss.* iUniverse.

Greene, E., & Goodrich-Dunn, B. (2014). *The Psychology of the body: Second edition.* Wolters Kluwer.

Hackney, P. (1998). *Making Connections: Total body integration through Bartenieff Fundamentals.*

Routledge.

Halprin, D. (2003). *The Expressive Body in Life, Art and Therapy.* Jessica Kingsley Publishers.

Hamel, J. (2021). *Somatic Art Therapy: Alleviating Pain and Trauma through Art.* Routledge.

Hanna, T. (1988). *Somatics: reawakening the mind's control of movement, flexbility, and health.* Reading, Mass: Addison-Wesley.

Jhonson, D. H., & Grand, L. J. (1997). *The body in Psychotherapy: Inquiries in Somatic Psychology.* North Atlantic Books Berkeley.

Laban, R. (1975). *Laban Principles of Dance and Movement Notation.* Plays, Inc, Publishers.

Laban, R., & Lawrence, F. (1974). *Effort.* London: MacDonald & Evans Ltd.

Macnaughton, I. (2004). *Body, Breath & Consciousness.* North Atlantic Books.

McConnell, S. (2021). *Somatic Internal Family Systems Therapy:Awareness, Breath, Resonance, Movement, and Touch in Practice.* North Atlantic Books.

McNeil, D. (2000). *Bodywork therapies for woman.* Women's Press. Ltd.

Mischke-Reeds, M. (2018). *Somatic Psychotherapy Toolbox: 125 Worksheets and Excercises to Treat Trauma & Stress Paperback.* PESI.

Murphy, M. (1992). *The future of the body: exploration into the futher evolution of human nature.* Tarcher Putnam.

Pilotti, J. (2020). *Body Mind Movement: An Evidence-Based Approach to Mindful Movement.* Handspring Publishing.

Shapiro, L. (2022). *Somatic Therapy Workbook.* Ulysses Press.

Shea, M. J. (2001). *Somatic Psychology: The Body in History, Culture and Spirit.* Shea Educational Group.

Stam, H. J. (1998). *The Body and Pstchology.* Sage.

Totton, N. (2003). *Body Psychotherapy an introduction.* Open University Press.

찾아보기

저자 소개   김향숙(Kim Hyangsuk)

부산대학교 대학원에서 교육심리 및 상담심리를 전공하여 박사학위를 받았다. 한
국예술종합학교 무용원 예술 전문사 과정을 수료하였다. 신체심리학자로서 현재
명지대학교 대학원 예술심리치료학과 객원교수로 재직 중이다. 사단법인 하이패밀
리 공동대표로서 한국신체심리 협회, 학회, 연구회와 한국직업능력연구원 인증 신
체심리교육사 및 이모션코칭사 자격과정을 운영 중이다. 신체심리 관련 다수의 논
문을 발표하였으며 『무용동작치료의 예술과 과학』(공역, 시그마프레스, 2014) 등
의 저역서가 있다. 30여 종의 신체심리치료 프로그램을 개발, 시행, 보급, 양성 중에
있으며 30여 년의 임상경력을 가지고 있다. 예술의 일상화, 일상의 예술화와 신체
심리치료를 통한 몸의 인권회복에 힘쓰면서 4차 교육 및 치료 혁명을 주도하고 있
다. 최근에는 365일 어린이 세상 이사장으로서 스마트폰 중독치료에 힘쓰면서 '예
술놀이 & 치유학교' 개설을 준비 중이다. 행복으로 춤추는 세상을 꿈꾼다.

신체심리치료 기법과 적용
Somatic Psychotherapy Techniques And Applications

2024년 1월 10일 1판 1쇄 인쇄
2024년 1월 20일 1판 1쇄 발행

지은이 • 김향숙
펴낸이 • 김진환
펴낸곳 • ㈜**학지사**

04031 서울특별시 마포구 양화로 15길 20 마인드월드빌딩
대표전화 • 02-330-5114 팩스 • 02-324-2345
등록번호 • 제313-2006-000265호

홈페이지 • http://www.hakjisa.co.kr
인스타그램 • https://www.instagram.com/hakjisabook

ISBN 978-89-997-3004-7 93180

정가 25,000원

출판미디어기업 **학지사**

간호보건의학출판 **학지사메디컬** www.hakjisamd.co.kr
심리검사연구소 **인싸이트** www.inpsyt.co.kr
학술논문서비스 **뉴논문** www.newnonmun.com
교육연수원 **카운피아** www.counpia.com